평신도를 위한
쉬운 이사야 2권

평신도를 위한 쉬운 이사야 2

저자 양형주

초판 1쇄 발행 2022. 11. 8.

발행처 도서출판 브니엘
발행인 권혁선

책임편집 김지연
책임교정 조은경

등록번호 서울 제2006-50호
등록일자 2006. 9. 11.

서울특별시 송파구 백제고분로28길 25 B101호 (05590)
마케팅부 02)421-3436
편집부 02)421-3487
팩시밀리 02)421-3438

ISBN 979-11-90308-86-1 04230
979-11-90308-83-0 (세트)

독자의견 02)421-3487
이메일 editorkhs@empal.com

북카페 주소 cafe.naver.com/penielpub.cafe
인스타그램 @peniel_books

도서출판 브니엘은 독자들의 원고를 설레는 마음으로 기다리고 있습니다.
위의 이메일로 간단한 기획 내용 및 원고, 연락처 등을 보내주십시오.

도서출판 브니엘은 갓구운 빵처럼 항상 신선한 책만을 고집합니다.

[평신도 눈높이에 딱 맞춘 정곡을 꿰뚫는 쉽고 바른 해설서!]

평신도를 위한 쉬운 이사야 2권

히스기야 왕 십사년에 앗수르 왕 산헤립이 올라와서
유다의 모든 견고한 성을 쳐서 취하니라
앗수르 왕이 라기스에서부터 랍사게를 예루살렘으로 보내되
대군을 거느리고 히스기야 왕에게로 가게 하매
그가 윗못 수도 곁 세탁자의 밭 큰 길에 서매
힐기야의 아들 왕궁 맡은 자 엘리아김과 서기관 셉나와
아삽의 아들 사관 요아가 그에게 나아가니라
나 여호와가 말하노라 이스라엘 자손이 예물을 깨끗한 그릇에 담아
여호와의 집에 드림같이 그들이 너희 모든 형제를 뭇 나라에서
나의 성산 예루살렘으로 말과 수레와 교자와 노새와 낙타에 태워다가
여호와께 예물로 드릴 것이요 나는 그 가운데에서 택하여
제사장과 레위인을 삼으리라 여호와의 말이니라
내가 지을 새 하늘과 새 땅이 내 앞에 항상 있는 것같이
너희 자손과 너희 이름이 항상 있으리라 여호와의 말이니라
여호와가 말하노라 매월 초하루와 매 안식일에
모든 혈육이 내 앞에 나아와 예배하리라 그들이 나가서
내게 패역한 자들의 시체들을 볼 것이라 그 벌레가 죽지 아니하며
그 불이 꺼지지 아니하여 모든 혈육에게 가증함이 되리라

양형주 | 지음

브니엘

| 프롤로그 |

이사야서는 구약성경 가운데 예수 그리스도를 가장 풍성하게 전달하는 웅장한 책이다. 신약성경이 인용하는 구약성경 중에 이사야가 가장 큰 비중을 차지하고 있다는 사실은 이를 잘 보여준다. 이사야는 그 분량에서도 예언서 중 가장 방대하다. 하지만 이런 이사야를 잘 이해하고 그 안에 담겨있는 풍성한 메시지를 읽어내는 것은 결코 만만치 않다. 우리에게 익숙한 이사야 소명을 다룬 6장, 고난받는 메시아를 다룬 53장, 예수님의 사명 선언문으로 알려진 61장 등 몇몇 장을 제외하곤 이사야서를 능숙하게 읽고 메시지를 파악하는 일이 쉽지 않다.

이사야를 제대로 이해하려면 이사야 전체 구조를 파악하는 가운데 단락의 흐름을 이해하는 것은 물론이거니와 이사야서의 역사적 배경에 대한 이해, 그리고 난해하게 느껴지는 표현을 오늘의 우리 상황에 맞추어 적절하게 이해하는 작업과 함께 그 안에 감추어진 그리스도를 찾는 작업이 병행되어야 하기 때문이다.

감사하게도 나에게는 그동안 이사야서를 붙들고 씨름할 기회가 몇 차례 있었다. 대전도안교회 새벽예배 때 이사야 전체를 두 번 정도 설교했고, 또 수요기도회 때도 1년이 넘게 이사야 전체를 설교할 기회가 있었다. 이를 통해 이사야서를 더욱 깊고 풍성하게 이해하게 되었고, 이를 성도들이 쉽게 접근할 수 있도록 정리하였다. 이런 과정을 통해 여기 「평신도를 위한 쉬운 이사야」를 내놓는다. 이는 하나님께서 우리에게 주신 귀한 이사야 말씀을 쉽고 풍성하게 이해하기 위한 하나의 시도이다. 부디 이 시도가 하나님이 주신 이사야 말씀을 이해하는 데 디딤돌이 되기를 바란다. 특별히 부족한 초고를 읽고 교정을 봐준 대전도안교회 주정환, 최고은, 김성혁 목사에게 감사의 말씀을 전한다. 본서가 태초부터 우리를 향한 하나님의 놀라운 구원 경륜을 더 깊고 풍성하게 이해하는 데 도움이 되길 바란다. 모든 영광을 하나님께 올려 드린다.

글쓴이 양형주

C·O·N·T·E·N·T·S

차 례

Part 6.

위로와 구원의 약속

Part 7.
여호와의 종, 메시아에 대한 약속

Part 8.
다가오는 영광스러운 미래

[P·A·R·T·5]

예루살렘의 구원과 히스기야의 치유

히스기야가 싸워야 할 싸움

좋은 믿음이란 무엇일까?

역사의 주인공은 누구인가

약함을 인정해야 강해진다

강함을 과시할 때 약해진다

54 Chapter 5. Isaiah 36:1-21

히스기야가 싸워야 할 싸움

[1]히스기야왕 십사 년에 앗수르 왕 산헤립이 올라와서 유다의 모든 견
고한 성을 쳐서 취하니라. [2]앗수르 왕이 라기스에서부터 랍사게를 예
루살렘으로 보내되 대군을 거느리고 히스기야왕에게로 가게 하매 그
가 윗못 수도 곁 세탁자의 밭 큰 길에 서매 [3]힐기야의 아들 왕궁 맡은
자 엘리아김과 서기관 셉나와 아삽의 아들 사관 요아가 그에게 나아
가니라. [4]랍사게가 그들에게 이르되 이제 히스기야에게 말하라. 대왕
앗수르 왕이 이같이 말씀하시기를 네가 믿는 바 그 믿는 것이 무엇이
냐. [5]내가 말하노니 네가 족히 싸울 계략과 용맹이 있노라 함은 입술
에 붙은 말뿐이니라. 네가 이제 누구를 믿고 나를 반역하느냐. [6]보라.
네가 애굽을 믿는도다. 그것은 상한 갈대 지팡이와 같은 것이라. 사

람이 그것을 의지하면 손이 찔리리니 애굽 왕 바로는 그를 믿는 모든
자에게 이와 같으니라. [7]혹시 네가 내게 이르기를 우리는 우리 하나
님 여호와를 신뢰하노라 하리라마는 그는 그의 산당과 제단을 히스
기야가 제하여 버리고 유다와 예루살렘에 명령하기를 너희는 이 제
단 앞에서만 예배하라 하던 그 신이 아니냐 하셨느니라. [8]그러므로
이제 청하노니 내 주 앗수르 왕과 내기하라. 내가 네게 말 이천 필을
주어도 너는 그 탈 자를 능히 내지 못하리라. [9]그런즉 네가 어찌 내 주
의 종 가운데 극히 작은 총독 한 사람인들 물리칠 수 있으랴. 어찌 애
굽을 믿고 병거와 기병을 얻으려 하느냐. [10]내가 이제 올라와서 이 땅
을 멸하는 것이 여호와의 뜻이 없음이겠느냐. 여호와께서 내게 이르
시기를 올라가 그 땅을 쳐서 멸하라 하셨느니라 하니라. [11]이에 엘리
아김과 셉나와 요아가 랍사게에게 이르되 우리가 아람 방언을 아오
니 청하건대 그 방언으로 당신의 종들에게 말하고 성 위에 있는 백성
이 듣는 데에서 우리에게 유다 방언으로 말하지 마소서 하니 [12]랍사
게가 이르되 내 주께서 이 일을 네 주와 네게만 말하라고 나를 보내
신 것이냐. 너희와 함께 자기의 대변을 먹으며 자기의 소변을 마실
성 위에 앉은 사람들에게도 하라고 보내신 것이 아니냐 하더라. [13]이
에 랍사게가 일어서서 유다 방언으로 크게 외쳐 이르되 너희는 대왕
앗수르 왕의 말씀을 들으라. [14]왕의 말씀에 너희는 히스기야에게 미
혹되지 말라. 그가 능히 너희를 건지지 못할 것이니라. [15]히스기야가
너희에게 여호와를 신뢰하게 하려는 것을 따르지 말라. 그가 말하기
를 여호와께서 반드시 우리를 건지시리니 이 성이 앗수르 왕의 손에
넘어가지 아니하리라 할지라도 [16]히스기야의 말을 듣지 말라. 앗수르

왕이 또 이같이 말씀하시기를 너희는 내게 항복하고 내게로 나아오라. 그리하면 너희가 각각 자기의 포도와 자기의 무화과를 먹을 것이며 각각 자기의 우물물을 마실 것이요. [17]내가 와서 너희를 너희 본토와 같이 곡식과 포도주와 떡과 포도원이 있는 땅에 옮기기까지 하리라. [18]혹시 히스기야가 너희에게 이르기를 여호와께서 우리를 건지시리라 할지라도 속지 말라. 열국의 신들 중에 자기의 땅을 앗수르 왕의 손에서 건진 자가 있느냐. [19]하맛과 아르밧의 신들이 어디 있느냐. 스발와임의 신들이 어디 있느냐. 그들이 사마리아를 내 손에서 건졌느냐. [20]이 열방의 신들 중에 어떤 신이 자기의 나라를 내 손에서 건져냈기에 여호와가 능히 예루살렘을 내 손에서 건지겠느냐 하셨느니라 하니라. [21]그러나 그들이 잠잠하여 한 말도 대답하지 아니하였으니 이는 왕이 그들에게 명령하여 대답하지 말라 하였음이었더라.

'데자뷰' (Déjà Vu)를 경험한 적이 있는가? 우리말로 기시감(旣視感)이라고 하는 이 경험은 처음 보는 대상이나 처음 겪는 일이 마치 이전에 본 것 같은 이상한 느낌이나 환상을 뜻한다.[1] 한자로 '기시' (旣視)라는 말은 이미 '기' (旣)에 볼 '시' (視) 자를 쓴다. 이미 본 것 같은 느낌이라는 뜻이다. 본문에는 이런 데자뷰가 등장한다. 바로 랍사게가 대군을 거느리고 예루살렘으로 진군하여 윗못 수도 곁 세탁자의 밭 큰 길에 주둔하는 장면이다.

"앗수르 왕이 라기스에서부터 랍사게를 예루살렘으로 보내되 대군을 거느리고 히스기야왕에게로 가게 하매 그가 윗못 수도 곁 세탁자의 밭 큰 길에 서매"(사 36:2).

이것이 데자뷰인 이유는 히스기야의 아버지 아하스왕 때 일어났던 장면 때문이다.

"그때에 여호와께서 이사야에게 이르시되 너와 네 아들 스알야숩은 윗못 수도 끝 세탁자의 밭 큰 길에 나가서 아하스를 만나 그에게 이르기를 너는 삼가며 조용하라. 르신과 아람과 르말리야의 아들이 심히 노할지라도 이들은 연기 나는 두 부지깽이 그루터기에 불과하니 두려워하지 말며 낙심하지 말라. …주 여호와의 말씀이 그 일은 서지 못하며 이루어지지 못하리라"(사 7:3-4,7).

선대 아하스왕 때는 이사야가 왕을 찾아 '윗못 수도 끝 세탁자의 밭 큰 길'에서 만났다. 거기서 이사야는 아하스왕에게 유다를 또다시 침공하려는 아람 왕 르신과 북왕국 이스라엘의 침공에 대해 "그들의 시도는 허사로 끝날 것이니 두려워하지 말라"는 하나님 말씀을 전한다. 그러면서 한 징조를 구하라고 하지만 아하스는 이를 믿지 않고 징조 구하기를 거부한다(사 7:12). 왜 아하스는 하나님의 징조를 거절했을까? 이는 그가 하나님보다 앗수르를 더 의지하였기 때문이다(왕하 16:7-9 참조).[2)]

이에 하나님은 이사야를 통해 임마누엘의 징조를 약속하시며, 한 아기가 자라 악을 버리며 선을 택할 줄 알기 전에 아람과 북이스라엘이 황폐하게 될 것을 예고하셨다(사 7:16). 이와 더불어 큰 위기와 재난이 유다에게 임할 것을 예고하시고 장차 아하스가 의지하려 했던 앗수르 왕의 침공과 함께 앗수르가 가져올 대대적인 재난을 예고하셨다(사 7:17,23-25). 이런 면에서 본문의 윗못 수도 곁 세탁자의 밭 큰 길에 선 앗수르 왕의 큰 군대와 장군 랍사게는 아하스가 뿌린 불신앙의 씨앗이 열매를 맺은 것과 같다.[3)]

그렇다면 선대 아하스의 불신앙으로 초래된 현재의 위기 사태에 대한 히스기야의 반응은 어떠한가? 아하스와 달리 하나님을 의지하며 눈물과 기도로 나아갔다. 그리고 하나님의 놀라운 기적과 구원을 맛보았다. 이런 면에서 히스기야왕의 이야기를 다룬 36~39장은 아하스의 불신앙(7-12장)에 대한 반전이다.[4)] 하나님은 참으로 살아계시고 이스라엘과 온 땅을 통치하시는 주재임을 분명히 보여주는 것이다. 또한 13~35장에서 이사야가 강조한 바, 하나님이 열방을 통치하고 심판하는 참된 주님, 신뢰할 수 있는 주님이라는 사실을 히스기야왕의 이야기(36-39장)를 통해 명확한 사례로 보여준다. 이런 면에서 히스기야왕의 이야기를 다룬 36~39장은 아하스의 불신앙에 대한 반전이자, 그동안 선포했던 하나님의 참된 주재 되심(13-35장)을 생생한 사례로 보여주는 것이다.

참고로 본문과 같은 내용을 다루는 열왕기하(18:13-27) 내용에 따르면 유다를 침공한 앗수르의 고관들은 다르단, 랍사리스, 그리고 랍사게였다(왕하 18:17). '다르단'은 군대 지휘관(사 20:1 참조), '랍사리스'는 환관장, '랍사게'는 술 맡은 관원장이다. 술 맡은 관원장은 왕의 가장 측근으로 왕의 마음을 가장 잘 이해하고 대변하는 관리다. 여기서는 군대를 이끄는 지도자로 등장하여 유다를 향해 앗수르 왕의 뜻을 거침없이 전달한다.

본문은 이때를 히스기야왕 제14년으로 진술한다.[5]

> "히스기야왕 십사년에 앗수르 왕 산헤립이 올라와서 유다의 모든 견고한 성을 쳐서 취하니라"(사 36:1).

그렇다면 산헤립이 유다를 침공한 이유는 무엇일까? 이는 히스기야왕 때문이다. 원래 선대 아하스왕은 아람과 북왕국 이스라엘의 동맹 제안을 거절하고 앗수르를 전적으로 의지하였다가 위기를 겪을 정도였다. 하지만 히스기야는 왕이 되자 선대 아하스가 추진했던 우상 숭배 정책을 단호하게 배격하였다(왕하 18:4). 이는 앗수르가 섬기던 우상 제단을 무너뜨리는 작업도 포함한다.

아하스왕이 통치할 때 아람과 북이스라엘이 침공하자 아하스왕은 앗수르에 도움을 요청했다. 앗수르의 도움으로 위기를 모면하자 히스기야의 부친 아하스왕은 앗수르에 감사 인사를 하러 간다. 아하스는 거기서 앗수르 왕이 섬기는 우상 제단을 보고 이를 예루살렘에 그대로 옮겨와 여호와의 성전에 또 다른 제단을 설치했다. 끔찍한 우상 숭배의 죄악을 저지른 것이다(왕하 16:10-16). 이것이 온 이스라엘을 우상 숭배로 빠뜨리는 결정적인 계기가 되었고 온 나라가 영적으로 대혼란과 방탕에 빠졌다(왕하 17:19-23).

하지만 아들 히스기야가 왕이 되자 그는 온 나라에 만연한 우상을 타파하며 몰아내기 시작했다. 앗수르의 우상 제단도 무너뜨렸다.

심지어 모세 때 있던 놋뱀(느후스단)까지 부술 정도였다. 히스기야는 앗수르를 의지할 것이 아니라 여호와 하나님을 의지하려 했다. 이 와중에 그의 신하 중에는 차라리 애굽을 의지하는 것이 낫다고 생각하고 애굽과 접촉하는 이들이 생겨났다. 이런 정황을 파악한 앗수르는 기분이 나빴다. 그래서 군대를 이끌고 파죽지세로 라기스 골짜기를 통해 치고 올라왔다. 라기스 골짜기는 블레셋 지역에서 예루살렘으로 가는 길목이었다. 이들은 순식간에 유다로 올라가는 성읍 46개를 격파하였다. 이에 히스기야는 화들짝 놀라 "내가 범죄하였나이다. 나를 떠나 돌아가소서" 하며 사죄하고 앗수르가 요구한 은 300달란트와 금 30달란트를 내주었다(왕하 18:14). 금이 모자라자 성전 문의 금과 기둥에 입힌 금까지 모두 벗겨 앗수르 왕에게 줄 정도였다(왕하 18:16).

그토록 우상을 배격하고 하나님만 섬기자고 했던 히스기야왕이었지만, 순식간에 위기가 닥치자 정신을 잃고 앗수르가 요구하는 대로 그대로 굴복하고 만 것이다. 히스기야는 그러면 끝날 줄 알았다. 그런데 잠시 물러났던 그들이 다시 침공했다. 이번에는 완전히 항복하라는 것이다. 그러면 앗수르에 포로로 데려가 평안히 살게 하겠다고 제안한다. 그것이 바로 본문에 나오는 랍사게 연설의 핵심적인 내용이다. 랍사게의 연설을 들어보자.

> "랍사게가 그들에게 이르되 이제 히스기야에게 말하라. 대왕 앗수르 왕이 이같이 말씀하시기를 네가 믿는 바 그 믿는 것이 무엇이냐. 내가 말하노니 네가 족히 싸울 계략과 용맹이 있노라 함은 입

술에 붙은 말뿐이니라. 네가 이제 누구를 믿고 나를 반역하느냐. 보라. 네가 애굽을 믿는도다. 그것은 상한 갈대 지팡이와 같은 것이라. 사람이 그것을 의지하면 손이 찔리리니 애굽 왕 바로는 그를 믿는 모든 자에게 이와 같으니라. 혹시 네가 내게 이르기를 우리는 우리 하나님 여호와를 신뢰하노라 하리라마는 그는 그의 산당과 제단을 히스기야가 제하여 버리고 유다와 예루살렘에 명령하기를 너희는 이 제단 앞에서만 예배하라 하던 그 신이 아니냐 하셨느니라"(사 36:4-7).

랍사게는 히스기야가 입만 살아서 떠든다고 비난하며, 과연 누구를 믿고 반역하느냐고 호통친다. 애굽을 의지하려 하지만 상한 갈대 지팡이에 불과한 애굽을 의지했다가는 도리어 손이 찔릴 것이라고 한다. 산당과 제단이 많아야 강한 신이라는 당시 고대 근동과 앗수르의 통념과는 달리 도리어 산당을 제거하고, 한 곳에서만 예배해야 한다고 하는 히스기야가 의지하는 여호와는 무능하고 무력하다는 것이다.

심지어 랍사게는 말 2천 필을 줄 테니 싸워보자고 한다(사 36:8). 말은 분명 전쟁의 승리를 좌우하는 강력한 전략자산이다. 이런 말을 2천 필이나 준다면 얼마나 큰 힘이 되겠는가? 그러나 랍사게가 이렇게까지 말하는 것은 그만큼 앗수르의 전력에 자신이 있기 때문이다. 앗수르의 눈에 유다는 말 2천 필을 주어도 말 탈 기병을 구할 수 없을 정도로 보잘것없는 무력한 나라에 불과했기 때문이다. 랍사게는 유다가 아무리 전력을 다해 싸워도 앗수르의 작은 총독 하나를 쓰러뜨리지 못할 것이라 조롱한다(사 36:9). 더 나아가 랍사게는 자신이 히스기야가 통치하는 유다를 무너뜨리는 것이 여호와의 뜻이라고까지 말한다(사 36:10). 고대 근동의 전쟁 논리에 따르면 정복자가 승리할 수 있는 이유는 정복당한 자의 신이 정복자의 편에 섰기 때문이다. 지금까지 앗수르가 수많은 나라에 승리를 거둘 수 있었던 이유도 신들이 모두 앗수르의 편을 들어주었기 때문이라는 논리가 성립된다.[6] 이 말은 분명 예루살렘 성읍의 백성들에게 커다란 충격과 요동을 주었음에 틀림없다. 랍사게의 말이 미칠 충격을 더 이상 감내하기 어려웠던지 히스기야의 신하들은 랍사게에게 정중하게 요청한다.

> "이에 엘리아김과 셉나와 요아가 랍사게에게 이르되 우리가 아람 방언을 아오니 청하건대 그 방언으로 당신의 종들에게 말하고 성 위에 있는 백성이 듣는 데에서 우리에게 유다 방언으로 말하지 마소서 하니"(사 26:11).

아람 방언은 앗수르가 세계를 지배한 이래 국제어로 통용되었다. 유다 방언은 유다 지역에서 사용하는 지역 언어였던 히브리어를 뜻한다. 제국의 고관인 랍사게가 히브리어를 구사하여 적진의 마음을 흔든다는 것은 그만큼 앗수르 제국이 세계 정복을 위해 지역을 철저히 연구하고 준비했다는 것을 보여준다.

랍사게는 이들의 제안을 일언지하에 거절하며 백성들의 곤궁을 자기 대소변을 먹고 마시는 사람들이라고 충격적으로 묘사한다(사 36:12). 이어 더 큰 소리로 외쳐 "능히 너희를 건지지 못할 히스기야에게 미혹되지 말라"고 비방한다(사 36:13-14). 여호와께서 백성들을 건지신다고 하는 히스기야의 거짓말을 믿지 말라고 한다. 도리어 유다 백성은 앗수르 왕에게 항복하는 것이 살길이며(사 36:15), 그러면 유다 백성들은 "각각 자기의 포도와 자기의 무화과를 먹을 것이고 자기의 우물물을 마실 것이다"(사 36:16). 이는 자유롭고 풍요로운 백성의 이상적 삶을 보여주는 비유적인 표현이다(왕상 4:25, 미 4:4). 또한 랍사게는 산헤립왕이 유다 백성들을 곡식과 포도주와 떡과 포도원이 있는 앗수르 땅으로 인도할 것이라 약속한다(사 36:17). 지금 랍사게는 여호와께서 이스라엘을 젖과 꿀이 흐르는 약속의 땅 가나안으로 인도했다는 과거의 역사를 비틀어 이제는 산헤립이 그런 역할을 감당할 것이라고 오만하게 말하는 것이다. 앗수르 왕 산헤립을 여호와를 대체하는 신 같은 존재로 부각하고 있다.

여기서 더 나아가 랍사게는 산헤립을 모든 신 위에 뛰어난 자로 제시한다. 유다가 의지하는 여호와는 여러 신 가운데 하나에 불과하며, 열방의 그 어떤 신도 앗수르 왕의 손에서 제 나라를 구할 수 없었으니 이제 항복하라는 것이다(사 36:18-20).

너무나도 당돌하게 신성 모독하는 말을 거침없이 쏟아내는 랍사게의 모습은, 이전에 바로 동일한 윗못 수도 곁 세탁자의 큰 밭 길에서 이사야가 히스기야의 아버지 아하스에게 했던 말을 생각나게 한다. 저렇게 기세등등하게 하나님의 백성을 위협하는 대적이지만 결국 "연기 나는 부지깽이"(사 7:4)에 불과하다는 것이다. 부지깽이에 불과한 랍사게가 오만방자한 말을 쏟아내고 있는 것이다. 그럴듯한 사실에 자기 상상력을 덧붙인 랍사게는 유다 백성이 거짓 선동에 휘둘리게 하는 간교한 선동가에 불과했다. 이런 랍사게의 말은 휘둘릴 것도 아니고 동의하며 '아멘' 할 것도 아니다. 이럴 때일수록 성도는 눈을 들어 이 모든 상황을 보고 계시는 전능하신 하나님을 바라보아야 한다.

"우리의 씨름은 혈과 육을 상대하는 것이 아니요 통치자들과 권세들과 이 어둠의 세상 주관자들과 하늘에 있는 악의 영들을 상대함이라. 그러므로 하나님의 전신 갑주를 취하라. 이는 악한 날에 너희가 능히 대적하고 모든 일을 행한 후에 서기 위함이라"(엡 6:12-13).

무엇보다 유다는 이 싸움이 혈과 육에 속한 싸움이 아님을 분별해야 한다. 내 힘과 지혜와 혈기로 절대 싸워 이길 수 없다. 이것은 하나님의 손이 움직이셔야 하는 싸움이다. 예수님은 이런 류의 문제 앞에서 "기도 외에 다른 것으로는 이런 종류가 나갈 수 없느니라"(막 9:29)고 하셨다. 하나님 앞에 옷을 찢고 몸부림치며 울부짖어야 한다. 이제부터 히스기야는 싸움의 새로운 국면에 들어가야 한다. 그것은 랍사게를 상대하는 싸움이 아니라 전능하신 하나님을 움직이는 영적 씨름이다.

요즘 내가 싸우는 씨름은 무엇인가? 눈에 보이는 것으로만 씨름하는가, 아니면 전능하신 하나님의 보좌 앞으로 나아가는가? 현실을 새롭게 보는 눈으로 무장하고 하나님의 전신갑주를 취하여 당당하게 승리하라.

[54장 각주]

1) “기시감”, 위키백과 https://ko.wikipedia.org/wiki/기시감
2) 이사야 36~39장이 히스기야의 이야기로 채워진 것은 선친 아하스가 하나님의 구원을 거부하여 악화 일로를 걸었던 것(7-12장)에 대한 반전을 보여주기 위해서다. 이후 13~35장에서는 실패한 이스라엘에 대한 책망과 열방의 심판 예고가 주를 이루는데, 이를 극복하고 새로운 소망을 보여주는 한 역사적 모델이 바로 이사야 36~39장의 주인공인 히스기야인 것이다.
3) 알렉 모티어, 박문재 역, 「이사야 주석」(서울: 솔로몬, 2018), 611쪽.
4) 존 오스월트, 이용중 역, 「NICOT 이사야 Ⅰ」(서울: 부흥과개혁사, 2015), 721, 725-726쪽.
5) 히스기야 14년은 주전 약 712년이고, 산헤립의 유다 침공은 주전 701년경으로 본다. 이러한 연대상의 난점에 대해서 존 오스월트는 이를 필사의 오류로 보고, ‘십사 년’을 ‘이십사 년’으로 볼 것을 제안한다(참조: 존 오스월트, 「NICOT 이사야 Ⅰ」, 727-728쪽). 여기에 게리 스미스는 히스기야가 왕으로 등극한 시기를 아버지와 함께 섭정한 해(BC 726)를 기점으로 하지 말고 홀로 왕으로 등극한 해(BC 715)를 기점으로 계산할 것을 함께 제안한다(참조: 게리 스미스, 권대영 역, 「NAC 이사야 1」(서울: 부흥과개혁사, 2019), 772쪽.
6) 존 오스월트, 「NICOT 이사야 Ⅰ」, 733-734쪽.

55 Chapter 5. Isaiah 36:22-37:20

좋은 믿음이란 무엇일까?

22그때에 힐기야의 아들 왕궁 맡은 자 엘리아김과 서기관 셉나와 아
삽의 아들 사관 요아가 자기의 옷을 찢고 히스기야에게 나아가서 랍
사게의 말을 그에게 전하니라.
1히스기야왕이 듣고 자기의 옷을 찢고 굵은 베 옷을 입고 여호와의
전으로 갔고 2왕궁 맡은 자 엘리아김과 서기관 셉나와 제사장 중 어
른들도 굵은 베 옷을 입으니라. 왕이 그들을 아모스의 아들 선지자
이사야에게로 보내매 3그들이 이사야에게 이르되 히스기야의 말씀
에 오늘은 환난과 책벌과 능욕의 날이라. 아이를 낳으려 하나 해산할
힘이 없음 같도다. 4당신의 하나님 여호와께서 랍사게의 말을 들으셨
을 것이라. 그가 그의 상전 앗수르 왕의 보냄을 받고 살아 계시는 하

나님을 훼방하였은즉 당신의 하나님 여호와께서 혹시 그 말로 말미
암아 견책하실까 하노라. 그런즉 바라건대 당신은 이 남아 있는 자를
위하여 기도하라 하시더이다 하니라. [5]그리하여 히스기야왕의 신하
들이 이사야에게 나아가매 [6]이사야가 그들에게 이르되 너희는 너희
주에게 이렇게 말하라. 여호와께서 이같이 말씀하시되 너희가 들은
바 앗수르 왕의 종들이 나를 능욕한 말로 말미암아 두려워하지 말라.
[7]보라. 내가 영을 그의 속에 두리니 그가 소문을 듣고 그의 고국으로
돌아갈 것이며 또 내가 그를 그의 고국에서 칼에 죽게 하리라 하셨느
니라 하니라. [8]앗수르 왕이 라기스를 떠났다 함을 듣고 랍사게가 돌
아가다가 그 왕을 만나니 립나를 치고 있더라. [9]그때에 앗수르 왕이
구스 왕 디르하가의 일에 관하여 들은즉 사람들이 이르기를 그가 나
와서 왕과 싸우려 한다 하는지라. 이 말을 듣고 사자들을 히스기야에
게 보내며 이르되 [10]너희는 유다의 히스기야왕에게 이같이 말하여 이
르기를 너는 네가 신뢰하는 하나님이 예루살렘이 앗수르 왕의 손에
넘어가지 아니하리라 하는 말에 속지 말라. [11]앗수르 왕들이 모든 나
라에 어떤 일을 행하였으며 그것을 어떻게 멸절시켰는지 네가 들었
으리니 네가 구원을 받겠느냐. [12]나의 조상들이 멸하신 열방 고산과
하란과 레셉과 및 들라살에 있는 에덴 자손을 그 나라들의 신들이 건
졌더냐. [13]하맛왕과 아르밧왕과 스발와임 성의 왕과 헤나 왕과 이와
왕이 어디 있느냐 하라 하였더라. [14]히스기야가 그 사자들의 손에서
글을 받아 보고 여호와의 전에 올라가서 그 글을 여호와 앞에 펴 놓
고 [15]여호와께 기도하여 이르되 [16]그룹 사이에 계신 이스라엘 하나님
만군의 여호와여 주는 천하만국에 유일하신 하나님이시라. 주께서

천지를 만드셨나이다. [17]여호와여 귀를 기울여 들으시옵소서. 여호와여 눈을 뜨고 보시옵소서. 산헤립이 사람을 보내어 살아 계시는 하나님을 훼방한 모든 말을 들으시옵소서. [18]여호와여 앗수르 왕들이 과연 열국과 그들의 땅을 황폐하게 하였고 [19]그들의 신들을 불에 던졌사오나 그들은 신이 아니라 사람의 손으로 만든 것일 뿐이요 나무와 돌이라. 그러므로 멸망을 당하였나이다. [20]우리 하나님 여호와여 이제 우리를 그의 손에서 구원하사 천하만국이 주만이 여호와이신 줄을 알게 하옵소서 하니라.

신앙생활을 신실하게 하던 한 형제의 어머니가 갑자기 돌아가셨다. 형제는 장례식 때 너무나도 슬퍼 목놓아 울며 통곡했다. 많이 아파하고 많이 힘들어했다. 얼굴이 수척해졌다. 그런데 장례식에 찾아온 한 성도가 흐느껴 우는 그 형제에게 이렇게 말하는 것이었다.

"형제님, 그렇게 울면 안 되죠. 주님을 믿는 자녀가 힘들겠지만 힘을 내셔야죠. 환난 중에도 기뻐하셔야죠. 울지 마세요. 천국의 소망으로 기뻐하세요."

위로가 되었겠는가? 아니다. 전혀 위로되지 않았다. 이런 말에는 사실 우리가 은연중에 믿음 좋은 사람에 대해 기대하는 모습이 있다. 믿음이 좋으면 낙망해서는 안 되고 슬퍼해서도 안 되며 결코 좌절해서는 안 된다는 것이다. 그렇다면 한번 거꾸로 생각해 보자. 믿음이 좋으면 두려워하지 않을 수 있을까? 사실 두려움은 누구에게나 찾아온다. 중요한 것은 두려움 앞에 우리가 추구해야 할 믿음이 어떤 모습인가 하는 것이다.

본문은 유다 왕 히스기야가 앗수르의 군대장관 랍사게의 공개적인 신성 모독과 위협 앞에 믿음으로 대응하는 모습을 보여준다. 먼저 본문은 히스기야에게로 다급하게 들어오는 그의 측근 신하들의 모습을 묘사한다.

> "그때에 힐기야의 아들 왕궁 맡은 자 엘리아김과 서기관 셉나와 아삽의 아들 사관 요아가 자기의 옷을 찢고 히스기야에게 나아가서 랍사게의 말을 그에게 전하니라"(사 36:22).

엘리아김, 셉나, 요아는 자기 옷을 찢고 히스기야왕에게 나아갔다. 자기 옷을 찢는 것은 원통함과 괴로움, 두려움과 분노를 표출하는 방식이다. 이들은 랍사게의 신성 모독하는 말과 히스기야를 조롱하는 말에 치를 떨면서도 말 한마디 못하고 돌아오며 괴로움에 몸 둘 바를 몰랐다(사 36:21 참조). 이들이 히스기야왕에게 이 말을 전할 때 그 심정이 어땠을까? 다른 한편 히스기야왕은 이 말을 듣고 어땠을까?

> "히스기야왕이 듣고 자기의 옷을 찢고 굵은 베 옷을 입고 여호와의 전으로 갔고"(사 37:1).

히스기야는 이 말에 큰 충격을 받고 괴로움에 몸 둘 바를 몰랐다. 이럴 때 문제를 직면하는 용기가 필요하다. 문제를 회피하면 자신에게 보고한 신하에게 분노하고 다른 이들을 탓하기 쉽다. 하지만 히스기야는 문제를 정직하게 직면했다. 타인을 탓하거나 비방하지 않았다. 도리어 자기 옷을 찢고 굵은 베옷을 입고 하나님께 나아갔다. 이는 크게 두 가지 의미다. 첫째, 탄식과 슬픔이다. 히스기야는 하나님의 이름이 모독받는 것에 충격을 받고 슬퍼하며 애통해했다. 둘째, 회개와 부끄러움이다. 히스기야는 자신이 하나님을 온전히 의지하며 나라를 다스리지 못하여 이 지경까지 왔음을 부끄러워하며 회개했다.

여기 믿음의 중요한 요소가 있다. 첫째, 좋은 믿음은 마음을 찢고 겸비하며 하나님께 나아가는 것이다. 둘째, 좋은 믿음은 회개하고 다시 하나님을 굳게 신뢰하고 붙드는 것이다. 히스기야는 이런 믿음으로 애통하고 겸비하며 하나님께 나아갔다. 히스기야는 유다의 영적 지도자들을 모아 이사야에게 보내며 강력한 중보기도를 요청한다(사 37:2).

> "그들이 이사야에게 이르되 히스기야의 말씀에 오늘은 환난과 책벌과 능욕의 날이라. 아이를 낳으려 하나 해산할 힘이 없음 같도다. 당신의 하나님 여호와께서 랍사게의 말을 들으셨을 것이라. 그가 그의 상전 앗수르 왕의 보냄을 받고 살아 계시는 하나님을 훼방하였은즉 당신의 하나님 여호와께서 혹시 그 말로 말미암아 견책하실까 하노라. 그런즉 바라건대 당신은 이 남아 있는 자를 위하여 기도하라 하시더이다 하니라"(사 37:3-4).

히스기야는 이사야에게 메시지를 전하며 가장 먼저 이런 비극적인 상황에 대한 책임이 자신에게 있음을 인정한다. 유다를 앗수르의 경멸의 대상이 되게 했고 애굽을 의지하려 하다가 아무런 도움이 되지 않음이 드러났다. 예루살렘은 구원받아야 할 아기와 같지만, 왕도 나라도 백성도 구원의 출산을 할 힘이 없다. 히스기야는 이사야에게 자신이 하나님 앞에 철저히 무력한 존재임을 인정하며 긍휼을 구한다. 물론 히스기야는 하나님께서 랍사게의 오만방자한 신성 모독의 말을 들으셨을 것이라 확신한다. 왜냐하면 여호와 하나님은 우상과 달리 '살아 계시는 하나님'이기 때문이다. 하지만 과연 하나님께서 이 엄중한 사안에 대해 개입하실 것인가에 대해서는 확신이 없었다. 그러나 하나님이 반드시 개입하시고 역사하셔야 함을 호소하며 이사야의 강력한 중보를 요청한다. 왜냐하면 살아계신 하나님의 명예가 짓밟혔기 때문이다. 히스기야는 하나님이 당신의 명예 회복을 위해 일어나서 앗수르를 치셔야 한다고 호소한다(사 37:4).

이에 하나님은 히스기야의 요청에 다음과 같이 구체적으로 응답하신다.

> "너희가 들은 바 앗수르 왕의 종들이 나를 능욕한 말로 말미암아 두려워하지 말라. 보라. 내가 영을 그의 속에 두리니 그가 소문을 듣고 그의 고국으로 돌아갈 것이며 또 내가 그를 그의 고국에서 칼에 죽게 하리라 하셨느니라 하니라"(사 37:6-7).

하나님께서는 선대 아하스왕에게 말씀하셨던 것처럼 히스기야에게도 “두려워하지 말라”고 하신다(사 7:4 참조). 아무리 앗수르가 기세등등하고 오만방자해도 하나님께는 아무것도 아니다. 하나님은 그의 영을 앗수르 왕 산헤립 가운데 두어 역사하실 것이다. 이는 구체적으로 하나님이 산헤립의 마음에 두려움을 주고 그의 생각을 바꾸어 그가 고국으로 돌아가게 하실 것이고, 그곳에서 죽임을 당하도록 하실 것을 의미한다.

이때 앗수르의 장수 랍사게가 앗수르 왕 산헤립이 라기스를 떠났다는 소식을 듣고 예루살렘의 포위를 풀고 왕과 합류한다(사 37:8). 라기스는 남쪽의 드넓은 블레셋 해안 평야 하부에서 유다 헤브론 산지로 올라가는 길목에 있는 성읍이다. 전략적으로 매우 중요한 위치에 있었기에 예루살렘 다음으로 중요한 성읍으로 여겼다. 여기를 떠났다는 것은 라기스를 함락시켰음을 의미한다. 산헤립은 라기스를 정복하고 이곳에서 북쪽으로 약 10~20km 떨어진 립나 성읍을 치고 있었다.[7] 이제 이곳을 함락하면 예루살렘으로 가는 안전한 지름길이 확보되어 예루살렘까지 쉽게 진군할 수 있을 것이다.[8]

랍사게는 왜 산헤립에게 합류했을까? 몇 가지 이유를 생각해 볼 수 있다. 첫째, 랍사게의 위협적인 신성 모독의 발언에도 히스기야가 꿈쩍하지 않았기 때문이다. 둘째, 립나는 지형적으로 골짜기를 통해 올라가는 지형에 있었기에 만약 애굽에서 군대가 쳐들어온다면 배후의 공격에 취약할 수 있다. 이때 배후를 지켜줄 수 있는 지원군이 있으면 큰 도움이 될 것이다. 랍사게는 산헤립이 립나를 쉽게 칠 수 있도록 지원하기 위해서 갔다. 셋째, 만약 산헤립이 라기스를 정복한 것이 아니라면, 산헤립은 라기스의 포위를 풀고 물러난 것이고 이는 점차 전쟁의 주도권을 놓치고 있음을 보여주는 것이기에 전력을 보강해야 하기 때문이다.

이때 앗수르의 산헤립은 구스(에티오피아) 출신의 애굽 왕 디르하가가 유다를 지원하기 위해 진군하고 있다는 정보를 입수했다. 자칫 유다와 애굽의 양면 합동 공격이 시작되면 골치 아플 수 있다. 이에 사자를 통해 히스기야에게 편지를 보냈다. 그 편지에는 유다 왕 히스기야에게 여호와 하나님을 신뢰하지 말라고 하는 내용이 담겨 있었다.

> "너는 네가 신뢰하는 하나님이 예루살렘이 앗수르 왕의 손에 넘어가지 아니하리라 하는 말에 속지 말라. 앗수르 왕들이 모든 나라에 어떤 일을 행하였으며 그것을 어떻게 멸절시켰는지 네가 들었으리니 네가 구원을 받겠느냐. 나의 조상들이 멸하신 열방 고산과 하란과 레셉과 및 들라살에 있는 에덴 자손을 그 나라들의 신들이 건졌더냐. 하맛왕과 아르밧왕과 스발와임 성의 왕과 헤나왕과 이와 왕이 어디 있느냐 하라 하였더라"(사 37:10-13).

산헤립은 자신이야말로 열방을 정복한 역사의 주인이고, 여호와는 그의 선조가 정복한 수많은 나라의 신들과 같아서 결코 구원할 수 없을 것이라고 한다. 이 내용은 거짓이 아니다. 산헤립의 선조들이 정복한 수많은 나라에 대한 주장은 모두 사실이었다. 그러나 한 가지, 예루살렘이 앗수르의 손에 넘어가지 아니하리라는 하나님에게 속지 말라는 주장은 거짓이었다. 간담을 서늘하게 하는 산헤립의 협

박 편지 앞에 히스기야는 이제 직접 하나님 앞에 나아간다. 하나님에 대한 대적의 비방을 하나님이 친히 해결해주시도록 간구하기 위해서다. 히스기야는 성전에 올라가 그 글을 여호와 앞에 펴 놓고 기도한다(사 37:14-15).

> "그룹 사이에 계신 이스라엘 하나님 만군의 여호와여 주는 천하 만국에 유일하신 하나님이시라. 주께서 천지를 만드셨나이다" (사 37:16).

히스기야는 먼저, 하나님을 그룹 사이에 계신 여호와로 부른다. 그룹 사이에 있다는 것은 성전 보좌에서 언약궤 위에 앉아 있는 언약의 하나님이란 뜻이다. 언약의 하나님 여호와를 온 세상을 통치하는 온 세상의 참된 왕으로 부르는 것이다. 그뿐만이 아니다. 히스기야는 여호와 하나님을 참되신 창조주로 고백한다. 히스기야는 하나님이 누구신가로부터 그의 기도를 시작하고 있다. 이러한 기도는 하나님의 성품에 근거한 탄원이다. 더 나아가 히스기야는 하나님이 우상과 달리 살아계신 하나님임을 고백하며 탄원한다.

> "여호와여 귀를 기울여 들으시옵소서. 여호와여 눈을 뜨고 보시옵소서. 산헤립이 사람을 보내어 살아 계시는 하나님을 훼방한 모든 말을 들으시옵소서"(사 37:17).

우상은 귀가 있어도 듣지 못하고 눈이 있어도 보지 못한다. 또한 이런 우상을 만드는 자들과 그들을 의지하는 자들도 다 그와 같다(시 115:4-8, 사 43:8). 그러나 하나님은 살아계시기에 히스기야의 탄원을 들으시고 그 현장을 직접 살펴보신다. 히스기야는 하나님 앞에 사실과 거짓을 분별하여 아뢴다. 먼저 앗수르가 열국을 황폐하게 한 것은 사실이다. 이때 그 나라의 신상을 다 불에 던져 넣은 것도 사실이다. 그러나 불에 던져진 정복된 나라의 신상들은 신이 아닌 우상 덩어리, 곧 나무와 돌일 뿐이다. 죽은 나무와 돌덩어리였기에 앗수르 왕에게 멸망당할 수밖에 없었다(사 37:18-19). 하지만 지금 히스기야가 기도하는 하나님은 온 세상을 창조하고 다스리시는 살아계신 하나님이다. 히스기야는 이러한 하나님의 성품과 하나님 되심에 근거하여 간절히 기도한다.

> "우리 하나님 여호와여 이제 우리를 그의 손에서 구원하사 천하만국이 주만이 여호와이신 줄을 알게 하옵소서 하니라"(사 37:20).

하나님이 히스기야와 유다를 구원하셔야 할 이유가 여기 있다. 이것을 통해 천하만국이 여호와 하나님만이 참으로 살아 역사하시는 하나님임을 알게 될 것이기 때문이다. 이는 히스기야의 명예와 안녕을 위한 기도가 아니라 하나님의 영광을 먼저 구하는 기도다. 유다가 구원받아야 할 이유는 하나님의 영광과 명예를 높이기 위함이다. 이것이 바로 '그의 나라와 의를 먼저 구하는 기도' 이다(마 6:33). 하나님의 영광이 궁극적인 목적이 되는 기도인 것이다(사 43:7,21 참조)

요즘 나의 믿음은 어떠한가? 날마다 하나님께 마음을 찢고 겸비하며 나아가는 믿음이 있는가? 날마다 하나님을 굳게 신뢰하며 붙들고 있는가? 또 하나님을 향한 나의 기도는 어떠한가? 정말 그의 나라와 의를 먼저 구하는가? 아니면 나의 행복과 안정, 안일함을 위한 기도인가? 하나님의 영광과 그의 나라와 의를 먼저 구하라. 이로 말미암아 살아 역사하시는 하나님의 손길이 내 주변에 드러나며 모든 것을 더하시는 역사를 보다 생생하게 경험할 것이다.

[55장 각주]

7) 립나의 정확한 위치는 아직 밝혀지지 않았다. 라기스에서 북쪽으로 약 20km 떨어진 텔 에스-사피로 보기도 하고, 최근에는 북쪽으로 약 9.5km 떨어진 텔 엘-보르낫으로 보기도 한다.

8) 게리 스미스, 「NAC 이사야 1」, 797쪽.

56 Chapter 5. Isaiah 37:21-38

역사의 주인공은 누구인가

*[21]아모스의 아들 이사야가 사람을 보내어 히스기야에게 이르되 이스
라엘의 하나님 여호와께서 말씀하시되 네가 앗수르의 산헤립 왕의
일로 내게 기도하였도다 하시고 [22]여호와께서 그에 대하여 이같이 이
르시되 처녀 딸 시온이 너를 멸시하며 조소하였고 딸 예루살렘이 너
를 향하여 머리를 흔들었느니라. [23]네가 훼방하며 능욕한 것은 누구에
게냐. 네가 소리를 높이며 눈을 높이 들어 향한 것은 누구에게냐. 곧
이스라엘의 거룩하신 이에게니라. [24]네가 네 종을 통해서 주를 훼방하
여 이르기를 내가 나의 허다한 병거를 거느리고 산들의 꼭대기에 올
라가며 레바논의 깊은 곳에 이르렀으니 높은 백향목과 아름다운 향
나무를 베고 또 그 제일 높은 곳에 들어가 살진 땅의 수풀에 이를 것*

이며 [25]내가 우물을 파서 물을 마셨으니 내 발바닥으로 애굽의 모든
하수를 말리리라 하였도다. [26]네가 어찌하여 듣지 못하였느냐 이 일들
은 내가 태초부터 행한 바요 상고부터 정한 바로서 이제 내가 이루어
네가 견고한 성읍들을 헐어 돌무더기가 되게 하였노라. [27]그러므로 그
주민들이 힘이 약하여 놀라며 수치를 당하여 들의 풀같이, 푸른 나물
같이, 지붕의 풀같이, 자라지 못한 곡초같이 되었느니라. [28]네 거처와
네 출입과 네가 나를 거슬러 분노함을 내가 아노라. [29]네가 나를 거슬
러 분노함과 네 오만함이 내 귀에 들렸으므로 내가 갈고리로 네 코를
꿰며 재갈을 네 입에 물려 너를 오던 길로 돌아가게 하리라 하셨나이
다. [30]왕이여 이것이 왕에게 징조가 되리니 올해는 스스로 난 것을 먹
을 것이요 둘째 해에는 또 거기에서 난 것을 먹을 것이요 셋째 해에
는 심고 거두며 포도나무를 심고 그 열매를 먹을 것이니이다. [31]유다
족속 중에 피하여 남은 자는 다시 아래로 뿌리를 박고 위로 열매를
맺으리니 [32]이는 남은 자가 예루살렘에서 나오며 피하는 자가 시온
산에서 나올 것임이라. 만군의 여호와의 열심이 이를 이루시리이다.
[33]그러므로 여호와께서 앗수르 왕에 대하여 이같이 이르시되 그가 이
성에 이르지 못하며 화살 하나도 이리로 쏘지 못하며 방패를 가지고
성에 가까이 오지도 못하며 흉벽을 쌓고 치지도 못할 것이요 [34]그가
오던 길 곧 그 길로 돌아가고 이 성에 이르지 못하리라. 나 여호와의
말이니라. [35]대저 내가 나를 위하며 내 종 다윗을 위하여 이 성을 보호
하며 구원하리라 하셨나이다 하니라. [36]여호와의 사자가 나가서 앗수
르 진중에서 십팔만 오천인을 쳤으므로 아침에 일찍이 일어나 본즉
시체뿐이라. [37]이에 앗수르의 산헤립 왕이 떠나 돌아가서 니느웨에

거주하더니 38자기 신 니스록의 신전에서 경배할 때에 그의 아들 아드람멜렉과 사레셀이 그를 칼로 죽이고 아라랏 땅으로 도망하였으므로 그의 아들 에살핫돈이 이어 왕이 되니라.

말콤 글래드웰의 책 「아웃라이어」는 보통 사람보다 탁월한 성과를 거두었던 사람을 연구한 책이다.[9] 출간 당시 '1만 시간의 법칙'이란 용어를 소개하며 세간에 많은 화제를 불러일으켰다. 탁월한 성과를 거두는 사람은 생의 어느 시점에서 1만 시간 이상의 집중과 반복을 축적하며 탁월한 성과를 거둘 수 있는 기초를 쌓았다는 것이다. 그런데 이 책에서 이것 못지않게 중요하게 강조하는 것이 있다. 그것은 그런 탁월한 성과를 거둔 인물을 요구했던 시대적 요청이다.

IT계의 두 거장이라 불리는 빌 게이츠와 스티브 잡스를 생각해보라. 이런 시대적 인물이 나올 수 있었던 것은 두 사람의 탁월함도 있었지만 컴퓨터 산업이 발전하는 시대를 만났기 때문이다. 이런 것을 보면 이런 역할을 감당하는 것은 한 인물의 탁월함이라기보다는 그 시대의 요청에 의해 그 시대가 빚은 시대의 산물인 측면이 훨씬 크다. 결국 사람이 자기 힘으로 잘하고 탁월한 성과를 거두는 것 같지만 그 사람을 요구하는 시대적 요청이 없으면, 더 나아가 시대를 이끌어 가시는 하나님의 손길이 없으면 한 발짝도 움직일 수 없는 것이다.

이것을 인정하는 것이 지혜다. 이것을 인정하지 못하면 자기도 모르게 자신을 큰 위기로 몰아갈 수 있다. 본문에는 이런 인물의 대표적 사례로 앗수르의 왕 산헤립이 등장한다. 산헤립은 당시 세계 최강대국인 앗수르 제국을 이끌며 불가능을 모르고 살던 지도자다. "내 사전에는 불가능이 없다"고 했던 나폴레옹처럼 산헤립의 사전에는 불가능이 없었다. 그의 야심 찬 계획을 들어보라.

> "내가 나의 허다한 병거를 거느리고 산들의 꼭대기에 올라가며 레바논의 깊은 곳에 이르렀으니 높은 백향목과 아름다운 향나무를 베고 또 그 제일 높은 곳에 들어가 살진 땅의 수풀에 이를 것이며 내가 우물을 파서 물을 마셨으니 내 발바닥으로 애굽의 모든 하수를 말리리라 하였도다"(사 37:24-25).

레바논은 백향목과 삼나무가 빽빽하게 들어선 울창한 숲으로 유명하다. 이런 숲이 평균 해발 2,500m 고원에 넓게 분포되어 있다. 이런 높은 산에 오른다는 것은 맨몸으로도 힘들거니와 병거를 거느리고 오르는 것은 거의 불가능에 가까운 일이다. 그런데 산헤립의 자신감을 보라. 자신의 수많은 병거를 몰아 높은 산, 이 꼭대기에서 저 꼭대기까지 올라가겠다고 호언장담한다. 레바논의 높은 꼭대기는 3,000m에 이른다. 산헤립은 산 깊은 곳에 들어가 높은 백향목과 향나무를 베겠다고 한다. 올라가기 어렵다면 나무를 베어서라도 길을 만들어 진군하겠다는 것이다. 그뿐만이 아니다. 물 없는 광야도 산헤립의 진군을 막을 수 없다. 물이 없으면 우물을 지하 70m 이상 깊이 파서라도 마시면 된다.[10] 산헤립에 필적할만한 당대의 강대국 애굽도 문제없다. 산헤립은 애굽을 침략하여 나일강의 모든 강줄기를 말려버리고 모든 생명줄을 끊어버릴 것이다. 이런 자신감 넘치고 불가능을 모르는 산헤립에 대해 하나님은 무엇이라 하실까?

> "네가 어찌하여 듣지 못하였느냐. 이 일들은 내가 태초부터 행한 바요 상고부터 정한 바로서 이제 내가 이루어 네가 견고한 성읍들을 헐어 돌무더기가 되게 하였노라. 그러므로 그 주민들이 힘이 약하여 놀라며 수치를 당하여 들의 풀같이, 푸른 나물같이, 지붕의 풀같이, 자라지 못한 곡초같이 되었느니라"(사 37:26-27).

앗수르 왕 산헤립은 마치 자신의 힘과 능력으로 그동안 이 모든 것을 성취했고, 또 성취할 것처럼 이야기하지만 이 모든 일들은 태초부터 갖고 계신 하나님의 계획과 작정하심 안에 들어있다는 것이다. 그뿐만이 아니다. 하나님은 산헤립이 하나님을 거슬러 예루살렘을 위협하고 하나님을 대항하여 분노하고 오만했던 모습을 다 보고 들어 아신다(사 37:28). 하나님은 이런 상황이 조만간 역전될 것을 선언하신다. 이제 시온이 앗수르를 향하여 멸시하고 조소하며 고개를 절레절레 흔들 것이다(사 37:22, 참조 시 22:7, 109:25). 하나님은 산헤립이 신성 모독했던 것이 이스라엘의 거룩하신 이에게 한 것임을 분명하게 말씀하신다(사 37:23). 그리고 하나님은 이제 일어나서 그의 죄악에 합당한 대가를 되돌려주실 것이다.

> "네가 나를 거슬러 분노함과 네 오만함이 내 귀에 들렸으므로 내가 갈고리로 네 코를 꿰며 재갈을 네 입에 물려 너를 오던 길로

돌아가게 하리라 하셨나이다"(사 37:29).

하나님은 히스기야의 간절한 기도를 들으시고(사 37:21), 산헤립의 오만방자한 언사를 들으셨다. 이제 하나님께서는 갈고리로 그의 코를 꿰고 재갈을 입에 물려 꼼짝 못 하도록 무력화시킨 후, 오던 길로 되돌아가게 하실 것을 이사야를 통해 선포하신다. 갈고리와 재갈을 물리는 것은 주인의 말을 듣지 않는 고집 센 짐승을 다룰 때 사용하는 방법이다.[11] 산헤립은 세상에 무서울 것 없이 자기 힘으로 모든 것을 성취한 강력한 통치자이지만 하나님께서 보실 때는 고집 센 당나귀와 같다.

이사야는 히스기야에게 이러한 하나님의 역사로 인한 3년간의 징조를 선언한다(사 37:30). 올해에 '스스로 난 것'을 먹을 것이다. 이는 씨를 뿌리지 않은 밭에서 저절로 자라난 곡식을 말한다. 올해는 앗수르의 침공으로 온 땅이 황폐하게 되고 백성들은 방어 진지를 구축하며 전쟁 준비를 했기에 제대로 농사지을 틈이 없었다. 그런데 하나님은 그 땅에 곡식을 친히 키우셔서 이스라엘 백성에게 자생적으로 자라난 곡식을 먹도록 하실 것이다. 그다음 해에는 '거기에서 난 것'을 먹을 것이다. 이 또한 폐허가 된 농경지나 들판이 완전히 복구되지 못해 자생적으로 난 곡식과 열매다. 하지만 셋째 해에는 앗수르의 침략으로 폐허가 된 땅이 다시 정비되고 복구되어 거기서 심고 거둔 열매를 먹을 것이다. 이처럼 하나님은 앗수르 침략의 폐해로 농사를 꿈도 꿀 수 없는 때에도 굶지 않고 살아갈 수 있는 은혜를 주실 것이다. 3년의 시간은 구약성경에서 하나님의 새로운 역사가 일어나는 기간을 상징한다(사 16:14 참조). 따라서 여기서 선포된 3년은 단순히 곡식을 제대로 소출한다는 의미를 넘어 하나님께서 폐허가 된 이스라엘을 회복시킬 예언적 회복의 기간을 뜻한다.

그뿐만이 아니다. 하나님께서는 전란 가운데 살아남은 유다 사람들(The surviving remnant of the house of Judah, NRSV, ESV)의 회복을 예고하신다(사 36:31). 이들은 다시 땅 아래 뿌리를 깊이 내리고 쑥쑥 자라나 위로 열매를 맺을 것이다. 지금 이들은 앗수르의 침공으로 성안에 피해 있었지만 이제 밖으로 나와 번성할 것이다. 그의 백성을 향한 만군의 여호와의 열심이 이를 반드시 이루실 것이다(사 37:32).

하나님은 그토록 기세등등하던 앗수르가 예루살렘 성에 감히 근접도 못하고 화살 하나 쏘지 못한 채 왔던 길로 돌아갈 것이라 선포하신다(사 37:34). 하나님이 이렇게 예루살렘을 보호하며 구원하시는 이유에 대하여 "내가 나를 위하며 내 종 다윗을 위하여"라고 말씀한다(사 37:35). 앗수르가 오만방자하게 하나님을 모욕하고 예루살렘을 함락시킨다면 하나님의 영광에 직접적으로 손상이 간다. 또한 하나님께서 다윗에게 약속하신 언약 또한 손상이 간다. 하나님은 그의 영광과 언약에 끝까지 신실하기 위하여 그의 백성을 지키고 보호하실 것이다. 이는 유다의 공로와 행위가 배제된 전적인 하나님 은혜의 행하심이다.

하나님의 행동은 순식간에 일어났다. 다음 날 아침에 보니 앗수르 대군 18만 5천 명이 모두 시체로 변해 있었다(사 37:36). 어떻게 된 일일까? 알고 보니 여호와의 명을 받은 천사가 한밤중에 18만 5

천 대군을 순식간에 쳤기 때문에 일어난 일이다. 앗수르 왕 산헤립을 제외하고는 모두 싸늘한 주검으로 변해 있었다. 기고만장하던 산헤립이 얼마나 큰 충격을 받았을까? 랍사게가 그토록 칭송하던 온 세상을 통치하던 '대왕 앗수르 왕'(사 36:4,13)은 더 이상 누구도 다스릴 수 없는 무력한 지푸라기 같은 인생으로 전락한다. 지휘를 받아야 할 18만 5천의 대군은 듣지 못하고 보지 못하고 걷지 못하는 목석이나 돌덩어리 같은 시체로 전락했다. 결국 아무것도 할 수 없게 된 산헤립은 홀로 앗수르의 수도 니느웨로 돌아간다. 허탈한 마음으로 자기가 섬기던 신 니스록의 신전에서 경배할 때 그는 자신의 두 아들 아드람멜렉과 사레셀의 칼에 죽임을 당하여 비참하게 생을 마감한다(사 37:38). 산헤립이 섬기던 신 니스록은 산헤립의 두 아들에게서도 왕을 구원하지 못하는 무력하고 헛된 우상일 뿐이었다.

하나님은 지금도 우리의 인생과 역사를 주관하시는 전능하신 하나님이다. 하나님이 역사의 주인공이고 우리는 그의 영광을 위하여 쓰임받는 인생일 뿐이다. 내가 여기까지 온 것이 나의 노력과 실력의 결과로 생각하는가, 아니면 전적인 하나님의 은혜라고 생각하는가? 끝까지 하나님을 전적으로 인정하고 신뢰하며 그의 영광을 드러내는 복된 인생으로 살라. 특별히 입술을 조심하라. 혹여라도 교만하지 말라. 내가 여기 있는 것은 나를 여기 두신 분의 특별하신 손길 덕분이다. 나를 이곳에 두신 하나님의 뜻을 어떻게 이루어드릴지를 놓고 기도하라. 그리고 그분의 손길이 놀랍게 나타나고 그분께만 영광 돌리기를 바라라!

[56장 각주]

9) 말콤 글래드웰, 노정태 역, 「아웃라이어: 성공의 기회를 발견한 사람들」(서울: 김영사, 2009).

10) 유다 최남단 성읍 브엘세바 우물의 경우 그 깊이가 70m에 이른다.

11) 존 오스월트, 「NICOT 이사야 I」, 764쪽.

57 Chapter 5. Isaiah 38:1-22

약함을 인정해야 강해진다

[1]그때에 히스기야가 병들어 죽게 되니 아모스의 아들 선지자 이사야
가 나아가 그에게 이르되 여호와께서 이같이 말씀하시기를 너는 네
집에 유언하라. 네가 죽고 살지 못하리라 하셨나이다 하니 [2]히스기야
가 얼굴을 벽으로 향하고 여호와께 기도하여 [3]이르되 여호와여 구하
오니 내가 주 앞에서 진실과 전심으로 행하며 주의 목전에서 선하게
행한 것을 기억하옵소서 하고 히스기야가 심히 통곡하니 [4]이에 여호
와의 말씀이 이사야에게 임하여 이르시되 [5]너는 가서 히스기야에게
이르기를 네 조상 다윗의 하나님 여호와께서 이같이 말씀하시기를
내가 네 기도를 들었고 네 눈물을 보았노라. 내가 네 수한에 십오 년
을 더하고 [6]너와 이 성을 앗수르 왕의 손에서 건져내겠고 내가 또 이

성을 보호하리라. [7]이는 여호와께로 말미암는 너를 위한 징조이니 곧
여호와께서 하신 말씀을 그가 이루신다는 증거이니라. [8]보라. 아하스
의 해시계에 나아갔던 해 그림자를 뒤로 십 도를 물러가게 하리라 하
셨다 하라 하시더니 이에 해시계에 나아갔던 해의 그림자가 십 도를
물러가니라. [9]유다 왕 히스기야가 병들었다가 그의 병이 나은 때에
기록한 글이 이러하니라. [10]내가 말하기를 나의 중년에 스올의 문에
들어가고 나의 여생을 빼앗기게 되리라 하였도다. [11]내가 또 말하기
를 내가 다시는 여호와를 뵈옵지 못하리니 산 자의 땅에서 다시는 여
호와를 뵈옵지 못하겠고 내가 세상의 거민 중에서 한 사람도 다시는
보지 못하리라 하였도다. [12]나의 거처는 목자의 장막을 걷음같이 나
를 떠나 옮겨졌고 직공이 베를 걷어 말음같이 내가 내 생명을 말았도
다. 주께서 나를 틀에서 끊으시리니 조석간에 나를 끝내시리라. [13]내
가 아침까지 견디었사오나 주께서 사자같이 나의 모든 뼈를 꺾으시
오니 조석간에 나를 끝내시리라. [14]나는 제비같이, 학같이 지저귀며
비둘기같이 슬피 울며 내 눈이 쇠하도록 앙망하나이다. 여호와여 내
가 압제를 받사오니 나의 중보가 되옵소서. [15]주께서 내게 말씀하시
고 또 친히 이루셨사오니 내가 무슨 말씀을 하오리이까. 내 영혼의
고통으로 말미암아 내가 종신토록 방황하리이다. [16]주여 사람이 사는
것이 이에 있고 내 심령의 생명도 온전히 거기에 있사오니 원하건대
나를 치료하시며 나를 살려주옵소서. [17]보옵소서. 내게 큰 고통을 더
하신 것은 내게 평안을 주려 하심이라. 주께서 내 영혼을 사랑하사
멸망의 구덩이에서 건지셨고 내 모든 죄를 주의 등 뒤에 던지셨나이
다. [18]스올이 주께 감사하지 못하며 사망이 주를 찬양하지 못하며 구

덩이에 들어간 자가 주의 신실을 바라지 못하되 [19]오직 산 자 곧 산 자는 오늘 내가 하는 것과 같이 주께 감사하며 주의 신실을 아버지가 그의 자녀에게 알게 하리이다. [20]여호와께서 나를 구원하시리니 우리가 종신토록 여호와의 전에서 수금으로 나의 노래를 노래하리로다. [21]이사야가 이르기를 한 뭉치 무화과를 가져다가 종처에 붙이면 왕이 나으리라 하였고 [22]히스기야도 말하기를 내가 여호와의 전에 올라갈 징조가 무엇이냐 하였더라.

'호시노 토모히로' 라는 일본 화가가 있다. 일본에서 '꽃의 시화전' 이라는 이름으로 그간 200여 차례나 전시회가 열렸고, 전시회 때마다 매번 성황을 이루었다. 그의 인기가 더해져 그의 고향집 부근에 건립된 미술관에는 해마다 10만 명이 넘는 관람객이 찾아온다.[12)] 무엇이 이렇게 많은 관심을 끌게 했을까? 그것은 그의 특이한 그림 기법 때문이다. 그는 손이 아닌 입으로 그리는 화가이다. 호시노 토모히로는 화가가 되기 전 운동신경이 좋은 만능 스포츠맨이었다. 대학을 졸업하고 중학교 체육 교사가 되었는데, 철봉을 하다가 그만 부상을 입어서 경추손상으로 목 아래 전신마비가 왔다. 교사가 된 지 2개월 만이었다. 큰 좌절에 빠졌지만 붓을 입에 물고 그림을 그리고 시를 쓰기 시작했다. 그는 나중에 시를 쓰며 이런 고백을 했다.

"내가 옛날에 몸이 성하고 강했을 때는 풀의 흔들림을 보고 참 그 풀이 약하다고 생각했는데, 전신마비가 되어 이렇게 누워 있다 보니 흔들리는 풀에서 약함을 보지 않고 강함을 보았다!"

사람이 자신의 연약함에 눈을 뜬다는 것은 쉽지 않다. 호시노의 경우 불의의 사고로 자신의 연약함에 눈을 떴지만, 많은 경우는 자신의 강함에 기고만장하여 연약함에 눈을 뜨지 못한다. 하지만 우리의 강함은 생각보다 그렇게 강하지 않다. 생의 어느 순간 와르르 무너져 내린다. 그래서 우리의 연약함에 빨리 눈 뜨는 것이 지혜다. 아, 하나님이야말로 우리를 "가난하게도 하시고 부하게도 하시며 낮추기도 하시고 높이기도 하시는 분이구나!"(삼상 2:7). 이것을 발견할 때 우리는 자신을 뛰어넘는 하나님의 강함에 눈을 뜨게 된다.

본문에 등장하는 남유다 왕조 제13대 왕 히스기야가 바로 이런 경험을 하게 된다.

> "그때에 히스기야가 병들어 죽게 되니 아모스의 아들 선지자 이사야가 나아가 그에게 이르되 여호와께서 이같이 말씀하시기를 너는 네 집에 유언하라 네가 죽고 살지 못하리라 하셨나이다 하니" (사 38:1).

어느 날인가부터 히스기야왕이 시름시름 앓더니 병들어 눕게 되었다. 그런데 이것이 좀처럼 나을 기미를 보이지 않는다. 이때 이사야 선지자가 히스기야왕에게 오더니 "유언을 남기라"고 하면서 곧 죽을 것이라는 하나님 말씀을 전한다. 이 얼마나 청천벽력 같은 말인가? 만약 회개하면 살 것이라고 말씀하셨다면 전심으로 회개하면 살 가능성이 있게 될 것이다. 그러나 여기에는 아무런 단서 조항이 없다. 히스기야가 병을 위해 할 수 있는 것은 아무것도 없었다. 그가 할 수 있는 유일한 것이라곤 그저 후대를 위한 유언을 남기고 죽음을 맞이하는 것뿐이다. 이미 하나님의 단호한 결정이 내려진 상태였다.

하지만 놀랍게도 히스기야는 여기서 낙담하거나 좌절하지 않고 하나님께 긍휼을 구하며 나아간다.

> "히스기야가 얼굴을 벽으로 향하고 여호와께 기도하여 이르되 여호와여 구하오니 내가 주 앞에서 진실과 전심으로 행하며 주의 목전에서 선하게 행한 것을 기억하옵소서 하고 히스기야가 심히 통곡하니"(사 38:2-3).

히스기야는 얼굴을 벽으로 향하고는 그동안 자신이 하나님 앞에 진실하게 살아온 것과 온전한 마음으로 순종한 것과 하나님이 보시기에 선한 일을 행했던 것을 기억해 달라고 하며 한참 동안을 흐느껴 울었다. '벽을 향한다'는 것은 더 이상 사람을 바라보지 않고 하나님만 바라보는 행위다. 이는 자신의 선함에 대한 대우가 부당함을 호소하는 것이 아니라 자신의 선함이 하나님의 작정하심 앞에 무가치하고 아무런 공로가 되지 못함을 인정하며 하나님의 긍휼과 자비를 구하는 기도다. 자신은 하나님의 은혜 없이는 아무것도 아니며, 한순간도 살 수 없는 연약한 피조물에 불과하다는 것이다. 이런 들풀과 같은 연약한 인생에 하나님의 은혜가 있어야 마르지 않고 살 수 있음을 고백한 것이다. 히스기야가 하나님의 단호한 선언에도 이렇게 심한 눈물과 통곡으로 나아갈 수 있었던 이유가 무엇일까? 그것은 히스기야가 확신한 하나님의 성품 때문이다. 히스기야는 하나님이 백성의 악함대로 심판하시는 분이 아니라 자비롭고 은혜롭고 노하기를 더디하며 인자와 진실이 많아 인자를 천대까지 베푸시는 분임을 확신했다(출 32:7-14, 34:6-7).

자신의 연약함과 무력함을 처절히 자각하고 오직 하나님의 긍휼과 자비만을 구하며 통곡했던 히스기야에게 하나님은 곧바로 응답하신다. 하나님은 조금 전 히스기야의 죽음을 선고했던 이사야 선지자가 자기 성읍에 도착하기도 전에 다시 왕궁으로 보낸다(왕하 20:4 참조).

> "이에 여호와의 말씀이 이사야에게 임하여 이르시되 너는 가서 히스기야에게 이르기를 네 조상 다윗의 하나님 여호와께서 이같이 말씀하시기를 내가 네 기도를 들었고 네 눈물을 보았노라. 내가 네 수한에 십오 년을 더하고 너와 이 성을 앗수르 왕의 손에서 건져내겠고 내가 또 이 성을 보호하리라"(사 38:4-6).

하나님은 히스기야에게 '다윗의 하나님 여호와'로서 말씀하신다. 이는 과거에 다윗과 맺으신 언약에 여전히 신실하신 하나님임을 보여준다(삼하 7:16, 신 4:37-38 참조). 하나님이 그의 신실하심과 자비를 베푸시는 이유는 히스기야의 기도와 눈물을 보셨기 때문이다. 이것은 히스기야의 겸손한 마음 상태를 고스란히 보여준다. 그러나 그것만이 전부는 아니다. 바로 그의 조상 다윗에게 베풀기로 약속하신 언약 때문이기도 하다.

하나님이 베푸시는 파격적인 은혜는 히스기야의 기대와 상상을 초월했다. 하나님은 히스기야를 치유하실 뿐 아니라 그에게 15년의 수한을 더하고 히스기야가 통치하는 예루살렘 성읍을 앗수르 왕의 위협에서 건져내고 보호하실 것이다!

여기서 잠시 이상한 생각이 들지 모르겠다. 왜냐하면 하나님께서 히스기야와 예루살렘을 앗수르 왕 산헤립의 위협에서 건지신 것은 바로 앞 36~37장에 등장하기 때문이다. 이때가 대략 주전 701년 경이다. 시간 순서로 보면 본문 38장의 사건은 36~37장보다 앞선다. 히스기야는 앗수르의 침공 약 3년 전 즈음에 죽을병에서 치유받은 것이다.

그렇다면 왜 시간적 순서가 바뀌었을까? 이는 이사야서의 신학적 강조점 때문이다.[13] 바로 앞 37장 36~38절에서 세상에서 가장 강하다 자부하며 이스라엘을 위협하던 산헤립이 결국 자식의 칼에 허망하게 죽는 무력한 인생임을 보여주는 반면, 죽을 수밖에 없는 들풀 같은 히스기야의 인생이 하나님의 긍휼과 자비로 회복되는 것을 극적으로 대조시켜 보여주기 위함이다. 이는 히스기야뿐 아니라 그가 통치하는 이스라엘 언약 공동체에도 회복의 희망을 준다. 비록 훗날 바벨론에 유배되어 사망선고를 받은 것 같은 충격과 어려움을 겪지만 언젠가 이스라엘도 하나님의 긍휼과 자비로 회복될 것을 보여준다.[14] 산헤립은 여호와를 비방하고 자신이 모든 신 위에 뛰어나다고 호언장담하다 망하였지만 히스기야는 겸손하게 통곡의 기도와 눈물로 하나님의 구원을 얻는다. 산헤립은 자신이 섬기던 신 니스록의 신전에 들어갔다가 죽임을 당하지만 히스기야는 하나님께 나아가 구원받는다. 히스기야와 산헤립의 대조적인 모습은 다음과 같이 정리할

	산헤립 (37장)	히스기야 (38장)
히스기야에게 온 사자	히스기야와 여호와를 조롱 (9-13절)	히스기야가 병으로 죽을 것 (1절)
히스기야의 반응	성전에 편지를 펴 놓고 기도 (14절)	얼굴을 벽으로 향하고 기도 (2절)
히스기야의 기도	천하만국이 주만이 여호와인 줄 알게 하소서 (15-20절)	하나님 앞에 진심으로 행한 것을 기억하옵소서, 통곡(3절)
응답	오던 길로 돌아가리라 (34절)	1) 네 수한을 15년 더하고 2) 앗수르 왕의 손에서 건지고 3) 이 성을 보호하리라 (5-6절)
징조	첫해, 둘째 해 - 스스로 난 것을 먹고 셋째 해에는 심고 거둔 열매를 먹으리라 (30-32절)	해시계 (7-8절)

수 있다.[15)]

히스기야와 유다의 구원을 약속하신 하나님은 말씀에 대한 확실한 성취의 증거로 한 징조를 약속하신다(사 38:7). 그것은 아하스의 해시계 그림자를 뒤로 십도 물러가게 하는 것이다(사 38:8). 아하스의 해시계는 아하스의 왕궁 다락에 연결된 일종의 피라미드식 계단 구조물(the stairway of Ahaz, NIV)로 해가 뜨고 질 때 계단에 드리우는 그림자를 통해 시간의 경과를 측정하도록 했던 장치로 보인다. 하나님은 이 계단의 그림자를 10칸 뒤로 물리는 징조를 약속하신 것이다. 그리고 히스기야는 실제로 그 징조가 성취되는 것을 보았다. 이는 곧 히스기야의 회복과 유다의 회복을 의미한다.

이어지는 9~20절은 히스기야가 하나님의 능력으로 치유된 후 기록한 감사의 찬송 시편이다. 이 시편을 가만히 음미하다 보면 인생의 생사화복을 주관하시는 하나님의 전능하심과 그 앞에 철저히 무력한 히스기야의 가난한 마음이 잘 표현되어 있다.

> "내가 말하기를 나의 중년에 스올의 문에 들어가고 나의 여생을 빼앗기게 되리라 하였도다. 내가 또 말하기를 내가 다시는 여호와를 뵈옵지 못하리니 산 자의 땅에서 다시는 여호와를 뵈옵지 못하겠고 내가 세상의 거민 중에서 한 사람도 다시는 보지 못하리라 하였도다"(사 38:10-11).

'나의 중년'은 '내 인생의 전성기'(the prime of my life, NIV) 또는 내 인생의 '한창나이'(새번역, 공동번역) 때를 말한다. 인생의 전성기, 가장 예기치 못했던 때에 히스기야는 죽음의 수렁을 직면한다. 내 것인 줄 알았던 인생을 모두 거두어 가겠다는 하나님의 선언 앞에 히스기야는 하나님과 사람들과의 교제가 완전히 단절되며 미래를 위해 세웠던 모든 계획이 수포로 돌아감에 절망한다. 자기 궁궐인 줄 알았지만 하나님이 자신의 생명을 거두어가시니 마치 베 짜는 사람이 베를 다 짜고 거두어 말아가듯 이 땅에서 죽음으로 옮겨져 간다고 고백한다(사 38:12). 그는 이 죽음이 매우 가까이 왔음을 직감한다. 히스기야는 버틸 수 있는 데까지 견디고 버티지만, 그런 그의 미약한 저항을 하나님은 사자같이 덮쳐 그 뼈를 꺾으시는 것 같다(사 38:13). 조만간 이러다 그의 생은 끝날 것 같다. 히스기야는 전능하신 하나님의 작정하심 앞에 자신의 한없는 연약함을 마주하고 애통하며 나아간다. 히스기야는 새가 지저귀는 듯, 비둘기가 구구거리며 슬피 우는 듯 하나님을 향하여 애통하며 운다. 너무나도 오랜 시간 울며 나아가기에 눈이 쇠할 정도다(사 38:14). 히스기야는 눈물로 통곡하며 하나님 말씀 앞에 자신은 아무것도 아님을 고백한다. 오직 하나님이 말씀하신 대로 자기 삶에 이루어질 뿐이다(사 38:15). 그러나 이렇게 끝나기에는 너무나도 안타깝고 괴로워 영혼의 번민으로 잠을 이룰 수 없다. 하나님 앞에 완전히 항복한 히스기야는 이제 오직 하나님의 긍휼에 기대어 간구한다.

> "주여 사람이 사는 것이 이에 있고 내 심령의 생명도 온전히 거기에 있사오니 원하건대 나를 치료하시며 나를 살려주옵소서"(사 38:16).

사람의 생명은 오직 하나님 말씀과 구원역사에 달려 있다. 이제 히스기야는 자기 인생의 주인이 하나님임을 철저하게 고백하며 그의 긍휼에 의지하여 치유와 구원을 간구한다. 히스기야는 자신의 고통조차 하나님의 긍휼의 손에 의하여 평안과 구원으로 연결될 것을 기도하며 확신하게 된다(사 38:17). 이 확신으로 히스기야는 남은 평생 여호와의 전에서 찬양하며 살 것을 기도한다(사 38:20).

히스기야의 간절한 기도 후, 이사야는 한 뭉치 무화과를 가져다가 종기에 붙이면 나을 것이라고 한다(사 38:21). 얼핏 짐작할 수 있는 것은 히스기야의 병이 종기를 통해 일어났다는 것이다. 그 치유의 방법은 기적적인 치유가 아니다. 무화과로 '고약'(공동번역)을 만들어 '습포제'(poultice, NIV)로 바르거나 붙이는 것이다. 하나님의 증표는 아하스의 해시계와 같이 초자연적으로도 일어나지만, 무화과 고약이라는 매개 수단을 통해서도 일어남을 기억하라.[16] 증표를 기적적인 것으로만 제한해서도 안 되고, 매개 수단으로만 보아서도 안 된다. 우리는 이 둘 모두에 열려 있어야 한다.

히스기야는 무화과 고약을 통한 치유를 믿음으로 받아들이고, 하나님의 전에 올라가 예배할 열정에 설렌다. 그는 이사야에게 "내가 여호와의 전에 올라갈 징조가 무엇이냐"고 묻는다(사 38:22). 히스기야는 병에 걸렸기에 제사장이 정결함을 선포할 때까지 기다려야 했다(레 13:6,17,23,28 참조). 따라서 히스기야는 자신이 온전히 회복된 후 여호와의 전에 나아가게 될 또 다른 징조를 구하는 것이다. 본문은 여기서 더 이상 마지막의 이야기를 전개하지 않고 열린 결말로 끝난다.

이는 이 말씀을 읽는 우리에게도 열린 도전으로 이어진다. 하나님은 때로 우리가 미처 몰랐던 약함에 강권적으로 눈을 뜨게 하신다. 이게 우리에게는 현실적으로 상당한 고통인데, 동시에 이것은 우리가 그의 긍휼을 경험할 수 있는 좋은 은혜의 기회이기도 하다. 이럴 때 나는 얼마나 하나님 앞에 나의 연약함을 발견하며 그의 긍휼을 구하는가?

하나님은 육체의 연약한 가시로 고통받는 사도 바울이 가시를 제거해달라고 세 번이나 간구할 때 다음과 같이 응답하셨다.

"나에게 이르시기를 내 은혜가 네게 족하도다. 이는 내 능력이 약한 데서 온전하여짐이라 하신지라. 그러므로 도리어 크게 기뻐함으로 나의 여러 약한 것들에 대하여 자랑하리니 이는 그리스도의 능력이 내게 머물게 하려 함이라. 그러므로 내가 그리스도를 위하여 약한 것들과 능욕과 궁핍과 박해와 곤고를 기뻐하노니 이는 내가 약한 그때에 강함이라"(고후 12:9-10).

그렇다. 하나님은 세상의 미련한 것들을 택하사 지혜 있는 자들을 부끄럽게 하시고, 세상의 약한 것들을 택하사 강한 것들을 부끄럽게 하려 하신다(고전 1:27). 따라서 성도에게는 늘 역설의 삶이 존재한다. 그것은 성도가 약해야 강해진다는 사실이다. 내가 약해야 그리스도의 능력이 머물기 때문이다. 날마다 자신의 연약함을 하나님 앞에 인정하라. 그리고 긍휼을 구하는 강한 성도로 서라!

[57장 각주]

12) 고두현, "[고두현의 아침 시편] 평범한 하루가 모여 위대한 생이 된다", 한국경제, 2021. 2. 5.
13) 존 오스월트, 「NICOT 이사야 Ⅰ」, 776-778쪽.
14) 게리 스미스, 「NAC 이사야 1」, 825-826쪽.
15) 송병현, 「엑스포지멘터리 이사야 Ⅱ」(서울: 국제제자훈련원, 2012), 92쪽의 도표를 수정한 것이다.
16) 존 오스월트, 「NICOT 이사야 Ⅰ」, 797쪽.

58 Chapter 5. Isaiah 39:1-8

강함을 과시할 때 약해진다

[1]그때에 발라단의 아들 바벨론 왕 므로닥발라단이 히스기야가 병 들
었다가 나았다 함을 듣고 히스기야에게 글과 예물을 보낸지라. [2]히스
기야가 사자들로 말미암아 기뻐하여 그들에게 보물 창고 곧 은금과
향료와 보배로운 기름과 모든 무기고에 있는 것을 다 보여주었으니
히스기야가 궁중의 소유와 전 국내의 소유를 보이지 아니한 것이 없
는지라. [3]이에 선지자 이사야가 히스기야 왕에게 나아와 묻되 그 사
람들이 무슨 말을 하였으며 어디서 왕에게 왔나이까 하니 히스기야
가 이르되 그들이 원방 곧 바벨론에서 내게 왔나이다 하니라. [4]이사
야가 이르되 그들이 왕의 궁전에서 무엇을 보았나이까 하니 히스기
야가 대답하되 그들이 내 궁전에 있는 것을 다 보았나이다. 내 창고

에 있는 것으로 보이지 아니한 보물이 하나도 없나이다 하니라. 5이
사야가 히스기야에게 이르되 왕은 만군의 여호와의 말씀을 들으소
서. 6보라. 날이 이르리니 네 집에 있는 모든 소유와 네 조상들이 오늘
까지 쌓아 둔 것이 모두 바벨론으로 옮긴 바 되고 남을 것이 없으리
라. 여호와의 말이니라. 7또 네게서 태어날 자손 중에서 몇이 사로잡
혀 바벨론 왕궁의 환관이 되리라 하셨나이다 하니 8히스기야가 이사
야에게 이르되 당신이 이른 바 여호와의 말씀이 좋소이다 하고 또 이
르되 내 생전에는 평안과 견고함이 있으리로다 하니라.

우리는 누구나 다른 이들을 향해, "봤어? 나 이 정도야!"라고 자랑하고 싶은 마음이 들 때가 있다. 그래서 가진 것을 마음껏 자랑하곤 한다. 그러나 이런 과정에서 우리가 종종 착각하는 것이 있다. 그것은 내가 자랑하는 나의 소유가 나의 일부를 드러내주기는 하지만 그것이 곧 나에 대해 말해주는 것은 아니라는 점이다. 내가 멋진 집에서 산다고 하지만 그것이 곧 나 자신이 멋진 사람임을 말해주는 것은 아니다. 멋진 집에 살면서 서로 싸우고 냉랭한 가정도 많다. 내가 멋진 차를 타고 다닌다고 그것이 곧 내가 멋진 사람이라는 것은 아니다. 우리가 과시하는 점이 우리 자신을 말해주는 것이 아니라면 무엇을 말해주는 것일까? 그것은 우리가 인정받고 싶은 부분이다. 그동안 인정받지 못해 마음 힘들어하다 이제는 제대로 인정받고 싶어 하는 열망을 보여준다. 이는 다름 아닌 우리의 열등감을 보여준다. 내가 과시하는 그 강함에서 곧 나의 약함, 열등감을 드러내는 것이다. 그래서 우리는 강함을 자랑하며 드러내려 하지만 그 강함에는 항상 약함과 결함이 함께 드러남을 기억해야 한다.

본문에서 바벨론 왕 므로닥발라단은 히스기야왕에게 사절단을 보낸다. 그것은 히스기야가 불치병에서 살아났다는 이야기를 들었기 때문이다.

> "그때에 발라단의 아들 바벨론 왕 므로닥발라단이 히스기야가 병들었다가 나았다 함을 듣고 히스기야에게 글과 예물을 보낸지라" (사 39:1).

'그때'는 히스기야왕이 하나님의 징표를 경험하고 죽을병에서 치유받았을 때를 말한다. 하나님께서는 이사야를 통해 히스기야가 얼마 살지 못하고 죽을 것이니 이제 주변을 정리하라고 말씀하신 바 있다(사 38:1, 왕하 20:1). 이때 히스기야는 심히 통곡하며 하나님께 기도했고, 하나님은 그의 눈물에 응답하여 그의 수한을 15년 연장해 주시고 앗수르의 손에서 보호해주실 것을 약속하셨다. 이와 함께 하나님 말씀에 대한 증표를 더하시는데, 아하스의 해시계 그림자를 10도 뒤로 물러가게 하셨다(사 38:8, 왕하 20:9-11). 하나님의 이런 놀라운 치유와 기적의 손길을 경험했을 때 바벨론 왕 므로닥발라단이 히스기야에게 사절단을 통해 친필 서신과 예물을 보냈다.

바벨론 왕 므로닥발라단은 어떤 인물인가? 그는 아직 앗수르 제국이 세계를 제패하고 있었을 때, 숱한 위기를 거치며 앗수르의 산헤립왕에 대항하며 반앗수르 전선을 형성했던 고대 근동의 떠오르는 강자였다. 그는 앗수르 왕 살만에셀(주전 727-722)이 죽자 바벨론의 통치권을 장악하고 주전 722년부터 유브라데 지역을 지배하다가 사르곤 2세(주전 722-705년)에 의해 주전 710년에 추방당한다. 이후 주전 705년 사르곤이 전쟁터에서 죽고 그의 후계자를 두고 앗수르가 혼란에 빠지자 다시 바벨론으로 돌아와 9개월(주전 704-703)간 통치하다가 권력을 완전히 장악한 산헤립에 의해 주전 703년 다시 축출당한다.[17] 이후 그는 페르시아만 너머의 엘람으로 퇴각하여 이곳을 근거지로 삼고 계속해서 앗수르에 대한 반란을 선동했다.[18] 왕이 되었다가 쫓겨나는 망명생활을 반복하면서 그의 명성은 점차 주변 세계에 알려졌다. 므로닥발라단은 히스기야왕에게도 세계 최강대국 앗수르에 끊임없이 도전하는 신흥 강국의 지도자로 강력하게 각인되었을 것이다. 이런 므로닥발라단에게 끊임없는 고민이 있었다. 여전히 강대국인 앗수르를 어떻게 하면 바벨론이 물리칠 수 있을까 하는 것이다.

그런데 므로닥발라단이 변방의 약체 국가 유다를 주목한다. 사절단을 통해 그의 친필 서신과 예물까지 유다에게 보낸 것은 단순한 호의가 아니었다. 유다를 유력한 전략적 파트너로 여기고 일종의 국가적 동맹을 맺기 위해 보낸 것이다.

므로닥발라단이 유다를 주목한 이유가 무엇일까? 그것은 유다의 군사력이나 국부에 관심이 있어서가 아니다. 그 핵심적인 이유는 히스기야가 불치병에서 기적적으로 치유되었기 때문이다. 이 소문을 듣고 므로닥발라단은 여기에 인간의 힘을 뛰어넘는 신비하고도 초월적인 그 무엇인가가 있음을 직감하였다. 그것을 발견한 계기가 바로 아하스의 해시계가 10도 물러간 사건이다(왕하 20:8-11). 해시계가 물러갔다는 것은 단순히 시곗바늘이 뒤로 간 사건이 아니다. 해가 뒤로 물러간 사건이다. 이것은 지구와 태양계의 운행에 근본적인 변동이 없으면 불가능하다. 따라서 해시계가 유다만 물러간 것이 아니라 바벨론도 물러갔다. 전 지구적 사건이다. 바벨론은 예전부터 천문학이 발달하였고, 해달별을 숭배하는 종교적 제의가 있었다. 이 놀라운 천체의 변화는 분명 바벨론에서도 므로닥발라단에게 보고되었을 것이다. 그는 이 놀라운 현상이 무슨 일인가 궁금해하였을 것이고, 수소문 끝에 이것이 여호와 하나님이 변방의 작은 나라였던 유다 왕 히스기야의 병을 치유하시며 주신 증표임을 알았다.

므로닥발라단은 '그렇다면 그에게 가서 그 힘의 근원을 알아봐야겠구나' 하는 생각을 하였고 사절단을 보냈다. 알고 보니 그동안 애굽과 앗수르 사이에 끼어서 수없이 망할 뻔했음에도 유다가 망하지 않고 버티는 것이 신기했다. 그래서 히스기야에게 예물을 보내 공식 동맹관계를 제안했던 것이다. 당시의 떠오르는 신흥 국가 바벨론의 제안에 히스기야는 뛸 듯이 기뻐했다.

> "히스기야가 사자들로 말미암아 기뻐하여 그들에게 보물 창고 곧 은금과 향료와 보배로운 기름과 모든 무기고에 있는 것을 다 보여주었으니 히스기야가 궁중의 소유와 전 국내의 소유를 보이지 아니한 것이 없는지라"(사 39:2).

여태까지 유다는 앗수르와 애굽 사이에 끼어 많은 조공을 바치고도 힘겨워하고 있었다. 그 어느 제국도 유다를 동등한 나라로 취급하지 않고 속국 정도로 여겼다. 그런데 바벨론은 동등한 자격으로 유다와 하나의 국가 동맹을 맺자는 것이었다. 이들의 숨은 의도는 태양을 움직였던 유다의 숨겨진 힘의 비밀을 파악하고 이들과 동맹을 맺어 애굽까지 컨트롤해서 앗수르에 저항해볼 생각이었을 것이다.

그동안 주변 강대국에 인정받지 못하고 속국 취급받던 유다가 바벨론 사절단의 방문을 받았으니 얼마나 좋았겠는가? 게다가 바벨론에서 유다까지는 그 거리가 약 1,500km 이상 되었다. 어마어마한 거리를 통과해서 예물과 친필서신을 갖고 여기까지 왔다. 그동안은 주로 유다 왕이 멀리 갔었는데 이제는 이들이 유다를 찾아온 것이다(왕하 16:10 참조). 이것만으로도 너무 감격했다. 마치 그동안 제대로 대우받지 못했던 유다의 열등감을 만져주는 것 같다. 히스기야는 사절단의 방문을 받고 자기 궁중에 있는 모든 보물과 소유, 무기고의 무기, 심지어 여호와를 섬기기 위해 성전에 두었던 금은 그릇 등 가진 것을 다 보여준다.

오늘날로 하면 명품 백, 보석, 차, 집, 동네, 집으로 오는 길, 경비원, 엘리베이터, 집에서 키우는 개, 개집, 개 사료 등등을 다 자랑하는 것과 같다. 왜 이렇게 자랑하는가? "봤어? 나 이 정도야!" 이것을 말하고 싶어서다. 자신의 나라가 국가 대 국가 동맹을 맺기에 충분한 자격이 있다는 것을 항변하고 싶어서다.

하지만 므로닥발라단의 사절단은 이것을 보러 온 것이 아니다. 바벨론은 이것보다 훨씬 좋은 것으로 가득하다. 오히려 이것을 보던 사절단은 '아, 유다가 힘자랑을 좀 하지만 다른 강대국에 비해 별거 아니네!'라고 생각했을 가능성이 크다. 바벨론의 사절단이 온 것은 이들을 지탱하는 보이지 않는 힘의 근원을 보러 온 것이다.

히스기야의 사명은 자기를 찾아온 이들에게 하나님을 만나게 해 주어야 하는 것이다. 사절단이 하나님을 만나야 유다를 두려워하고, 든든한 전략적 파트너로 여길 수 있다. 그런데 지금 히스기야는 자기가 바벨론에게 인정받는다고 생각하니 하나님을 자랑할 여유는 없고 온통 자기 자랑만 한다. 히스기야가 자기 자랑할 것이 무엇이 있을까? 그는 온통 자기가 소유한 재산을 자랑한다. 그는 은연중에 '봤어? 나 이 정도야! 이 정도로 부자야! 그러니 나랑 동맹할만하지? 나랑 사귈 만하지?'라는 말을 자랑을 통해 하고 있었다.

하지만 이것은 결국 바벨론에게 히스기야의 열등감을 자랑하는 것밖에 되지 않았다. 생각해 보라. 세계 최강의 대국 앗수르에게 쫓겨 다니던 바벨론이 약소국 유다의 무기고와 금은 보물을 보고 감동했겠는가? 아마 이런 생각은 했을 것이다. '어? 쓸만한 게 좀 있네? 나중에 침략해서 싹쓸이해갈 만하겠네.'

히스기야는 이렇게 가면 안 됐다. 이럴 때 지혜가 있다면 히스기야는 이들을 이사야에게로 안내해야 했다. 그리고 그들에게 하나님의 음성을 듣게 해야 했다. 그러나 이사야는 만나게 할 생각조차 없다. 위기 때는 그렇게 뻔질나게 찾아가더니 좋을 때는 아예 찾지도 않았다.

자기 자랑은 자기 약함을 드러내고, 자기 약함이 드러나면 결국 공격의 빌미를 준다. 그래서 우리는 약해야 한다. 자기의 약함이 드러나고 하나님의 강함이 드러나야 하나님이 붙들어주시고 결국 모든 위기에서 건지신다. 생각해 보라. 2천 년 전 예수님을 찾아온 동방박사들은 어떻게 그 먼 바벨론에서부터 낙타를 타고 무려 1,500km나 되는 거리를 올 수 있었을까? 밤하늘에 밝게 비추는 별 때문이다. 그동안의 경험과 상식을 뛰어넘는 하나님의 초월적인 능력을 보고서 무려 1,500km나 되는 어마어마한 거리를 따라온 것이다. 하나님의 능력이 빛날 때 주변의 강대국들을 끌어들이고, 그들도 그 능력 앞에 무릎 꿇게 할 수 있다. 따라서 히스기야가 안전하게 보호를 받으려면 히스기야를 살리고 유다를 지키는 능력의 근원, 곧 만군의 주 여호와를 사절단에게 보여주어야 했다. 이들이 사람의 능력을 초월하는 하나님의 강력함을 보아야 그다음부터 유다에 감히 범접하지 못한다.

하지만 히스기야는 죽을병에 걸렸을 때 그토록 통곡하며 의지하던 하나님을 제쳐두고 자기 자랑에 정신없었다. 이렇게 사태가 전개되자 이사야 선지자는 하나님의 보내심을 받고 왕을 찾아온다.

> "이에 선지자 이사야가 히스기야 왕에게 나아와 묻되 그 사람들이 무슨 말을 하였으며 어디서 왕에게 왔나이까 하니 히스기야가 이르되 그들이 원방 곧 바벨론에서 내게 왔나이다 하니라"(사 39:3).

여기 '원방'이란 '먼 나라'를 말한다. 하나님은 신명기에서 다른 나라와 조약을 맺지 말라고 하셨거니와(신 7:1-4) 이스라엘은 역사적으로 원방, 곧 '먼 나라'에서 왔다고 주장했던 기브온에게 속아 조약을 맺었다가 큰 대가를 치른 적이 있다(수 9:6,13-15 참조). 이사야는 남의 일 이야기하듯 퉁명스럽게 대답하는 히스기야왕에게 곧바로 정면으로 질문한다.

> "이사야가 이르되 그들이 왕의 궁전에서 무엇을 보았나이까 하니 히스기야가 대답하되 그들이 내 궁전에 있는 것을 다 보았나이다. 내 창고에 있는 것으로 보이지 아니한 보물이 하나도 없나이다 하니라"(사 39:4).

히스기야는 자신이 어떻게 행동했는지 자랑스럽게 대답한다. 그것이 사신단에게 큰 감동을 주었다고 여전히 착각하고 있었다. 그러나 이는 결국 바벨론이 훗날 유다를 정복할 야욕을 키우는 실마리를 제공한다. 이에 대해 하나님은 히스기야에게 그의 행동이 초래한 재앙을 선언한다.

> "이사야가 히스기야에게 이르되 왕은 만군의 여호와의 말씀을 들으소서. 보라. 날이 이르리니 네 집에 있는 모든 소유와 네 조상들이 오늘까지 쌓아 둔 것이 모두 바벨론으로 옮긴 바 되고 남을 것이 없으리라. 여호와의 말이니라. 또 네게서 태어날 자손 중에서 몇이 사로잡혀 바벨론 왕궁의 환관이 되리라 하셨나이다 하니"(사 39:5-7).

히스기야는 하나님의 영광을 드러내야 했지만 결국 자기 영광을 드러내려 했고, 이는 필연적인 멸망으로 귀결될 것이다. 이사야가 이렇게 선포했으면 히스기야는 어떻게 해야 하는가? 이전처럼 하나님 앞에 바짝 엎드려 심히 통곡하며 회개하고 기도해야 하지 않겠는가? 그러나 이번에 히스기야의 태도는 이전과 사뭇 달랐다.

> "히스기야가 이사야에게 이르되 당신이 이른 바 여호와의 말씀이 좋소이다 하고 또 이르되 내 생전에는 평안과 견고함이 있으리로다 하니라"(사 39:8).

히스기야는 자기 때만 괜찮으면 상관없고, 어차피 자신이랑 상관없는 일인 것처럼 이 말씀을 좋게 받아들인다. 도대체 왜 이렇게 대답했을까? 히스기야가 아직도 바벨론 사신 앞에 자기를 드러냈던 자기 자랑과 교만에 취해 있었기 때문이다. 결국 그가 자랑했던 것이 약함과 저주로 바뀌었다. 더욱 안타까운 것은 자신의 약함을 강함으로 변화시킬 기도의 능력조차도 빼앗기고 말았다는 것이다.

아직도 자기 자랑과 인정에 목매고 있지 않은가? 속으로 계속 '봤어? 나 이런 사람이야!'를 외치고 싶은가? 온전한 성도라면 "봤어? 우리 하나님 이런 분이야!" 하며 하나님을 자랑할 수 있어야 한다. 그분만이 강함의 근원이 되신다. 기억하라. 강함을 과시할 때 도리어 약해진다. 우리는 약한 우리를 들어 쓰시는 하나님의 강함을 자랑하고 찬송하기 위해 부름받았다.

> "하늘에서는 주 외에 누가 내게 있으리요. 땅에서는 주밖에 내가 사모할 이 없나이다. 내 육체와 마음은 쇠약하나 하나님은 내 마음의 반석이시요 영원한 분깃이시라. 무릇 주를 멀리하는 자는

망하리니 음녀같이 주를 떠난 자를 주께서 다 멸하셨나이다. 하나님께 가까이 함이 내게 복이라. 내가 주 여호와를 나의 피난처로 삼아 주의 모든 행적을 전파하리이다"(시 73:25-28).

이런 은혜를 경험하며 나아가자!

[58장 각주]

17) 김필회, "이사야 1-39장"「묵상과 설교」, (서울: 성서유니온, 2020. 7-8), 310쪽.
18) 존 오스월트, 「NICOT 이사야 Ⅰ」, 800쪽.

[P·A·R·T·6]

위로와 구원의 약속

언약 백성을 위로하는 신실하신 하나님

위로가 사라질 때 붙들어야 할 능력의 말씀

누구의 손에 붙들려 있는가 | 우상들아 소송하라

여호와의 종을 보라 | 새 노래로 찬양하라

제1목적을 향해 가라 | 보라, 내가 새 일을 행하리라

하나님밖에 없다 | 이스라엘이 붙들어야 할 확신

하나님의 파격, 고레스 - 어쨌거나 쓰임받는 것이 중요하다

숨어계시는 하나님 | 어떤 재미로 살 것인가

헛된 지혜의 배신 | 하나님의 영광을 위한 오래 참으심

하나님의 인도하심이 당황스러울 때

59 Chapter 6. Isaiah 40:1-11

언약 백성을 위로하는 신실하신 하나님

1너희의 하나님이 이르시되 너희는 위로하라. 내 백성을 위로하라.
2너희는 예루살렘의 마음에 닿도록 말하며 그것에게 외치라. 그 노역
의 때가 끝났고 그 죄악이 사함을 받았느니라. 그의 모든 죄로 말미암
아 여호와의 손에서 벌을 배나 받았느니라 할지니라 하시니라. 3외치
는 자의 소리여 이르되 너희는 광야에서 여호와의 길을 예비하라. 사
막에서 우리 하나님의 대로를 평탄하게 하라. 4골짜기마다 돋우어지
며 산마다, 언덕마다 낮아지며 고르지 아니한 곳이 평탄하게 되며 험
한 곳이 평지가 될 것이요 5여호와의 영광이 나타나고 모든 육체가 그
것을 함께 보리라. 이는 여호와의 입이 말씀하셨느니라. 6말하는 자의
소리여 이르되 외치라. 대답하되 내가 무엇이라 외치리이까 하니 이

르되 모든 육체는 풀이요 그의 모든 아름다움은 들의 꽃과 같으니 [7]풀은 마르고 꽃이 시듦은 여호와의 기운이 그 위에 붊이라. 이 백성은 실로 풀이로다. [8]풀은 마르고 꽃은 시드나 우리 하나님의 말씀은 영원히 서리라 하라. [9]아름다운 소식을 시온에 전하는 자여 너는 높은 산에 오르라. 아름다운 소식을 예루살렘에 전하는 자여 너는 힘써 소리를 높이라. 두려워하지 말고 소리를 높여 유다의 성읍들에게 이르기를 너희의 하나님을 보라 하라. [10]보라. 주 여호와께서 장차 강한 자로 임하실 것이요 친히 그의 팔로 다스리실 것이라. 보라. 상급이 그에게 있고 보응이 그의 앞에 있으며 [11]그는 목자같이 양 떼를 먹이시며 어린 양을 그 팔로 모아 품에 안으시며 젖먹이는 암컷들을 온순히 인도하시리로다.

본문은 헨델의 유명한 오라토리오 〈메시아〉에 나오는 '위로하라' (comfort ye)라는 곡의 배경이 되는 말씀이다. '위로하라' 는 말씀은 듣기만 해도 참 힘이 난다. 본문의 '위로하라' 는 선언은 특별히 더한 위로와 소망을 준다. 물론 두 번이나 연속적으로 위로하라는 선언이 등장하며 감정의 강도를 더하는 이유도 있지만(사 43:11,25, 51:9,17, 52:1 참조) 좀 더 특별한 이유가 있다.[19] 이를 위해서는 본문 첫 시작(사 40:1)에 등장하는 '너희의 하나님' 과 '내 백성' 이라는 표현을 이해할 필요가 있다.

그동안 이스라엘에게 하나님은 자신들의 하나님이 아닌 것 같았다. 하나님은 한동안 이스라엘을 더 이상 '내 백성' 으로 부르지 않으셨다. 이스라엘은 하나님과 상관없는 '이 백성' 일 뿐이었다(사 6:9,

8:6). 그것은 이스라엘의 죄악 때문이었다. 그동안 그토록 회개하고 돌아오라고 말씀하시며 책망하셨지만 이스라엘은 완고하게 듣지 않았던 것이다.

여기서 우리는 이사야 40장과 39장의 시간적 간극을 이해할 필요가 있다. 39장에는 히스기야왕이 하나님의 능력으로 기적적인 회복을 경험하고, 바벨론 왕 므로닥발라단이 보낸 사신들을 맞이한다. 이때 히스기야는 교만하여 자신의 궁전과 무기고의 모든 소유를 보여주며 자랑했다. 그러나 하나님은 이런 히스기야에게 "장차 히스기야의 집에 쌓아 둔 모든 것이 바벨론으로 옮긴 바 되고 남을 것이 없으며, 그의 자손은 바벨론으로 끌려가 환관이 될 것"을 예고하셨다(사 39:6-7). 이 예언을 한 지 약 100년 후, 예루살렘은 정말 바벨론의 침공으로 함락되었다. 지도자와 백성들은 모두 바벨론의 포로로 끌려가고 말았다.

거룩한 시온산에 세워졌던 예루살렘이 함락되고 하나님의 성전이 함락된 것은 커다란 충격이었으며, 하나님의 선민으로의 자부심이 산산조각 나는 사건이었다. 게다가 자신들은 약속의 땅에서 쫓겨나 이방 땅에 끌려온 전쟁 포로 아닌가? 그런데 하나님은 이런 백성들에게 오셔서 자신을 '너희의 하나님'으로, 너희는 '내 백성'으로 선언하며 위로하는 것이다(사 39:1).

나는 '너희의 하나님'이 될 것이고 너희는 '내 백성'이 될 것이라는 약속은 구약성경에 종종 등장하는 언약 공식어구다(레 26:12, 출 19:5, 20:2 참조). 이는 이스라엘을 출애굽시키기 위해 모세를 처음 부를 때 주셨던 약속이기도 하다.

"…나는 여호와라. 내가… 너희를 속량하여 너희를 내 백성으로 삼고 나는 너희의 하나님이 되리니…"(출 6:6-7).

이 약속처럼 하나님은 이스라엘에게 언약의 하나님이 되셨고, 이스라엘을 언약 백성으로 삼으셨다. 그러나 이스라엘은 거듭된 하나님의 경고와 책망에도 회개하지 않았고 하나님의 언약을 저버렸다.

사실 지금 이스라엘은 하나님이 버리겠다고 하셔도 할 말이 없다. 그런데 포로 된 그곳에서 하나님은 언약을 저버린 이스라엘에게 여전히 "너희의 하나님"이라 말씀하시며 "내 백성을 위로하라"고 하시는 것이다.

"너희는 예루살렘의 마음에 닿도록 말하며 그것에게 외치라"(사 40:2).

하나님은 이 위로의 말씀이 이스라엘의 마음 깊이 닿기를 원하셨다. 그동안 이스라엘은 하나님의 말씀을 들어도 듣지 못했다. 왜? 마음이 굳어져 강퍅했기 때문이다. 그래서 하나님께서는 장차 이스라엘 백성을 새 언약의 백성으로 회복시켜주실 때 그 마음을 새롭게 변화시켜주겠다고 약속하셨다.

"여호와의 말씀이니라. 보라. 날이 이르리니 내가 이스라엘 집과 유다 집에 새 언약을 맺으리라. …내가 이스라엘 집과 맺을 언약은 이러하니 곧 내가 나의 법을 그들의 속에 두며 그들의 마음에 기록하여 나는 그들의 하나님이 되고 그들은 내 백성이 될 것이라. 여호와의 말씀이니라"(렘 31:31,33).

"또 새 영을 너희 속에 두고 새 마음을 너희에게 주되 너희 육신에서 굳은 마음을 제거하고 부드러운 마음을 줄 것이며 또 내 영을 너희 속에 두어 너희로 내 율례를 행하게 하리니 너희가 내 규례를 지켜 행할지라. 내가 너희 조상들에게 준 땅에서 너희가 거주하면서 내 백성이 되고 나는 너희 하나님이 되리라"(겔 36:26-28).

마음이 새롭게 되면 하나님의 법이 마음에 닿아 새겨진다. 이를 위해 하나님은 그의 백성들의 굳은 마음을 제거하고 부드러운 마음을 주실 뿐만 아니라 하나님의 영, 곧 성령을 부어주셔서 그의 백성들로 마음에 새겨진 하나님의 뜻을 기꺼이 행할 수 있는 데까지 나아가게 하신다. 이런 변화의 역사로 하나님은 언약의 하나님이 되실 것이며, 그의 백성들을 다시 언약의 백성으로 회복시켜주실 것이다.

"그 노역의 때가 끝났고 그 죄악이 사함을 받았느니라. 그의 모든 죄로 말미암아 여호와의 손에서 벌을 배나 받았느니라 할지니라 하시니라"(사 40:2).

하나님이 그의 백성의 마음에 닿도록 전달하고자 하는 말씀은 무엇인가? 이제 그들이 바벨론에서 포로로 노역을 감당하던 때가 끝났고, 그들의 죄악이 사함을 받았다는 것이다. 그러면서 그들은 여호와의 손에서 벌을 두 배나 받았다고 하신다. 하나님의 언약 백성이 벌을 두 배나 받은 이유가 무엇일까? 그것은 이스라엘이 제사장 나라로 부름받았기 때문이다. 원래 레위인은 하나님께 요제로 바쳐진 자들로 이스라엘에 미칠 재앙을 미리 막는 방파제였다(민 8:6-19).[20] 마찬가지로 이스라엘 민족 전체는 온 세상에 미칠 하나님의 재앙으로부터 보호하는 제사장 나라였다(출 19:6). 그러나 이들이 타락하여 그 사명을 감당하지 못하자 재앙이 갑절이나 임했던 것이다. 장자는 아버지의 유업을 두 배나 상속받지만(신 21:17), 범죄한 장자이자 제사장 나라였던 이스라엘은 징벌을 두 배나 받았다. 이는 이스라엘이 죄로 인하여 하나님의 '원수'(사 1:24)처럼 되었던 것에 대한 충분한 징계를 받았음을 뜻한다. 죄는 하나님과의 관계를 가로막는다. 그러나 이 죗값에 대한 징계를 치르면 다시 이들을 위로하고 언약 백성을 삼기 원하신다. 하나님은 이스라엘이 바벨론의 포로로 멸망하여 흔적도 없이 사라지기를 원하지 않으신다. 왜? 여전히 이스라엘은 신실하신 하나님의 언약 백성이기 때문이다. 이를 예레미야는 다음과 같이 노래한다.

> "여호와의 인자와 긍휼이 무궁하시므로 우리가 진멸되지 아니함이니이다. 이것들이 아침마다 새로우니 주의 성실하심이 크시도소이다"(애 3:22-23).

하나님의 신실하심이 끝나지 않았다. 그의 신실하심이 이제 이스라엘을 위로하신다. 그렇다면 어떻게 위로하실까? 바로 하나님이 친히 오심으로 위로한다. 하나님이 오시는 이유는 그의 백성 가운데 거하며 그들을 다시 다스리기 위해서다. 하나님은 이사야를 통해 그의 백성들을 향하여 여호와께서 오시는 길을 예비하라 명하신다.

> "외치는 자의 소리여 이르되 너희는 광야에서 여호와의 길을 예비하라. 사막에서 우리 하나님의 대로를 평탄하게 하라"(사 40:3).

하나님은 광야로부터 오신다. 하나님은 이전에도 이스라엘 백성을 출애굽시키기 위해 광야로부터 오신 적이 있다(합 3:3 참조). 그리고 그의 백성들은 광야에 오신 여호와의 놀라운 영광을 보았다(출 19:16-18, 20:18-19 참조). 하나님은 또다시 그의 백성을 구원하기 위해 오실 것이다. 광야 길은 험난하다. 울퉁불퉁 솟아난 언덕이 있고, 마른 골짜기(와디)가 있다. 그러나 하나님은 "여호와의 길을 평탄하게 하라"고 선언한다. 고대로부터 광야를 통과하는 평탄한 길은 왕이 군사를 대동하고 행차하는 왕의 대로(king's highway)다. 전쟁을 위해 대규모 병력을 이동할 때 왕의 대로를 통과해야만 했다. 거대한 마차에 전쟁물자를 싣고 이동하려면 길을 평탄하게 하는 것은 필수적이다. 그런데 하나님의 오심에 광야에 놀라운 격변이 시작된다. 바로 하나님의 오심을 위하여 왕의 대로가 생겨나는 것이다.

> "골짜기마다 돋우어지며 산마다, 언덕마다 낮아지며 고르지 아니한 곳이 평탄하게 되며 험한 곳이 평지가 될 것이요"(사 40:4).

세상의 어떤 것도, 사막도, 산도, 골짜기도 하나님의 오심을 막을 수 없다. 도리어 깊이 들어간 골짜기가 다시 메워져 돋우어지고 높이 솟은 산과 언덕은 스스로 낮아져 거친 길이 평탄하게 되는 역사가 일어난다. 광야가 스스로 왕의 오심 앞에 순복하는 역사가 일어나는 것이다. 하나님은 이 길로 오실 것이고 모든 육체가 왕의 영광스러운 오심을 보게 될 것이다(사 40:5).

이때 하나님은 이사야에게 다음과 같이 외칠 것을 말씀한다.

"모든 육체는 풀이요 그의 모든 아름다움은 들의 꽃과 같으니 풀은 마르고 꽃이 시듦은 여호와의 기운이 그 위에 붊이라. 이 백성은 실로 풀이로다"(사 40:6-7).

팔레스타인의 광야에는 이따금 비가 내릴 때가 있다. 비가 오고 나면 사방에 푸릇푸릇 풀이 자라고 백합화가 피어난다. 순식간에 사방이 살아나는 것 같다. 그러나 본격적인 건기가 시작되면 그 푸르렀던 광야가 순식간에 누렇게 변한다. 비가 없어 물이 사라지는 데다, 동쪽으로부터 부는 뜨겁고 건조한 바람인 '함신'(hamsin)이 풀을 말려버린다.[21] 하나님은 모든 육체는 풀이라고 말씀한다. 유한한 인생이 풀과 같다는 것이다. 잠깐은 아름다운 것 같지만, 그 아름다움은 시들어버리고 말라버린다. 주목할 것은 여기 '아름다움'이란 히브리 단어는 '헤세드'로 신실함을 뜻한다는 것이다. 원래 헤세드는 주로 하나님의 변함없는 신실한 사랑을 가리키는 단어였는데 여기서는 그것을 풀과 같은 인생의 헤세드에 사용한다. 인간이 하나님의 헤세드에 반응하여 신실하게 나아간다 한들 잠시뿐이다. 결국 물이 메마르고 뜨거운 동풍이 불어닥치면 들의 꽃과 같이 부패하고 넘어진다. 이처럼 인간의 신실함은 유약하다. 지금 바벨론에 포로로 온 백성이 바로 마른 풀이요 시든 꽃과 같다. 그러나 여기에 새로운 소망이 있다.

> "풀은 마르고 꽃은 시드나 우리 하나님의 말씀은 영원히 서리라 하라"(사 40:8).

풀은 마르고 꽃의 아름다움은 시들지만, 단 하나 영원히 변하지 않고 우뚝 서 있는 것이 있으니 바로 하나님 말씀이다. 구원과 회복의 역사를 이루어가는 것은 사람의 노력과 능력이 아니라 오직 여호와의 말씀으로 말미암는다. 풀과 같은 육체들이 아무리 강성한 제국을 세운다 한들 뜨거운 동풍이 불면 결국 사라진다. 그러나 하나님 말씀은 우뚝 서서 약속하신 바가 역사를 통해 성취된 실체로 나타난다. 하나님이 선포하신 말씀 안에 담긴 하나님의 신실하심이 결국 풀과 같은 인간의 연약한 불성실을 압도한다.

하나님은 이제 하나님의 헤세드에 근거한 새로운 희망을 선포하도록 전령을 세우신다.

> "아름다운 소식을 시온에 전하는 자여 너는 높은 산에 오르라. 아름다운 소식을 예루살렘에 전하는 자여 너는 힘써 소리를 높이라. 두려워하지 말고 소리를 높여 유다의 성읍들에게 이르기를

너희의 하나님을 보라 하라"(사 40:9).

하나님은 전령을 통해 새로운 소망을 구체적으로 선포하신다.

"보라. 주 여호와께서 장차 강한 자로 임하실 것이요 친히 그의 팔로 다스리실 것이라. 보라. 상급이 그에게 있고 보응이 그의 앞에 있으며 그는 목자같이 양 떼를 먹이시며 어린 양을 그 팔로 모아 품에 안으시며 젖먹이는 암컷들을 온순히 인도하시리로다"(사 40:10-11).

하나님은 강한 용사로 오실 것이다. 그가 승리하여 오실 때는 상급 곧 전쟁에서 승리하여 취한 전리품을 주어 돌아오게 하실 것이다. 이는 장차 바벨론이 예루살렘 성전에서 탈취해간 성전 기명과 물품들을 고레스의 승리로 말미암아 고스란히 다시 가져오는 사건을 예고한다. 또한 하나님은 이스라엘의 선한 목자로 그의 백성을 다시 모으시고 푸른 초장과 쉴만한 물가로 인도하여 먹이시고 눕히실 것이다(요 10:11,14, 시 23편 참조).

하나님은 신실하시다. 인간이 신실하다 한들 그의 압도하는 헤세드 앞에 감히 설 수 없다. 이런 하나님이 그의 백성을 위로하고 이제 여호와의 길을 예비하라 선언하신다. 풀과 같은 인생이 의지할 것은 영원하게 서는 여호와의 말씀뿐이다. 그 신실한 말씀을 의지하여 우리도 위로와 용기와 희망을 품고 다시 하나님 앞에 나아가자.

[59장 각주]

19) 알렉 모티어, 「이사야 주석」, 658쪽.
20) 김회권, 「하나님 나라 신학으로 읽는 이사야 40-66장」(서울: 복있는사람, 2020), 56쪽.
21) 존 오스월트, 이용중 역, 「NICOT 이사야 II」(서울: 부흥과개혁사, 2016), 59쪽.

60 Chapter 6. Isaiah 40:12-31

위로가 사라질 때 붙들어야 할 능력의 말씀

*12누가 손바닥으로 바닷물을 헤아렸으며 뼘으로 하늘을 쟀으며 땅의
티끌을 되에 담아 보았으며 접시 저울로 산들을, 막대 저울로 언덕들
을 달아 보았으랴. 13누가 여호와의 영을 지도하였으며 그의 모사가
되어 그를 가르쳤으랴. 14그가 누구와 더불어 의논하셨으며 누가 그를
교훈하였으며 그에게 정의의 길로 가르쳤으며 지식을 가르쳤으며 통
달의 도를 보여주었느냐. 15보라. 그에게는 열방이 통의 한 방울 물과
같고 저울의 작은 티끌 같으며 섬들은 떠오르는 먼지 같으리니 16레바
논은 땔감에도 부족하겠고 그 짐승들은 번제에도 부족할 것이라. 17그
의 앞에는 모든 열방이 아무것도 아니라. 그는 그들을 없는 것같이,
빈 것같이 여기시느니라. 18그런즉 너희가 하나님을 누구와 같다 하겠*

으며 무슨 형상을 그에게 비기겠느냐. [19]우상은 장인이 부어 만들었고
장색이 금으로 입혔고 또 은 사슬을 만든 것이니라. [20]궁핍한 자는 거
제를 드릴 때에 썩지 아니하는 나무를 택하고 지혜로운 장인을 구하
여 우상을 만들어 흔들리지 아니하도록 세우느니라. [21]너희가 알지
못하였느냐. 너희가 듣지 못하였느냐. 태초부터 너희에게 전하지 아
니하였느냐. 땅의 기초가 창조될 때부터 너희가 깨닫지 못하였느냐.
[22]그는 땅 위 궁창에 앉으시나니 땅에 사는 사람들은 메뚜기 같으니
라. 그가 하늘을 차일같이 펴셨으며 거주할 천막같이 치셨고 [23]귀인들
을 폐하시며 세상의 사사들을 헛되게 하시나니 [24]그들은 겨우 심기고
겨우 뿌려졌으며 그 줄기가 겨우 땅에 뿌리를 박자 곧 하나님이 입김
을 부시니 그들은 말라 회오리바람에 불려 가는 초개 같도다. [25]거룩
하신 이가 이르시되 그런즉 너희가 나를 누구에게 비교하여 나를 그
와 동등하게 하겠느냐 하시니라. [26]너희는 눈을 높이 들어 누가 이 모
든 것을 창조하였나 보라. 주께서는 수효대로 만상을 이끌어 내시고
그들의 모든 이름을 부르시나니 그의 권세가 크고 그의 능력이 강하
므로 하나도 빠짐이 없느니라. [27]야곱아 어찌하여 네가 말하며 이스
라엘아 네가 이르기를 내 길은 여호와께 숨겨졌으며 내 송사는 내 하
나님에게서 벗어난다 하느냐. [28]너는 알지 못하였느냐. 듣지 못하였
느냐. 영원하신 하나님 여호와, 땅끝까지 창조하신 이는 피곤하지 않
으시며 곤비하지 않으시며 명철이 한이 없으시며 [29]피곤한 자에게는
능력을 주시며 무능한 자에게는 힘을 더하시나니 [30]소년이라도 피곤
하며 곤비하며 장정이라도 넘어지며 쓰러지되 [31]오직 여호와를 앙망
하는 자는 새 힘을 얻으리니 독수리가 날개치며 올라감 같을 것이요

달음박질하여도 곤비하지 아니하겠고 걸어가도 피곤하지 아니하리로다.

험한 세상, 누구나 위로가 필요한 시대다. 그런데 누군가를 위로하는 말은 위로와 격려가 되기도 하지만 때로 그 말이 전혀 위로가 되지 않을 때가 있다. 왜 그럴까? 그들이 당한 어려움이 너무 크게 느껴져 그 충격에서 헤어 나오지 못하기 때문이다.

이사야 40장부터는 하나님이 바벨론의 포로 가운데 있는 이스라엘을 위로하신다. 새로운 회복과 소망의 말씀을 선포한다. 이스라엘 백성이 이 말씀을 듣고 위로받아 다시 기운을 차리고 일어나야 하지 않았겠는가? 하지만 하나님의 위로에 대하여 위로받지 못하고 있는 이스라엘 백성들이 있었다. 무엇보다 다윗 왕조의 멸망과 예루살렘의 함락이 가져온 충격이 너무나도 컸기 때문이다.

고대 근동에서 국가 간의 전쟁은 각 나라가 섬기고 있는 신들 간의 전쟁이기도 했다. 여호와를 구원자로 알고 있던 이스라엘에게 예루살렘의 함락과 바벨론의 포로생활은 여호와가 바벨론의 마르둑에게 패배한 것이었다. 이들의 충격은 세계관과 신학의 붕괴로 인한 충격이었다. 파국적 재앙을 경험한 이들 중 일부는 여호와의 존재와 능력에 회의를 품었다. 새롭게 선포되는 여호와의 위로와 소망의 메시지(사 40:1-11)에도 좀처럼 일어서지 못했다.

하나님이 그의 백성을 구원하겠다는 것은 알겠지만 과연 구원을 행할 수 있는 능력이 있을까? 이스라엘 백성은 여전히 불신앙과 회의감에 사로잡혀 있었다. 이들은 "여호와는 우리 사정을 잘 모르고, 우리의 정당한 권리를 지켜주지 않으실 뿐 아니라 관심도 없다"고 원망했다(사 40:27). 물론 이들은 하나님께서 이들이 기다리던 노역의 때가 끝나고, 그 죄악이 사함받을 것이라고 하신 말씀을 듣고 안다(사 40:2). 또 풀은 마르고 꽃은 시드나 하나님의 말씀은 영원히 서리라는 말씀도 듣고 안다(사 40:8). 하지만 풀은 마르고 꽃은 시들었는데, 아직 하나님의 말씀이 영원히 서는 것을 보지 못했다. 여전히 포로가 되어 메마른 상태로 곤고하게 있기 때문이다. 아직 그 회복의 역사가 나타나지 않았기에 이사야를 통해 선포된 위로의 메시지는 마음에 와닿지 않았다.

하나님은 이런 백성들을 향하여 본문에서 과연 '누가' 감히 하나님의 역사하심에 비길 수 있겠느냐며 질문을 쏟아내신다.

"누가 손바닥으로 바닷물을 헤아렸으며"(12절).
"누가 여호와의 영을 지도하였으며"(13절).
"그가 누구와 더불어 의논하셨으며 누가 그를 교훈하였으며"
(14절).
"너희가 하나님을 누구와 같다 하겠으며"(18절).
"누가 이 모든 것을 창조하였나 보라"(26절).

하나님이 쏟아내는 "누가 ~하겠느냐"는 연속적인 질문은 마치 욥을 향해 쏟아내셨던 하나님의 질문을 생각나게 한다(욥 38-41장). 하나님은 이를 통해 이스라엘을 위로하고 구원하는 여호와는 그 누구와도 비교할 수 없는 능력의 하나님이며 온 세상을 창조하고 경영하는 주권자임을 드러낸다.

먼저, "누가 ~하겠느냐"는 질문을 하나씩 살펴보자.

> "누가 손바닥으로 바닷물을 헤아렸으며 뼘으로 하늘을 쟀으며 땅의 티끌을 되에 담아 보았으며 접시 저울로 산들을, 막대 저울로 언덕들을 달아 보았으랴"(사 40:12).

하나님은 광대한 바다를 손바닥으로 담아 그 양을 측량해보셨다(measured, NRSV). 또 그의 손바닥 한 뼘으로 하늘을 재어보셨다. 또한 땅의 흙을 하나님이 사용하는 되에 담으시고 그의 접시저울로 산들을, 막대 저울로 언덕을 달아보셨다. 이런 일이 가능하려면 하나님이 사용하시는 측량 도구들은 상상을 초월할 정도로 거대해야 한다. 하나님은 이런 엄청난 능력과 광대하심을 가지신 분으로서 세상을 창조하셨다.

두 번째로, 하나님은 누가 과연 여호와의 지식과 지혜에 미칠 수 있느냐고 물으신다.

> "누가 여호와의 영을 지도하였으며 그의 모사가 되어 그를 가르쳤으랴. 그가 누구와 더불어 의논하셨으며 누가 그를 교훈하였으며 그에게 정의의 길로 가르쳤으며 지식을 가르쳤으며 통달의 도를 보여주었느냐"(사 40:13-14).

하나님은 지혜와 지식에 있어서 주변의 도움과 자문이 필요 없는 분이다. '정의의 길' '지식' '통달의 도' 는 왕에게 요청되는 필수 덕목이다.[22] 당시의 왕들은 국가를 경영할 때 이러한 덕목을 갖춘 전략 그룹(think tank)을 두고 위기와 결단의 순간마다 유용한 도움을 얻었다. 하지만 하나님께는 완전한 지혜와 지식이 있기에, 아무리 뛰어난 하늘의 천군 천사라 하더라도 하나님 곁에서 책략가가 되어 자문할 필요가 없다.

창조와 역사의 주인이신 여호와 하나님 앞에 열방은 두레박에서 떨어지는 물방울 하나, 또는 저울 위에 앉은 티끌과 같을 뿐이다(사 40:15). 울창한 레바논 삼림의 목재라도 그분의 제단에 사용할 장작 땔감으로는 부족하겠고, 그 가운데 사는 짐승들도 번제물로 드리기에 모자란다(사 40:16). 이 땅 위에 있는 그 어떤 것으로도 하나님께 영광을 돌리기에는 한참 못 미친다. 더 나아가 이 세상의 모든 나라는 여호와 앞에 아무것도 아니다.

> "그의 앞에는 모든 열방이 아무것도 아니라. 그는 그들을 없는 것 같이, 빈 것같이 여기시느니라"(사 40:17).

여기 사용한 '아무것도 아닌 것' (히. 아인, nothing-NRSV)은, '없는 것' (히. 에페스)과 '빈 것' (히. 토후, emptiness-NRSV)과 함께 하나님이 이 세상과 질적으로 전혀 다른 분임을 부각시킨다. '없는 것' 은 직역하면 '없는 것(히. 에페스)보다(히. 메) 더 없는 것', 또는 '텅 빈 것보다 더 텅 빈 것' 을 의미한다. 이보다 더 극단적인 부정의 의미가 이어지는 표현이 '빈 것'(히. 토후)이다. 이는 창세기 1장 2절에 나오는 창조 이전의 세상을 묘사하는 표현으로, '공허한 것', 더 나아가 '허무한 것'이다. 이 세상은 하나님 앞에서 아무것도 아니다. 무가치하게 텅텅 비었고 허무한 존재일 뿐이다. 하나님은 이 세상에 속한 분이 아니다. 차원이 다른 분이다. 그래서 이 세상에는 그 무엇도 하나님과 비교할 수 있는 것이 없다.

이제 세 번째 '누가 ~하겠느냐'는 질문은 하나님이 세상에서는 감히 그 무엇과도 비교할 수 없는 전적으로 다른 차원의 분임을 강조한다.

> "그런즉 너희가 하나님을 누구와 같다 하겠으며 무슨 형상을 그에게 비기겠느냐"(사 40:18).

이제 본문은 이런 하나님을 섬기지 않고 여전히 바벨론의 우상 문화에 찌들어 우상을 만들고 섬기는 이들을 향하여 책망의 말씀을 진술한다.

> "우상은 장인이 부어 만들었고 장색이 금으로 입혔고 또 은 사슬을 만든 것이니라. 궁핍한 자는 거제를 드릴 때에 썩지 아니하는 나무를 택하고 지혜로운 장인을 구하여 우상을 만들어 흔들리지 아니하도록 세우느니라"(사 40:19-20).

이들은 하나님의 위로와 구원역사를 거부하고 여전히 바벨론 문화에 동화되어 살려는 자들이다. 이들은 적극적으로 우상 제작에 참여하였다. 우상을 제작할 형편이 되지 않는 궁핍한 이들[23]은 '썩지 아니하는 나무' 곧 당시 우상 제작에 사용된 귀한 시수(sissoo) 나무를 사용하여 우상을 만들고 흔들리지 않도록 든든한 받침대까지 제작했다. 그러나 이 모든 것은 사람의 손으로 만든 것에 불과할 뿐, 하나님은 그 어떤 형상이나 이런 우상과 비교할 수 없다.

하나님은 그의 말씀을 신뢰하지 못하는 이스라엘 백성들에게 이 세상을 창조하고 다스리는 참된 하나님은 여호와임을 강조하며 과연 이들이 그런 하나님을 신뢰할 수 있느냐고 묻는다.

> "너희가 알지 못하였느냐. 너희가 듣지 못하였느냐. 태초부터 너희에게 전하지 아니하였느냐. 땅의 기초가 창조될 때부터 너희가 깨닫지 못하였느냐"(사 40:21).

이러한 질문들은 미완료 시제로 이스라엘 백성들이 그동안 듣고 전해받은 것을 과연 신뢰할 수 있겠느냐는 결단을 촉구하는 물음이다. 과연 감히 비교할 수 없는 위대하신 하나님을 이스라엘은 신뢰할 수 있겠는가? 하나님은 땅 위에 드넓게 펼쳐진 궁창, 곧 하늘 위에 앉으시는 분이다(사 40:22). 여기 '궁창'(히. 훅)은 직역하면 '둥그런 원'(circle, NRSV, NIV)으로, 하늘을 원판 같은 것으로 묘사하는 표현이다. 하나님은 거대한 구체인 지구 위에 좌정하여 통치하신다(enthroned, NIV). 하나님은 하늘을 이 땅을 덮는 거대한 차일, 즉 햇볕을 가리기 위해 치는 얇은 장막같이 펼치셨다. 이 땅은 하나님이 좌정하고 다스리시는 거대한 장막 공동체다.[24] 이러한 하나님의 모습은 종종 우상을 하늘로 간주하던 이방 종교를 뛰어넘는다. 이런 하나님 앞에 세상에서 힘깨나 쓴다고 자랑하던 고관들과 통치자들은 무력할 뿐이다(사 40:23). 하나님은 이들을 폐하시고 이들의 노력을 허사로 돌리신다. 이들은 하나님 앞에 풀포기와 같다(사 40:24). 이들은 심어지기가 무섭게, 씨를 뿌리기가 무섭게, 그 뿌리를 내리기가 무섭게 하나님의 입김으로 말라져 강풍에 날리는 검불[25]과도 같다. 하나님은 분명 세상의 우상, 그 어떤 피조물과도 전적으로 다르신 거룩하신 하나님이다. 이제 본문은 하나님의 결론적인 "누가 ~하겠느냐"로 논의의 절정에 이른다.

> "거룩하신 이가 이르시되 그런즉 너희가 나를 누구에게 비교하여 나를 그와 동등하게 하겠느냐 하시니라. 너희는 눈을 높이 들어 누가 이 모든 것을 창조하였나 보라. 주께서는 수효대로 만상을 이끌어 내시고 그들의 모든 이름을 부르시나니 그의 권세가 크고 그의 능력이 강하므로 하나도 빠짐이 없느니라"(사 40:25-26).

하나님은 비교 불가능한 창조주 되심과 통치의 권세를 드러내시며 이스라엘의 의심을 책망하신다. "어찌하여 …내 길은 여호와께 숨겨졌으며 내 송사는 내 하나님에게서 벗어난다 하느냐?"(사 40:27). 여기 '송사'(히. 미슈파트)는 '공의'란 뜻으로 모든 문제에 대해 바르게 처리하는 것을 말한다.[26] 이를 새번역은 다음과 같이 표현한다. 여호와는 "나의 사정을 모르시고, 하나님께서는 나의 정당한 권리를 지켜주지 않는다."

그러나 하나님은 결코 모른 체하거나 불의한 분이 아니다. 땅끝 구석구석까지 모두 창조하신 하나님은 피곤치 않으시고 지칠 줄 모르시고 지혜가 무궁하신 분이다(사 40:28). 피곤한 사람에게 힘을 주시고 기운을 잃고 무능한 자에게는 새 힘을 주시는 분이다(사 40:29). 이 땅에서 가장 활력이 넘치는 젊은이라도 피곤하고 지칠 때가 있다(사 40:30). 장정이라도 맥없이 비틀거릴 때가 있다. 그러나 하나님은 분명 여호와를 앙망하는 자는 새 힘을 얻을 것이라 선포하신다(사 40:31). '앙망'이란 '소망이 실현되기를 우러러보며 바라는 것'이다. 이는 여호와를 온전히 신뢰하고 의지하며 소망 중에 기다리는 행위를 뜻한다. 여호와를 신뢰하며 기다리는 자가 새 힘을 얻으면 마치 독수리가 힘 있게 창공 위로 솟아오르는 것처럼 나아갈 것이다(사 40:31). 뛰어도 지치지 않고 걸어도 피곤하지 않을 것이다.

이스라엘은 이런 하나님을 다시 제대로 알아야 한다. 그리고 신뢰하여야 한다. 나는 하나님 말씀을 얼마나 신뢰하며 고난 중에 소망으로 삼는가? 여호와를 앙망하라! 그리고 그가 주시는 새 힘으로 끝까지 믿음의 완주를 하라.

[60장 각주]

22) 김회권, 「하나님 나라 신학으로 읽는 이사야 40-66장」, 71-72쪽.

23) 여기서 '가난한 자'의 해석에 대해서는 많은 논의가 있다. '가난한 자'(히. 므수칸)는 우상 제작용 시수나무를 의미하는 아카드어 '무수카누'와 유사한 단어다. 이를 반영하면 뒤에 나오는 '썩지 않는 나무'는 수식어가 되어 '어떤 이는 (시수)나무, 즉 썩지 않는 나무를 선택한다'가 된다. 참조. H. R. Cohen, *Biblical Hapax Legomena in the Light of Akkadian and Ugaritic* (SBLDS 37: Missoula, Mt.: Scholars Press, 1978), 133; H G. M. Wi.iamson, "Isaiah 40:20: A Case of Not Seeing the Wood for the Trees", *Bib* 67(1986), p.1-19.

24) 김회권, 「하나님 나라 신학으로 읽는 이사야 40-66장」, 79쪽.

25) 마른 나뭇가지, 마른 풀, 마른 낙엽 따위를 통틀어 이르는 말이다. '검불', 다음사전, dic.daum.net

26) 존 오스월트, 이용중 역, 「NICOT 이사야 Ⅱ」(서울: 부흥과개혁사, 2016), 82쪽.

61 Chapter 6. Isaiah 41:1-20

누구의 손에 붙들려 있는가

1섬들아 내 앞에 잠잠하라. 민족들아 힘을 새롭게 하라. 가까이 나아
오라. 그리고 말하라. 우리가 서로 재판 자리에 가까이 나아가자. 2누
가 동방에서 사람을 일깨워서 공의로 그를 불러 자기 발 앞에 이르게
하였느냐. 열국을 그의 앞에 넘겨 주며 그가 왕들을 다스리게 하되
그들이 그의 칼에 티끌 같게, 그의 활에 불리는 초개 같게 하매 3그가
그들을 쫓아가서 그의 발로 가 보지 못한 길을 안전히 지났나니 4이
일을 누가 행하였느냐. 누가 이루었느냐. 누가 처음부터 만대를 불
러내었느냐. 나 여호와라. 처음에도 나요 나중 있을 자에게도 내가
곧 그니라. 5섬들이 보고 두려워하며 땅끝이 무서워 떨며 함께 모여
와서 6각기 이웃을 도우며 그 형제에게 이르기를 너는 힘을 내라 하

고 7목공은 금장색을 격려하며 망치로 고르게 하는 자는 메질꾼을 격
려하며 이르되 땜질이 잘 된다 하니 그가 못을 단단히 박아 우상을
흔들리지 아니하게 하는도다. 8그러나 나의 종 너 이스라엘아 내가
택한 야곱아 나의 벗 아브라함의 자손아 9내가 땅끝에서부터 너를 붙
들며 땅 모퉁이에서부터 너를 부르고 네게 이르기를 너는 나의 종이
라. 내가 너를 택하고 싫어하여 버리지 아니하였다 하였노라. 10두려
워하지 말라. 내가 너와 함께 함이라. 놀라지 말라. 나는 네 하나님이
됨이라. 내가 너를 굳세게 하리라. 참으로 너를 도와주리라. 참으로
나의 의로운 오른손으로 너를 붙들리라. 11보라. 네게 노하던 자들이
수치와 욕을 당할 것이요 너와 다투는 자들이 아무것도 아닌 것같이
될 것이며 멸망할 것이라. 12네가 찾아도 너와 싸우던 자들을 만나지
못할 것이요 너를 치는 자들은 아무것도 아닌 것 같고 허무한 것같이
되리니 13이는 나 여호와 너의 하나님이 네 오른손을 붙들고 네게 이
르기를 두려워하지 말라. 내가 너를 도우리라 할 것임이니라. 14버러
지 같은 너 야곱아, 너희 이스라엘 사람들아 두려워하지 말라. 나 여
호와가 말하노니 내가 너를 도울 것이라. 네 구속자는 이스라엘의 거
룩한 이이니라. 15보라. 내가 너를 이가 날카로운 새 타작기로 삼으리
니 네가 산들을 쳐서 부스러기를 만들 것이며 작은 산들을 겨같이 만
들 것이라. 16네가 그들을 까부른즉 바람이 그들을 날리겠고 회오리
바람이 그들을 흩어 버릴 것이로되 너는 여호와로 말미암아 즐거워
하겠고 이스라엘의 거룩한 이로 말미암아 자랑하리라. 17가련하고 가
난한 자가 물을 구하되 물이 없어서 갈증으로 그들의 혀가 마를 때에
나 여호와가 그들에게 응답하겠고 나 이스라엘의 하나님이 그들을

버리지 아니할 것이라. [18]내가 헐벗은 산에 강을 내며 골짜기 가운데 에 샘이 나게 하며 광야가 못이 되게 하며 마른 땅이 샘 근원이 되게 할 것이며 [19]내가 광야에는 백향목과 싯딤 나무와 화석류와 들감람나무를 심고 사막에는 잣나무와 소나무와 황양목을 함께 두리니 [20]무리가 보고 여호와의 손이 지으신 바요 이스라엘의 거룩한 이가 이것을 창조하신 바인 줄 알며 함께 헤아리며 깨달으리라.

한때 전국을 주름잡던 국내의 한 대기업이 있었다. 그 기업은 '세계는 넓고 할 일은 많다' 고 하면서 전 세계로 빠르게 확장해나가던 중, 어느 순간 급속도로 기울어져 무너지더니 결국 해체되고 말았다. 잘 나가다가 이렇게 한 번 무너지면 다시 일어나기가 거의 불가능에 가깝다. 그런데 이따금 이해하기 어려운 상황이 일어날 때가 있다. 분명 망해야 하는데 망하지 않고 다시 일어나는 경우다. 이럴 때 보면 그 뒤에 은밀하게 돕는 손길이 있다. 잘 보이지 않아서 그렇지 그 손길은 매우 강력하여 무너진 기업, 공동체, 개인이 다시 일어나게 한다.

이스라엘이 그랬다. 이스라엘은 한때 온 세상에 구원의 빛을 비추는 민족으로 부름받았다. 그러나 하나님을 떠나 우상 숭배로 기울자 급속도로 나라가 기울었고, 급기야 예루살렘이 바벨론에 의해 무너지고 백성은 포로로 끌려가기에 이른다. 이렇게 되면 이스라엘은 그곳에서 멸망하고 해체되어야 한다. 그러나 이스라엘은 다시 일어나 예루살렘으로 돌아온다. 그것도 제국의 적극적인 후원을 받고 돌아온다. 이런 식으로 망했던 민족이 다시 돌아오는 경우는 흔치 않다. 도대체 어떻게 된 것일까? 그것은 바로 하나님이 일으키시어 은밀하게 사용하신 페르시아의 왕 고레스로 인해서다(스 1:1-4). 이사야는 이렇게 일어날 일을 고레스가 태어나기 150년 전에 예고한다. 이스라엘이 돌아와 성전을 재건하기 시작하자 이스라엘이 패망했다고 생각했던 주변 국가들은 말도 안 된다고 생각하며 이스라엘을 방해하기 시작했다. 그러나 하나님의 능력으로 성전은 끝내 완공되고 만다. 이것은 어마어마하게 놀라운 사건이고, 온 열방이 어리둥절할 일이다.

본문은 온 세상을 지으시고 이 땅의 역사를 이끌어 오신 하나님께서는 소망을 잃고 낙담하고 있던 그의 백성들에게 오셔서 장차 기이한 방식으로 이루실 하나님의 구원역사를 예고한다. 먼저 하나님은 섬들과 민족들을 하나님의 재판정으로 소환한다.

> "섬들아 내 앞에 잠잠하라. 민족들아 힘을 새롭게 하라 가까이 나아오라. 그리고 말하라. 우리가 서로 재판 자리에 가까이 나아가자"(사 41:1).

섬들은 육지 끝자락에 있는 것으로 땅끝을 의미한다. 하나님은 세상 끝으로부터 열방의 민족들을 소환하여 '힘을 새롭게 하여 가까이 나아와 하나님의 변론에 대답해 보라' 고 요청한다. 이는 마치 하나님께서 자신의 무고함을 주장하는 욥에게 하나님의 앞에 나아와 변론해 보라고 요청하는 것과 같다. "너는 대장부처럼 허리를 묶고 내가 네게 묻는 것을 대답할지니라"(욥 38:3, 참조 욥 40:7). 이처럼 하나님은 땅끝으로부터 열방의 민족들을 소환하여 하나님의 질문에 온 힘과 능력을 모아 답변해보라고 요청하신다. 하나님의 질문은 다음과 같다.

> "누가 동방에서 사람을 일깨워서 공의로 그를 불러 자기 발 앞에 이르게 하였느냐. 열국을 그의 앞에 넘겨 주며 그가 왕들을 다스리게 하되 그들이 그의 칼에 티끌 같게, 그의 활에 불리는 초개 같게 하매 그가 그들을 쫓아가서 그의 발로 가 보지 못한 길을 안전히 지났나니 이 일을 누가 행하였느냐. 누가 이루었느냐"(사 41:2-4).

하나님은 동방에서 한 사람을 세워 열국을 정복하고 왕들을 복속시킨 자가 누구였느냐고 물으신다. 여기 '동방'은 이스라엘로부터 동방이기도 하지만 바벨론으로부터도 동방이다. 이는 바벨론을 복속시킨 동방 페르시아 제국의 통치자 고레스를 가리킨다(사 44:28, 45:1 참조). 하나님은 고레스를 공의로 부르셨다. '공의'란 온 열방을 통치하는 하나님의 뜻과 경륜을 가리킨다. 그가 휘두르는 칼에 열국이 티끌처럼 그의 활에 열방이 불타는 검불처럼 날아간다. 놀라운 사실은 고레스가 열국을 정복하기 위해 쫓아갈 때 그의 발로 가보지 않은 길을 안전히 지나갔다는 점이다(사 41:3). 정복자가 한 번도 가보지 않은 적국으로 들어가는 것은 위험천만한 일이다. 갑작스러운 기후변화의 위험과, 지형지물을 이용한 적의 매복과 기습의 위험이 늘 도사리고 있다. 그런데도 하나님은 이 동방의 정복자를 택하여 그의 길을 안전하게 갈 수 있도록 은밀한 손길로 도우셔서 승리하게 하신다.

하나님은 과연 이런 일을 행한 자가 누구냐고 물으신다. 열방은 동방의 정복자를 통해 장차 큰일을 행하고자 하시는 하나님의 은밀한 손길을 알 수도, 가늠할 수도 없다. 하나님은 처음부터 모든 세대를 불러서 그분의 경륜을 끝까지 이루어가신다. 하나님은 "처음에도 나요, 나중에 있을 자에게도 내가 곧 그니라"(사 41:4)고 밝힌다. '내가 곧 그다'는 표현은 하나님의 이름 곧 '나는 나다'(나는 스스로 있는 자다)는 표현이며, 이는 예수께서 자신에게 적용하셨던 이름(헬. 에고 에이미)이기도 하다(요 8:25, 18:5).

전능하신 하나님의 역사를 모르는 열방은 하나님의 이런 은밀하고도 담대한 역사를 보고 두려움에 사로잡힌다. 이들은 "함께 모여 와서"(사 41:5) 하나님이 세운 열방의 정복자에 어떻게 대항할까를 논의한다. 이들은 결국 서로를 격려하여 우상을 의지하게 한다. 그런데 우상이 어째 엉성하다. 녹이 슬고 구멍이 났다. 그래서 장인(artisan-NRSV, craftsman-NIV), 곧 대장장이(새번역)는 금을 잘 다루는 금장색(goldsmith, NRSV, NIV)을 격려하고, 우상의 거칠고 구멍 난 금속 표면을 땜질하고 매끈하게 다듬는 메질꾼을 격려하여 서둘러 우상을 수리하도록 한다. 또 못을 단단히 박아 우상이 흔들려 떨어지거나 넘어지지 않도록 고정한다(사 41:7). 우상을 의지하기 위해 우상을 수리하면 결국 우상이 사람을 의지하는 꼴이 된다. 우상은 사람의 손에 좌우되는 쇳덩어리에 불과한 것이다.

하지만 하나님의 백성은 열방과 대조적으로 정복자를 두려워할 필요가 없다. 열방의 정복자 고레스를 들어 쓰시는 하나님이 그들과 함께 계시기 때문이다. 바벨론이 패망하고 무너지는 순간에도 여전히 여호와 하나님은 이스라엘을 단단히 붙들고 있다.

> "그러나 나의 종 너 이스라엘아 내가 택한 야곱아 나의 벗 아브라함의 자손아 내가 땅끝에서부터 너를 붙들며 땅 모퉁이에서부터 너를 부르고 네게 이르기를 너는 나의 종이라. 내가 너를 택하고 싫어하여 버리지 아니하였다 하였노라"(사 41:8-9).

하나님은 이스라엘을 '나의 종 이스라엘' '내가 택한 야곱' '나의 벗 아브라함의 자손'으로 부른다. 이스라엘은 하나님을 섬기는 종이요, 하나님의 특별한 은혜로 택함받은 자들이다. 또한 이들은 하나님의 친구다(약 2:23 참조). 여기 '나의 벗'(히. 오하비)은 직역하면 '내가 사랑하는 자'를 뜻한다.[27] '사랑하다'는 단어는 언약 함의적인 단어다(신 5:10, 6:5, 10:12 참조).[28] 따라서 하나님께서 이스라엘을 위로하고 다시 붙들어주시려는 것은 아브라함과 맺은 언약을 신실하게 지키려는 노력의 일환이다.

하나님은 땅끝에서부터 그의 백성을 붙드시고 그들을 여호와의 택함받은 종으로 부르신다. 전에 갈대아 우르에서 아브라함을 부르셨던 하나님께서(창 11:31) 또다시 약속의 땅에서 멀리 유배된 그의 백성들을 택함받은 종으로 부르실 것이다. 그들은 여전히 하나님의 택함받은 백성이요, 싫어 버린 바 되지 않았다.

> "두려워하지 말라. 내가 너와 함께 함이라. 놀라지 말라. 나는 네

> 하나님이 됨이라. 내가 너를 굳세게 하리라. 참으로 너를 도와주리라. 참으로 나의 의로운 오른손으로 너를 붙들리라"(사 41:10).

영어 성경(NRSV)에 보면 짧은 한 절의 말씀 안에 '나'(I)라는 일인칭 단수 대명사가 무려 5회나 등장한다. 하나님께서 이렇게 '나'를 강조하시는 이유가 무엇인가? 그것은 하나님만이 이스라엘의 참된 구원자이기 때문이다. 우상이 가득한 바벨론 세상에서 다른 이가 아닌 바로 여호와 하나님만이 이스라엘의 참된 하나님이며, 다른 신이 아닌 여호와만이 이스라엘과 함께하신다. 끝까지 정말 도와줄 이는 여호와 한 분이시며, 의로운 오른손으로 붙들어주실 이는 여호와 하나님 한 분뿐이다. 이런 하나님이시기에 하나님은 이스라엘의 대적들을 멸망시키고 허무로 돌아가게 할 것이다(사 41:12).

이것은 이스라엘의 힘과 의지로 되는 것이 아니다. 오직 여호와의 능력과 은총으로 말미암는 것이다. 이것을 착각하면 안 된다. 이스라엘은 연약한 버러지 같은 존재에 불과하다. 하나님은 이런 이스라엘을 다음과 같이 부르며 위로하신다.

> "버러지 같은 너 야곱아, 너희 이스라엘 사람들아 두려워하지 말라. 나 여호와가 말하노니 내가 너를 도울 것이라. 네 구속자는 이스라엘의 거룩한 이이니라"(사 41:14).

새번역은 '버러지'를 지렁이로 번역했다. 비가 조금 오면 땅속에 숨어 있는 지렁이는 제 세상을 만난 것처럼 밖으로 나와 돌아다니지만, 곧 비가 그치고 마르면 어디로 돌아갈지 몰라 땅이 마르면서 같이 말라간다. 그런 지렁이를 밟으면 꿈틀대며 난리를 치지만, 그렇다고 그런 곤궁을 헤쳐 나갈 수도 없다. 이처럼 지렁이는 연약하고 유한한 인생을 상징한다. 하나님은 이런 지렁이 같은 이스라엘에게 두려워하지 말라고 하시며 자신이 이스라엘의 구속자(히. 고엘)가 되신다고 말씀한다. '구속자'는 구약에서 기업을 무르는 자를 가리키는 말이기도 하다. '구속자', 곧 '고엘'은 약속의 기업을 빼앗긴 친족들을 위해 기꺼이 그 값을 치르고 원래의 기업을 되찾아 준다. 이런 역할을 감당했던 대표적인 사람이 룻의 남편이 된 '보아스'다. 이는 이스라엘이 범죄하여 원래의 기업을 잃어버렸던 것을 하나님께서 그 값을 지불하고 다시 찾아주실 것을 뜻하는 표현이다.

하나님께서 이스라엘의 기업을 되찾아주실 때 물이 없어 갈증으로 고통받던 이들이 해갈할 것이다. 하나님이 헐벗은 산에 강을 내고 골짜기 가운데 샘이 나게 하며 광야가 못이 되게 하고 마른 땅이 샘 근원이 되게 하실 것이다(사 41:18). 또한 광야에 백향목, 싯딤나무, 화석류와 들감람나무를 심고, 잣나무, 소나무, 황양목을 함께 두어 자라게 하실 것이다. 하나님께서는 이스라엘에게 새 창조의 역사를 펼치셔서 그들이 잃어버린 약속의 기업을 되찾게 하시고, 이로 인해 반드시 영광을 받으실 것이다.

지금 나는 누구의 손에 붙들려 있는가? 하나님의 은밀한 손길에 붙들려 살아가고 있는가? 참으로 나를 붙들어주는 분에 대한 담대한 확신을 가지고 나아가자.

[61장 각주]

27) 게리 스미스, 권대영 역, 「NAC 이사야 2」(서울: 부흥과개혁사, 2020), 167쪽.
28) 김회권, 「하나님 나라 신학으로 읽는 이사야 40-66장」, 66쪽.

62 Chapter 6. Isaiah 41:21-29

우상들아 소송하라

*21나 여호와가 말하노니 너희 우상들은 소송하라. 야곱의 왕이 말하
노니 너희는 확실한 증거를 보이라. 22장차 당할 일을 우리에게 진술
하라. 또 이전 일이 어떠한 것도 알게 하라. 우리가 마음에 두고 그
결말을 알아보리라. 혹 앞으로 올 일을 듣게 하며 23뒤에 올 일을 알
게 하라. 그리하면 너희가 신들인 줄 우리가 알리라. 또 복을 내리든
지 재난을 내리든지 하라. 우리가 함께 보고 놀라리라. 24보라. 너희
는 아무것도 아니며 너희 일은 허망하며 너희를 택한 자는 가증하니
라. 25내가 한 사람을 일으켜 북방에서 오게 하며 내 이름을 부르는 자
를 해 돋는 곳에서 오게 하였나니 그가 이르러 고관들을 석회같이,
토기장이가 진흙을 밟음같이 하리니 26누가 처음부터 이 일을 알게*

하여 우리가 알았느냐. 누가 이전부터 알게 하여 우리가 옳다고 말하게 하였느냐. 알게 하는 자도 없고 들려주는 자도 없고 너희 말을 듣는 자도 없도다. [27]내가 비로소 시온에게 너희는 이제 그들을 보라 하였노라. 내가 기쁜 소식을 전할 자를 예루살렘에 주리라. [28]내가 본즉 한 사람도 없으며 내가 물어도 그들 가운데에 한 말도 대답할 조언자가 없도다. [29]보라. 그들은 다 헛되며 그들의 행사는 허무하며 그들이 부어 만든 우상들은 바람이요 공허한 것뿐이니라.

법정 소송에 휘말린 적이 있는가? 소송은 사건의 시비를 따져 참과 거짓을 밝히기 위한 것이다. 본문은 놀랍게도 여호와께서 열방이 섬기는 우상들을 법정에 불러 세워 소송을 벌이시는 장면이다. 하나님께서는 열방의 우상들을 소환하여 그들이 과연 참된 신인 증거를 보이라고 요청한다. 가만히 앉아서 제물만 받아먹지 말고 능력을 보여주라는 것이다.

> "나 여호와가 말하노니 너희 우상들은 소송하라. 야곱의 왕이 말하노니 너희는 확실한 증거를 보이라"(사 41:21).

여호와 하나님이 우상들을 소송하는 이유가 무엇일까? 그것은 하나님이 바벨론의 포로 된 백성을 위로하고 장차 이들을 인도하려 하실 때 바벨론의 신들을 의지하고 이들에 취해 여호와의 인도를 거부하는 백성이 나올 수 있기 때문이다. 바벨론에 끌려간 이스라엘 백성

중 일부는 바벨론의 거대함과 영화에 도취하여 그들이 섬기는 신 마르둑을 점차 신뢰하게 되었고, 이스라엘이 포로 되어 끌려온 것은 자신들의 신 여호와가 마르둑에게 패배했기 때문이라는 왜곡된 사고를 갖고 있었다. 마르둑과 바벨론의 여러 신들은 의지할 신들이 아니요, 돌덩어리 쇳덩어리뿐일진대, 일부 언약 백성은 바벨론의 다신교 세계관에 젖어 여호와를 저버리려 하는 것이다. 하나님은 제국의 신들을 법정으로 소환하여 과연 그들이 참된 신인지 증거를 보이라고 요구하신다. 하나님이 요구하시는 능력의 척도는 무엇일까?

> "장차 당할 일을 우리에게 진술하라. 또 이전 일이 어떠한 것도 알게 하라. 우리가 마음에 두고 그 결말을 알아보리라. 혹 앞으로 올 일을 듣게 하며 뒤에 올 일을 알게 하라. 그리하면 너희가 신들인 줄 우리가 알리라. 또 복을 내리든지 재난을 내리든지 하라. 우리가 함께 보고 놀라리라"(사 41:22-23).

참된 신이라면 첫째, 장차 무슨 일이 일어날 것인지 알려주어야 한다. 둘째, 지난날에 있었던 일들이 어떤 것인지 그 진실을 알려주어야 한다. 셋째, 복을 내리든 화를 내리든 능력을 행할 수 있어야 한다. 그러나 우상들은 이 중 그 어떤 것도 제대로 수행하지 못한다. 하나님은 이들에게 판결을 내리신다.

> "보라. 너희는 아무것도 아니며 너희 일은 허망하며 너희를 택한 자는 가증하니라"(사 41:24).

결국 이들은 아무것도 아니었다. 아니, 그렇다면 우상에게 찾아가서 들었던 신탁은 무엇일까? 어느 정도 들어맞는 것 같았고, 정말 신통한 것 같지 않았는가? 그러나 그것들은 내 욕망과 연약함을 이용한 아무것도 아닌 헛된 말들이다.

1940년대 말, 버트럼 포러(Bertram R. Forer)라는 심리학자가 학생들에게 새로 제작한 성격 검사라고 소개하고는 검사를 실시했다. 일주일 후, 각 학생의 이름이 적힌 검사 결과지를 나누어주었다. 결과지에는 각자의 성격이 묘사되어 있었다. 그리고 다른 사람의 결과를 보지 못하게 하고, 결과가 자신의 성격과 얼마나 맞는지 일치도를 검사했다. 채점 기준은 각 항목 당 0점부터 5점을 표시하게 되어 있는데, '전혀 일치하지 않는다' 에 0점, '매우 정확하다' 에 5점이다. 이 검사에서 평균이 4.26점이 나왔다. 이 정도면 상당히 정확한 검사 아닌가? 그런데 여기에 함정이 있다. 결과지 내용이 모든 사람에게 다 동일했다는 사실이다!

그렇다면 결과지에는 어떤 내용이 들어 있었을까? 다음과 같다.

- 당신은 사람들이 당신을 좋아하거나 존경했으면 좋겠다고 생각한다.
- 당신은 비판적인 경향이 있다.
- 당신은 장점으로 살리지 못한 능력을 가지고 있다.
- 겉으로 보기에는 자신을 잘 통제하는 것 같지만 사실 그렇지 못하다.
- 때때로 당신은 옳은 결정을 했는지 심각하게 고민하곤 한다.

- 당신은 변화와 다양성을 선호하지만 한계에 부딪힐 때면 만족하지 못한다.
- 당신은 자신이 독립적으로 사고하는 사람이라고 여기기 때문에 확실한 증거가 없이는 사람들의 말을 수용하지 않는다.

이러한 내용은 대부분의 사람에게 해당하는 말이다. 이처럼 사람들이 보편적으로 가진 성격이나 심리적인 특징을 자신에게만 해당된다고 여기게 하는 효과를 '바넘 효과' (Barnum Effect)라고 한다. 바넘 효과는 다른 사람의 말을 파악하는 독심술에 자주 사용하는 방법이다. 중요한 것은 연출이다. 전혀 의심 가지 않게 아는 듯한 느낌을 주면서 자신 있고 확신에 찬 목소리와 톤으로 말해야 한다.

전에 우리나라에서도 비슷한 실험을 한 적이 있다. 2007년 8월 17일 〈KBS 소비자 고발〉 프로그램에서 홍대 길목에 카메라를 설치하고 촬영하였다. 천막을 치고 사주를 보러 오는 사람에게 세 가지 이야기를 들려주었다.

"당신은 외향적이면서 내향적이야."
"당신은 머리가 좋아."
"당신은 고집이 있어."

이렇게 하고는 사주를 보고 나온 사람 20명에게 잘 맞추었는지 물었다. 뭐라고 했을까? 제대로 맞혔다고 대답했다. 이런 식으로 점집이나 사주에서 하는 통상적인 멘트들이 있다. 예를 들면 이런 거다. "음…. 전체적으로 운은 좋게 타고났네요. 하지만 현재 원하는 대로 되지 않는 일이 몇 가지 있군요. 가족 간에 불화가 있을 수도 있네요. 건강도 조심해야 하고요. 하지만 앞으로는 잘 될 운명입니다!"

누구나 원하는 일 중 한두 가지 안 되는 것이 있다. 가족 간의 사소한 불화? 누구나 있다. 나이가 들수록 건강은? 나빠진다. 거기에 약간의 희망을 주며 당신이 여기 온 이유를 말한다. 바로 현재 안고 있는 문제를 해결하기 위해서다! 결국 역술인은 당신이 원하는 말을 욕망에 딱딱 맞게 말해주는 것이다. 사람의 성격을 말할 때도 이런 식으로 한다.

인상이 좀 사나운 사람에게는 "좀 드세 보이고 독립적이지만 마음은 한없이 여리고 외로움도 많이 타네요"라고 한다. 반대로 인상이 부드러운 사람에게 "겉은 부드럽지만 안에는 강직하고 독립적인 면이 있네요"라고 한다. 이런 식으로 말하면 "어? 어떻게 알지?"라는 생각이 든다. 이처럼 누구에게나 공통된 말이지만 애매하게 말하면서 내게 해당되는 것처럼 들리게 해서 꼭 내 이야기같이 믿게 만드는 기법을 가리켜 '콜드 리딩'(cold reading)이라고 한다.[29]

콜드리딩의 대원칙이 있다. 최대한 애매하게 말하라는 것이다! 애매할수록 그럴듯하게 들린다. 어떤 단체에서 실시하는 '예언학교' 프로그램에 가면 예언하는 법을 가르쳐준다고 하면서 상대방을 보고 성령이 떠올리는 것을 말하라고 한다. 그리고 이것을 가능한 한 애매하게 말한다. 이렇게 하는 것이 콜드 리딩을 훈련하는 방법과 매우 유사하다. 단 성령 대신 직관력과 통찰력이란 용어를 사용한다. 강사는 이런 예언 훈련은 처음 할 때는 30% 정도만 맞지만 자꾸 훈련하다 보면 70~80%에 가깝게 맞는다고 한다. 이것이 과연 하늘로부터 오는 예언인지 콜드 리딩인지 매우 혼란스럽다.

콜드리딩을 통해 어느 정도 신뢰가 형성되었으면 이제 넘겨짚기로 가야 한다. 넘겨짚기의 3대 영역이 있다. 건강, 돈, 관계다. 사실 이것이 무속인과 우상을 찾아오는 이유이기도 하다. 그래서 이것을 하나 또는 둘 이상을 엮어서 넘겨짚어야 한다. 예를 들면 다음과 같다.

"음…. 지금 사주를 보니까 돈에 문제가 있어 보여."

겉을 화려하게 치장한 사람일수록 더 맞는다. 그리고 말끝을 흐려야 한다. 그러면서 상대방의 반응을 봐야 한다. 눈이 커지거나, "어, 맞아요!" 이러면 걸려든 거다. 그러면서 자기 사정을 자세히 털어놓으면 이제는 그의 먹잇감이 되는 거다. 그런데 만약 넘겨짚은 것이 틀리다면 어떻게 해야 할까? 예를 들어 "전 돈은 별문제가 아니고 가족 관계가 문제인데요?"라고 하면 어떻게 해야 할까? 그러면 그 범위를 확장해야 한다.

"음…. 그런데 돈 때문에 가족 관계가 상하고 있어. 잘 살펴봐." "지금은 아니더라도 앞으로 돈 문제가 생길 가능성이 커." "지금은 돈 문제가 아니지만 가까운 장래에 돈 문제가 생길 거야. 마음에 걸리는 것이 있지?" "지금은 건강에 문제가 없지만 조만간 터질 거야."

이런 식으로 문제를 파악한 후에 미래를 그럴듯하게 예언하기 시작한다.

"현재 건강에는 문제가 없지만 앞으로 당뇨와 심장병 같은 것이 올 수 있어. 폐 기능도 약해질 것이고 말년에는 자식과의 문제가 생길 가능성이 높아!"

미래 예언은 과거와 현재를 잘만 넘겨짚으면 식은 죽 먹기다! 생각해 보라. 나이가 들면 당뇨, 심혈관 질환이 생길 가능성이 상당히 높다. 여성의 경우에는 폐경에 따른 산부인과 질환, 예를 들면 자궁이나 난소 질환이 많다. 그런데 여기에 "피를 조심해야 해~ 피!" 한마디 하면 식겁한다. 인간관계로 고민하는 사람에게는 "곧 소중한 인연을 만나게 될 거야" 한마디 하면 화색이 돈다.

만약 여기까지 성공적으로 왔으면 이제 본격적인 공포 마케팅이 시작된다. 상담만으로는 수입에 한계가 있으니 비싼 부적이나 굿을 하도록 유도해야 한다. 그래서 이렇게 간다.

"음…. 삼재와 진상문이 겹쳤어." "남자 귀신이 달라붙어서 남자가 안 생겨."

참고로 삼재는 세 가지 재앙으로 천살, 지살, 인살이 있다. 천살은 천재지변으로 당하는 불가항력적 사고를 말하고, 지살은 교통사고나 각종 노상의 재액을 말하며, 인살은 각종 보증이나 사기에 고통당하는 것을 말한다. 이게 12간지(자축인묘진사오미신유술해), 12개의 띠에 따라 해마다 달라진다. 진상문은 상을 당한 혼백이 가족이나 친척에게 빙의되어 이상한 증상을 나타낸다고 하는 재액을 말한다. 만약 이것을 믿게 되면 거액의 부적이나 굿으로 넘어간다. 여기에 어떤 이들은 이름 탓을 한다.

"아, 아드님 사주에 아주 좋은 학교가 나와요. 서울대 입학에 국비 장학금을 받는다고 점괘에 나옵니다. 노벨상도 탄다고 하네요. 그런데 사주팔자는 좋은데, 이름이 그걸 못 따라가요. 이름을 바꿔야 타고난 자기 사주를 받을 수 있어요."

그래서 이름 바꾸는 데 거액의 돈을 들인다. 이들은 상대를 압도하기 위해 처음부터 반말을 하거나 기도나 굿을 무료 서비스로 제안하기도 한다. 또 어떤 이들은 무료 서비스로 기도나 굿을 하다가 조상을 보았는데, 조상을 잘 모시지 않아 재액이 덮쳤다고 하며 진짜 정성껏 굿을 해야 하는데 이건 돈이 좀 든다고 제안한다. 결국 계속 끝없이 얽히게 된다. 그리고 그 결과는 허망하게 끝난다(사 41:24).

하나님은 이런 우상의 무력함을 법정 송사로 드러내신 후, 여호와야말로 장래 일을 이전부터 알게 하실 뿐만 아니라 실제로 그 일을 이루시는 하나님임을 말씀한다.

> "내가 한 사람을 일으켜 북방에서 오게 하며 내 이름을 부르는 자를 해 돋는 곳에서 오게 하였나니 그가 이르러 고관들을 석회같이, 토기장이가 진흙을 밟음같이 하리니 누가 처음부터 이 일을 알게 하여 우리가 알았느냐. 누가 이전부터 알게 하여 우리가 옳다고 말하게 하였느냐. 알게 하는 자도 없고 들려주는 자도 없고 너희 말을 듣는 자도 없도다"(사 41:25-26).

하나님은 우상으로 가득한 제국을 무너뜨리기 위해 한 사람을 일으켜 북방에서 실제로 오게 하셨고, 또 여호와의 이름을 부르는 자를 동방 곧 해 돋는 곳에서부터 오게 하셨다. 여기 북방에서 오고, 해 돋는 곳에서부터 오는 자는 누구일까? 바벨론을 무너뜨린 페르시아 제국의 왕 고레스다. 그는 동쪽 출신이지만 북쪽에서부터 침공하여 바벨론에 입성한다.[30] 이 일을 알려준 바벨론의 신은 없었다. 그러나 오직 여호와께서 그의 백성에게 알리셨고, 실제로 일으키실 것이며, 또 일으키셨다(사 41:27). 기억하라. 우상은 아무것도 아니다. 부러워하지 말고 혹여나 기대하지도 말라. 본문은 분명히 말씀한다.

> "보라. 그들은 다 헛되며 그들의 행사는 허무하며 그들이 부어 만든 우상들은 바람이요 공허한 것뿐이니라"(사 41:29).

기억하라! 우상의 말은 망상이고 공허한 말이고 진정한 행동이 없는 거짓된 약속이다.

[62장 각주]

29) 이시이 히로유키, 김윤희 역, 「콜드리딩: 전 세계 1%만이 사용해온 설득의 기술」 개정증보판 (서울: 엘도라도, 2012).
30) 존 오스월트, 「NICOT 이사야 Ⅱ」, 119쪽.

63 Chapter 6. Isaiah 42:1-9

여호와의 종을 보라

1내가 붙드는 나의 종, 내 마음에 기뻐하는 자 곧 내가 택한 사람을
보라. 내가 나의 영을 그에게 주었은즉 그가 이방에 정의를 베풀리
라. 2그는 외치지 아니하며 목소리를 높이지 아니하며 그 소리를 거
리에 들리게 하지 아니하며 3상한 갈대를 꺾지 아니하며 꺼져가는 등
불을 끄지 아니하고 진실로 정의를 시행할 것이며 4그는 쇠하지 아니
하며 낙담하지 아니하고 세상에 정의를 세우기에 이르리니 섬들이
그 교훈을 앙망하리라. 5하늘을 창조하여 펴시고 땅과 그 소산을 내
시며 땅 위의 백성에게 호흡을 주시며 땅에 행하는 자에게 영을 주
시는 하나님 여호와께서 이같이 말씀하시되 6나 여호와가 의로 너를
불렀은즉 내가 네 손을 잡아 너를 보호하며 너를 세워 백성의 언약

과 이방의 빛이 되게 하리니 [7]네가 눈먼 자들의 눈을 밝히며 갇힌 자를 감옥에서 이끌어 내며 흑암에 앉은 자를 감방에서 나오게 하리라. [8]나는 여호와이니 이는 내 이름이라. 나는 내 영광을 다른 자에게, 내 찬송을 우상에게 주지 아니하리라. [9]보라. 전에 예언한 일이 이미 이루어졌느니라. 이제 내가 새 일을 알리노라 그 일이 시작되기 전에라도 너희에게 이르노라.

할리우드 배우 톰 크루즈가 주연한 영화 〈미션 임파서블〉은 시리즈가 더해갈 때마다 실감 나는 연기와 박진감이 더해진다. 2018년에 개봉한 〈미션 임파서블 6: 풀 아웃〉에서는 오토바이를 타고 가다가 굴러떨어지고 헬리콥터에 매달리고 거기서 추락하는 등 정말 아찔한 액션이 많다. 톰 크루즈는 여기서 세계 최강의 스파이 기관인 IMF 소속의 최고 요원 '에단 헌트'로 등장한다. 그는 흉악한 테러리스트들이 핵무기로 지구의 한쪽을 날려버리려는 음모에 맞서 싸운다. 이런 최정예 비밀 요원은 국가의 절대적 신뢰와 지지를 받는다. 필요한 여권, 자금, 항공권, 자동차, 무기 등 임무를 위해 가용한 모든 자원을 공급받는다. 그러나 비밀 요원은 절대 자신의 존재를 드러내지 않는다. 은밀하게 임무를 수행하다가 결정적인 위기의 순간에 상황을 역전시켜 버린다.

하나님께서 온 세상의 빛이 되라고 부르신 이스라엘 백성은 남북으로 갈라졌다. 북이스라엘은 죄가 가득 차, 그 죄를 견디지 못하고 멸망당했다. 그나마 남은 남유다도 점차 쇠락의 길을 걷고 있었다.

남유다의 쇠락은 한 국가의 쇠락으로 끝나는 것이 아니다. 온 열방의 빛으로 부름받은 그들의 빛이 꺼져가면 세상의 소망이 사라져갈 위기에 처하게 된다. 이제 이들도 노예로 끌려갈 것이다.

이사야 40장은 이런 위기 가운데 하나님의 위로와 소망을 선포한다. "너희는 위로하라. 내 백성을 위로하라"(사 40:1). 또한 이들의 '노예생활이 끝나고 이들의 죄가 사함받을 것' 이라고 하신다(사 40:2). 놀라운 것은 죄로 인해 타락한 백성들을 하나님이 여전히 '내 백성' 이라고 부르신다는 사실이다. 이는 하나님의 편에서 아직 그의 언약을 포기하지 않았다는 것을 뜻한다. 그래서 하나님은 '풀은 마르고 꽃은 시드나 우리 하나님의 말씀, 곧 언약의 말씀은 영원히 서리라' 고 말씀한다(사 40:8). 이 언약의 회복은 땅끝의 섬들에까지 미친다(사 41:1). 이는 회복의 역사가 모든 열방 구석구석까지 미치게 된다는 것을 의미한다. 그렇다면 이것은 쇠락하는 유다뿐만 아니라 이로 인해 희망을 잃게 될 온 세상에 어마어마한 반전을 예고하는 것이다.

하지만 그동안 이사야 40, 41장은 이 반전이 어떻게 일어날지에 대해서는 말하지 않았다. 알고 보니 이 반전은 하나님의 비밀 요원에 의해 이루어질 것이기 때문에 지금까지는 공개되지 않고 있었던 것이다. 본문은 이 놀라운 반전을 일으킬 하나님의 비밀 요원을 마침내 공개하고 나선다. 그는 바로 '여호와의 종' 으로 소개된다. 이 종의 놀랍고 신비로운 모습과 사역은 한 번에 이해할 수 없기에, 이사야에서는 네 번에 걸쳐 이 종을 소개한다(사 42:1-9, 49:1-6, 50:4-11, 52:13-53:12). 본문은 그 첫 번째 소개다.

"내가 붙드는 나의 종, 내 마음에 기뻐하는 자 곧 내가 택한 사람을 보라"(사 42:1).

하나님은 이스라엘에게 하나님이 세우실 종을 '보라'고 초대한다. 이는 41장부터 이어져 온 세 번째 '보라'는 초청이다. 앞서 하나님은 이스라엘이 의지하려 했던 우상들이 얼마나 무능력한지를 '보라'고 초청했고(사 41:24), 이어 우상 숭배자들의 헛됨을 '보라'(사 41:29)고 초대했다. 이제 하나님은 하나님의 새로운 구원역사를 일으킬 '나의 종을 보라'고 초대하신다.

이 종은 겉으로는 화려함이나 능력이 그다지 두드러지게 나타나 보이지 않는다. 그러나 온 세상에 정의를 시행하며 불의로 뒤틀린 세상을 바로잡을 것이다. 그래서 주목해서 보아야 한다. 1절의 초대는 하나님께서 이스라엘의 왕을 세워 그의 영토 안에 공의를 세우도록 특별히 위임할 때 사용하는 표현이기도 하다(삼상 9:17 참조). 이 종은 자신의 힘으로 활동하지 않고, 하나님이 공급하는 힘과 자원으로 사역할 것이다. 왜냐하면 그는 하나님이 '붙드는' 종이기 때문이다. '붙들다'(히. 타마크)는 '지지하다' '붙잡다' '꽉 움켜쥐다'를 의미하는 강력한 단어다.[31] 종은 하나님께 강력하게 붙들린 바 되어 하나님이 공급하시는 자원으로 사역할 것이다. 그는 특정한 사명을 위하여 하나님의 택함을 받았다. 따라서 종은 스스로 어떤 지위에 오르려 하지 않고 오직 하나님의 계획과 의도에 따라 낮아지고 높아질 것이다. 무엇보다 이 종은 하나님 마음에 기뻐하는 자다. 종은 하나님의 뜻을 행하며 하나님과 깊은 신뢰와 사랑, 애정과 기쁨이 있는 관계를 맺고 있다. 하나님은 그에게 하나님의 영, 곧 성령을 부어주신다.

> "내가 나의 영을 그에게 주었은즉 그가 이방에 정의를 베풀리라" (사 42:1).

이러한 모습은 여호와의 기름 부음받은 종 메시아가 요단강에서 세례를 받을 때 뚜렷하게 나타난다(마 3:13-17). 메시아 예수께서 본격적인 공생애 사역을 시작하기 전 요단강에서 세례를 받고 올라오자 성령이 비둘기같이 하늘에서 내려오며 "이는 내 사랑하는 아들이요 내 기뻐하는 자라"는 음성을 듣는다. 여기 성령이 비둘기같이 내려온다는 것은 태초에 혼돈과 공허 가운데 있던 세상을 하나님이 새로운 질서와 의미로 창조하기 전, 성령이 수면 위를 운행하시는 장면을 연상시킨다. 수면 위를 '운행하다'(히. 라하프)는 표현은 마치 새가 날개로 그 자녀를 품고 보호하는 모습을 의미하기 때문이다.[32]

여호와의 종은 장차 이방, 즉 뭇 민족(히. 고임, nations)에게 정의(히. 미슈파트)를 가져다줄 것이다. 히브리어 '미슈파트'는 사법적 공정함뿐만 아니라 창조 세계가 그 주인이신 하나님의 계획과 의도와 가치에 따라 기능하고 있을 때 맛보는 생명을 주는 질서를 뜻한다.[33] 하나님께서는 현재의 세상은 눈에 보이는 우상을 신격화하여 이 우상을 붙들고 가증한 행위를 일삼는 허망하고 뒤틀어진 세상임을 진단하셨다(사 41:24). 이런 가운데 여호와의 종은 뒤틀린 세상의 허물과 죄를 스스로 담당하고 하나님과 화목하게 하여, 오직 하나님만이 참된 주님이라는 고백으로 이끌 것이다(사 52:13-53:12, 빌 2:11 참조).

그렇다면 이런 여호와의 종은 어떤 방식으로 세상에 정의를 가져올 수 있을까? 세상의 일반적인 방식은 폭력을 행사해서 성읍과 통치자를 무너뜨린 후, 이를 필요악으로 정당화하여 뒤틀린 공의를 선포하는 것이다. 하지만 여호와의 종은 이런 방식과는 거리가 멀다.[34]

> "그는 외치지 아니하며 목소리를 높이지 아니하며 그 소리를 거리에 들리게 하지 아니하며 상한 갈대를 꺾지 아니하며 꺼져가는 등불을 끄지 아니하고 진실로 정의를 시행할 것이며 그는 쇠하지 아니하며 낙담하지 아니하고 세상에 정의를 세우기에 이르리니 섬들이 그 교훈을 앙망하리라"(사 42:2-4).

여기에는 종의 사역을 7개의 부정문과 2개의 긍정문으로 구체적으로 묘사한다. 부정문은 ① 외치지 않고, ② 목소리를 높이지 않고, ③ 소리를 들리지 않게 하고, ④ 상한 갈대를 꺾지 않고, ⑤ 등불을 끄지 않고, ⑥ 쇠하지 않고 ⑦ 낙담하지 않는다. 긍정문은 ① 정의를 시행하고, ② 세상에 정의를 세울 것이다.

이 종은 고역이나 고통으로 이스라엘 백성처럼 울부짖지 않을 것이고, 열정적인 예언자처럼 정의가 사라진 거리에서 목소리를 높여 정의를 촉구하거나, 책망하는 소리가 바깥 거리에 들리게 하지 않을 것이다. 도리어 이 종은 섬세하고 부드럽게 인내와 겸손으로 사역을 감당할 것이다. 그는 강한 대적을 폭력으로 무찌르기는커녕, 쪼개지고 갈라지고 구부러진 상한 갈대조차 꺾지 않을 것이다. 또한 다 타서 희미하게 꺼져 가는 등대의 심지조차 끄지 않고 소망을 두고 보듬으며 소중히 다룰 것이다. 이런 식으로 부드럽고 온유하게 대응한다고 해서 그가 나약하거나 회복의 의지를 상실한 사람이라는 뜻은 아니다. 도리어 그는 진실로 신실하게 하나님의 정의를 온 세상에 시행하고 세울 것이다. 이러한 종이 시행할 정의의 사역과 가르침은 강대국에 짓밟히고 유린당하여 상한 갈대와도 같이 신음하던 열방이 고대하고 기다리던 바다. 열방과 세상 끝에 있는 섬나라들조차 바로 이 종의 교훈을 간절히 기다릴 것이다.

이어지는 5~9절에는 종을 향한 보다 구체적인 말씀이 등장한다. 먼저 종을 부르신 하나님에 대한 소개가 등장한다. 하나님은 하늘을 창조하여 펴시고 땅과 소산을 내시며, 땅 위의 백성에게 호흡을 주시며 영을 부어 활력을 주시는 분이다(사 42:5). 이런 창조의 하나님께서 이제 종을 통해 행하실 사역은 단순한 사법 정의를 세우는 차원이 아니라 하나님의 창조 계획과 언약을 갱신하는 사건이 될 것이다. 하나님은 그의 종에게 보다 구체적인 사명을 다음과 같이 말씀한다.

> "나 여호와가 의로 너를 불렀은즉 내가 네 손을 잡아 너를 보호하며 너를 세워 백성의 언약과 이방의 빛이 되게 하리니"(사 42:6).

하나님은 그의 종을 의로 부르셨다. 이는 의롭게, 합당하게 불렀다는 의미와 함께 의를 이루려고 불렀다는 의미가 있다. 여호와의 종은 백성의 언약과 빛이 되는 데 흠 없이 합당한 자격을 갖추었기에 하나님은 그를 합당하게 부르셨다. 또한 흠 없는 여호와의 종은 하나님의 합당한 언약적 정의를 세우도록 부름받았다. 종은 '백성의 언약', 곧 언약의 대표가 되어 열방(nations, NRSV)의 빛이 될 것이다(사 49:6 참조). 그렇다면 여호와의 종은 어떤 사역을 통해 백성의 언약과 열방의 빛이 될까?

"네가 눈먼 자들의 눈을 밝히며 갇힌 자를 감옥에서 이끌어 내며 흑암에 앉은 자를 감방에서 나오게 하리라"(사 42:7).

이러한 사역은 이사야 61장에 등장하는 종의 사명과 비슷하다.

"주 여호와의 영이 내게 내리셨으니 이는 여호와께서 내게 기름을 부으사 가난한 자에게 아름다운 소식을 전하게 하려 하심이라. 나를 보내사 마음이 상한 자를 고치며 포로된 자에게 자유를, 갇힌 자에게 놓임을 선포하며"(사 61:1).

중요한 점은 메시아 예수께서 이 구절을 읽고 자신이 바로 이 사역을 감당할 여호와의 종이라 선포하며 자신을 드러내셨다는 사실이다! 여기서 어둠, 감옥, 흑암은 죄와 영적인 어둠과 더불어 이로 인해 초래된 그들의 곤궁한 상태를 총체적으로 묘사하는 말이다. 여호와의 종은 언약 백성이 신실하지 못하여 흑암과 감옥에 갇혀 있는 현실에서, 이들을 포기하지 않고 하나님의 신실한 언약의 빛을 새롭게 갱신하여 열방에 비출 것이다. 백성의 불성실함이 신실하신 하나님의 언약을 폐하지 못할 것이다. 따라서 여호와의 종은 언약의 대표이자 언약을 저버리지 않고 새롭게 갱신할 언약의 사자다(말 3:1).

하나님은 그의 종을 통해 이루실 이러한 사역이 확실함을 다음과 같이 선언하신다.

"나는 여호와이니 이는 내 이름이라. 나는 내 영광을 다른 자에게, 내 찬송을 우상에게 주지 아니하리라"(사 42:8).

'나는 여호와' 라는 것은 하나님께서 그의 백성에게 찾아오셔서 언약을 맺으시는 인격적인 하나님임을 강조하는 표현이다. 하나님은 이전에 모세에게 찾아오셔서 이처럼 자신의 이름을 계시하며 장차 이루실 출애굽 구원역사를 예고하셨다(출 3:13-15). 동일하신 하나님이 이제 그의 종을 통해 새로운 출애굽의 구원역사를 이루실 것이다. 이렇게 종을 통해 이루실 놀랍고도 기이한 구원의 역사는 오직 하나님께 속한 일이고, 따라서 하나님은 이 일을 통해 그의 영광을 드러내실 것이다. 그의 영광을 결코 다른 자에게 허락하지 않으실 것이다. 하나님은 반드시 여호와의 종을 통한 사역을 행하실 것이다.

"보라. 전에 예언한 일이 이미 이루어졌느니라. 이제 내가 새 일을 알리노라. 그 일이 시작되기 전에라도 너희에게 이르노라"(사 42:9).

하나님은 이전에 예고하셨던 일들을 이미 성취하셨고(사 41:22-26 참조), 이제 새롭게 시작하실 여호와의 종의 사역을 예고하신다. 이렇게 말씀하시는 것은 이 일이 하나님만이 행하실 수 있는 일이기 때문이다. 따라서 그의 백성은 세상과 허탄한 우상에 소망을 둘 것이 아니라 오직 하나님께만 소망을 두어야 한다.

하나님의 비밀 요원, 여호와의 종은 예고한 대로 우리에게 오셨고, 우리를 위한 기이하고 놀라운 구원역사를 이루셨다(사 52:13-53:12 참조). 이제 우리는 하나님의 비밀이자 신비이신 바로 이 메시아를 굳게 붙들고 의지하며 나아갈 수 있다. 그는 우리의 연약함을 무시하거나 꺾지 않는다. 도리어 끝까지 인내하시며 하나님의 올바른 창조 질서가 우리의 인생과 이 세상에 온전히 세워질 때까지 쉬지 않고 일하실 것이다. 이런 메시아의 손길을 날마다 경험하며 닮아가는 성도로 세워져 나아가자.

[63장 각주]

31) 알렉 모티어, 「이사야 주석」, 704쪽.

32) 양형주, 「평신도를 위한 쉬운 창세기 1」(서울: 브니엘, 2019), 45쪽.

33) 존 오스월트, 「NICOT 이사야 Ⅱ」, 129쪽.

34) 유대적, 역사적 해석은 여기서 묘사하는 종을 고레스로 해석한다(사 44:28, 45:1 참조). 그러나 고레스는 하나님을 모르기에(사 45:4), 하나님과의 깊은 교제나 성령으로 충만했을 가능성은 희박하다(사 42:1). 따라서 여기서의 인물은 장차 올 메시아적 종으로 본다.

64 Chapter 6. Isaiah 42:10-25

새 노래로 찬양하라

*10 항해하는 자들과 바다 가운데의 만물과 섬들과 거기에 사는 사람들
아 여호와께 새 노래로 노래하며 땅끝에서부터 찬송하라. 11 광야와
거기에 있는 성읍들과 게달 사람이 사는 마을들은 소리를 높이라. 셀
라의 주민들은 노래하며 산 꼭대기에서 즐거이 부르라. 12 여호와께
영광을 돌리며 섬들 중에서 그의 찬송을 전할지어다. 13 여호와께서
용사같이 나가시며 전사같이 분발하여 외쳐 크게 부르시며 그 대적
을 크게 치시리로다. 14 내가 오랫동안 조용하며 잠잠하고 참았으나
내가 해산하는 여인같이 부르짖으리니 숨이 차서 심히 헐떡일 것이
라. 15 내가 산들과 언덕들을 황폐하게 하며 그 모든 초목들을 마르게
하며 강들이 섬이 되게 하며 못들을 마르게 할 것이며 16 내가 맹인들*

을 그들이 알지 못하는 길로 이끌며 그들이 알지 못하는 지름길로 인
도하며 암흑이 그 앞에서 광명이 되게 하며 굽은 데를 곧게 할 것이
라. 내가 이 일을 행하여 그들을 버리지 아니하리니 [17]조각한 우상을
의지하며 부어 만든 우상을 향하여 너희는 우리의 신이라 하는 자는
물리침을 받아 크게 수치를 당하리라. [18]너희 못 듣는 자들아 들으라.
너희 맹인들아 밝히 보라. [19]맹인이 누구냐. 내 종이 아니냐. 누가 내
가 보내는 내 사자같이 못 듣는 자겠느냐. 누가 내게 충성된 자같이
맹인이겠느냐. 누가 여호와의 종같이 맹인이겠느냐. [20]네가 많은 것
을 볼지라도 유의하지 아니하며 귀가 열려 있을지라도 듣지 아니하
는도다. [21]여호와께서 그의 의로 말미암아 기쁨으로 교훈을 크게 하
며 존귀하게 하려 하셨으나 [22]이 백성이 도둑 맞으며 탈취를 당하며
다 굴 속에 잡히며 옥에 갇히도다. 노략을 당하되 구할 자가 없고 탈
취를 당하되 되돌려주라 말할 자가 없도다. [23]너희 중에 누가 이 일에
귀를 기울이겠느냐. 누가 뒤에 올 일을 삼가 듣겠느냐. [24]야곱이 탈취
를 당하게 하신 자가 누구냐. 이스라엘을 약탈자들에게 넘기신 자가
누구냐. 여호와가 아니시냐. 우리가 그에게 범죄하였도다. 그들이 그
의 길로 다니기를 원하지 아니하며 그의 교훈을 순종하지 아니하였
도다. [25]그러므로 여호와께서 맹렬한 진노와 전쟁의 위력을 이스라엘
에게 쏟아 부으시매 그 사방에서 불타오르나 깨닫지 못하며 몸이 타
나 마음에 두지 아니하는도다.

축구장이나 야구장 경기를 직접 보러 가는 이유는 현장이 주는 역동적인 감동 때문이다. 특히 결정골이나 적시타를 쳤을 때 스타디움 전체를 울리는 관중의 함성은 그 자체로 가슴을 뛰게 하는 커다란 감동이다. 수많은 사람의 떼창 소리는 말할 것도 없다. 세상에서 가장 큰 합창의 규모는 얼마나 될까? 2009년까지는 폴란드의 브로클라브에서 6만 명이 함께 노래했던 것이 최고 기록이었다. 그랬던 것이 2009년 5월 10일 인도 안드라 프라데시주의 하이데라바드에서 16만 군중이 함께 모여 합창한 것으로 새롭게 갱신되었다.[35] 72년 만에 최대 규모의 합창 기록을 깬 것이다.

본문은 땅과 바다에 있는 모든 백성과 피조물에게 거대한 찬양에 동참할 것을 선포한다.

> "항해하는 자들과 바다 가운데의 만물과 섬들과 거기에 사는 사람들아 여호와께 새 노래로 노래하며 땅끝에서부터 찬송하라. 광야와 거기에 있는 성읍들과 게달 사람이 사는 마을들은 소리를 높이라. 셀라의 주민들은 노래하며 산 꼭대기에서 즐거이 부르라. 여호와께 영광을 돌리며 섬들 중에서 그의 찬송을 전할지어다"(사 42:10-12).

찬양에 초대받은 이들 중에는 게달 사람들과 셀라의 주민들이 포함되어 있다. 게달은 이스마엘의 둘째 아들 이름이며(창 25:13), 훗날 아라비아 사막에 거주하게 된 그의 후손 족속들을 가리킨다. 셀라는 바위들을 의미하며 이는 페트라와 같이 바위틈 사이에 거주했던 에돔족속을 가리킨다. 특히 에돔은 이스라엘을 시기하고 미워하여 이들을 방해하고 무너뜨리려 했다가 도리어 하나님의 저주와 심판을 선고받기도 하였다(사 34장). 이런 이방 나라들조차 하나님을 찬양하라는 초대에 동참하는 것은 이제 그 누구도 거부할 수 없는 거대한 변화의 물결이 도래하고 있음을 의미한다.

이는 여호와의 종이 오셔서 이루실 사역 덕분이다. 그는 상한 갈대를 꺾지 않고, 꺼져가는 등불을 끄지 않고, 완전한 하나님의 정의를 세울 것이다(사 42:3). 또 백성의 언약과 이방의 빛이 되게 하여(사 42:6) 심지어 세상 끝에 있는 섬들이 그의 교훈을 앙망하게 할 것이다(사 42:4). 그리하여 눈먼 자들의 눈을 밝히며, 갇힌 자를 감옥에서 이끌어내며, 흑암에 앉은 자를 감방에서 나오게 하는 역사를 이룰 것이다(사 42:7). 이런 역사를 위해 하나님은 전사가 되어 전장에 나아가 그의 대적을 치실 것이다.

> "여호와께서 용사같이 나가시며 전사같이 분발하여 외쳐 크게 부르시며 그 대적을 크게 치시리로다"(사 42:13).

하나님의 이런 분투는 얼핏 보기에 상한 갈대를 꺾지 아니하고 꺼져가는 심지도 끄지 않는 여호와의 종의 구원 행동과 상충하는 듯 보인다. 하지만 이런 찬양의 선언이 나오게 된 까닭은 바로 여호와의 종이 수행할 기이한 구원역사(사 42:1-9)에 대한 소식 때문이다. 그렇다면 하나님의 구원 행동이 행해지는 방식 또한 역설적일 것을 시사한다. 하나님이 대적을 무찌르실 때 그의 옷을 더럽히는 것은 자기 종의 피다. 이 종은 대적의 죄악을 짊어지고 자신의 수난과 죽음으로

그들의 죄를 소멸한다(사 52:13-53:12 참조).[36)]

> "내가 오랫동안 조용하며 잠잠하고 참았으나 내가 해산하는 여인 같이 부르짖으리니 숨이 차서 심히 헐떡일 것이라"(사 42:14).

하나님은 여호와의 종을 통해 일을 이루시기 위하여 오랫동안 조용히 잠잠히 인내하며 기다리셨다. 마치 모세를 통해 그의 백성을 출애굽시키기 위하여 400년의 세월을 기다리셨던 것과 같다. 그러나 그 기간을 무심하게 잊고 지내신 것이 아니다. 그 기간 하나님은 그의 백성의 부르짖음을 들으시고 아파하시며 애통해하셨다. 마치 해산하는 여인과 같이 부르짖으셨고 숨이 차서 헐떡일 정도로 고통스러워하셨다. 그러나 때가 차서 여호와의 팔이 그의 종을 통해 나타날 때 그의 대적들은 황폐하게 될 것이다(사 42:15, 참조 사 41:15).

이때 영적으로 눈멀고 귀먹어 듣기는 들어도 깨닫지 못하고 보기는 보아도 알지 못하던 백성들에게 변화가 일어날 것이다.

> "내가 맹인들을 그들이 알지 못하는 길로 이끌며 그들이 알지 못하는 지름길로 인도하며 암흑이 그 앞에서 광명이 되게 하며 굽은 데를 곧게 할 것이라. 내가 이 일을 행하여 그들을 버리지 아니하리니"(사 42:16).

여호와의 팔을 통해 대적들이 기이한 방식으로 무력화되고 영적 맹인이 눈을 뜨고 귀먹은 자들이 듣기 시작하며 어둠 가운데 빛을 보는 역사가 일어날 것이다(사 6:9, 29:18, 35:5, 43:8 참조). 이때 우상을 의지했던 대적들은 자신의 지혜와 힘이 어리석은 것이었음을 깨닫고 크게 부끄러워할 것이다(사 42:17).

하나님의 놀라운 역사를 기대하며 본문은 다시 현재의 보지 못하고 듣지 못하는 이스라엘 백성들을 책망한다(사 42:18).

> "맹인이 누구냐 내 종이 아니냐. 누가 내가 보내는 내 사자같이 못 듣는 자겠느냐. 누가 내게 충성된 자같이 맹인이겠느냐. 누가 여호와의 종같이 맹인이겠느냐"(사 42:19).

여기서 내 종은 여호와의 종이 아니라 현재 하나님의 종으로 자부하는 이스라엘 백성을 가리킨다. 이들은 '하나님의 사자'라 자처했지만 앞을 보지 못하는 맹인과 같았고, 하나님께 헌신하는 '언약 백성'이라 자부했지만 청각장애인과 같이 듣지 못했다. 하나님이 아무리 많은 것을 보여주셔도 주의를 기울여 마음에 새기지 않았고, 들려주셔도 귀담아듣지 않았다(사 42:20).

하나님은 그의 의를 위하여 하나님의 토라(율법)의 교훈을 크고 영광스럽게 세워 그의 백성을 의롭게 세우기 원하셨다(사 42:21). 그러나 눈을 가리고 귀를 막은 백성들은 결과적으로 하나님의 의도와는 정반대로 도둑맞고 탈취당하여 굴에 잡히고 옥에 갇힌 비참한 신세로 전락한다(사 42:22). 언약 백성의 은총과 지위와 보호가 모두 사라지고 말았다. 이 당혹스러운 현실을 직면한 백성들에게 본문은 이런 비참한 상황에서 다시 귀를 열어 하나님 말씀에 주의를 기울여 다시 들을 수 있겠는가를 묻는다(사 42:23). 이제 이스라엘은 귀먹은 자가 아니라 듣는 종, 가르침을 받는 종, 제자가 되어야 한다(사 50:4 참조). 이스라엘은 그들이 듣지 않았기에 초래된 결과, 곧 탈취당하고 약탈자의 손에 넘겨진 현실을 직시해야 한다(사 42:24). 하지만 안타깝게도 이스라엘은 하나님의 토라, 곧 그분의 율법의 교훈에 순종하지 않아 초래된 불같은 심판의 극심한 고난을 당했음에도 마음을 돌이키지 못했다(사 42:25). 이런 구제 불능에 가까운 이스라엘의 패역한 현실에 과연 어떤 소망이 있을까?

소망은 여호와의 기이하고도 능력 있는 구원의 팔이 그의 종을 통해 나타나는 것에 있다. 메시아 예수께서 그의 백성들에게 나타나셨을 때 바리새인과 서기관들 같은 유대 지도자들은 여전히 마음을 강퍅하게 하여 배척하였다. 이 모습을 보고 예수께서는 이사야의 예언처럼 "너희가 듣기는 들어도 깨닫지 못할 것이요 보기는 보아도 알지 못하리라"(마 13:14, 사 6:9-10)고 하셨다. 그러나 그 가운데 여호와의 종 메시아에게 소망을 두고 그의 말씀을 듣는 자는 듣고 깨달아 하늘의 복을 얻게 되었다(마 13:16). 그리고 그들은 겨자씨처럼 작은 무리지만 점차 자라 온 세상에 가득하게 될 것이다(마 13:31). 여호와의 종은 우리에게 나타나 놀라운 능력으로 하나님의 구원역사를 일으키셨다. 그리고 그 능력은 메시아 예수의 십자가로 나타났다. 그는 십자가로 원수된 것을 소멸하셨다(엡 2:16). 또 십자가로 우리를 거스르고 불리하게 하는 율법 증서를 못 박으시고 통치자들과 권세들을 무력화하셨다(골 2:14-15). 그는 십자가로 승리하셨다. 그리고 마침내 하늘에 있는 자들과 땅에 있는 자들과 땅 아래에 있는 모든 자들이 예수의 이름에 무릎을 꿇고 찬양하며 영광을 돌릴 것이다(빌 2:10-11). 온 땅과 바다 끝에서부터 그를 찬양하는 놀라운 찬송 소리가 울려 퍼질 것이다(사 42:10).

[64장 각주]

35) 뉴시스, "印 16만명 합창… 72년 된 세계 기록 깨", 조선일보, 2008. 5. 12.
36) 존 오스월트, 「NICOT 이사야 Ⅱ」, 146쪽.

65 Chapter 6. Isaiah 43:1-13

제1목적을 향해 가라

*1야곱아 너를 창조하신 여호와께서 지금 말씀하시느니라. 이스라엘
아 너를 지으신 이가 말씀하시느니라. 너는 두려워하지 말라. 내가
너를 구속하였고 내가 너를 지명하여 불렀나니 너는 내 것이라. 2네
가 물 가운데로 지날 때에 내가 너와 함께 할 것이라. 강을 건널 때에
물이 너를 침몰하지 못할 것이며 네가 불 가운데로 지날 때에 타지도
아니할 것이요 불꽃이 너를 사르지도 못하리니 3대저 나는 여호와 네
하나님이요 이스라엘의 거룩한 이요 네 구원자임이라. 내가 애굽을
너의 속량물로, 구스와 스바를 너를 대신하여주었노라. 4네가 내 눈
에 보배롭고 존귀하며 내가 너를 사랑하였은즉 내가 네 대신 사람들
을 내어주며 백성들이 네 생명을 대신하리니 5두려워하지 말라. 내가*

너와 함께하여 네 자손을 동쪽에서부터 오게 하며 서쪽에서부터 너
를 모을 것이며 6내가 북쪽에게 이르기를 내놓으라. 남쪽에게 이르기
를 가두어 두지 말라. 내 아들들을 먼 곳에서 이끌며 내 딸들을 땅끝
에서 오게 하며 7내 이름으로 불려지는 모든 자 곧 내가 내 영광을 위
하여 창조한 자를 오게 하라. 그를 내가 지었고 그를 내가 만들었느
니라. 8눈이 있어도 보지 못하고 귀가 있어도 듣지 못하는 백성을 이
끌어 내라. 9열방은 모였으며 민족들이 회집하였는데 그들 중에 누가
이 일을 알려주며 이전 일들을 우리에게 들려주겠느냐. 그들이 그들
의 증인을 세워서 자기들의 옳음을 나타내고 듣는 자들이 옳다고 말
하게 하여 보라. 10나 여호와가 말하노라. 너희는 나의 증인, 나의 종
으로 택함을 입었나니 이는 너희가 나를 알고 믿으며 내가 그인 줄
깨닫게 하려 함이라. 나의 전에 지음을 받은 신이 없었느니라. 나의
후에도 없으리라. 11나 곧 나는 여호와라. 나 외에 구원자가 없느니라.
12내가 알려주었으며 구원하였으며 보였고 너희 중에 다른 신이 없었
나니 그러므로 너희는 나의 증인이요 나는 하나님이니라. 여호와의
말씀이니라. 13과연 태초로부터 나는 그이니 내 손에서 건질 자가 없
도다 내가 행하리니 누가 막으리요.

지인이 멋진 찻잔 세트를 선물했다. 차 마실 때 사용하라고 준 것이다. 그런데 찻잔을 매일 밥그릇으로 사용하고 국그릇으로 사용한다면 어떨까? 이는 원래의 용도대로 적합하게 사용하지 못하는 것이다. 쓰임에 불편하다. 그리고 그릇의 품격이 떨어진다. 물건은 제작자의 본래 의도를 살려 사용할 때 제 가치를 발휘한다. 이것은 우리 인생도 마찬가지다.

인생은 무엇을 위해 사용될 때 그 가치와 품격이 제대로 살아날 수 있을까? 그것은 인생을 만드신 창조주 하나님의 원래 의도와 목적을 살릴 때 가능하다. 이사야 43장은 우리 인생이 지어진 본래 목적은 '하나님의 영광'을 위해서라고 분명하게 말씀한다(7, 21절). 사람은 '하나님의 영광'을 위해 살 때 제일 인간답고 가치 있는 인생이 된다. 그뿐만이 아니다. 하나님은 우리가 하나님의 영광을 위해 살아갈 수 있도록 끝까지 쉬지 않고 일하시는 신실하신 하나님이다. 왜 그토록 신실하신 것일까? 그것은 우리가 하나님의 언약 백성이기 때문이다.

> "야곱아 너를 창조하신 여호와께서 지금 말씀하시느니라. 이스라엘아 너를 지으신 이가 말씀하시느니라. 너는 두려워하지 말라. 내가 너를 구속하였고 내가 너를 지명하여 불렀나니 너는 내 것이라"(사 43:1).

개역개정에는 없지만 원문에는 '그러나 이제'(히. 베아타, But now)란 표현이 들어 있다. 이는 앞선 42장의 내용과 관련 있다. 이는 보지 못하고 듣지 못했던 이스라엘에게 임할 심판 예고(사 42:18-25)에 대한 반전이다. 과거에 이스라엘이 아무리 귀와 눈이 멀어 둔감했어도 그들은 한 가지 사실, 곧 그들이 하나님의 소유된 소중한 백성임을 잊지 말아야 한다. 그들은 하나님 앞에 잊혀지지 않았고, 여전히 붙드시고 마침내 구원하실 하나님이 지으신 소중한 언약 백성이기 때문이다.

하나님은 자기 백성을 "야곱아"라고 부르신다. 야곱은 '속이는 자'란 뜻으로, 이스라엘의 옛 이름이다. 자기 꾀를 믿고 형과 아버지를 속였고, 그랬다가 삼촌과 자녀에게 속았던 야곱이었다. 지금까지 이스라엘은 영적인 눈과 귀가 멀어 옛 야곱과 같았지만, 이제 그런 야곱은 하나님 앞에 나아가 씨름하는 이스라엘이 되어야 한다. 하나님은 이런 야곱에게 그를 창조하신 분이 하나님이고 그 하나님이 지금 말씀하시는 분이라고 선언한다. 여기에는 창조주가 부여한 본연의 가치와 목적을 회복해야 한다는 뜻이 암시되어 있다. 그러고는 '야곱'이란 호칭을 이제는 '이스라엘'로 바꾼다. '이스라엘'이란 호칭에는 창조주 하나님이 본래 의도하신 이들의 목적과 가치가 표현되어 있다.[37] 이스라엘의 정체성은 창세기 1~2장으로 거슬러 올라간다. 이스라엘은 하늘과 땅을 지으신 창조주의 손으로 친히 지은 바 된 백성이다.

야곱을 본래 이스라엘로 지으신 하나님은 자신의 이름을 '여호와'로 밝히신다. 이는 하나님이 이스라엘과 특별한 언약 관계를 여전히 붙들고 계시는 언약의 하나님임을 전제한다. 언약의 하나님이 그의 택한 언약 백성에게 하시는 첫 말씀은 "두려워하지 말라"는 것이다. 이는 이스라엘이 처한 암담한 현실을 반영한다. 이들은 영적 눈이 가려진 상태로 대적에게 괴롭힘을 당하고 속박되어 신음하는 상황이었다. 상황을 보면 두려워 떨 수밖에 없다. 그러나 하나님은 환경을 변화시키기 전에 이들이 자신을 지으신 하나님께로 집중하게 한다. 아무리 이스라엘이 열방에 짓밟힌다 하더라도 그들은 하나님이 지으신 특별한 소유된 백성이라는 정체성을 분명히 하도록 하신다. '내 것' 은 하나님께 속한, 그의 소유된 백성을 말한다. 이것이 분명하면 환경에 대한 두려움을 견뎌낼 수 있다.

더 나아가 하나님은 이스라엘을 구속하셨고, 그를 불러낸 하나님의 소유된 친백성이라 말씀하신다. 여기 '구속하셨고' 와 '불렀나니' 는 예언적인 완료 시제다. 이는 출애굽의 구원역사를 떠올리는 단어들로, 하나님께서 과거 애굽에서 이들을 구속하고 불러내셨던 것처럼 장차 그의 백성을 구원하실 것을 마치 완료된 것처럼 확실하게 선언한 것이다. 하나님은 이스라엘이 자신이 친히 지은 백성임을 두 번이나 강조하며 다음과 같이 말씀한다.

> "네가 물 가운데로 지날 때에 내가 너와 함께 할 것이라. 강을 건널 때에 물이 너를 침몰하지 못할 것이며 네가 불 가운데로 지날 때에 타지도 아니할 것이요 불꽃이 너를 사르지도 못하리니"(사 43:2).

이스라엘은 아무리 홍수가 침범하고 불같은 시련이 닥치더라도 두려워하지 말아야 한다. 여기서 물과 불은 하나님이 세상을 심판하는 도구이기도 하다. 하지만 어떤 상황에서도 이스라엘을 지으신 하나님은 그의 친백성을 보호하여 결코 해를 당하지 않도록 하실 것이다(롬 8:31-39 참조). 따라서 이스라엘은 두려워할 것이 아니라 그의 백성을 보호하고 승리를 주시는 하나님을 붙들고, 이름처럼 영적 씨름을 계속해 나아가야 한다.

하나님은 다시 한번 이스라엘에게 자신이 그들의 언약의 하나님 여호와임을 강조한다.

> "대저 나는 여호와 네 하나님이요 이스라엘의 거룩한 이요 네 구원자임이라. 내가 애굽을 너의 속량물로, 구스와 스바를 너를 대신하여주었노라"(사 43:3).

여호와는 이스라엘의 하나님이고 그들의 거룩한 분이며 그들의 구원자(히. 모쉬아)이다. 여호와께서 이스라엘을 홍해에서 구원하셨고(출 14:30) 압제에서 구원하실 것이며 더 나아가 그들의 죄에서 건지는 구원(히. 예수아)이 될 것이다(출 15:2 참조). 하나님은 이스라엘을 구원하기 위해 '속량물'(히. 코페르, ransom), 곧 목숨을 구하기 위해 지불하는 몸값을 마련할 것이라 말씀한다(출 21:30). 그것이 애굽이든 구스와 스바든 무엇이든 간에 기꺼이 지불하실 것이며 합당한 대속물을 찾기 위해 어떤 수고도 마다하지 않으실 것이다(사 43:3-4).[38] 이 대속물은 최종적으로 여호와의 종이 감당하게 될 것이다. 그는 죄를 알지도 못하신 이였지만 우리를 대신하여 죄가 되실 것이고(고후 5:21), 더 나아가 자기 목숨을 많은 사람의 대속물로 기꺼이 내어줄 것이다(막 10:45, 참조 사 52:13-53:12). 이런 놀라운 희생을 기꺼이 치르시는 이유가 무엇일까? 그것은 하나님의 언약 백성 이스라엘이 하나님의 눈에 보배롭고 존귀하며 여호와께서 그의 백성을 사랑하셨기 때문이다(사 43:4).

이런 확실한 구원의 약속이 있기에 이스라엘은 두려워하지 말아야 한다. 하나님은 그의 백성과 임마누엘로 동행하며, 포로로 끌려간 잃어버린 백성을 동서남북 땅끝 사방에서 구원하여 모으실 것이다(사 43:5-6). 이들이 땅끝에서 돌아와 회복될 수 있는 이유가 무엇인가? 이스라엘 자체로만 보면 자격은 한참 미달이다. 이 일이 가능한 것은 이들이 여호와의 이름으로 불리며 하나님과 맺은 특별한 관계 때문이다(신 28:10, 렘 14:9, 15:16 참조).

> "내 이름으로 불려지는 모든 자 곧 내가 내 영광을 위하여 창조한 자를 오게 하라. 그를 내가 지었고 그를 내가 만들었느니라"(사 43:7).

여호와의 이름으로 불려진다는 것은 이스라엘이 여호와의 소유이며, 그의 백성임을 보여준다. 이스라엘은 사방으로 흩어져 민족들의 지배 아래 있었지만 여호와를 제외하고는 아무도 그들에게 권리를 행사하거나 주장할 수 없었다. 여호와의 백성으로 불려지는 이들에게는 한 가지 특별한 목적이 있었다. 그것은 그들이 '하나님의 영광'을 온 세상에 나타내는 것이다(사 43:21 참조). 만약 이스라엘이 영영 죄악과 심판 가운데 있게 된다면 세상은 여호와가 자기 백성을 죄악 가운데 방치하는 그저 그런 신에 불과하다고 말할 것이다. 하나님은 자기 이름을 위해서라도 타락하고 범죄한 그의 백성을 구원하시고 다시 불러 모으시고 정결하게 하셔야 한다(겔 36:20-25 참조).

안타깝게도 하나님이 창조하신 백성들은 우상 숭배와 죄로 인해 눈과 귀가 먼 상태였다. 이들은 하나님이 행하신 일들을 보고 들었으며 선지자를 통해 장차 하실 일을 수없이 들었지만 깨닫지 못했다. 그러나 이들이 영적으로 눈먼 상태가 이스라엘을 창조한 하나님의 제1목적, 곧 하나님의 영광을 드러내는 것을 가로막지 못한다. 하나님은 이를 위해 소송을 진행하신다.

> "눈이 있어도 보지 못하고 귀가 있어도 듣지 못하는 백성을 이끌어 내라"(사 43:8).

하나님은 영적으로 맹인이 되고 청각 장애가 생긴 그의 백성을 재판정으로 소환하신다. 이는 이들을 정죄하고 징벌하기 위해서가 아니다. 하나님이 이들을 불러내신 이유는 이들을 하나님의 행하시는 일에 대한 증인으로 열방과 민족들 앞에 세우기 위해서다.

> "열방은 모였으며 민족들이 회집하였는데 그들 중에 누가 이 일을 알려주며 이전 일들을 우리에게 들려주겠느냐. 그들이 그들의 증인을 세워서 자기들의 옳음을 나타내고 듣는 자들이 옳다고 말하게 하여 보라"(사 43:9).

열방들(nations)이 벌써 다 모였고, 민족들(peoples)은 계속해서 모여들고 있다.[39] 하나님은 이들에게 과연 어떤 신이 이런 기이하고도 놀라운 구원역사를 이처럼 미리 소상하게 알려주고 있는지, 또 누가 이전에 하나님이 행하셨던 것과 같은 놀라운 구원역사를 알려준 적이 있는지 증인을 세워 말해보라고 요청하신다. 하나님은 이러한 증인으로 하나님의 영광을 드러내기 위해 이스라엘을 택하였다고 말씀하신다.

"나 여호와가 말하노라. 너희는 나의 증인, 나의 종으로 택함을 입었나니 이는 너희가 나를 알고 믿으며 내가 그인 줄 깨닫게 하려 함이라. 나의 전에 지음을 받은 신이 없었느니라. 나의 후에도 없으리라"(사 43:10).

손으로 빚은 신은 여호와 하나님보다 앞설 수 없고 후에도 있을 수 없다. 이는 족보로 연결되어 출생을 거듭하는 바벨론 신들에 대한 비판이기도 하다. 하나님은 민족들의 신과 같이 출생한 신도, 중간에 지음받은 신도 아니다. 홀로 창조와 역사를 주관하시는 전능하신 하나님이다. 바로 이 여호와 하나님을 증언하며 하나님의 영광을 드러내도록 이스라엘은 지음받고 부름받은 것이다. 하나님은 이들이 영적 맹인이요 청각장애 상태인 것을 아셨지만, 그의 구원역사를 통해 이들이 점차 하나님을 '알아가고' '신뢰하여' 여호와야말로 참된 하나님인 줄 '깨닫는 데' 이르러 강력한 확신으로 무장한 증인으로 세우실 것이다. 하나님은 그의 백성이 오직 여호와만이 참된 구원자라는 것을 깨닫고 증언하기 원하신다.

"나 곧 나는 여호와라. 나 외에 구원자가 없느니라. 내가 알려주었으며 구원하였으며 보였고 너희 중에 다른 신이 없었나니 그러므로 너희는 나의 증인이요 나는 하나님이니라. 여호와의 말씀이니라”(사 43:11-12).

하나님만이 미래를 선포하셨고 구원하셨으며 또한 그것이 알려지게 하셨다. 하나님은 식언하지 않는다. 하신 말씀을 성취하시고 구원의 역사를 일으키시는 분이다(민 23:19 참조). 그렇게 하실 수 있는 이유는 하나님은 태초로부터 ‘나는 그’(I am He, NRSV)로 계신, 홀로 자존하신 하나님이기 때문이다(사 43:13). 이스라엘은 이런 하나님을 증언하도록 부름받았다. 태초로부터 자존자였던 하나님은 역시 오늘날도 자존하시는 하나님, 즉 ‘나는 그’로 계시는 하나님이다(사 43:13). 자격 없고 연약한 이스라엘을 증인으로 부르신 하나님은 반드시 그 뜻을 이루시고 이스라엘을 통해 하나님의 영광이 드러나도록 하실 것이다.

하나님은 여전히 오늘날도 우리가 하나님의 영광을 위해 살아갈 수 있도록 쉬지 않고 일하신다. 지금 나의 시선은 누구의 영광과 인정을 향하는가? 기억하라. 우리는 하나님의 영광을 위하여 지음받은 존재다. 지음받은 목적대로 살 때 가장 행복하다. 그분의 영광을 구하며 그분의 손길이 드러나도록 기도하며 담대히 나아가라!

[65장 각주]

37) 에드워드 J. 영, 정일오 외 역, 「이사야서 주석 Ⅲ」(서울: CLC, 2008), 157쪽.
38) 존 오스월트, 「NICOT 이사야 Ⅱ」, 165쪽.
39) 서로 다른 두 시제가 사용되어 생생한 현장감을 표현하고 있다. 공동번역은 이를 “민족들이 벌써 다 모였고 부족들이 부름받고 모여왔다”고 번역한다.

66 Chapter 6. Isaiah 43:14-28

보라. 내가 새 일을 행하리라

*14너희의 구속자요 이스라엘의 거룩한 이 여호와가 말하노라. 너희를
위하여 내가 바벨론에 사람을 보내어 모든 갈대아 사람에게 자기들
이 연락하던 배를 타고 도망하여 내려가게 하리라. 15나는 여호와 너
희의 거룩한 이요 이스라엘의 창조자요 너희의 왕이니라. 16나 여호
와가 이같이 말하노라. 바다 가운데에 길을, 큰 물 가운데에 지름길
을 내고 17병거와 말과 군대의 용사를 이끌어 내어 그들이 일시에 엎
드러져 일어나지 못하고 소멸하기를 꺼져가는 등불 같게 하였느니
라. 18너희는 이전 일을 기억하지 말며 옛날 일을 생각하지 말라. 19보
라. 내가 새 일을 행하리니 이제 나타낼 것이라. 너희가 그것을 알지
못하겠느냐. 반드시 내가 광야에 길을 사막에 강을 내리니 20장차 들*

짐승 곧 승냥이와 타조도 나를 존경할 것은 내가 광야에 물을, 사막에 강들을 내어 내 백성, 내가 택한 자에게 마시게 할 것임이라. [21]이 백성은 내가 나를 위하여 지었나니 나를 찬송하게 하려 함이니라. [22]그러나 야곱아 너는 나를 부르지 아니하였고 이스라엘아 너는 나를 괴롭게 여겼으며 [23]네 번제의 양을 내게로 가져오지 아니하였고 네 제물로 나를 공경하지 아니하였느니라. 나는 제물로 말미암아 너를 수고롭게 하지 아니하였고 유향으로 말미암아 너를 괴롭게 하지 아니하였거늘 [24]너는 나를 위하여 돈으로 향품을 사지 아니하며 희생의 기름으로 나를 흡족하게 하지 아니하고 네 죄짐으로 나를 수고롭게 하며 네 죄악으로 나를 괴롭게 하였느니라. [25]나 곧 나는 나를 위하여 네 허물을 도말하는 자니 네 죄를 기억하지 아니하리라. [26]너는 나에게 기억이 나게 하라. 우리가 함께 변론하자. 너는 말하여 네가 의로움을 나타내라. [27]네 시조가 범죄하였고 너의 교사들이 나를 배반하였나니 [28]그러므로 내가 성소의 어른들을 욕되게 하며 야곱이 진멸 당하도록 내어주며 이스라엘이 비방 거리가 되게 하리라.

미국 로스앤젤레스(LA)에서 3.2km의 지하 터널이 완공되었다는 소식이 알려지자 외신들은 이를 앞다투어 보도했다.[40)] 이 터널은 2016년 12월, 전기 자동차 회사 테슬라의 최고 경영책임자(CEO)인 일론 머스크가 트위터에 한 장난스러운 트윗을 남긴 후로 추진되었기 때문이다. "LA 교통체증이 나를 괴롭힌다. 나는 터널 파는 기계를 만들 거야. 그리고 파기 시작할 거야." 그런데 정말 머스크는 얼마 지나지 않아 '보링컴퍼니' 라는 터널 굴착회사를 설립하고는 곧이어 LA 땅 밑에 터널 공사를 개시했다. 이 터널에는 특별한 열차를 운행할 예정이다. 이 열차는 스케이트 날 형태의 블레이드를 자기장으로 띄워 달리는데, 최고 시속이 250km에 이른다. 사실 이것은 그가 꿈꾸고 있는 '하이퍼루프' 의 전초전 성격을 가진다. 하이퍼루프는 초고속 진공 튜브 캡슐 열차로서, 지하터널을 진공으로 만들어서 28인승의 캡슐을 이 진공터널에 넣어 운행하면 최고 1,200km, 음속에 가까운 속도를 낸다. 이렇게 되면 서울과 부산은 20분 만에 주파할 수 있게 된다. 놀라운 것은 하이퍼루프는 기존의 관념을 뒤집는 발상을 했을 뿐 아니라 이것을 현실로 만들어내는 추진력까지 더했다는 점이다. 사람들이 하이퍼루프에 열광하는 이유가 무엇인가? 이전에 전혀 없던 새로운 해결책, 새로운 대안이기 때문이다. 이처럼 사방이 가로막힌 것 같은 곤궁 가운데 이를 돌파하는 새 일이 일어날 때 사람들은 열광한다.

기억할 것은 바로 우리 하나님이 이전에 없던, 새 일을 행하시는 분이라는 점이다.

> "너희는 이전 일을 기억하지 말며 옛날 일을 생각하지 말라"(사 43:18).

왜 이전 일을 생각하지 말라고 하셨을까? 이전 일이란 무엇일까? 이는 하나님이 이전에 이스라엘을 구원하셨던 일, 특별히 출애굽의 역사를 가리킨다.

“나 여호와가 이같이 말하노라. 바다 가운데에 길을, 큰 물 가운데에 지름길을 내고 병거와 말과 군대의 용사를 이끌어 내어 그들이 일시에 엎드러져 일어나지 못하고 소멸하기를 꺼져가는 등불 같게 하였느니라”(사 43:16-17).

하나님이 이스라엘 백성을 위해 홍해를 가르고 지름길을 내신 것은 불가능한 현실에서 구원을 만드신 놀라운 사건이다. 이스라엘을 추격해왔던 애굽의 군사들은 순식간에 바다 무덤에 수장되고 만다. 분명 그 이전에는 전혀 듣지도 보지도 못했던 놀랍고도 새로운 일이었다. 이스라엘 백성은 해마다 유월절을 지키며 하나님의 구원역사를 세대와 세대를 이어 두고두고 이야기했을 것이다. 특히 바벨론의 포로로 유배생활을 하던 이스라엘 백성은 이런 제2의 출애굽 역사를 더욱더 열망했을 것이다. 하지만 하나님은 출애굽의 역사를 ‘이전 일’ ‘옛날 일’이라고 하며 더 이상 생각하지 말라는 것이다. 그 이유가 무엇일까? 이는 이제 출애굽과는 전혀 다른 새 일을 행하실 것이기 때문이다.

“보라. 내가 새 일을 행하리니 이제 나타낼 것이라”(사 43:19).

하나님이 행하실 새 일은 먼 미래의 일이 아니다. 하나님은 그 일을 이제 곧 나타낼 것이라고 말씀한다. 그렇다면 어떤 새로운 구원역사가 펼쳐질까?

"너희가 그것을 알지 못하겠느냐. 반드시 내가 광야에 길을 사막에 강을 내리니"(사 43:19).

이 말씀을 언뜻 보면 그냥 '길을 내는가 보다' 라고 생각할 수 있다. 그러나 가만히 생각해 보면 이는 이전 출애굽 역사와는 정반대의 구원역사임을 알 수 있다. 전에는 바다를 가르고 길을 내셨다면, 이번에는 광야를 가르고 길을 내신다. 전에는 바다 바닥을 말리셔서 길을 내셨다면 이번에는 사막에 강물을 내신다. 이는 이전에 일어났던 구원역사와 정반대로 펼쳐지는 출바벨론 구원의 역사인 것이다. 우리가 세계지도를 보면 늘 세상은 이렇게 생겨야 한다는 일종의 고정관념이 형성된다. 만약 우주 왕복선을 타고 올라가 우주에서 지구를 바라본다면 어떨까? 지구가 거꾸로 보이기도 할 것이다. 내가 알던 지구가 뒤집혀 보인다고 틀렸다고 할 수 있을까? 그렇지 않다. 틀렸다고 생각한다면 그것은 세계지도를 보며 우리 안에 형성된 일종의 고정관념 때문이다.

하나님이 행하시는 일이 이렇다. 우리는 늘 바로 보고 이런 순서대로 일이 되어야 정상이고 좋다고 생각한다. 그런데 하나님께서는 때로 정반대의 순서로 정반대의 공간과 기회로 우리에게 다가오신다. 왜? 가장 좋은 길이 무엇인지 알고 계시기 때문이다. 하나님은 우리의 위, 아래, 옆, 뒤 등 모든 방향에서 세상을 통찰하신다. 놀라운 비전을 갖고 계신다. 리더십 분야에서는 리더의 비전을 매우 중요한 것으로 강조한다. 눈이 사방에 달려있어야 한다. 앞을 내다보는 선견지명(fore-sight)도 있어야 하고, 지나간 사건을 되돌아보는 예리한 관찰력(hind-sight)도 있어야 하며, 뒤를 되돌아보고 필요하면 다시 수정할 수 있는 교정 시선(re-vision)도 필요하다. 또한 내부를 깊게 꿰뚫는 통찰력(in-sight)도 있어야 한다. 모든 상황을 초월하여 이 모든 것을 통찰하시는 하나님은 사람의 기대와 방법을 뛰어넘어 일하신다. 그래서 새로운 일을 행하시는 것이다. 그런데 이번에 행하시는 새 일에는 특이한 점이 있다. 승냥이와 타조조차 이 새 일에 경배하며 찬양한다는 것이다.

> "장차 들짐승 곧 승냥이와 타조도 나를 존경할 것은 내가 광야에 물을, 사막에 강들을 내어 내 백성, 내가 택한 자에게 마시게 할 것임이라"(사 43:20).

'승냥이'는 들개다. '타조'는 광야에 사는 날짐승이다. 그런데 이런 것들도 하나님을 존경한다. 왜 그럴까? 이런 짐승들이 그동안 인간의 죄로 인해 신음해왔다가 하나님이 행하실 새 일로 다시 살아나게 되었기 때문이다. 지금 하나님이 행하시는 일은 단순히 어려움에서 구원하시는 차원만이 아니라 이들 깊은 곳에 잠재된 죄의 문제를 해결하는 것과 관련된다. 그럴 때 피조물까지 회복될 수 있다. 하나님은 이러한 새 일을 통해 결국 하나님이 사람을 창조한 근원적인 목적으로까지 나아간다.

> "이 백성은 내가 나를 위하여 지었나니 나를 찬송하게 하려 함이니라"(사 43:21).

사람은 하나님께 찬양을 드리도록 만들어졌다. 찬양해야 마땅하다. 하나님은 이 목적을 위해 새 일을 행하시는데, 이는 하나님의 성품과 깊은 관계가 있다.

> "너희의 구속자요 이스라엘의 거룩한 이 여호와가 말하노라. 너희를 위하여 내가 바벨론에 사람을 보내어 모든 갈대아 사람에게 자기들이 연락하던 배를 타고 도망하여 내려가게 하리라"(사 43:14).

여기서 하나님은 자신을 구속자요, 거룩한 분으로 소개한다. 구속자(Redeemer, NRSV)는 기꺼이 커다란 대가를 치르고 기업을 되찾는 자를 뜻한다. 하나님은 이스라엘과 언약을 맺으시고 자기 백성을 삼으신 후 신실하게 그들에게 헌신해 오셨다. 이제 하나님께서는 큰 대가를 지불하시고 그의 백성을 되찾으실 것이다. 또한 하나님은 다른 우상과 구별되는 거룩하신 하나님이다. 그에게는 죄가 없다. 이스라엘이 범죄하였으니 하나님과 멀어지는 것은 당연하다(사 59:1-3 참조). 범죄한 이스라엘을 되찾으려면 이들의 죗값을 치러야 한다. 이러한 일을 위해서 하나님은 이전에 없던 새 일을 행하시는 것이다. 이 일은 언약 백성의 요청이 있었기 때문이 아니다. 도리어 언약 백성을 향한 하나님의 창발적인 자기 헌신으로 인한 것이다. 하나님의 자기 헌신은 놀라운 결과를 가져올 것이다. 하나님이 바벨론에 사람을 보내어 제국을 쳐서 무너뜨릴 것이다. 이때 그동안 유람선을 타고 호화롭게 연회를 베풀며 흥겨워했던 갈대아 사람,[41] 곧 바벨론 사람들은 그 배를 타고 뿔뿔이 흩어져 도망갈 것이다. 이러한 역사는 이스라엘의 신실함으로 인한 것이 아니다. 그것은 오직 하나님이 그의 언약 백성에 신실하심으로 인한 것이다. 만약 이스라엘의 행위로 평가하자면, 이들은 진작에 파산해야 마땅했다.

> "그러나 야곱아 너는 나를 부르지 아니하였고 이스라엘아 너는 나를 괴롭게 여겼으며 네 번제의 양을 내게로 가져오지 아니하였고 네 제물로 나를 공경하지 아니하였느니라. 나는 제물로 말미암아 너를 수고롭게 하지 아니하였고 유향으로 말미암아 너를 괴롭게 하지 아니하였거늘 너는 나를 위하여 돈으로 향품을 사지 아니하며 희생의 기름으로 나를 흡족하게 하지 아니하고 네 죄짐으로 나를 수고롭게 하며 네 죄악으로 나를 괴롭게 하였느니라" (사 43:22-24).

여기에는 반복적으로 '아니하였다'는 표현이 등장한다. 이는 하나님의 언약 백성인 이스라엘이 하나님을 향하여 마땅히 해야 할 것들을 하지 않았음을 말하는 것이다. ① 이스라엘은 하나님을 '부르지 아니하였고', ② 하나님께 드려야 할 번제 제물을 가져오지 아니하였고, ③ 하나님을 공경하지 아니하였고, ④ 하나님을 위해 향품을 준비하지 않았고, ⑤ 희생제물의 기름으로 하나님을 흡족하게 하지 않았다.

이스라엘의 이런 불성실함에도 하나님은 그의 백성에게 고생스러운 조건을 요구하지 않으셨다. ① 제물을 바치라고 성화를 내며 그들을 괴롭히지 않았고, ② 유향을 피우라고 괴롭히지도 않았다. 그러나 그들은 죄와 허물이 가득한 채 하나님께 나아가 형식적으로 하나님을 섬기는 시늉만 냈다. 결국 이스라엘의 회개와 변화를 기다리시던 하나님을 수고롭게 하고, 괴롭히며, 지치게 하였다.

그렇다면 하나님은 어떤 새 일로 이들을 구원하실 것인가?

"나 곧 나는 나를 위하여 네 허물을 도말하는 자니 네 죄를 기억하지 아니하리라"(사 43:25).

아니, 그토록 패역했던 이스라엘에게 도대체 무슨 일이 일어난 것인가? 이를 이해하려면 25절에 대한 새번역 성경의 번역이 큰 도움이 된다.

"그러나 나는 네 죄를 용서하는 하나님이다. 내가 너를 용서한 것은 너 때문이 아니다. 나의 거룩한 이름을 속되게 하지 않으려고 그렇게 한 것일 뿐이다. 내가 더 이상 너의 죄를 기억하지 않겠다"(사 43:25, 새번역).

하나님이 이스라엘의 허물을 용서하신 것은 이스라엘의 변화 때문이 아니다. 하나님의 신실하신 자기 결단 때문이다. 하나님은 자기 이름을 위하여 그의 백성을 의의 길로 인도하며 그들의 죄악을 사하고 더 이상 기억하지 않을 것이다(시 23:3, 106:8 참조). 이런 하나님을 감히 누가 힐난하며 고발할 것인가? 하나님은 이스라엘에게 이런 하나님이 불의하다고 기소할 것이 있으면 하나님의 법정에서 변론하자고 초대한다(사 1:18 참조).

"너는 나에게 기억이 나게 하라. 우리가 함께 변론하자. 너는 말하여 네가 의로움을 나타내라"(사 43:26).

이스라엘 백성 중에는 자신들의 유배생활이 하나님의 부당하고 불의한 징벌이라 항의하는 이들이 있었던 모양이다. 하나님은 이들에게 과연 이스라엘의 의로움을 변론해 보라고 하신다. 하나님은 이스라엘의 유배가 하나님의 정당한 심판이었음을 선조 때부터 누적된 죄악으로 변증하신다. 이스라엘은 선조 때부터 끊임없이 범죄하였고, 그들의 지도자(교사)들은 하나님을 배반하고 백성들에게 우상 숭배를 부추겼다(사 43:27). 결국 하나님은 예루살렘 성소의 거룩한 방백들, 즉 제사장들(대상 24:5 참조)을 욕되게 하고, 야곱의 후손 곧 이스라엘 백성이 진멸을 당하게 내어주셨으며, 세상의 비방 거리가 되게 하셨다(사 43:28). 결국 이스라엘이 약속의 땅에서 쫓겨나 유배생활을 하게 된 것은 그들의 죄악 때문임이 분명하다.

이스라엘은 자기 죄로 인한 포로생활에 대해 하나님을 원망할 것이 아니라 이제 새롭게 펼쳐지는 하나님의 신실하신 회복의 역사에 눈을 떠야 한다. 이 역사는 이전에 맛보지 못했던 기이한 새 일이며, 하나님이 친히 그들의 죄악을 담당하여 그들의 허물과 죄를 사해주시는 역사다. 사방이 가로막힌 것 같은 곤궁 가운데 이를 돌파하는 새 일이 범죄한 이스라엘의 공로가 아니라 오직 하나님의 신실하신 은혜로 일어난다면, 이제는 그 은혜를 찬송하며 하나님의 기이한 역사에 열광해야 하지 않을까? 이런 하나님은 오늘도 우리의 삶 가운데 날마다 새 일을 행하려 하신다. 익숙함과 나태함에서 이제는 벗어나라. 새 일을 행하시는 주님의 역사를 기대하며 기도하라. 그리고 그 놀라운 일들을 날마다 맛보라!

[66장 각주]

40) 안정락, "LA 교통체증 짜증 난다던 머스크 결국 '초고속 지하터널' 뚫었다", 한국경제, 2018. 12. 18.

41) 갈대아는 원래 남부 바벨론 지역을 가리키는 말이었으나 훗날 특히 후기 바벨론 왕조 시대에는 바벨론 전체를 가리키는 용어로 확대되어 사용된다.

67 Chapter 6. Isaiah 44:1-20

하나님밖에 없다

*[1]나의 종 야곱, 내가 택한 이스라엘아 이제 들으라. [2]너를 만들고 너를
모태에서부터 지어 낸 너를 도와줄 여호와가 이같이 말하노라. 나의
종 야곱, 내가 택한 여수룬아 두려워하지 말라. [3]나는 목마른 자에게
물을 주며 마른 땅에 시내가 흐르게 하며 나의 영을 네 자손에게, 나
의 복을 네 후손에게 부어주리니 [4]그들이 풀 가운데에서 솟아나기를
시냇가의 버들같이 할 것이라. [5]한 사람은 이르기를 나는 여호와께
속하였다 할 것이며 또 한 사람은 야곱의 이름으로 자기를 부를 것이
며 또 다른 사람은 자기가 여호와께 속하였음을 그의 손으로 기록하
고 이스라엘의 이름으로 존귀히 여김을 받으리라. [6]이스라엘의 왕인
여호와, 이스라엘의 구원자인 만군의 여호와가 이같이 말하노라. 나*

는 처음이요 나는 마지막이라. 나 외에 다른 신이 없느니라. 7내가 영
원한 백성을 세운 이후로 나처럼 외치며 알리며 나에게 설명할 자가
누구냐 있거든 될 일과 장차 올 일을 그들에게 알릴지어다. 8너희는
두려워하지 말며 겁내지 말라. 내가 예로부터 너희에게 듣게 하지 아
니하였느냐. 알리지 아니하였느냐. 너희는 나의 증인이라. 나 외에
신이 있겠느냐. 과연 반석은 없나니 다른 신이 있음을 내가 알지 못
하노라. 9우상을 만드는 자는 다 허망하도다. 그들이 원하는 것들은
무익한 것이거늘 그것들의 증인들은 보지도 못하며 알지도 못하니
그러므로 수치를 당하리라. 10신상을 만들며 무익한 우상을 부어 만
든 자가 누구냐. 11보라. 그와 같은 무리들이 다 수치를 당할 것이라.
그 대장장이들은 사람일 뿐이라. 그들이 다 모여 서서 두려워하며 함
께 수치를 당할 것이니라. 12철공은 철로 연장을 만들고 숯불로 일하
며 망치를 가지고 그것을 만들며 그의 힘센 팔로 그 일을 하나 배가
고프면 기운이 없고 물을 마시지 아니하면 피로하니라. 13목공은 줄
을 늘여 재고 붓으로 긋고 대패로 밀고 곡선자로 그어 사람의 아름다
움을 따라 사람의 모양을 만들어 집에 두게 하며 14그는 자기를 위하
여 백향목을 베며 디르사 나무와 상수리나무를 취하며 숲의 나무들
가운데에서 자기를 위하여 한 나무를 정하며 나무를 심고 비를 맞고
자라게도 하느니라. 15이 나무는 사람이 땔감을 삼는 것이거늘 그가
그것을 가지고 자기 몸을 덥게도 하고 불을 피워 떡을 굽기도 하고
신상을 만들어 경배하며 우상을 만들고 그 앞에 엎드리기도 하는구
나. 16그 중의 절반은 불에 사르고 그 절반으로는 고기를 구워 먹고 배
불리며 또 몸을 덥게 하여 이르기를 아하 따뜻하다 내가 불을 보았구

*나 하면서 [17]그 나머지로 신상 곧 자기의 우상을 만들고 그 앞에 엎드
려 경배하며 그것에게 기도하여 이르기를 너는 나의 신이니 나를 구
원하라 하는도다. [18]그들이 알지도 못하고 깨닫지도 못함은 그들의
눈이 가려서 보지 못하며 그들의 마음이 어두워져서 깨닫지 못함이
니라. [19]마음에 생각도 없고 지식도 없고 총명도 없으므로 내가 그것
의 절반을 불 사르고 또한 그 숯불 위에서 떡도 굽고 고기도 구워 먹
었거늘 내가 어찌 그 나머지로 가증한 물건을 만들겠으며 내가 어찌
그 나무 토막 앞에 굴복하리요 말하지 아니하니 [20]그는 재를 먹고 허
탄한 마음에 미혹되어 자기의 영혼을 구원하지 못하며 나의 오른손
에 거짓 것이 있지 아니하냐 하지도 못하느니라.*

2차 세계대전을 승리로 이끈 주역 중 하나가 영국 수상 윈스턴 처칠이다. 그가 했던 유명한 말이 있다. "결코 결코 결코 포기하지 말라"(Never, Never, Never Give In). 그가 '포기하지 말라' 고 한 것은 절대 '굴복하지 말라' '무릎 꿇지 말라' '항복하지 말라' 는 뜻이다. 독일의 공격이 거세 패색이 짙어가는 상황에서도 절대 굴복하지 않고 끝까지 저항했던 처칠의 힘은 어디서 나왔을까? 그것은 그가 갖고 있던 우울증 때문이었다.[42] 그는 평생 우울증과 싸웠던 사람이다. 그는 이렇게 고백했던 적이 있다. "내 마음속에서 내가 살아있다고 확신한 때가 없습니다." 그는 평생 자기 안에 있는 우울증과 싸우면서 결코 그 앞에 굴복하지 않고 끝까지 싸워왔다. 그가 다른 사람에게 절망은 극복 가능하다고 말할 수 있던 것은 그 자신이 평생

절망과 싸움을 벌여온 까닭이다. 1940년 당시, 어떤 지도자라도 용기 있는 말로 영국을 결집하려했겠지만, 자기 안의 절망을 알고 직시하는 사람만이 위기의 순간 설득력을 지닐 수 있었던 것이다.

사람에게는 처칠과 같이 자신감이 바닥을 치고 자신의 무력함과 무가치함으로 인해 힘들 때가 있다. 이럴 때 과연 어떻게 해야 할까? 사실 이스라엘에게 이런 모습이 있었다. 하나님은 이스라엘의 죄를 도말하고 새 일을 행하실 것이지만, 43장 끝 단락에는 이스라엘의 죄와 허물이 적나라하게 진술되어 있다. 이스라엘은 그들의 죄악으로 하나님을 괴롭게 하였고(사 43:24), 범죄하였고 배반하였다(사 43:27). 그래서 하나님은 이스라엘이 진멸하도록 내어주고 비방 거리가 되게 하실 것이다(사 43:28). 자기 안에 있는 악함과 무가치함이 이스라엘을 계속해서 괴롭혔던 것이다.

이런 이스라엘을 향해 하나님은 "이제 들으라"(사 44:1)고 말씀한다. 정확하게 번역하면 '그러나 이제 들으라' (But now listen, NIV)는 말이다. 하나님은 그의 백성을 '나의 종 야곱, 내가 택한 이스라엘' 로 부르신다. 야곱은 '속이는 자' 라는 뜻이다. 그런데 그렇게 속이는 자, 야곱을 하나님은 자신을 섬기는 종으로 삼으셨다. 또한 열방의 비방 거리 이스라엘을 택하셨다. 중요한 것은 하나님의 택하심과 작정하심이다. 열방의 평가가 아니다. 하나님은 이스라엘을 다시 도와 세우시기로 작정하시고 그의 백성을 부르며 새 소망을 주신다.

> "너를 만들고 너를 모태에서부터 지어 낸 너를 도와줄 여호와가 이같이 말하노라. 나의 종 야곱, 내가 택한 여수룬아 두려워하지

말라"(사 44:2).

이스라엘을 '지으신 이'(maker)가 하나님이다. 이스라엘을 '모태에서부터 지어 냈다'는 것은 하나님이 이스라엘의 시작에 맨 처음부터 개입하신 유일무이한 창시자임을 강조하는 것이다.[43] 이런 하나님은 이스라엘을 '도와줄' 여호와다. 이는 미완료 시제로, 필요할 때마다 하나님께서 계속적으로 도우실 것을 뜻한다. 하나님이 이스라엘을 지으신 목적이 무엇인가? 하나님의 영광을 찬송하게 하기 위해서다(사 43:21). 그렇다면 하나님께서는 창조의 목적을 온전히 이룰 때까지 그의 백성을 끝까지 붙드시고 도우실 것이다. 하나님은 이런 의지를 가지고 "나의 종 야곱, 내가 택한 여수룬아 두려워하지 말라"고 하신다.

여기에 하나님의 기이한 관점이 나타난다. 하나님을 속이는 신실하지 못한 자, 야곱을 하나님이 택한 '여수룬'이라고 부르시기 때문이다. '여수룬'은 하나님이 그의 백성을 친밀하게 부르는 호칭으로(신 32:15, 33:5,26), '올곧다'는 의미의 히브리 동사 '야샤르'에서 온, '올곧은 자'라는 뜻이다.[44] 하나님은 속이는 자, 범죄한 자를 그가 택한 의로운 자로 여겨주시는 것이다. 이스라엘을 의롭다 하시는 이유가 무엇인가? 그것은 이스라엘의 신실함 때문이 아니다. 하나님이 이스라엘을 그의 언약 백성으로 택하시고 부르셔서 그의 언약적 신실함으로 붙들어주시기 때문이다. 따라서 이것은 이스라엘에게서 난 의가 아니요, 하나님에게서 난 '하나님의 의' 때문이다(롬 1:17 참조).

하나님이 이스라엘을 다시 회복시키기 위해 하시려는 것이 무엇인가? 그의 성령을 부어주시는 것이다.

> "나는 목마른 자에게 물을 주며 마른 땅에 시내가 흐르게 하며 나의 영을 네 자손에게, 나의 복을 네 후손에게 부어주리니"(사 44:3).

여기 '나의 영'과 '나의 복'이 대구를 이룬다. 하나님의 성령을 충만하게 받는 이들이 하나님의 복을 상속받는 이들이다. 이들은 시냇가의 버들같이 번성할 것이다(사 44:4). 하나님의 성령은 죄로 인해 황폐하게 된 이스라엘이 회복하는 데 결정적인 역할을 한다(사 32:15 참조). 성령은 하나님과 맺은 언약을 새롭게 갱신하고(렘 31:31), 하나님의 뜻을 행할 수 있는 힘을 주어 다시 하나님의 친밀한 언약 백성이 되도록 역사한다(겔 36:26-28).

이때가 되면 회복된 백성들은 각각 자발적으로 "나는 여호와께 속하였다" 하고, 자기 이름을 '야곱', 또는 '이스라엘'이라 부르며, 심지어 '자신이 여호와께 속한 자'라는 것을 눈에 띄는 곳 여기저기에 써놓기까지 할 것이다(사 44:5).[45]

하나님은 그의 백성에게 놀라운 회복을 예고하시며, 이 일을 행할 다른 신은 없고, 오직 여호와 하나님만이 처음부터 마지막까지 유일하다고 말씀한다(사 44:6).

> "내가 영원한 백성을 세운 이후로 나처럼 외치며 알리며 나에게 설명할 자가 누구냐 있거든 될 일과 장차 올 일을 그들에게 알릴지어다"(사 44:7).

하나님은 이스라엘이 바벨론에 포로로 끌려가기 이미 70년 전 이를 예고하셨다. 하나님처럼 장차 올 일, 곧 장래의 주도면밀한 계획을 미리 알려주고 설명하는 신은 어디에도 없었다. 이스라엘 백성은 고난 가운데 이를 친히 경험하고 안다. 이들은 하나님의 이런 일에 증인이다(사 44:8). 하나님께서는 오직 자기 외에는 그의 백성이 참으로 피할 바위, 의지할 반석은 없다고 선언하신다.

하나님과 감히 비교할 수 없는 다른 신은 모두 우상이요, 헛것에 불과하다. 주의할 것은 우상은 모두 사람의 손으로 만들어진 것이라는 사실이다. 이어지는 단락(사 44:9-20)은 우상을 만들고 그 우상을 경배하는 자들에 대한 경고의 말씀이다.

> "우상을 만드는 자는 다 허망하도다. 그들이 원하는 것들은 무익한 것이거늘 그것들의 증인들은 보지도 못하며 알지도 못하니 그러므로 수치를 당하리라"(사 44:9).

우상 제작자는 허망한 자들이다. '허망한'(히. 토후)은 하나님이 태초에 세상을 창조하기 전의 혼돈 상태를 의미한다(창 1:2). 이는 아무것도 아닌(nothing, NIV) 상태를 뜻한다. 하나님은 혼돈과 공허에서 빛과 질서와 의미를 창조하셨지만, 우상은 혼돈 그 자체이며 그런 우상을 만드는 이들도 혼돈의 일부가 된다. 우상 제작자와 숭배자들은 아이러니하게도 우상이 아무런 미래도 보지 못하고 말할 수도 없고 알지도 못함을 보여주는 허망한 증인이다. 기대감과 경외감에 부풀어 아무리 우상이 과거, 현재, 미래의 역사를 주관하고 있음을 보여주려 해도 결국 아무런 증언도 하지 못하고 모든 시도가 허사로 돌아갈 것이다. 결국 부끄러움만 당할 뿐이다.

우상의 무력함을 보여주는 또 하나의 증거는 우상을 만드는 제작자 역시 한계 있는 연약한 인간이라는 사실이다. 우상을 부어 만든 대장장이, 연장을 벼리고 쇠를 숯불로 달구어 힘센 팔로 망치를 내리치는 철공들은 열심히 일한다. 하지만 배가 고프면 기운이 없고 물을 마시지 않으면 피로하여 제대로 일하지 못하는 한계 있는 인간이다(사 44:13). 목수는 줄자로 나무를 재고 철필로 줄을 긋고 대패질하고 곡선자로 그어 아름다운 사람 모양의 우상을 만들어 신전에 모신다(사 44:13). 이들은 향기 나는 백향목(cedars)을 베고 단단한 삼나무(a holm tree)나 상수리나무(an oak)를 베어오지만 이들이 자라게 하는 것이 아니요, 이것들은 하나님이 자연에 베풀어주시는 은총으로 말미암아 하늘의 비를 머금고 자라는 것이다(사 44:14).

이런 나무는 땔감으로 사용하여 몸을 따스하게도 하고 빵을 굽기도 하는데, 이것으로 신상을 만들어 경배하고 우상을 만들어 절하고 엎드린다(사 44:15). 나무의 절반은 잘라서 불을 피워 고기를 구워 먹고 배를 불리며 몸을 따뜻하게 하고(사 44:16), 남은 절반으로는 우상을 만들어 엎드려 경배하며 "당신이 나의 신이니 나를 구원하소서"라고 기도한다(사 44:17 참조). 이런 어처구니없는 현실에서도 이들은 지금 자신이 무엇을 하는지 자각하지 못하고 깨닫지 못한다. 이들의 눈은 가려져 아무것도 보지 못하고 생각은 허망해지고 마음은 어두워 아무것도 깨닫지 못하는 어리석은 상태가 되었다(사 44:18, 참조 롬 1:21). 이런 상태로는 스스로를 구원하지 못하고 참과 거짓을 구별하지도 못한다(사 44:20). 결국 우상을 만들고 섬기는 자들은 우상과 같이 보기는 보아도 보지 못하고 듣기는 들어도 깨닫지 못하여 어둡고 어리석은 상태에 처하게 될 것이다.

요컨대 역사의 주관자가 되시고 이스라엘을 책임지실 분은 여호와 하나님밖에 없다. 잃어버린 약속의 땅도 되찾아주시고, 포로로 끌려와 비참해진 백성을 회복시키고 번성하게 하실 것이다. 이러한 역사는 하나님께서 성령과 복을 부어주심으로 본격적으로 일어날 것이다. 역사의 주인은 하나님이다. 이스라엘의 주인과 창조자도 하나님이다. 흔들리지 말고 미혹되지 말고 끝까지 여호와 하나님만을 바라라. 하나님에게서 멀어지게 하는 걸림돌이 무엇인가? 내 안팎의 우상을 살피라. 단호하게 치워버리고 다시 주만 바라라.

[67장 각주]

42) 앤서니 스토, 김영선 역, 「처칠의 검은 개 카프카의 쥐」(서울: 글항아리, 2018).
43) 존 오스월트, 「NICOT 이사야 Ⅱ」, 196쪽.
44) 알렉 모티어, 「이사야 주석」, 754쪽.
45) 자기 이름을 몸에 새긴다는 해석의 가능성도 있으나 이는 어떤 종류의 문신도 금지하는 레위기 19장 28절에 비추어 볼 때 상충한다. 존 오스월트, 「NICOT 이사야 Ⅱ」, 200쪽.

68 Chapter 6. Isaiah 44:21-28

이스라엘이 붙들어야 할 확신

*21야곱아 이스라엘아 이 일을 기억하라. 너는 내 종이니라. 내가 너를
지었으니 너는 내 종이니라. 이스라엘아 너는 나에게 잊혀지지 아니
하리라. 22내가 네 허물을 빽빽한 구름같이, 네 죄를 안개같이 없이하
였으니 너는 내게로 돌아오라. 내가 너를 구속하였음이니라. 23여호
와께서 이 일을 행하셨으니 하늘아 노래할지어다. 땅의 깊은 곳들아
높이 부를지어다. 산들아 숲과 그 가운데의 모든 나무들아 소리내어
노래할지어다. 여호와께서 야곱을 구속하셨으니 이스라엘 중에 자기
의 영광을 나타내실 것임이로다. 24네 구속자요 모태에서 너를 지은
나 여호와가 이같이 말하노라. 나는 만물을 지은 여호와라. 홀로 하
늘을 폈으며 나와 함께 한 자 없이 땅을 폈고 25헛된 말을 하는 자들*

의 징표를 폐하며 점치는 자들을 미치게 하며 지혜로운 자들을 물리쳐 그들의 지식을 어리석게 하며 [26]그의 종의 말을 세워주며 그의 사자들의 계획을 성취하게 하며 예루살렘에 대하여는 이르기를 거기에 사람이 살리라 하며 유다 성읍들에 대하여는 중건될 것이라. 내가 그 황폐한 곳들을 복구시키리라 하며 [27]깊음에 대하여는 이르기를 마르라. 내가 네 강물들을 마르게 하리라 하며 [28]고레스에 대하여는 이르기를 내 목자라. 그가 나의 모든 기쁨을 성취하리라 하며 예루살렘에 대하여는 이르기를 중건되리라 하며 성전에 대하여는 네 기초가 놓여지리라 하는 자니라.

사람이 낯선 길을 처음 갈 때 그 길이 무척이나 길게 느껴질 때가 많다. 반면 돌아올 때는 그 길이 갈 때와는 다르게 생각보다 짧게 느껴진다. 그 이유는 처음 길을 갈 때는 모든 것이 생소하고 낯설기 때문에 모든 경로를 세심하게 관찰하고 하나하나 결정해야 하기 때문이다. '이 길이 맞나 저 길이 맞나, 이 표지판에서 돌아야 하나 다음 표지판에서 돌아야 하나?' 등 우리의 두뇌가 처리해야 할 정보의 양이 많다. 이처럼 사람은 낯선 환경에 처하면 갈팡질팡하며 모든 것을 살피고 결정하는 데 많은 에너지를 사용하기 마련이다. 반면 그 길을 여러 번 가고 나면, 나름대로 그 안의 경로가 일정한 패턴으로 굳어져 거의 자동으로 사고와 행동을 결정한다. 그래서 깊은 고민 없이 곧바로 행동으로 나온다.

이스라엘의 문제는 우상 숭배가 삶의 고정된 패턴이 되었다는 점이다. 처음에는 우상 숭배의 유혹에 많이 망설였을 것이고 고민하였을 것이다. 그러나 우상 숭배가 반복되고 보편화되자 나중에는 특별한 고민 없이 거의 반자동적으로 우상 숭배에 끌려 이를 행하게 되었다. 이는 바벨론 포로생활 가운데도 지속되었다.

본문은 이런 이스라엘에게 "이 일을 기억하라"(사 44:21)고 명령한다. 여기서 '이 일' 이란 앞서 진술했던 바, 이스라엘이 빠진 우상 숭배와 우상의 허망함(사 44:9-20)을 말한다. 이스라엘이 하나님과 언약을 체결하면서 하나님께 받았던 중요한 사명이 있다. 그것은 끊임없이 '기억하라' 는 것이다. 이는 이스라엘 백성이 약속의 땅에 들어가기 전에 주신 신명기에 자주 등장한다.

> "네 하나님 여호와께서 이 사십 년 동안에 네게 광야 길을 걷게 하신 것을 기억하라. 이는 너를 낮추시며 너를 시험하사 네 마음이 어떠한지 그 명령을 지키는지 지키지 않는지 알려 하심이라"(신 8:2).

> "내가 오늘 네게 명하는 여호와의 명령과 법도와 규례를 지키지 아니하고 네 하나님 여호와를 잊어버리지 않도록 삼갈지어다"(신 8:11).

> "네 하나님 여호와를 기억하라. 그가 네게 재물 얻을 능력을 주셨음이라. 이같이 하심은 네 조상들에게 맹세하신 언약을 오늘과 같이 이루려 하심이니라"(신 8:18).

"너는 광야에서 네 하나님 여호와를 격노하게 하던 일을 잊지 말고 기억하라. 네가 애굽 땅에서 나오던 날부터 이 곳에 이르기까지 늘 여호와를 거역하였으되"(신 9:7).

이스라엘은 하나님께서 40년간 광야 길을 걷게 하신 것을 잊지 말고 기억해야 했다. 약속의 땅에 들어가서 환경이 편안해질 때라도 여호와를 잊지 말아야 했다. 약속의 땅에서 재물을 얻고 부족함 없이 살 수 있는 것도 하나님이 재물 얻을 능력을 주셨기 때문임을 잊지 말아야 했다. 또한 이들은 광야에서 하나님께 온전히 순종하지 못하고 하나님을 격노하게 했던 것을 기억해야 했다. 이처럼 이스라엘은 하나님이 이스라엘에게 주신 은혜 그리고 행하신 능력을 잊지 말아야 했다.

본문 21절에서 하나님은 이스라엘에게 우상은 아무것도 아닌 허망한 것임을 기억하라고 말씀한다. 또 중요한 것은 이스라엘의 정체성을 기억하는 것이다. 이스라엘은 하나님이 하나님의 영광을 위하여 그를 섬기라고 지으신 하나님의 종이다(사 43:21 참조). 하나님이 지은 그의 백성을 어떻게 하나님이 잊을 수 있겠는가? 하나님은 분명히 말씀하신다.

"이스라엘아 너는 나에게 잊혀지지 아니하리라"(사 44:21).

여기서 하나님의 언약적 신실함이 드러난다. 하나님은 그의 백성이 허물과 죄로 무너졌어도 결코 잊거나 포기하지 않고 이들을 다시 회복시키고 구속하실 것이다.

> "내가 네 허물을 빽빽한 구름같이, 네 죄를 안개같이 없이하였으니 너는 내게로 돌아오라. 내가 너를 구속하였음이니라"(사 44:22).

빽빽한 구름이란 짙게 낀 구름을 말한다. 일교차가 큰 가을 아침, 먼 산을 바라보면 짙은 구름이 산 전체를 가릴 때가 있다. 때론 도로에도 안개가 짙게 깔려 한 치 앞을 보기 어려울 때도 있다. 그런데 그렇게 짙은 구름이 낮이 되면 어느 순간 깨끗하게 다 사라진다. 가을 햇살이 구름을 다 증발시켜 사라지게 만든 것이다. 하나님께서는 이스라엘 백성의 죄를 이런 구름과 안개에 비유하시면서, 이것들이 뜨거운 팔레스타인의 햇살에 사라지는 것처럼 이들의 죄와 허물도 없이하겠다고 선언하신다. 하나님은 이스라엘의 죄를 끝까지 물어 이들을 영구히 포로 상태로 흩어지게 하지 않으시고, 이들의 죄를 사하신 후 다시 회복시킬 것을 약속하신다. 하나님은 이스라엘에게 "내게로 돌아오라"고 초대하신다. 이렇게 초대하실 수 있는 것은 하나님이 이스라엘을 구속하셨기 때문이다. 돌아오면 구속하겠다고 하시는 것이 아니다. 먼저 구속하시고 돌아오라고 초대하시는 것이다.

하나님은 포로생활을 통해 이스라엘의 죗값을 치르게 하시고 이들의 죄로 더러워졌던 땅을 70년간의 안식을 통해 회복시키셨다. 그리고 이제 이들을 구속하시고 돌아오라고 초대하신다. 이렇게 볼 때 이스라엘의 회복은 전적으로 하나님의 언약적 신실하심에 근거하여 일어나는 것이다. 이러한 하나님의 언약적 신실하심을 '하나님의 의'

라고 한다. 놀라운 것은 복음 안에 바로 이 하나님의 의가 들어있다는 사실이다.

> "복음에는 하나님의 의가 나타나서 믿음으로 믿음에 이르게 하나니 기록된 바 오직 의인은 믿음으로 말미암아 살리라 함과 같으니라"(롬 1:17).

복음이란 사람의 편에서 열심히 의를 이루어 하나님께 나아갈 만한 자격을 갖추는 것이 아니다. 복음에는 하나님이 그 아들 예수 그리스도 안에서 이루신 구속의 은총을 믿음으로 받아들이는 이들에게 값없이 주시는 놀라운 하나님의 언약적 신실하심이 들어있다. 이를 '하나님의 의' 라고 한다. 로마서는 하나님의 의를 하박국 2장 4절을 인용하며 설명한다. "오직 의인은 믿음으로 말미암아 살리라 함과 같으니라." 그런데 하박국 말씀을 보면 "의인은 '그의 믿음' 으로 말미암아 살리라"고 말씀한다. 여기서 그의 믿음이란 자기 믿음이 아니라 하나님의 믿음, 곧 하나님의 언약적 신실하심을 의미한다.

여호와께서 행하신 이스라엘의 구속은 피조세계까지 영향을 끼친다. 한때 이스라엘의 죄악으로 더러워져 이스라엘의 범행을 고발했던 피조세계가 이제 하나님의 구속을 증언하고 찬송하는 자리로 초대받는다.

> "여호와께서 이 일을 행하셨으니 하늘아 노래할지어다. 땅의 깊은 곳들아 높이 부를지어다. 산들아 숲과 그 가운데의 모든 나무들

아 소리내어 노래할지어다. 여호와께서 야곱을 구속하셨으니 이스라엘 중에 자기의 영광을 나타내실 것임이로다"(사 44:23).

이어지는 문단(사 44:24-28)은 하나님께서 장차 이스라엘을 회복시킬 보다 구체적인 계획을 말씀하신다.

먼저, 하나님께서는 바벨론 점성술사들의 헛된 말과 징표를 폐하시고 점치는 자들의 시도를 허사로 돌리셔서 그들의 말이 모두 허사로 돌아가게 하여 그들을 어리석은 자가 되게 하신다.

"헛된 말을 하는 자들의 징표를 폐하며 점치는 자들을 미치게 하며 지혜로운 자들을 물리쳐 그들의 지식을 어리석게 하며"(사 44:25).

코로나가 한창일 때 전주 한옥마을에 갔다가 의외로 많은 점집이 문 닫은 것을 보고 놀란 적이 있다. 미래를 예견하는 이들이라면 코로나로 한옥마을이 한산해질 것을 예견하지 못했을까? 사람들의 미래와 길흉화복을 예언해준다는 이들이 자기 미래도 예견하지 못하고 문을 닫은 것이다. 하나님은 포로 되어 불안해하는 이스라엘 백성을 미혹했던 바벨론의 술사들을 결국 어리석은 자로 만드실 것이다.

둘째, 하나님은 예루살렘에 사람이 살게 하시고 유다의 성읍들이 중건되게 하실 것이며 황폐하게 된 곳들을 복구시키실 것이다(사 44:26).

셋째, 하나님은 바벨론의 천연 방어선인 유프라테스의 깊은 강물을 마르게 하셔서 대적 페르시아군이 쳐들어오게 하실 것이다(사

44:27). 실제 바벨론이 함락될 때 메대-바사 연합군은 유프라테스 강의 한 지류에 둑을 세워 물길을 돌려 마른 강바닥을 통해 바벨론을 침공했다.

하나님은 이 놀라운 회복에 하나님이 택하신 목자 '고레스'를 들어 쓰실 것이다. 그리고 그를 통해 예루살렘이 중건되고 성전의 기초가 놓여지게 하실 것이다.

> "고레스에 대하여는 이르기를 내 목자라. 그가 나의 모든 기쁨을 성취하리라 하며 예루살렘에 대하여는 이르기를 중건되리라 하며 성전에 대하여는 네 기초가 놓여지리라 하는 자니라"(사 44:28).

고레스는 이스라엘 백성이 아닌 이방 민족의 통치자다. 하나님이 새롭게 일으키시려는 역사는 이전과 다른 생소하고 당황스러운 새 창조의 역사다. 이러한 역사 앞에 우리는 당황하지 말고 분명한 확신 중에 거해야 한다. 하나님의 영광을 위해 그분을 섬기는 종으로 부르신 정체성을 확신해야 하고, 우상의 헛됨을 기억해야 한다. 하나님은 그의 백성을 잊지 않으시고, 이미 용서하시고, 계획하시고 부르신다. 하나님의 계획은 모태에서부터 이미 시작되었다(사 44:24). 그분의 깊은 지혜와 구속의 역사를 신뢰하며 흔들림 없이 나아가라.

69 Chapter 6. Isaiah 45:1-10

하나님의 파격, 고레스

- 어쨌거나 쓰임받는 것이 중요하다

1여호와께서 그의 기름 부음을 받은 고레스에게 이같이 말씀하시되
내가 그의 오른손을 붙들고 그 앞에 열국을 항복하게 하며 내가 왕들
의 허리를 풀어 그 앞에 문들을 열고 성문들이 닫히지 못하게 하리
라. 2내가 너보다 앞서 가서 험한 곳을 평탄하게 하며 놋문을 쳐서 부
수며 쇠빗장을 꺾고 3네게 흑암 중의 보화와 은밀한 곳에 숨은 재물
을 주어 네 이름을 부르는 자가 나 여호와 이스라엘의 하나님인 줄을
네가 알게 하리라. 4내가 나의 종 야곱, 내가 택한 자 이스라엘 곧 너
를 위하여 네 이름을 불러 너는 나를 알지 못하였을지라도 네게 칭호
를 주었노라. 5나는 여호와라. 나 외에 다른 이가 없나니 나밖에 신이
없느니라. 너는 나를 알지 못하였을지라도 나는 네 띠를 동일 것이요

6해 뜨는 곳에서든지 지는 곳에서든지 나밖에 다른 이가 없는 줄을
알게 하리라. 나는 여호와라. 다른 이가 없느니라. 7나는 빛도 짓고 어
둠도 창조하며 나는 평안도 짓고 환난도 창조하나니 나는 여호와라.
이 모든 일들을 행하는 자니라 하였노라. 8하늘이여 위로부터 공의를
뿌리며 구름이여 의를 부을지어다. 땅이여 열려서 구원을 싹트게 하
고 공의도 함께 움돋게 할지어다. 나 여호와가 이 일을 창조하였느니
라. 9질그릇 조각 중 한 조각 같은 자가 자기를 지으신 이와 더불어 다
툴진대 화 있을진저 진흙이 토기장이에게 너는 무엇을 만드느냐. 또
는 네가 만든 것이 그는 손이 없다 말할 수 있겠느냐. 10아버지에게는
무엇을 낳았소 하고 묻고 어머니에게는 무엇을 낳으려고 해산의 수
고를 하였소 하고 묻는 자는 화 있을진저.

고속도로를 가다 보면 이따금 위장막에 가려져서 시험 운행 중인 자동차를 볼 때가 있다. 자동차가 출시되어 판매되기까지는 오래전부터 많은 고민과 논의 가운데, 디자인 콘셉트를 정하고 색상과 모양을 정하고 적용될 신기술을 정하고 또 시제품을 만들어 생산 전까지 주행 테스트를 하고 출시 시기를 조율하고 마케팅을 결정한다. 많은 준비 과정을 통해 자동차를 출시하는 것이다. 그런데 그렇게 심혈을 기울여 제품을 출시하고 반응이 좋을 때도 있지만 반응이 영 신통치 않을 때가 있다.

전에 국내의 한 자동차 회사가 준중형 자동차를 출시했다. 워낙 베스트셀링 모델에 세계적인 디자이너가 투입되어 디자인 콘셉트를 구상했고, 자동차 구석구석에 최신 디자인 트렌드를 반영했다. 그러나 그렇게 출시된 제품은 그다지 큰 호응을 얻지 못했다. 예전의 날렵하면서도 각진 전조등 라이트가 커다란 삼각형으로 단순화되었는데, 너무 날카로워 보였다. 이에 대해 수석 디자이너는 세간의 우려를 일축하며 최신의 디자인이 들어가 고객들이 좋아할 것이라고 자신했다. 그러나 출시한 지 얼마 지나지 않아 판매량이 꺾이고 반응이 신통치 않았다. 열심히 준비해도 쓰임받지 못하면 참 안타깝다. 어쨌거나 잘 쓰임받는 것이 참 중요하다.

이스라엘 백성은 열방을 위한 제사장 나라로 부름받았다. 그러나 그들은 제사장은커녕 바벨론의 포로로 끌려와 고난당하고 있었다. 도대체 이스라엘의 문제가 무엇이었을까? 그것은 바로 죄 때문이었다. 이런 상태로는 더 이상 하나님께 쓰임받지 못한다.

본문에는 이런 이스라엘을 구원하기 위하여 하나님께서 장차 한 사람을 세우실 것을 말씀하신다. 그는 하나님의 기름 부음을 받은 특별한 사람이다. '기름 부음받은 자'(히. 마쉬아흐)는 여호와의 대리자로 왕, 선지자, 제사장이 이에 해당한다. 여기서 나온 말이 '메시아'이며 이는 헬라어로 '크리스토스', 곧 '그리스도'로 번역된다. 그런데 여기에 하나님의 파격적이다 못해 충격적인 역사가 나타난다. 그 이유는 하나님의 기름 부음받은 자는 하나님의 선민 이스라엘 백성이 아닌 여호와를 모르는 이방인 고레스이기 때문이다(사 45:5 참조).

"여호와께서 그의 기름 부음을 받은 고레스에게 이같이 말씀하시되 내가 그의 오른손을 붙들고 그 앞에 열국을 항복하게 하며 내가 왕들의 허리를 풀어 그 앞에 문들을 열고 성문들이 닫히지 못하게 하리라"(사 45:1).

'그의 기름 부음을 받은 자'는 난하주 1번에 따르면 '나의 기름 부음을 받은 자'이다. 이를 직역하면 '나의 메시아 고레스'라는 뜻이다. 원래 메시아는 오직 다윗 계열의 왕에게, 특별히 여호와의 성전을 짓고 관리하는 제의적 역할까지 감당하는 왕에게 사용된 호칭이다.[46] 그렇다면 고레스는 장차 다윗 계열의 메시아가 감당할 사명, 곧 여호와의 무너진 성전을 다시 중건하는 역할을 감당할 왕임을 암시한다. 하나님은 이스라엘의 하나님만이 아니라 온 세상의 하나님이다. 따라서 이스라엘의 구원도 이스라엘을 통해서만 성취하는 것이 아니라 하나님의 메시아적 사명을 감당할 이방의 왕을 통해서도 자유롭게 역사하실 수 있다. 이런 의미에서 고레스는 하나님의 구속사를 성취할 하나님이 택하신 도구이며, 그를 통해 온 세상에 하나님만이 참된 주이심을 알리는 메시아의 사역을 예표한다.[47]

하나님은 고레스의 오른손을 붙드시고 그 앞에 열국을 복속시킨다. '오른손을 붙든다'는 것은 하나님의 택하심과 보호하심, 그리고 친밀한 임재와 교제의 표현이다(사 42:6, 시 73:23 참조). 열방의 왕들은 고레스를 대적하려 무기를 장착했던 모든 허리끈을 풀고 그 앞에 성문을 열고 그에게 복종하며 그를 맞이한다. 하나님이 고레스를 열방의 두려움이 되게 하신 것이다. 그뿐만이 아니다. 하나님은 고레스보다 앞서가서 험한 길을 평탄하게 하여 저항하려는 나라들의 놋문을 쳐서 부수고 강력한 쇠빗장을 꺾으며, 피를 흘리지도 않고 깊은 어둠 속에 자리한 보물창고에 감춰진 열국의 보화와 재물을 전리품으로 취하게 하겠다고 약속하신다(사 45:2-3).

하나님은 왜 고레스를 택하셨을까? 하나님은 그 이유를 세 가지로 밝히신다. 첫째는 고레스로 하여금 자신을 지명하여 부르고 사명을 맡기신 분이 이스라엘의 하나님 여호와임을 알게 하기 위해서다(사 45:3). 원래 고레스는 하나님이 누구인 줄 몰랐다. 그런데 그가 바벨론을 무너뜨리고 열방을 제패하자, 그는 이 모든 형통한 길을 주신 분이 이스라엘의 하나님임을 인정하며 이스라엘 백성을 예루살렘으로 돌려보내어 성전을 중건하도록 영을 내린다. 여기에는 그의 신앙고백의 정수가 담겨 있다.

> "바사 왕 고레스는 말하노니 하늘의 하나님 여호와께서 세상 모든 나라를 내게 주셨고 나에게 명령하사 유다 예루살렘에 성전을 건축하라 하셨나니 이스라엘의 하나님은 참 신이시라. 너희 중에 그의 백성 된 자는 다 유다 예루살렘으로 올라가서 이스라엘의 하나님 여호와의 성전을 건축하라. 그는 예루살렘에 계신 하나님이시라. 그 남아 있는 백성이 어느 곳에 머물러 살든지 그곳 사람들이 마땅히 은과 금과 그 밖의 물건과 짐승으로 도와주고 그 외에도 예루살렘에 세울 하나님의 성전을 위하여 예물을 기쁘게 드릴지니라 하였더라"(스 1:2-4).

둘째, 여호와가 고레스를 택하시고 사용하신 것은 하나님의 택한 백성 이스라엘을 위해서다.

"내가 나의 종 야곱, 내가 택한 자 이스라엘 곧 너를 위하여 네 이름을 불러 너는 나를 알지 못하였을지라도 네게 칭호를 주었노라"(사 45:4).

하나님이 고레스를 세우시고 복 주신 것은 결국 하나님이 택한 백성 이스라엘을 위해서이다.

셋째, 온 세상이 오직 하나님 외에는 다른 이가 없다는 것을 알게 하기 위해서다.

"나는 여호와라. 나 외에 다른 이가 없나니 나밖에 신이 없느니라. 너는 나를 알지 못하였을지라도 나는 네 띠를 동일 것이요 해 뜨는 곳에서든지 지는 곳에서든지 나밖에 다른 이가 없는 줄을 알게 하리라. 나는 여호와라. 다른 이가 없느니라"(사 45:5-6).

'해 뜨는 곳에서 해 지는 곳' 은 동쪽 끝과 서쪽 끝을 의미하며 정복 가능한 세계의 전부를 의미한다.[48] 이는 당시 온 세상을 제패한 고레스의 패권을 나타내는 표현이었지만, 보다 근본적으로는 온 세상 구석구석 하나님의 통치권이 미치는 범위를 나타낸다. 하나님은 빛도 짓고 어둠도 짓고 평안도 환난도 창조하시며 모든 일을 주관하시는 참된 통치자다(사 45:7). 하나님은 이 모든 것을 통해 온 세상에 하나님의 공의를 세우실 것이다. 어그러진 것은 바로잡으실 것이다. 그리고 여기에서 하나님의 구원역사가 일어날 것이다(사 45:8).

하나님은 우리를 그의 택한 백성으로, 왕 같은 제사장으로, 거룩한 나라로 성령의 기름을 부으시고 세우셨다. 그런 면에서 우리는 메시아 예수의 사명을 계승하는 기름 부음받은 자들이다.

하나님이 왜 나같이 보잘것없고 연약한 자를 부르셨을까? 그것은 첫째, 나로 하여금 내 인생을 택하시고 부르시고 주관하시는 분이 하나님임을 알게 하기 위해서다. 둘째, 하나님이 구원하기로 작정하신, 그러나 아직 구원받을 하나님의 백성들을 위해서다. 셋째, 온 세상에 하나님의 영광을 드러내기 위해서다. 이 숭고한 목적을 위해 파격적으로 나를 부르셨다.

지금 나의 삶은 어떤 방향으로 흐르고 있는가? 과연 이 사명을 위해 최선을 다해 살아가고 있는가? 어떤 모습이든 간에 귀하게 쓰임받는 것이 중요하다. 한 번뿐인 인생, 멋지고 아름답게 끝까지 쓰임받도록 하자.

[69장 각주]

46) 김회권, 「하나님 나라 신학으로 읽는 이사야 40-66장」, 252쪽.
47) 존 오스월트, 「NICOT 이사야 Ⅱ」, 239쪽.
48) 김회권, 「하나님 나라 신학으로 읽는 이사야 40-66장」, 254쪽.

70 Chapter 6. Isaiah 45:11-25

숨어계시는 하나님

[11]이스라엘의 거룩하신 이 곧 이스라엘을 지으신 여호와께서 이같이
이르시되 너희가 장래 일을 내게 물으며 또 내 아들들과 내 손으로
한 일에 관하여 내게 명령하려느냐. [12]내가 땅을 만들고 그 위에 사람
을 창조하였으며 내가 내 손으로 하늘을 펴고 하늘의 모든 군대에게
명령하였노라. [13]내가 공의로 그를 일으킨지라. 그의 모든 길을 곧게
하리니 그가 나의 성읍을 건축할 것이며 사로잡힌 내 백성을 값이나
갚음이 없이 놓으리라. 만군의 여호와의 말이니라 하셨느니라. [14]여
호와께서 이같이 말씀하시되 애굽의 소득과 구스가 무역한 것과 스
바의 장대한 남자들이 네게로 건너와서 네게 속할 것이요 그들이 너
를 따를 것이라. 사슬에 매여 건너와서 네게 굴복하고 간구하기를 하

나님이 과연 네게 계시고 그 외에는 다른 하나님이 없다 하리라 하시
니라. 15구원자 이스라엘의 하나님이여 진실로 주는 스스로 숨어 계
시는 하나님이시니이다. 16우상을 만드는 자는 부끄러움을 당하며 욕
을 받아 다 함께 수욕 중에 들어갈 것이로되 17이스라엘은 여호와께
구원을 받아 영원한 구원을 얻으리니 너희가 영원히 부끄러움을 당
하거나 욕을 받지 아니하리로다. 18대저 여호와께서 이같이 말씀하시
되 하늘을 창조하신 이 그는 하나님이시니 그가 땅을 지으시고 그것
을 만드셨으며 그것을 견고하게 하시되 혼돈하게 창조하지 아니하시
고 사람이 거주하게 그것을 지으셨으니 나는 여호와라. 나 외에 다른
이가 없느니라. 19나는 감추어진 곳과 캄캄한 땅에서 말하지 아니하
였으며 야곱 자손에게 너희가 나를 혼돈 중에서 찾으라고 이르지 아
니하였노라. 나 여호와는 의를 말하고 정직한 것을 알리느니라. 20열
방 중에서 피난한 자들아 너희는 모여 오라. 함께 가까이 나아오라.
나무 우상을 가지고 다니며 구원하지 못하는 신에게 기도하는 자들
은 무지한 자들이니라. 21너희는 알리며 진술하고 또 함께 의논하여
보라. 이 일을 옛부터 듣게 한 자가 누구냐. 이전부터 그것을 알게 한
자가 누구냐. 나 여호와가 아니냐. 나 외에 다른 신이 없나니 나는 공
의를 행하며 구원을 베푸는 하나님이라. 나 외에 다른 이가 없느니
라. 22땅의 모든 끝이여 내게로 돌이켜 구원을 받으라. 나는 하나님이
라. 다른 이가 없느니라. 23내가 나를 두고 맹세하기를 내 입에서 공의
로운 말이 나갔은즉 돌아오지 아니하나니 내게 모든 무릎이 꿇겠고
모든 혀가 맹세하리라 하였노라. 24내게 대한 어떤 자의 말에 공의와
힘은 여호와께만 있나니 사람들이 그에게로 나아갈 것이라. 무릇 그

에게 노하는 자는 부끄러움을 당하리라. 그러나 [25]이스라엘 자손은 다 여호와로 말미암아 의롭다 함을 얻고 자랑하리라 하느니라.

손흥민 선수가 영국 프리미어 리그에서 펄펄 날고 있다. 언젠가는 한 경기에서 가장 골을 많이 넣어 영국의 한 언론에서는 그를 호날두와 비교하기도 했다. 이런 모습을 보고 국내의 일부 네티즌은 손흥민 선수를 비난한다. 국가대표 경기 때는 골도 잘 못 넣고 경기 때마다 헉헉대기만 하더니 프리미어 리그에 가서 골을 잘 넣는 것이 못마땅한 것이다. 그래서 한국에서는 몸만 사리며 살살 뛰다가 갔다고 비난한다.

그런데 이런 비난에 대해 독일에서 선수생활을 했던 차범근 감독이 손흥민 선수를 감싸며 전문가로서 설명해준 적이 있다. 프리미어 리그와 국가 대표 경기에서 차이가 나는 것은 손흥민 선수가 몸을 사려서가 아니라 한국의 수비수와 미드필드 선수들이 충분히 받쳐주지 못했기 때문이라는 것이다. 국내에서 뛰려면 손흥민 선수는 종종 수비수, 미드필드, 공격수 역할까지 소화하느라 다양한 포지션을 수시로 왔다 갔다 하면서 체력소모가 심하다는 것이다. 반면 유럽 선수들은 미드필드와 수비수가 제 역할을 충실히 잘해주어서, 손흥민 선수가 골을 잘 넣을 수 있는 곳곳에 공을 찔러 넣어준다. 그래서 체력도 비축하면서 꼭 필요할 때 적의 깊은 곳에 들어가 공격할 수 있는 것이다.

결국 손흥민 선수가 골을 잘 넣을 수 있었던 것은 혼자 잘해서가 아니라 배후에 보이지 않게 손흥민 선수를 도운 팀 전체가 있었던 것이다. 우리는 항상 눈에 보이는 것에 주목하기에 배후의 보이지 않는 부분에 대해서는 신경 쓰지 않을 때가 많다. 지혜로운 사람은 무슨 일이든지 배후의 보이지 않는 부분까지 늘 고려한다.

지혜로운 성도는 보이지 않게 배후에 숨어계시는 하나님을 늘 고려해야 한다. 하나님이 배후에 숨어계시는 것은 무서워서가 아니다. 아무 방해도 받지 않고 가만히 계시기 위해서가 아니다. 그것은 하나님의 놀랍고 신비로운 지혜와 능력과 영광을 드러내기 위해서다. 이런 역사의 클라이맥스가 바로 십자가다. 십자가에서 하나님이 침묵하시고 예수 그리스도를 죽음 가운데로 내몰아 방치하신 것 같았지만, 사흘 후 능력의 오른손으로 예수 그리스도를 일으키시고, 모든 이름 위에 뛰어난 이름을 그에게 주셔서 하늘 위에 있는 자들과 땅에 있는 자들과 땅 아래 있는 자들의 모든 입술로 예수를 그리스도요, 주라 시인하게 하셨다(빌 2:10-11). 성도에게는 이렇게 배후에서 역사하시는 하나님의 손길에 대한 인식이 필요하다. 그렇지 않으면 이해할 수 없는 눈앞의 현상에 종종 실망하고 실족한다. 하나님이 어떻게 그러실 수 있느냐고, 정말 너무하신다고 불평하며 시험에 들기 쉽다.

이스라엘이 그랬다. 이스라엘은 하나님께서 고레스를 선택하신 것을 도무지 이해할 수 없었다. 왜 저 이방인을 기름 부은 자, 곧 메시아로 세우시는지 이해하지 못했다. 왜 저런 사람을 세우셨냐고 하나님께 강한 불만과 문제를 제기한다. 하지만 이런 태도는 지음받은 질그릇 조각이 자기를 만든 제작자에게 문제를 제기하는 것과 같다.

“질그릇 조각 중 한 조각 같은 자가 자기를 지으신 이와 더불어 다툴진대 화 있을진저 진흙이 토기장이에게 너는 무엇을 만드느냐. 또는 네가 만든 것이 그는 손이 없다 말할 수 있겠느냐. 아버지에게는 무엇을 낳았소 하고 묻고 어머니에게는 무엇을 낳으려고 해산의 수고를 하였소 하고 묻는 자는 화 있을진저”(사 45:9-10).

진흙이 토기장이에게 “도대체 무엇을 만들고 있는 거냐” “그것이 만든 거냐” “손이 있으나 마나다”라고 문제를 제기할 수 있을까?(롬 9:21 참조). 아버지에게 “나를 자식이라고 낳았느냐”고, 어머니에게 “무엇을 낳으려고 해산의 고생을 하였느냐”고 따질 수 있을까? 이런 식의 문제 제기는 고레스를 기름 부어 세우신 하나님의 방식에 불만을 터뜨리는 이스라엘의 태도를 고스란히 반영한다.

그도 그럴 것이 이스라엘은 장차 그들이 바벨론의 포로로부터 제2의 출애굽, 곧 출바벨론 할 때는 신명기에서 모세가 예고한 바 “너희 형제 중에서… 나(모세)와 같은 선지자 하나”를 세우실 것으로 기대했기 때문이다. 그런데 하나님께서 이들이 알지 못하던 이방인을 기름 부어 세운다고 하시니 얼마나 당황스럽겠는가? 게다가 그가 바벨론을 정복하고 페르시아 제국을 세우면 이들은 출바벨론 하기도 전에 또다시 페르시아의 포로가 되지 않겠는가? 그러나 하나님은 이 이해할 수 없는 기이한 역사에 문제를 제기하는 것은 지음받은 물건이 제작자에게 도대체 무엇을 만든 거냐고, 솜씨가 형편없다고 폄하하는 것과 마찬가지라 말씀하신다.

그리고 하나님은 하나님께 명령하려는 듯한 이스라엘의 오만불

손한 태도를 물리치신다(사 45:11). 하나님이 이 모든 일을 창조하셨고 모든 일을 경영하신다. 고레스의 경우도 마찬가지다. 하나님께서 모든 불의를 바로 잡기 위해 공의로 그를 일으키셨다. 이제 하나님이 고레스를 통해 이스라엘에게 행하실 일들을 주목하여 보라.

> "내가 공의로 그를 일으킨지라. 그의 모든 길을 곧게 하리니 그가 나의 성읍을 건축할 것이며 사로잡힌 내 백성을 값이나 갚음이 없이 놓으리라. 만군의 여호와의 말이니라 하셨느니라"(사 45:13).

하나님께서는 고레스를 통하여 무너진 예루살렘을 재건할 것이고 포로 되었던 이스라엘 백성을 아무 대가 없이 자유롭게 놓아줄 것이다. 더욱이 고레스가 이스라엘을 놓아줄 때는 성전과 성읍 재건을 위한 금, 은, 보화, 짐승 등을 함께 보냈고, 또 바벨론 제국이 전리품으로 약탈해 왔던 성전 그릇도 함께 돌려보낸다(스 1:6-11, 출 12:35-36 참조). 하나님께서는 포로 된 이스라엘의 힘으로는 도저히 이룰 수 없는 놀라운 일을 고레스를 통해 행하시려 계획하셨던 것이다.

그뿐만이 아니다. 이스라엘의 회복으로 인하여 주변 국가들, 곧 애굽, 스바, 구스 등이 이스라엘에게 굴복할 것이다. 이들은 한때 강대국이었고, 이스라엘을 끊임없이 괴롭히던 이들이기도 했다. 이들은 포로로 끌려간 이스라엘을 조롱했고 하나님이 어디 계시냐고 비웃었을 것이다. 하지만 이스라엘이 돌아오고 회복되자 하나님 말씀은 정말 헛되이 돌아다니지 않고 반드시 성취한다는 사실을 깨닫게 된다. 게다가 이스라엘은 애굽이 수고하여 얻은 재물과 구스(에티오피아, 새번역)가 무역한 성과를 누릴 것이고, 스바의 장대한 남자들은 예루살렘으로 귀순할 것이다(사 45:14). 심지어 그들은 전쟁포로로 사슬에 매인 채 이스라엘 앞에 굴복하며 "하나님이 과연 네게 계시고 그 외에는 다른 하나님이 없다!"는 놀라운 고백을 할 것이다. 고레스를 통해 나타난 하나님의 역사를 깨닫고 열방이 이스라엘의 하나님을 높이는 것이다. 하나님의 이런 신비로운 역사하심에 대한 깨달음에 도달하자 이스라엘은 다음과 같이 고백한다.

> "구원자 이스라엘의 하나님이여 진실로 주는 스스로 숨어 계시는 하나님이시니이다"(사 45:15).

이것은 그동안 이스라엘이 이해할 수 없었던 하나님의 기이하고도 은밀한 역사에 대한 놀라운 고백이다. 이는 다음과 같이 말하는 것과 같다. "이렇게 위대한 구원역사를 일으키시는 하나님이 왜 그동안 자신을 감추고 계셨습니까? 당신은 진실로 우리를 구원하시는 하나님이십니다!"라는 고백이다. 하나님은 우상 숭배와 죄에 탐닉하는 백성으로부터 자신을 숨기시는 하나님이다.[49] 그러나 보이지 않는다고 아무것도 하지 않는 하나님이 아니다. 하나님은 그 가운데서도 여전히 이스라엘을 위한 기이한 구원역사를 계획하시고 실행하신다.

하나님은 이스라엘의 눈에 보이든 안 보이든 하늘과 땅을 지으시고 땅을 견고하게 하시고 사람이 거주하게 그것을 지으신 참되신 창조주다(사 45:18). 하나님은 결코 땅을 혼돈하게 창조하지 않으셨다. 만약 하나님이 지으신 땅이 창조 이전 상태와 같이 혼돈과 공허가 가득하다면 이 세상을 향한 하나님의 계획과 역사도 혼돈과 공허를 향할 것이다. 하나님은 이전부터 계셨고 감추어진 곳과 캄캄한 땅에서 말씀하지 않는다. 그의 백성들로 혼돈 중에 하나님을 더듬어 찾게 하지 않으셨다. 하나님은 일관되고도 명확하게 하나님의 뜻과 의지를 계시하셨다. 하나님은 예레미야서에서 그분의 계획과 의지를 다음과 같이 말씀한다.

> "여호와의 말씀이니라. 너희를 향한 나의 생각을 내가 아나니 평안이요 재앙이 아니니라. 너희에게 미래와 희망을 주는 것이니라"(렘 29:11).

하나님은 바벨론이 멸망할 때 살아 온 열방의 피난민들을 초청하여 과연 참된 하나님이 누구인지 논쟁하자고 한다. 이들은 위기의 순간에 휴대용 나무 신상을 지니고 그것에 기도하였다. 하지만 바알, 아세라, 마르둑과 같은 다양한 신의 형상을 조각한 휴대용 신상은 그들을 구원하지 못하는 헛된 나무 조각에 불과하다. 하나님은 이런 신상에게 절하며 기도하는 열방의 피난민들에게 과연 바벨론의 멸망과 고레스의 등장, 그리고 이스라엘의 회복에 관한 이 모든 일을 오래전부터 예고하고 알게 한 자가 여호와 외에 있었느냐고 묻는다. 하나님은 분명하게 말씀하신다. "나 외에 다른 신이 없나니 나는 공의를 행하며 구원을 베푸는 하나님이라. 나 외에 다른 이가 없느니라"(사 45:21).

하나님은 여기서 더 나아가 열방을 구원으로 초대하신다.

"땅의 모든 끝이여 내게로 돌이켜 구원을 받으라. 나는 하나님이라 다른 이가 없느니라. 내가 나를 두고 맹세하기를 내 입에서 공의로운 말이 나갔은즉 돌아오지 아니하나니 내게 모든 무릎이 꿇겠고 모든 혀가 맹세하리라 하였노라"(사 45:22-23).

하나님은 연약한 인생처럼 식언하는 분이 아니다. 하나님의 입에서 나가는 말은 헛되이 돌아오지 않고 반드시 하나님이 기뻐하는 뜻을 이루며 하나님이 보낸 일을 형통하게 한다(사 55:11). 하나님이 고레스를 통해 이스라엘을 구원하시고 더 나아가 열방을 하나님께 돌이키게 하시려는 역사는 하나님께 속한 온 세계를 구원하시려는 하나님의 큰 계획이다(창 12:2-3, 출 19:4, 딤전 2:4 참조). 이 계획은 말씀이 육신이 되어 이 땅 가운데 오신 메시아 예수를 통해 성취되었으며 지금도 계속해서 성취되어가고 있다.

하나님은 지금도 날마다 새롭게 그분의 뜻과 계획을 이루어가고 있다. 비록 다 이해하지 못하고 보이지 않아도 배후에서 은밀한 중에 역사하시는 하나님의 손길을 신뢰하며 나아가라. 더 나아가 시간이 갈수록 우리의 믿음이 성숙해지고 그분의 손길을 선명하게 보고 순종할 수 있는 은혜를 구하라. 하나님은 결코 변치 않으시며 그분의 말씀은 헛되이 돌아오지 않고 반드시 그 말씀하신 바를 성취하신다!

[70장 각주]

49) 김회권, 「하나님 나라 신학으로 읽는 이사야 40-66장」, 265쪽.

71 Chapter 6. Isaiah 46:1-13

어떤 재미로 살 것인가

1벨은 엎드러졌고 느보는 구부러졌도다. 그들의 우상들은 짐승과 가
축에게 실렸으니 너희가 떠메고 다니던 그것들이 피곤한 짐승의 무
거운 짐이 되었도다. 2그들은 구부러졌고 그들은 일제히 엎드러졌으
므로 그 짐을 구하여 내지 못하고 자기들도 잡혀 갔느니라. 3야곱의
집이여 이스라엘 집에 남은 모든 자여 내게 들을지어다. 배에서 태어
남으로부터 내게 안겼고 태에서 남으로부터 내게 업힌 너희여 4너희
가 노년에 이르기까지 내가 그리하겠고 백발이 되기까지 내가 너희
를 품을 것이라. 내가 지었은즉 내가 업을 것이요 내가 품고 구하여
내리라. 5너희가 나를 누구에게 비기며 누구와 짝하며 누구와 비교하
여 서로 같다 하겠느냐. 6사람들이 주머니에서 금을 쏟아 내며 은을

저울에 달아 도금장이에게 주고 그것으로 신을 만들게 하고 그것에
게 엎드려 경배하며 7그것을 들어 어깨에 메어다가 그의 처소에 두면
그것이 서 있고 거기에서 능히 움직이지 못하며 그에게 부르짖어도
능히 응답하지 못하며 고난에서 구하여 내지도 못하느니라. 8너희 패
역한 자들아 이 일을 기억하고 장부가 되라. 이 일을 마음에 두라. 9너
희는 옛적 일을 기억하라. 나는 하나님이라. 나 외에 다른 이가 없느
니라. 나는 하나님이라. 나 같은 이가 없느니라. 10내가 시초부터 종
말을 알리며 아직 이루지 아니한 일을 옛적부터 보이고 이르기를 나
의 뜻이 설 것이니 내가 나의 모든 기뻐하는 것을 이루리라 하였노
라. 11내가 동쪽에서 사나운 날짐승을 부르며 먼 나라에서 나의 뜻을
이룰 사람을 부를 것이라. 내가 말하였은즉 반드시 이룰 것이요 계획
하였은즉 반드시 시행하리라. 12마음이 완악하여 공의에서 멀리 떠난
너희여 내게 들으라. 13내가 나의 공의를 가깝게 할 것인즉 그것이 멀
지 아니하나니 나의 구원이 지체하지 아니할 것이라. 내가 나의 영광
인 이스라엘을 위하여 구원을 시온에 베풀리라.

요즘은 재미를 추구하는 시대다. 무엇이든 재미있어야 한다. 공부도 재밌어야 하고 일도 재밌어야 한다. 광고도 재밌어야 보고 강의도 재밌어야 듣는다. 갈수록 사람들의 집중력도 짧아진다. 그래서 6초 안에 재미를 느끼게 하지 않으면 무엇을 하든 반응이 시큰둥하다. 산업도 재미를 주는 산업이 발달한다. 재미없으면 가지도 않고 하지도 않으려 한다.

이와는 달리 정말 재미없는데 사람들이 열심히 하는 것이 있다. 운동이나 청소와 같은 활동이다. 이것은 건강을 유지하기 위해 청결을 유지하기 위해 꼭 필요한 활동이다. 그 자체로는 재미없지만 하다 보면 재미를 느낀다. 어떤 재미인가? 몸에 변화가 일어나는 재미, 아팠던 몸이 강건해지는 재미 등이다. 연예나 게임같이 자극적이지는 않지만 조용한 변화가 서서히 있다. 이것이 매력이다.

이런 재미를 자꾸 추구하다 보면 도리어 자극적 재미에 별다른 매력을 느끼지 못한다. 잠깐은 재미있어도 잠시 후면 별로 남는 것이 없기 때문이다. 이런 것들은 일회용이기에 그때뿐이다. 오히려 지속적인 변화에 매력을 느낀다. 재미의 관점이 바뀌는 것이다.

이런 면에서 성도는 세상과 다른 재미를 추구하는 사람들이다. 예수 믿는 재미를 아는 사람이다. 말씀 듣는 재미, 말씀 붙들고 순종하는 재미, 기도하는 재미, 응답받는 재미, 변화받는 재미, 성령 충만한 재미 등을 아는 사람이다. 이런 재미를 추구할 때 우리는 세상이 주는 재미에 흥미를 잃는다. 전에는 이것 없이 잠시도 살 수 없을 것 같았지만 이제는 이것 없이 사는 것이 도리어 더 편하게 느껴진다. 성도는 예수 안에서 사는 재미를 맛보고 아는 이들이다. 우리는 자극적이지 않지만, 바로 이 재미에 빠져야 산다.

그런데 본문에 등장하는 이스라엘은 바벨론 우상을 섬기는 자극적인 재미에 빠져있다.

> "벨은 엎드러졌고 느보는 구부러졌도다. 그들의 우상들은 짐승과 가축에게 실렸으니 너희가 떠메고 다니던 그것들이 피곤한 짐승

의 무거운 짐이 되었도다"(사 46:1).

본문에 '벨'이 엎드러지고 '느보'가 구부러진 것은 짐승과 가축에게 실려 어디론가 이동하고 있기 때문이다. 이는 당시 매해 열리는 신년 축제 행사를 위해 신상을 수레 위에 올려놓고 축제 행사장으로 운반하는 장면을 반영한다. 거대한 신상을 수십 마리의 가축을 동원하여 충격을 받아 파손되지 않도록 조심스럽게 운반한다. 이들은 해마다 우상을 세워 축제를 벌이고 기도하는 것을 큰 기쁨과 즐거움으로 여겼다. 하지만 이런 신상들은 가축에게는 심히 피곤하게 하는 무거운 짐이 되었다.

'벨' 은 바알과 같은 어원의 '주인' 이란 뜻으로, 바벨론이 섬기던 주신(主神) 마르둑을 가리킨다. 당시 바벨론 사람들의 이름에는 '벨' 이란 단어가 많이 들어갔다. 다니엘의 바벨론식 이름인 벨드사살, 다니엘서 5장에 등장하는 바벨론 왕 벨사살 등이 대표적인 예다. '벨' 은 바벨론의 최고의 신으로 그들에게 커다란 영향력을 발휘하는 신이었다. 느보는 마르둑의 아들인데 지혜와 글의 신으로서, 바벨론에서 16km 떨어진 도시 보르시파를 주관하다고 알려져 있다. 그는 지혜의 신이기에 통치자의 이름에 이 '느보' 라는 이름이 자주 등장한다. '느부갓네살' '나보폴리살' '나보니두스' 등의 이름에는 모두 느보 신의 이름이 들어가 있다.

하지만 바벨론이 이렇게 소중하고 권위 있게 여기는 벨과 느보의 신상은 고레스의 침공으로 철저히 무력한 존재임이 만천하에 드러날 것이다.

"그들은 구부러졌고 그들은 일제히 엎드러졌으므로 그 짐을 구하여 내지 못하고 자기들도 잡혀 갔느니라"(사 46:2).

벨과 느보는 태양신 샤마슈와 함께 신바벨론 제국(주전 626-539년)에서 가장 영향력 있는 신이었지만 여호와의 기름 부은 왕 고레스의 공격 앞에 아무런 저항을 하지 못했다. 이들은 일제히 고꾸라지고 엎어져 스스로 일어나지도 도망가지도 못한 채로 적군의 포로가 되어 잡혀간다.

당시 고대 근동의 전쟁은 신들의 전쟁이었다. 그래서 한 나라를 정복하면 그 나라의 신전에 들어가 그 신을 끌어내려 그 목을 내리친다. 신상의 목을 치고도 신상이 아무런 반응이 없으면 정복자의 신이 그 나라의 신을 이긴 것이기에, 그 나라를 완전히 정복해도 좋다는 사인으로 해석한다.[50] 이런 면에서 사무엘상 5~6장에서 블레셋이 여호와의 법궤를 다곤 신전에 갖다 놓자 다곤 신상이 엎드러지고 목과 손목이 끊어져 몸뚱이만 남은 것은 매우 이례적이고도 충격적인 사건이었다(삼상 5:4). 여호와가 블레셋의 신 다곤을 치는 사건이었던 것이다(삼상 5:7). 그뿐만이 아니다. 이후 블레셋의 모든 성읍이 독종에 시달려 환난을 당한다(삼상 5:11). 이와 대조적으로 벨과 느보는 고레스의 침공과 포획에도 아무런 반응이 없었다. 해마다 그토록 정성스럽게 실어 나르고 그 앞에 절했던 것이 아무런 효과가 없는 무익하고 헛된 행위였던 것이다.

이와 대조적으로 여호와는 지금까지 이스라엘의 손에 한 번도 업히거나 운반된 적이 없다. 도리어 여호와께서 이스라엘을 안고 업어서 지금까지 인도해 오셨다.

"야곱의 집이여 이스라엘 집에 남은 모든 자여 내게 들을지어다. 배에서 태어남으로부터 내게 안겼고 태에서 남으로부터 내게 업힌 너희여 너희가 노년에 이르기까지 내가 그리하겠고 백발이 되기까지 내가 너희를 품을 것이라. 내가 지었은즉 내가 업을 것이요 내가 품고 구하여 내리라"(사 46:3-4).

하나님은 이스라엘이 태에서 나면서부터 업으셨다. 이스라엘은 출애굽 이후로 하나님께 업힌 채로 광야를 통과하여 약속의 땅에 들어오게 되었다. 성경은 곳곳에서 하나님이 이스라엘을 안고 업어 인도하셨음을 증거한다.

"내가 애굽 사람에게 어떻게 행하였음과 내가 어떻게 독수리 날개로 너희를 업어 내게로 인도하였음을 너희가 보았느니라"(출 19:4).

"광야에서도 너희가 당하였거니와 사람이 자기의 아들을 안는 것 같이 너희의 하나님 여호와께서 너희가 걸어온 길에서 너희를 안으사 이 곳까지 이르게 하셨느니라 하나"(신 1:31).

그뿐만이 아니다. 하나님은 이스라엘이 노년에 이르러서도 백발이 되기까지 품고 업고 끝까지 구해내실 것이다. 하나님은 이스라엘에게 업히지 않는 분이다. 하나님은 그 무엇에도 기대거나 의지하지 않고 스스로 있는 자존자이다. "내가 그리하겠고"는 "내가 그니라"(I am He)는 표현으로 이는 어제나 오늘이나 장차 언제나 변함없이 자존하는 하나님을 드러낸다(출 3:14 참조).[51] 하나님은 끝까지 신실하게 책임지시는 하나님이다. 하나님의 이런 신실하신 자비를 경험한 시편 기자는 다음과 같이 고백한다.

> "이 하나님은 영원히 우리 하나님이시니 그가 우리를 죽을 때까지 인도하시리로다"(시 48:14).

이런 하나님은 바벨론의 벨과 느보가 감히 흉내 낼 수 없는 참되고 살아계신 하나님이다. 하나님은 자신을 이 세상의 그 어떤 신과 감히 비교할 수 있겠느냐고 물으신다.

> "너희가 나를 누구에게 비기며 누구와 짝하며 누구와 비교하여 서로 같다 하겠느냐"(사 46:5).

사람들이 주머니를 털어 금을 쏟아내고, 은을 사서 도금장이에게 신상을 만들게 하고, 아무리 거기에 정성을 다해 엎드려 경배하고 절한들 그들은 꼼짝도 하지 못하는 생명 없는 물건일 뿐이다(사 46:6). 아무리 신상을 그럴듯한 모습으로 정성껏 안치하여도 그것은 살아 움직이는 존재가 아니기에 부르짖어도 응답하지 못하며 고난당하는 사람을 구원하지도 못한다(사 46:7). 하나님은 이스라엘을 다시 '기억하라' 는 사명으로 초대한다(사 44:21 참조).

> "너희 패역한 자들아 이 일을 기억하고 장부가 되라. 이 일을 마음에 두라. 너희는 옛적 일을 기억하라. 나는 하나님이라. 나 외에 다른 이가 없느니라. 나는 하나님이라 나 같은 이가 없느니라"(사 46:8-9).

이스라엘은 하나님이 어떤 분인지 기억해야 한다. 이스라엘이 처음 날 때부터 그들을 안고 업어 지금까지 인도하신 분임을 기억해야 한다. 또한 노년에 이르러 백발이 될 때까지 끝까지 책임지실 분임을 기억해야 한다. 이를 위해 이스라엘은 옛적 일, 곧 하나님이 지금까지 행하신 창조, 홍수, 족장시대, 출애굽, 가나안 정복, 사사시대, 다윗과 솔로몬 왕조 등의 역사를 잊지 않고 끊임없이 기억해야 한다.

하나님은 이들에게 '장부가 되라' 고 촉구하신다. 이는 불신을 멈추고 스스로 굳건하게 하라는 뜻이다. "깨어 믿음에 굳게 서서 남자답게 강건하라"(고전 16:13)는 말씀은 이런 표현을 잘 반영한다. 이스라엘이 장부가 되어야 하는 이유가 무엇인가? 이제 하나님께서 아직 이루지 아니한 일을 보이고 그의 기뻐하는 뜻을 세울 것이기 때문이다.

> "내가 종말을 처음부터 고하며 아직 이루지 아니한 일을 옛적부터 보이고 이르기를 나의 모략이 설 것이니 내가 나의 모든 기뻐하는 것을 이루리라 하였노라"(사 46:10, 개역한글)

여기서 '종말' 이란 하나님이 행하시는 일의 끝, 곧 결과를 뜻한다. 따라서 종말을 처음부터 고한다는 것은 시작할 때 미리 그 결과를 알려준다는 뜻이다. '아직 이루지 않은 일'이란 이어지는 11절에 보다 구체적으로 진술한다.

> "내가 동쪽에서 사나운 날짐승을 부르며 먼 나라에서 나의 뜻을 이룰 사람을 부를 것이라. 내가 말하였은즉 반드시 이룰 것이요 계획하였은즉 반드시 시행하리라"(사 46:11).

하나님은 동쪽에서 사나운 날짐승과 같은 사람, 곧 하나님의 뜻을 이룰 사람을 부를 것이다. 여기 '부르다'는 10절에서 등장한 '고하다' '보이다'와 함께 등장하는 연속적인 분사로 하나님이 고하고, 보이시며 행하실 일을 보다 구체적으로 소개하는 역할을 한다. 즉 하나님은 사나운 날짐승과 같은 사람을 택하여 이스라엘이 섬기던 우상을 무력화하고 그의 백성을 회복시킬 것이다.

사나운 날짐승은 독수리와 같은 맹금류로, 마치 독수리가 토끼를 덮치듯 갑작스럽고 신속하게 이루어지는 바벨론 침공을 나타낸다. 하나님은 이런 일에 쓰임받을 사람을 부르실 것인데 바로 고레스다. 참고로 고레스 군대의 군기 문양은 독수리였다.[52] 독수리는 파괴적인 왕의 권세를 묘사할 때 종종 사용된다(렘 49:22, 겔 17:3,7 참조). 마음이 완악하여 하나님께서 고레스를 통해 이루실 일을 거절하는 이들에게 하나님은 말씀한다. 하나님은 반드시 이 일을 이루시고 모든 잘못된 것을 바로잡으실 것이다. 하나님이 택한 이스라엘과 시온에 반드시 구원을 베푸실 것이다(사 46:13). 이제는 불신앙을 내려놓고 적극적으로 다가오는 하나님의 구원역사에 눈을 떠야 한다. 이제는 여호와를 섬기는 기쁨을, 하나님이 일으키실 새로운 구원역사를 맛보는 재미로 살아야 한다. 우상을 업어 나르는 고생을 내려놓고, 우리를 독수리 날개로 업어 인도하시는 하나님의 기이하고 아름다운 구원역사를 신뢰하고 그분의 일하심과 자비로우심에 빠져들어 보라.

[71장 각주]

50) 김회권, 「하나님 나라 신학으로 읽는 이사야 40-66장」, 281쪽.

51) 존 오스월트, 「NICOT 이사야 Ⅱ」, 275-276쪽. '나는 나다' 또는 '나는 스스로 있는 자'라는 하나님의 이름에 담긴 의미에 대해서는 양형주, 「평신도를 위한 쉬운 출애굽기 1」(서울: 브니엘, 2021), 90-93쪽을 참조하라.

52) 존 오스월트, 「NICOT 이사야 Ⅱ」, 283쪽.

72 Chapter 6. Isaiah 47:1-15

헛된 지혜의 배신

1처녀 딸 바벨론이여 내려와서 티끌에 앉으라. 딸 갈대아여 보좌가
없어졌으니 땅에 앉으라. 네가 다시는 곱고 아리땁다 일컬음을 받지
못할 것임이라. 2맷돌을 가지고 가루를 갈고 너울을 벗으며 치마를
걷어 다리를 드러내고 강을 건너라. 3네 속살이 드러나고 네 부끄러
운 것이 보일 것이라. 내가 보복하되 사람을 아끼지 아니하리라. 4우
리의 구원자는 그의 이름이 만군의 여호와 이스라엘의 거룩한 이시
니라. 5딸 갈대아여 잠잠히 앉으라. 흑암으로 들어가라. 네가 다시는
여러 왕국의 여주인이라 일컬음을 받지 못하리라. 6전에 내가 내 백
성에게 노하여 내 기업을 욕되게 하여 그들을 네 손에 넘겨주었거늘
네가 그들을 긍휼히 여기지 아니하고 늙은이에게 네 멍에를 심히 무

겁게 메우며 7말하기를 내가 영영히 여주인이 되리라 하고 이 일을
네 마음에 두지도 아니하며 그들의 종말도 생각하지 아니하였도다.
8그러므로 사치하고 평안히 지내며 마음에 이르기를 나뿐이라 나 외
에 다른 이가 없도다. 나는 과부로 지내지도 아니하며 자녀를 잃어버
리는 일도 모르리라 하는 자여 너는 이제 들을지어다. 9한 날에 갑자
기 자녀를 잃으며 과부가 되는 이 두 가지 일이 네게 임할 것이라. 네
가 무수한 주술과 많은 주문을 빌릴지라도 이 일이 온전히 네게 임하
리라. 10네가 네 악을 의지하고 스스로 이르기를 나를 보는 자가 없다
하나니 네 지혜와 네 지식이 너를 유혹하였음이라. 네 마음에 이르기
를 나뿐이라 나 외에 다른 이가 없다 하였으므로 11재앙이 네게 임하
리라. 그러나 네가 그 근원을 알지 못할 것이며 손해가 네게 이르리
라. 그러나 이를 물리칠 능력이 없을 것이며 파멸이 홀연히 네게 임
하리라. 그러나 네가 알지 못할 것이니라. 12이제 너는 젊어서부터 힘
쓰던 주문과 많은 주술을 가지고 맞서 보라. 혹시 유익을 얻을 수 있
을는지, 혹시 놀라게 할 수 있을는지, 13네가 많은 계략으로 말미암아
피곤하게 되었도다. 하늘을 살피는 자와 별을 보는 자와 초하룻날에
예고하는 자들에게 일어나 네게 임할 그 일에서 너를 구원하게 하여
보라. 14보라. 그들은 초개 같아서 불에 타리니 그 불꽃의 세력에서 스
스로 구원하지 못할 것이라. 이 불은 덥게 할 숯불이 아니요 그 앞에
앉을 만한 불도 아니니라. 15네가 같이 힘쓰던 자들이 네게 이같이 되
리니 어려서부터 너와 함께 장사하던 자들이 각기 제 길로 흩어지고
너를 구원할 자가 없으리라.

믿음의 조상 아브라함의 고향은 '갈대아 우르' 다. 주전 약 2천 년 전 아브라함이 살았던 우르는 작은 도시 국가 형태로 흩어져 있었다. 이때 우르에서 함무라비라고 하는 성주가 일어나 그 주변의 강력한 도시 국가였던 이신, 엘람, 마리 같은 성읍들을 무찌르고 그 지역의 패권을 장악하였다. 그리고 함무라비 왕은 법전을 만들어, 모든 국가가 제국의 형태를 갖추어 살아가는 법의 기초를 마련했다.

하지만 함무라비가 죽고 나자 바벨론 제국은 힘을 잃게 되었고, 이후 500년간 제국은 혼돈 속에 빠져들었다. 이후 주전 1500년경에서 1000년 사이 혼돈을 딛고 카사이트 왕조가 일어났다. 카사이트 왕조는 약 500년간 강성한 제국을 이루었지만 결국 무너지고 말았다.

보통 제국이 한 번 무너지면 다시 일어나는 것이 쉽지 않다. 그런데 하나님께서는 은혜를 베푸셔서 주전 627년경 다시 한번 느부갓네살 왕을 통해 바벨론 제국을 일으키셨다. 이때 바벨론은 주변 국가인 메대와 연합하여 강력한 제국을 형성했고, 메대는 바벨론에 흡수된다. 이것을 신바벨론 제국이라고 한다.

하나님이 특별한 은혜로 신바벨론 제국을 세우신 이유가 무엇인가? 하나님의 선한 목적에 사용하기 위해서다. 하나님이 택하신 이스라엘이 범죄하자 이들을 징계하고 연단하고 성화시켜 다시 하나님의 거룩한 백성으로 제사장 사명을 잘 감당하도록 약속의 땅에 다시 돌려보내기 위함이다.

이 사명을 감당하라고 하나님은 신바벨론 제국에 강력한 군사력과 무기와 장수들과 전략과 전술, 권세와 부를 주셨다. 그래서 바벨론은 하나님의 세우심에 힘입어 당대 최고의 제국으로 우뚝 서게 되었다. 그런데 본문은 이런 바벨론의 파산을 선언한다.

> "처녀 딸 바벨론이여 내려와서 티끌에 앉으라. 딸 갈대아여 보좌가 없어졌으니 땅에 앉으라. 네가 다시는 곱고 아리땁다 일컬음을 받지 못할 것임이라"(사 47:1).

하나님은 바벨론을 '처녀 딸'로 부른다. '딸'(히. 바트)은 성읍을 여성으로 의인화한 표현이다. 성읍은 신에게 딸이나 신부로 종종 의인화되어 사용되었다. 딸 바벨론을 '처녀'로, 그것도 '곱고 아리따운 처녀'로 부르는 것은 그동안 승승장구하며 아직 한 번도 유린당하거나 짓밟히지 않았음을 나타낸다. 바벨론은 세상을 제패하며 부와 사치로 화려하게 꾸미며 살아왔다. 그래서 공주와 같이 곱고 아리땁다는 칭송을 받았다.

하지만 하나님은 처녀 딸 바벨론을 향하여 티끌에 앉으라고 한다. '티끌'(히. 아파르)은 먼지 또는 흙먼지로 땅에서 온 것이다. 바벨론은 보좌에 앉아 천하를 호령하는 것이 마치 자기의 권리라도 되는 것처럼 당연히 여기며 세상을 지배해 왔다. 그러나 그것은 하나님이 허락하셨기에 가능한 일이었다. 원래 바벨론은 흙에서 왔고, 하나님은 이런 바벨론에게 다시 흙으로 돌아가 앉으라 말씀하신다.

사실 공주의 권세와 아름다움은 아버지에게서 온다. 바벨론은 하나님께서 은혜를 주셔서 곱고 아름답게 성장해 왔다. 그런데 어느 순간 자기가 잘 가꾸고 능력이 있어서 그렇게 되었다고 착각하기 시작했다. 교만해져서 하나님의 백성을 함부로 대했다. 하나님은 이런 바벨론에게 한 번도 앉아보지 않았던 티끌에 앉으라고 명령한다.

하나님은 처녀 딸 바벨론을 향하여 "딸 갈대아여 보좌가 없어졌으니 땅에 앉으라"고 명한다. 갈대아는 바벨론을 가리키는 또 다른 명칭이다. 원래 갈대아는 페르시아만 근처의 남부 메소포타미아 지역으로, 이전 앗수르의 지배에 맞서 싸우며 신바벨론 제국을 건설했던 왕과 지도자들이 많이 나온 지역이기도 하다. 하나님은 한때 천하를 발아래 두고 기세등등했던 바벨론의 보좌가 사라졌으니 이제 바벨론은 땅에 나앉으라고 선언한다(렘 50:2-8, 51:44-48 참조).

> "맷돌을 가지고 가루를 갈고 너울을 벗으며 치마를 걷어 다리를 드러내고 강을 건너라. 알몸을 드러내고, 네 부끄러운 곳까지도 드러내 보여라. 내가 복수할 터이니, 어느 누구도 나를 막지 못할 것이다"(사 47:2-3, 3절은 새번역).

당시 맷돌을 돌리는 일은 노예의 일로 간주하였다. 그런데 이런 일을 노예에게 시킬 여유가 없다. 다급하게 식량을 갈아서 챙겨야 한다. 너울은 상류층 여인이 나들이할 때 얼굴을 가리기 위해 사용했던 쓰개를 가리킨다. 그런데 이런 너울을 덮어쓰고 품위를 지킬 여유가 없다. 거기에 치마를 걷어 올려 다리를 드러내고 강을 건너는 것은 다급하게 피신하는 상황을 연상시킨다. 얼마나 다급한지 속살이 다 드러나고 은밀한 치부가 다 드러날 정도다. 이는 적군의 침공으로 분초를 다투며 다급하게 피신하는 상황을 떠올린다. 화려하던 바벨론이 이렇게 된 이유가 무엇인가? 근본적인 이유는 하나, 바로 하나님이 바벨론의 교만에 보복하시기 때문이다(사 47:5-11 참조).

하나님은 온 세상의 주인으로 자처하며 호령했던 교만한 바벨론을 끌어 내린다.

> "딸 갈대아여 잠잠히 앉으라 흑암으로 들어가라. 네가 다시는 여러 왕국의 여주인이라 일컬음을 받지 못하리라"(사 47:5).

이제 바벨론은 잠잠히 흑암으로 가라앉을 것이다. 아무리 원해도 여러 왕국을 호령하던 시절은 돌아오지 않을 것이다. 이때에야 비로소 세상 모든 나라를 정복한 것이 자기 능력이 아니라 하나님이 넘겨주신 것임을 깨닫게 될 것이다(사 47:6). 바벨론은 오직 하나님께서 그의 은혜와 경륜 가운데 넘겨주신 나라들, 특히 유다를 긍휼히 여기기는커녕 도리어 학대하였다. 자신의 이런 상태가 영원히 계속될 줄 착각했기에, 열국에 긍휼을 베푸는 것은 안중에도 없었다(사 47:7). 바벨론이 교만하게 하는 말을 들어보라.

> "그러므로 사치하고 평안히 지내며 마음에 이르기를 나뿐이라. 나 외에 다른 이가 없도다. 나는 과부로 지내지도 아니하며 자녀를 잃어버리는 일도 모르리라 하는 자여 너는 이제 들을지어다"(사 47:8).

'사치하고'는 직역하면 '사치를 사랑하는 자'(lover of luxury) 또는 '쾌락을 사랑하는 자'(lover of pleasure)다. 바벨론은 자신이 세상의 그 무엇과도 비교할 수 없이 특별하기 때문에 사치와 쾌락이 자신의 마땅한 권리라고 여겼다. 자신은 평생 과부가 되지 않고 자녀를 잃어버리지 않을 것이라 확신하고 있었다. 이는 당시 고대 근동에서 한 여자에게 일어날 수 있는 큰 불행들이다. 이를 제국의 상황에 비유한다면, 어떤 신의 도움도 받지 못하고 무력하게 백성을 순식간에 잃게 되는 홀로된 나약한 제국을 상징한다.

이때가 되면 그동안 효과가 있다고 믿고 의지했던 수많은 주술과 점성술과 주문이 아무런 소용이 없을 것이다(사 47:9). 이들은 "나를 보는 자가 없다"(사 47:10)고 하나님이 보시기에 악한 행동들을 서슴없이 일삼았다. 내가 선악의 기준이 되어, 내가 어떤 것을 원하든 문제만 없으면 괜찮다고 생각했다(사 47:10).[53] 하나님은 교만한 바벨론에게 이들을 기다리고 있는 것은 도리어 순식간에 임할 파멸이라 선언한다.

> "재앙이 네게 임하리라. 그러나 네가 그 근원을 알지 못할 것이며 손해가 네게 이르리라. 그러나 이를 물리칠 능력이 없을 것이며 파멸이 홀연히 네게 임하리라. 그러나 네가 알지 못할 것이니라" (사 47:11).

바벨론이 젊을 때부터 힘썼던 것이 있다. 미래를 예견하고 재액을 막기 위한 지혜와 기술들이다. 제사용 짐승의 내장 위치와 상태를 살피고 해와 달과 별자리의 움직임을 관찰하고 그것이 상서로운 위치에 있는지를 살피며 다가오는 미래를 대비했다(사 47:12-13). 만약 그것이 효과를 발휘하는 참된 지혜와 계략이라면 하나님이 바벨론에 보내는 재앙도 너끈히 막을 수 있어야 한다. 그러나 하나님은 이런 무수한 시도가 과연 이들의 구원에 조금이라도 유익이 되는지 냉정하게 살펴보라고 도전한다.

하나님은 이들이 결코 스스로의 힘으로 구원할 수 없는 '초개'(사 47:14)같이 불에 타 사라지는 존재라고 선언한다. '초개'는 지푸라기로, 순식간에 타서 없어진다. 바벨론은 실내를 데울 숯불도 아니요 그 앞에 앉을 만한 화롯불도 아니다. 문제는 이런 바벨론의 미약함을 바벨론은 스스로 보지 못한다는 점이다. 결국 바벨론은 다 뿔뿔이 흩어지고 끝끝내 그들을 구원할 자는 아무도 없을 것이다.

결국 가장 지혜롭다고 자부했던 바벨론의 지혜가 가장 위기의 순간에 아무런 효과도 발휘하지 못하고 바벨론을 배신하고 말았다. 내 인생을 든든히 받치고 있는 확신은 무엇인가? 그것이 세상의 지혜와 처세에 속한 것인가, 아니면 온전히 하나님을 의지하고 신뢰하는 것인가? 그토록 의지하던 세상의 성공 방식과 지혜는 결정적일 때 우리를 배신한다. 하나님 앞에 우리는 안개와 같고 들풀과 같은 존재임을 고백하며 은혜를 구하라. 화살같이 빠른 인생 동안 우리는 오직 주의 은혜만이 필요한 존재들이다.

[72장 각주]

53) 존 오스월트, 「NICOT 이사야 Ⅱ」, 300쪽.

73 Chapter 6. Isaiah 48:1-11

하나님의 영광을 위한 오래 참으심

[1]야곱의 집이여 이를 들을지어다. 너희는 이스라엘의 이름으로 일컬
음을 받으며 유다의 허리에서 나왔으며 여호와의 이름으로 맹세하며
이스라엘의 하나님을 기념하면서도 진실이 없고 공의가 없도다. [2]그
들은 거룩한 성 출신이라고 스스로 부르며 이스라엘의 하나님을 의
지한다 하며 그의 이름이 만군의 여호와라고 하나 [3]내가 예로부터 처
음 일들을 알게 하였고 내 입에서 그것들이 나갔으며 또 내가 그것들
을 듣게 하였고 내가 홀연히 행하여 그 일들이 이루어졌느니라. [4]내
가 알거니와 너는 완고하며 네 목은 쇠의 힘줄이요 네 이마는 놋이
라. [5]그러므로 내가 이 일을 예로부터 네게 알게 하였고 일이 이루어
지기 전에 그것을 네게 듣게 하였느니라. 그것을 네가 듣게 하여 네

가 이것을 내 신이 행한 바요 내가 새긴 신상과 부어 만든 신상이 명
령한 바라 말하지 못하게 하였느니라. 6네가 들었으니 이 모든 것을
보라. 너희가 선전하지 아니하겠느냐. 이제부터 내가 새 일 곧 네가
알지 못하던 은비한 일을 네게 듣게 하노니 7이 일들은 지금 창조된
것이요 옛 것이 아니라. 오늘 이전에는 네가 듣지 못하였으니 이는
네가 말하기를 내가 이미 알았노라 하지 못하게 하려 함이라. 8네가
과연 듣지도 못하였고 알지도 못하였으며 네 귀가 옛적부터 열리지
못하였나니 이는 네가 정녕 배신하여 모태에서부터 네가 배역한 자
라 불린 줄을 내가 알았음이라. 9내 이름을 위하여 내가 노하기를 더
디 할 것이며 내 영광을 위하여 내가 참고 너를 멸절하지 아니하리
라. 10보라. 내가 너를 연단하였으나 은처럼 하지 아니하고 너를 고난
의 풀무 불에서 택하였노라. 11나는 나를 위하며 나를 위하여 이를 이
룰 것이라. 어찌 내 이름을 욕되게 하리요 내 영광을 다른 자에게 주
지 아니하리라.

2016년 6월 23일 영국에서 시행한 국민투표 결과 51.9%의 찬성으로 통과된 브렉시트는 2020년 1월 31일 영국이 최종 유럽연합(EU)을 탈퇴하기까지 큰 혼란을 초래하였다. 브렉시트로 인해 영국 수상이 세 번이나 바뀔 정도였다. 브렉시트는 원래 극단적인 정치 지도자들이 정치적 당리당략 때문에 국민을 거짓 뉴스로 선동해서 EU 탈퇴를 투표에 부쳤던 것이었다. 그런데 예상치 못하게 이것이 통과되는 바람에, 영국은 커다란 혼란과 어려움에 빠졌다. 이후에는 아무런 합의 없이 무조건 탈퇴하자고 해서 노딜을 투표로 부쳤다가 부결되었다. 무조건 탈퇴는 싫다는 것이다. 선동에 가까운 국민투표 결과, 국민들은 EU에 머무는 것도 싫고 탈퇴도 싫다고 대답한 셈이다. 이렇게 해서 영국은 이러지도 못하고 저러지도 못하는 무능력 상태에 빠져들었다.

전문가들은 영국의 정치적 무력함의 배후에는 영국의 귀족 사립 고등학교인 이튼(Eton)이 자리 잡고 있다고 지적한다.[54] 지금까지 이튼 출신 영국 총리만 19명이 나왔다. 이튼 졸업생 상당수가 영국의 양대 명문인 옥스퍼드와 케임브리지 대학에 진학하고, 이들은 자연스럽게 '우리가 나라를 운영할 것'이라고 생각한다. 그러다 보니 타인에 대한 공감보다는 우월감을 갖고 자신의 자만과 실수를 인정하지 못하는 무력함이 자리 잡게 되는데, 이것이 지금 영국 정치 위기의 근원적인 이유라는 것이다. '내가 그래도 이튼 출신인데…' 하는 오만함이 있다. 건강한 자부심은 용기와 자신감을 주지만, 이것이 과도하면 누구의 소리에도 귀를 막고 오만과 독선으로 나가는 치명적인 독이 된다.

본문에 나오는 이스라엘 백성에게도 이런 오만과 독선이 있었다. 이것이 얼마나 치명적인 독인지 이들은 포로 상태에 빠져도 그것을 쉽게 버리지 못하고 있었다. 이들의 오만을 들어보라.

> "그들은 거룩한 성 출신이라고 스스로 부르며 이스라엘의 하나님을 의지한다 하며 그의 이름이 만군의 여호와라고 하나"(사 48:2).

이스라엘은 포로 상태에 있어도 스스로를 '거룩한 성 출신'이라고 부르며, 자신들은 만군의 하나님 여호와를 의지한다고 떠벌리고 다녔다. 그러나 본문은 이런 이들의 오만하고 독선적인 모습이 속 빈 강정과 같다고 선언한다.

> "야곱의 집이여 이를 들을지어다. 너희는 이스라엘의 이름으로 일컬음을 받으며 유다의 허리에서 나왔으며 여호와의 이름으로 맹세하며 이스라엘의 하나님을 기념하면서도 진실이 없고 공의가 없도다"(사 48:1).

거룩한 성 출신이면 그에 걸맞은 거룩함과 능력을 갖추어야 한다. 하지만 겉으로는 여호와의 이름으로 맹세하며 하나님께 기원하는(invoke, NRSV, NIV) 것 같아도 그 속에는 진실과 공의가 없었다. 성경은 이런 모습을 외식한다고 한다. 겉모양은 그럴듯하나 알맹이가 없다. 그래서 하나님은 이런 이스라엘의 깊은 속을 간파하시고 이들을 향하여 "야곱의 집이여 들을지어다"라고 부르신다. '들으라'(히. 샤마)는 단순히 듣는 것에서 더 나아가 반응하여 순종하는 데까지 나아가는 것을 의미한다.

하나님은 이들을 부르실 때 언약적 이름 '이스라엘'이 아닌 '속이는 자'란 뜻을 가진 '야곱'의 이름으로 부른다. 여기에는 이 백성이 이스라엘로 불리기는 하지만 실제로는 속이는 자 야곱일 뿐이라는 암시가 들어있다.[55] 믿음으로 분투하여 승리했다는 뜻의 이스라엘이란 놀라운 이름이 있음에도 그 속은 독선과 속임수로 가득한 '야곱' 의 집안이라고 부르시는 것이다.

또한 이들은 '유다의 허리' 에서 나온 백성들이다. '허리' 는 직역하면 '물들' (waters)로 이는 유다의 씨로부터 나온 후손들임을 나타내는 표현이다. 유다와 그의 후손은 규와 통치자의 지팡이가 떠나지 아니하리라는 특별한 복을 받았다(창 49:9-10). 이는 바벨론 포로로 끌려온 이들이 유다와 예루살렘에서 사로잡혀 온 자들임을 시사하는 동시에 이들이 포로로 끌려와서도 유다 출신이고 거룩한 성 출신이라고 자부했던 이유를 짐작하게 한다.

하나님은 이들의 오만과 독선에 대하여 이스라엘의 지난 역사와 심지어 지금의 포로 상태까지 모든 것을 세밀하게 인도하신 분이 하나님이라 선언하신다.

> "내가 예로부터 처음 일들을 알게 하였고 내 입에서 그것들이 나갔으며 또 내가 그것들을 듣게 하였고 내가 홀연히 행하여 그 일들이 이루어졌느니라"(사 48:3).

'예로부터' 는 세상이 창조되고 하나님의 구원 경륜의 역사가 시작된 때부터를 뜻한다. '처음 일들' 은 이제부터 하나님이 행하실 '새 일' 과 대비되는 이전에 선포되고 성취되었던 일들을 가리킨다. 하나님의 구원 경륜이 시작된 이후부터 하나님은 하실 일을 미리 알려주셨고, 또한 그 일을 '홀연히' 성취하셨다. 이는 하나님이 행하시는 일들이 사람의 예상과 방법을 뛰어넘어 이루어졌음을 뜻한다. '야곱의 집 사람들' 은 하나님의 이런 역사 앞에 겸손해야 한다. 하지만 이들을 겸손하지 못했고 완고함과 독선으로 가득했다. 이런 이스라엘을 향해 하나님은 말씀한다.

> "내가 알거니와 너는 완고하며 네 목은 쇠의 힘줄이요 네 이마는 놋이라"(사 48:4).

완고하며 쇠의 힘줄 같은 목으로 버티는 모습은 주인이 끌고 가려는 곳으로 가고 싶지 않아 저항하고 거부하는 완고한 짐승의 이미지다. 뻣뻣하게 세우고 저항하는 목은 쇠의 힘줄 같다. 이와 함께 등장하는 이미지가 '놋 같은 이마' 다. 이는 이마가 부서질 정도로 무모하게 서로의 머리를 부딪치며 싸우는 수컷 짐승들의 싸움을 연상시킨다.[56]

하나님은 이러한 이스라엘의 완고함에도 예로부터 계속해서 미리 말씀하셨다. 이는 말씀이 성취될 때 이렇게 이루신 이가 사람의 손으로 부어 만든 우상이 아니라 하나님임을 알게 하도록 하기 위함이다(사 48:5). 하나님이 행하시는 홀연한 일들을 갑자기 경험하게 되면 자칫 이 일의 근원을 하나님이 아닌 엉뚱한 우상에게 돌릴 수 있다. 예레미야 선지자는 이러한 경우를 다음과 같이 진술한다.

> "…우리가 본래 하던 것 곧 우리와 우리 선조와 우리 왕들과 우리 고관들이 유다 성읍들과 예루살렘 거리에서 하던 대로 하늘의 여왕에게 분향하고 그 앞에 전제를 드리리라. 그때에는 우리가 먹을 것이 풍부하며 복을 받고 재난을 당하지 아니하였더니 우리가

하늘의 여왕에게 분향하고 그 앞에 전제 드리던 것을 폐한 후부터는 모든 것이 궁핍하고 칼과 기근에 멸망을 당하였느니라 하며"(렘 44:17-18).

이스라엘은 풍성한 복과 소산이 하나님의 은혜가 아니라 자신들이 섬겼던 하늘의 여왕 덕분이라고 착각하고 있었다. 하나님이 이들의 우상 숭배에 진노하여 징계를 내리자 도리어 이런 어려움이 자신들이 하늘 여왕을 제대로 섬기지 않아서 그런 것으로 생각하였다. 이스라엘의 이런 그릇된 사고방식을 아셨던 하나님은 이 모든 것이 하나님의 역사임을 인정하게 하시려고 미리 말씀하시고, 또 말씀하신 후 어느 날 갑자기 그 말씀하신 것을 행하신 것이다.

하나님은 이처럼 이스라엘에게 하나님이 이전에 행하셨던 놀라운 일들을 "보라"(히. 하자)고 하신다(사 48:6). 이는 뚫어지게 보는 동작으로, 하나님의 역사를 깊이 생각하고 깨달으라는 뜻이다. 그러면 이스라엘은 하나님의 역사를 인정하고 증언할 수 있을 것이다. 이것을 깨달아야 이제 지금부터 하나님이 행하실 새 일을 듣고 깨달을 수 있다. 이 일은 이전의 어떤 패턴이나 유형과 같지 않은 무에서 유를 창조하는 것과 같은 새로운 구원역사다(이는 구체적으로 이방의 왕 고레스에게 기름 부어 일으키실 새로운 종류의 구원역사를, 더 나아가서는 여호와의 수난받는 종을 통해 일으키실 놀라운 구원역사를 포괄한다). 그래서 하나님은 이것이 '네가 알지 못하던 은비한 일'(사 48:6)이라 하신다. '은비'란 '숨기어 비밀로 함'이란 뜻이다. 하나님이 이렇게 새롭고 은비한 일을 행하시는 이유가 무엇일까? 이는 이스라엘로 겸손하여 하나님을 인정하도록 하기 위해서다.

> "이 일들은 지금 창조된 것이요 옛 것이 아니라. 오늘 이전에는 네가 듣지 못하였으니 이는 네가 말하기를 내가 이미 알았노라 하지 못하게 하려 함이라"(사 48:7).

하나님이 이제 이루실 새로운 구원역사는 예전에는 결코 들어보지 못한 새로운 일이다. "난 진작에 이렇게 될 줄 알았어"라고 말하지 못하도록 인간의 생각과 방법을 뛰어넘는 새로운 역사일 것이다.

> "네가 과연 듣지도 못하였고 알지도 못하였으며 네 귀가 옛적부터 열리지 못하였나니 이는 네가 정녕 배신하여 모태에서부터 네가 배역한 자라 불린 줄을 내가 알았음이라"(사 48:8).

하나님이 새 일을 행하시는 주요한 이유 중 하나가 바로 이스라엘의 완악함이다. 이들은 '모태에서부터 배역한 자'였다. 이는 출애굽 사건을 배경으로 한다. 이스라엘은 놀라운 기적으로 홍해를 건너기 전(출 14:11-12)과 후(출 16:2-3)에 끊임없이 패역함을 드러냈다. 또한 이들은 시내산에서 하나님과 언약을 체결하기 직전에도 금송아지를 만들어 숭배하였을 정도다(출 32장). 이들의 패역함과 배신은 아담으로 거슬러 올라간다. "그들은 아담처럼 언약을 어기고 거기에서 나를 반역하였느니라"(호 6:7). 패역함과 배신은 이스라엘에게 아담 때부터 새겨진 원죄적 본성과도 같았다. 이런 이스라엘에게 하나님이 장차 이루실 구원의 역사를 예언의 말씀으로 주신 것은 미래를 알 수 있게 하기 위해서가 아니다. 홀연히 성취될 때 이것이 하나님이 행하시는 일임을 믿을 수 있도록 하기 위해서다.

하나님의 이러한 일하심에는 하나님의 자비와 오래 참으심이 전제되어 있다. 인과응보의 논리에 따르면 이들은 진작에 패역함으로 심판받아 멸망해야 했다. 그런데 하나님이 이렇게 오래도록 인내하시는 이유는 무엇일까? 바로 하나님의 영광을 위해서다.

> "내 이름을 위하여 내가 노하기를 더디 할 것이며 내 영광을 위하여 내가 참고 너를 멸절하지 아니하리라"(사 48:9).

하나님은 자신을 노하게 하면 진멸하는 우상과 다르다. 어떻게 하나님의 평판이 우상의 평판과 같을 수 있을까? 하나님은 우상과 다르게 노하기를 더디하시며 그의 백성을 멸망시키지 않는 하나님이다. 그렇다면 은혜로우신 하나님이 왜 이스라엘을 바벨론 포로로 끌려가게 하셨는가? 그것은 이들을 멸망시키기 위해서가 아니라 연단하기 위해서다.

> "보라. 내가 너를 연단하였으나 은처럼 하지 아니하고 너를 고난의 풀무 불에서 택하였노라"(사 48:10).

하나님은 이스라엘을 연단하시되 은처럼 하지 아니하셨다. 은을 정련하려면 뜨거운 풀무 불에서 찌끼가 다 타고 녹을 때까지 해야 한다. 은의 끓는점은 2,162℃이다. 찌끼와 같은 이스라엘이 이 온도에서 은처럼 정련을 받으면 그들은 풀무 불에 다 타서 없어져야 할 것이다. 하나님은 이들을 긍휼히 여기셔서 은처럼 단련하지는 않으셨고, 고난의 풀무에서 시련을 겪게 하셨다.

> "나는 나를 위하며 나를 위하여 이를 이룰 것이라. 어찌 내 이름을 욕되게 하리요 내 영광을 다른 자에게 주지 아니하리라"(사 48:11).

하나님은 진정으로 거룩하시고 영광스러우신, 온 세상에서 유일하신 분이다. 만약 하나님이 자기 백성을 멸하시거나 벌하신다면 여느 우상과 다를 바가 없을 것이다. 도리어 하나님은 하나님의 영광을 위하여 어떤 상황과 악조건 가운데서도 모든 것을 합력하여 선을 이루시고 마침내 자기 백성을 구원하여 하나님의 영광을 드러내고야 마실 것이다.

이러한 하나님이라면 그의 백성은 마땅히 새 일을 선포하시는 하나님의 말씀 앞에 그 말씀을 신뢰하고 그 말씀에 나의 전 존재를 묶어야 할 것이다. 어떤 상황에서도 그분을 신뢰하고 패역해지려는 마음을 날마다 죽이며 나아가야 한다. 함께 하나님의 영광을 꿈꾸라. 그리고 홀연히 역사하실 하나님의 손길을 신뢰하며 보내신 삶의 현장에서 인내하며 나아가라.

[73장 각주]

54) 김성탁, "브렉시트 난장판 뒤엔… '귀족학교' 英이튼 출신의 오만", 중앙일보. 2019. 3. 20.

55) 에드워드 J. 영, 「이사야서 주석 Ⅲ」, 274쪽.

56) 존 오스월트, 「NICOT 이사야 Ⅱ」, 315쪽.

74 Chapter 6. Isaiah 48:12-22

하나님의 인도하심이 당황스러울 때

[12]야곱아 내가 부른 이스라엘아 내게 들으라. 나는 그니 나는 처음이
요 또 나는 마지막이라. [13]과연 내 손이 땅의 기초를 정하였고 내 오른
손이 하늘을 폈나니 내가 그들을 부르면 그것들이 일제히 서느니라.
[14]너희는 다 모여 들으라. 나 여호와가 사랑하는 자는 나의 기뻐하는
뜻을 바벨론에 행하리니 그의 팔이 갈대아인에게 임할 것이라. 그들
중에 누가 이 일들을 알게 하였느냐. [15]나 곧 내가 말하였고 또 내가
그를 부르며 그를 인도하였나니 그 길이 형통하리라. [16]너희는 내게
가까이 나아와 이것을 들으라. 내가 처음부터 비밀히 말하지 아니하
였나니 그것이 있을 때부터 내가 거기에 있었노라 하셨느니라. 이제
는 주 여호와께서 나와 그의 영을 보내셨느니라. [17]너희의 구속자시

요 이스라엘의 거룩하신 이이신 여호와께서 이르시되 나는 네게 유익하도록 가르치고 너를 마땅히 행할 길로 인도하는 네 하나님 여호와라. [18]네가 나의 명령에 주의하였더라면 네 평강이 강과 같았겠고 네 공의가 바다 물결 같았을 것이며 [19]네 자손이 모래 같았겠고 네 몸의 소생이 모래 알 같아서 그의 이름이 내 앞에서 끊어지지 아니하였겠고 없어지지 아니하였으리라 하셨느니라. [20]너희는 바벨론에서 나와서 갈대아인을 피하고 즐거운 소리로 이를 알게 하여 들려주며 땅 끝까지 반포하여 이르기를 여호와께서 그의 종 야곱을 구속하셨다 하라. [21]여호와께서 그들을 사막으로 통과하게 하시던 때에 그들이 목마르지 아니하게 하시되 그들을 위하여 바위에서 물이 흘러나게 하시며 바위를 쪼개사 물이 솟아나게 하셨느니라. [22]여호와께서 말씀하시되 악인에게는 평강이 없다 하셨느니라.

하나님의 인도하심이라 확신하고 시작했지만 종종 당황스러울 때가 있다. 예상치 못한 고난이 닥치면서다. 그러면서 우리 마음은 흔들리곤 한다. 하지만 이런 일은 믿음의 선조들도 경험했던 바다. 아브라함은 처음 "너의 고향과 친척과 아버지의 집을 떠나 내가 네게 보여줄 땅으로 가라"(창 12:1)는 부르심을 받고 무려 800km가 넘는 험난한 여행길을 떠나 약속의 땅 가나안에 왔다. 하지만 약속의 땅에서 아브라함을 기다리고 있는 현실은 극심한 기근이었다(창 12:10). 하나님의 인도하심을 확신하고 왔는데 그 결과가 극심한 기근이라니 과연 이것이 하나님의 인도하심일까? 그렇다고 기근을 피해 다른 길로 가면 거기에는 더 큰 어려움이 기다리고 있다. 아브라함이 기근을 피해 애굽으로 갔을 때 어떤 일이 일어났는가? 아내를 빼앗길 뻔했다.

이스라엘 백성이 출애굽을 할 때도 그랬다. 10가지 재앙으로 애굽을 치고 이스라엘을 인도해 내실 때 이스라엘 백성들은 모두가 하나님의 크신 권능과 인도하심을 확신하고 출발했다. 그러나 얼마 지나지 않아 눈앞에 홍해가 이들을 가로막았고 뒤에는 바로의 병거들이 이들을 추격하고 있었다. '이것이 과연 하나님의 인도하심인가?' 하는 의심에 이스라엘은 돌변하여 "애굽에 매장지가 없어 우리를 애굽에서 끌어내 이 광야에서 죽게 하느냐"고 모세를 원망한다. 다윗은 어떤가? 사무엘로부터 왕으로 기름 부음을 받았지만, 그는 10년이 넘는 오랜 세월을 사울의 추격을 피하여 도망 다녀야만 했다. '기름 부음이 과연 하나님의 뜻이 맞을까' 하는 생각이 들지 않았겠는가?

본문의 이스라엘 백성들도 하나님의 회복 선언 앞에 이것이 과연 하나님의 인도하심이 맞는가 하는 생각이 들었다. 이스라엘을 구원할 기름 부음받은 메시아가 선민이 아닌 이방인 고레스이기 때문이다. 이방인을 메시아로 택하였다면, 유대인의 운명은 과연 어떻게 될 것인가? '바벨론의 종살이를 70년간 했던 것처럼 또다시 고레스의 종살이를 하는 것이 아닌가?' 하는 생각이 찾아왔다. 이런 이스라엘을 향해 하나님은 지금 이스라엘을 향한 하나님의 계획은 분명한 하나님의 인도하심이 맞고, 반드시 그의 능력으로 인도하실 것을 확증해주신다. 하나님 말씀을 주의 깊게 들어 보라.

"야곱아 내가 부른 이스라엘아 내게 들으라. 나는 그니 나는 처음이요 또 나는 마지막이라"(사 48:12).

야곱은 '속이는 자' 란 뜻이다. 그러나 하나님은 야곱을 또한 '내가 부른 이스라엘' 이라 하신다. 여기서 '부르다' (히. 카라)는 '택하다' '이름으로 부르다' 는 뜻으로 사용되었다(사 43:1 참조). 이는 하나님의 구속 경륜과 계획 가운데 이스라엘을 택하신 것이 분명하고, 지금도 그분의 택하심과 인도하심은 유효함을 뜻한다. 하나님은 '나는 그다' 로 자신을 계시하신다. 이는 '나는 나다' 혹은 '나는 스스로 있는 자'(I AM who I AM)라는 표현과 같은 말이다(출 3:14). 여기서 시제는 미완료형으로, 그 자체가 과거, 현재, 미래의 시제를 포함한다. 즉 '나는 과거에 스스로 있던 자' 로 나이고, '현재 스스로 있는 자' 로 나이며, '미래에 스스로 있을 자' 로 나이다. 하나님은 처음부터 계셨고 지금도 계시며 세상 끝까지 계실 하나님이다. 유일하신 자존자이며 절대적인 능력을 가진 분이다.

하나님은 분명하게 자신이 처음이요 마지막이라고 선언한다. 하나님은 처음에 세상을 창조하며 땅의 기초를 정하였고, 하늘을 펼치셨으며 하늘과 땅 사이의 모든 피조물을 창조하셨다(사 48:13). 그렇게 세상을 시작하신 하나님께서 이스라엘을 창조하셨고 지금까지 인도하셨으며 이제 이스라엘을 끝까지 책임지고 인도하려는 계획을 갖고 계시다. 바로 '여호와가 사랑하는 자', 곧 고레스를 통해 그의 기뻐하시는 뜻을 바벨론에 행하도록 하는 것이다(사 48:14). 하나님은 고레스를 택하여 부르셨고, 그를 형통한 길로 인도하실 것이다(사 48:15).

그렇다면 고레스를 들어 사용하는 것은 분명 하나님의 뜻이다. 중요한 것은 이 기이한 역사를 갑자기 시행하신 것이 아니라 이전부터 이사야를 통해 이스라엘에게 예고하고 밝히 드러내 알리셨다는 점이다(사 48:16, 참조 사 45:19). 게다가 하나님이 처음이자 마지막이 된다는 것은 고레스를 통하여 결국 이스라엘을 향하여 처음부터 갖고 계셨던 계획을 마침내 성취할 것을 의미한다. 이 계획은 하나님이 아브라함을 부를 때부터, 이스라엘을 출애굽 시킬 때부터 갖고 계셨던 계획이다.

> "아브라함은 강대한 나라가 되고 천하 만민은 그로 말미암아 복을 받게 될 것이 아니냐. 내가 그로 그 자식과 권속에게 명하여 여호와의 도를 지켜 의와 공도를 행하게 하려고 그를 택하였나니 이는 나 여호와가 아브라함에게 대하여 말한 일을 이루려 함이니라"(창 18:18-19).

> "세계가 다 내게 속하였나니 너희가 내 말을 잘 듣고 내 언약을 지키면 너희는 모든 민족 중에서 내 소유가 되겠고 너희가 내게 대하여 제사장 나라가 되며 거룩한 백성이 되리라. 너는 이 말을 이스라엘 자손에게 전할지니라"(출 19:5-6).

하나님은 이스라엘이 언약을 지키면 하나님의 소유로 삼아 제사장 역할을 감당하는 나라가 되게 하려는 계획을 갖고 계셨다. 물론 지금은 제사장은커녕 바벨론의 노예로 전락했지만, 하나님은 그의 능력으로 이스라엘을 다시 회복시켜 제사장 나라로 삼으려 하신다. 이사야 선지자는 이 계획이 논의되던 여호와의 천상 어전회의 때부터 있었다. 하나님은 그런 이사야에게 하나님의 영을 충만하게 부어 이 회복의 계획을 알리기 위해 '이사야'를 보내신 것이다(사 48:16).

하나님은 이스라엘에게 하나님을 신뢰하며 그의 말씀에 청종할 것을 요청하신다. 하나님은 이스라엘을 위해 기꺼이 구속자(히. 고엘), 즉 기꺼이 자신을 내어주심으로 기업을 무르는 자가 되신 분이다(사 48:17). 또한 하나님은 어떻게든 이스라엘에게 유익이 되도록 가르치시고, 이스라엘로 그 가르치신 율법의 길을 따라 살아가도록 인도하시는 분이다(사 48:17). 하나님은 자신들을 왜 이런 기이한 방식으로 몰아가느냐고 의문을 제기하는 이스라엘에게 도리어 진작에 여호와의 명령에 주의를 기울이고 들었더라면 하나님이 약속하셨던 평강과 공의를 맛보았을 것이라고 아쉬움을 드러내신다(사 48:18). 만약 그랬더라면 아브라함에게 장차 그의 후손이 하늘의 별과 같이 바다의 모래와 같이 번성하리라고 주셨던 약속이 진작에 성취되었을 것이다(창 12:2, 15:5, 17:6, 22:17). 이스라엘은 이와는 반대로 행하여 현재 바벨론의 포로 상태로 전락했다. 하지만 하나님은 이런 이스라엘을 포기하지 않으셨다. 그랬기에 이사야 서두에서부터 미래에 하나님의 평화와 공의가 성취되는 이상적인 신정 국가의 상태를 생생하게 묘사하여 보여주셨다(사 2:1-4, 11:1-9).

하나님은 과거의 아쉬움을 뒤로하고 이제 고레스를 통해 이루실 일을 분명하게 말씀한다.

"너희는 바벨론에서 나와서 갈대아인을 피하고 즐거운 소리로 이를 알게 하여 들려주며 땅끝까지 반포하여 이르기를 여호와께서 그의 종 야곱을 구속하셨다 하라"(사 48:20).

이스라엘은 출바벨론 할 것이다. 그리고 하나님의 이런 구원 소식을 땅끝까지 선포할 것이다. 온 세상이 들어야 할 소식이 무엇인가? 여호와께서 그의 종 야곱의 죄와 반역에도 기꺼이 야곱을 위해 죗값을 치러주시고 그들을 구속하셨다는 소식이다. 이스라엘이 경험한 구속은 장차 모든 인류를 위한 복음의 예고편이 될 것이다. 이것은 장차 여호와께서 '여호와의 종'(사 42:1-9, 49:1-7, 50:4-9, 53장)을 통해 온 열방을 위해 이루실 기이한 역사와도 깊은 관련이 있다.

하나님께서는 이스라엘을 출바벨론 시키면서 또다시 광야와 같은 먼 길을 통과하여 이들을 다시 약속의 땅으로 돌아오게 하실 것이다. 광야는 생존의 조건이 결여된 힘든 곳이다. 하지만 하나님은 출애굽 때와 같이 목마르지 않게 하시며 심지어 바위를 쪼개어 물이 솟아나게 하실 것이다(사 49:21, 참조 출 17:6, 민 20:11, 사 35:6).

하지만 이러한 하나님의 인도하심에 대한 약속도 악인에게는 소용이 없다. 이들은 자신의 길을 하나님께 맡길 의도가 없다. 그렇기에 출바벨론의 역사에 동참하려 하지도 않을 것이다. 하나님은 이런 이들에게 평강을 허락하지 않을 것이다. 소망의 약속은 마음을 열어 듣고 순종하려는 자들에게 유효하다.

하나님의 약속은 여전히 당황하고 있는 이스라엘에게 유효하다. 하나님이 시작하셔서 여기까지 인도하셨다면 남은 부분도 책임지고 인도하실 것이다. 하나님이 지금까지 나의 인생길을 인도하신 것이 분명한가? 그렇다면 비록 미래가 잘 보이지 않고 현실이 암담해 보여도 그의 선하심과 인도하심을 분명히 확신하고 흔들림 없이 나아가라. 그의 놀라운 역사를 마침내 맛보고 영광을 돌리게 될 것이다.

[P·A·R·T·7]

여호와의 종,

하나님의 준비하심을 신뢰하라

내가 너를 손바닥에 새겼고

탓 돌리기의 순환 고리를 끊는 자, 여호와의 종

하늘로 눈을 들며 땅을 살피라 | 새롭게 발견하라

냉담함을 깨뜨리고 아름다운 옷을 입으라

여호와의 팔이 누구에게 나타났는가

하나님이 회복시키는 기이한 자비

목마른 자들을 향한 외침

메시아에 **대한 약속**

75 Chapter 7. Isaiah 49:1-13

하나님의 준비하심을 신뢰하라

1섬들아 내게 들으라. 먼 곳 백성들아 귀를 기울이라. 여호와께서 태
에서부터 나를 부르셨고 내 어머니의 복중에서부터 내 이름을 기억
하셨으며 2내 입을 날카로운 칼같이 만드시고 나를 그의 손 그늘에
숨기시며 나를 갈고 닦은 화살로 만드사 그의 화살통에 감추시고 3내
게 이르시되 너는 나의 종이요 내 영광을 네 속에 나타낼 이스라엘이
라 하셨느니라. 4그러나 나는 말하기를 내가 헛되이 수고하였으며 무
익하게 공연히 내 힘을 다하였다 하였도다. 참으로 나에 대한 판단이
여호와께 있고 나의 보응이 나의 하나님께 있느니라. 5이제 여호와께
서 말씀하시나니 그는 태에서부터 나를 그의 종으로 지으신 이시요
야곱을 그에게로 돌아오게 하시는 이시니 이스라엘이 그에게로 모이

*는도다. 그러므로 내가 여호와 보시기에 영화롭게 되었으며 나의 하
나님은 나의 힘이 되셨도다. 6그가 이르시되 네가 나의 종이 되어 야
곱의 지파들을 일으키며 이스라엘 중에 보전된 자를 돌아오게 할 것
은 매우 쉬운 일이라. 내가 또 너를 이방의 빛으로 삼아 나의 구원을
베풀어서 땅끝까지 이르게 하리라. 7이스라엘의 구속자 이스라엘의
거룩한 이이신 여호와께서 사람에게 멸시를 당하는 자, 백성에게 미
움을 받는 자, 관원들에게 종이 된 자에게 이같이 이르시되 왕들이
보고 일어서며 고관들이 경배하리니 이는 이스라엘의 거룩하신 이
신실하신 여호와 그가 너를 택하였음이니라. 8여호와께서 이같이 이
르시되 은혜의 때에 내가 네게 응답하였고 구원의 날에 내가 너를 도
왔도다. 내가 장차 너를 보호하여 너를 백성의 언약으로 삼으며 나라
를 일으켜 그들에게 그 황무하였던 땅을 기업으로 상속하게 하리라.
9내가 잡혀 있는 자에게 이르기를 나오라 하며 흑암에 있는 자에게
나타나라 하리라. 그들이 길에서 먹겠고 모든 헐벗은 산에도 그들의
풀밭이 있을 것인즉 10그들이 주리거나 목마르지 아니할 것이며 더위
와 볕이 그들을 상하지 아니하리니 이는 그들을 긍휼히 여기는 이가
그들을 이끌되 샘물 근원으로 인도할 것임이라. 11내가 나의 모든 산
을 길로 삼고 나의 대로를 돋우리니 12어떤 사람은 먼 곳에서, 어떤 사
람은 북쪽과 서쪽에서, 어떤 사람은 시님 땅에서 오리라. 13하늘이여
노래하라. 땅이여 기뻐하라. 산들이여 즐거이 노래하라. 여호와께서
그의 백성을 위로하셨은즉 그의 고난당한 자를 긍휼히 여기실 것임
이라.*

여행을 떠나 보면 가져와야 할 준비물을 깜빡 잊고 올 때가 있다. 그런데 함께 여행하는 사람 중에서 이럴 때를 대비해서 좀 여유 있게 준비해온 사람이 있다. 이런 경우까지 예상해서 준비한 것이다. 이런 분들이 있으면 여행이 든든하다.

하나님은 우리를 위하여 준비하시는 하나님이다. 아브라함이 이삭을 제물로 바치러 갈 때 이삭이 제사드릴 제물, 즉 어린 양은 어디 있냐고 묻는다. 아브라함은 다음과 같이 대답했다. "어린 양은 하나님이 자기를 위하여 친히 준비하시리라"(창 22:8). 이 고백과 같이 아브라함은 준비하시는 하나님을 극적으로 경험했다. 이 경험 이후 아브라함은 그 땅 이름을 '여호와 이레' 라 하였다. 이는 '여호와께서 준비하심' 이란 뜻이다(창 22:14).

하나님의 준비하심이 본문에도 등장한다. 이사야서를 보면 40장부터 하나님께서 이스라엘의 구원을 준비하셨음을 선포한다. "…너희는 위로하라. 내 백성을 위로하라. …노역의 때가 끝났고 그 죄악이 사함을 받았느니라"(사 40:1-2).

하나님은 이스라엘의 회복을 위해 준비한 한 인물을 계시하셨다. 그런데 이 인물은 이스라엘 모두의 예상과 기대를 깨는 의외의 인물이었다. 바로 이방의 통치자, 고레스였다. 하나님은 이 고레스가 하나님이 준비하신 기름 부음받은 자, 곧 메시아라고 하시며 다음과 같은 사명을 선언하신다.

"고레스에 대하여는 이르기를 내 목자라. 그가 나의 모든 기쁨을 성취하리라 하며 예루살렘에 대하여는 이르기를 중건되리라 하며 성전에 대하여는 네 기초가 놓여지리라 하는 자니라"(사 44:28).

> "여호와께서 그의 기름 부음을 받은 고레스에게 이같이 말씀하시되 내가 그의 오른손을 붙들고 그 앞에 열국을 항복하게 하며 내가 왕들의 허리를 풀어 그 앞에 문들을 열고 성문들이 닫히지 못하게 하리라"(사 45:1).

고레스는 분명 이스라엘이 포로에서 돌이킬 때 귀하게 쓰임받을 것이다. 그런데 본문의 진술을 자세히 살펴보면 여호와의 종을 앞에 언급했던 고레스라고 하기에는 상당히 어색한 점이 발견된다. 그 결정적인 부분이 7절이다.

> "이스라엘의 구속자 이스라엘의 거룩한 이이신 여호와께서 사람에게 멸시를 당하는 자, 백성에게 미움을 받는 자, 관원들에게 종이 된 자에게 이같이 이르시되 왕들이 보고 일어서며 고관들이 경배하리니 이는 이스라엘의 거룩하신 이 신실하신 여호와 그가 너를 택하였음이니라"(사 49:7).

여호와의 종은 사람들에게 멸시를 당하고, 여러 민족에게 미움을 받으며, 통치자들에게 종이 된 비천한 자다(사 53:3, 막 9:12 참조). 그런데 그는 하나님의 택하심으로 인하여 열국의 왕들이 보고 일어나며 통치자들이 그 앞에 엎드려 경배하는 역사가 일어날 것이다. 이런 기이한 역사의 주인공은 분명 '고레스'가 아니다. 이사야서에는 고레스와 별도로 하나님이 그의 구원 경륜을 이루기 위해 사용하실 '여호와의 종'에 대해 진술한다(사 42:1-9, 49:1-7, 50:4-9, 52:13-53:12). 본문은 바로 이 여호와의 종에 대해 앞서(사 42:1-9) 진술했던 것을 보다 구체적으로 설명하는 단락이다. 여호와의 종에 대한 진술이 공통되게 겹치는 부분이 있다. 여호와의 종이 열방의 빛(사 42:6, 49:6)이 될 것이고, 언약을 성취할 것이며(사 42:6, 49:6), 포로 된 자를 자유하게 하고(사 42:7, 49:9), 여호와의 영광을 나타낼 것이다(사 42:8, 49:3).

하나님은 이러한 종을 은밀하게 준비하고 계시다. 그렇다면 언제부터 준비하셨을까?

> "섬들아 내게 들으라. 먼 곳 백성들아 귀를 기울이라. 여호와께서 태에서부터 나를 부르셨고 내 어머니의 복중에서부터 내 이름을 기억하셨으며"(사 49:1).

그것은 태에서부터, 내 어머니의 허리에서부터였다. 주목할 것은 '내 어머니의 허리'에서부터 종의 이름을 '기억했다'는 것이다. 여기 '기억했다'(히. 쉠)는 동사는 '이름 짓다'(name, NRSV)는 뜻이다. 즉 '내 어머니의 허리에서부터 내 이름을 짓고 부르셨다'는 뜻이다. 이것은 여호와의 종이 한 여인, 곧 어머니의 태로부터 나올 것이며 그의 이름이 태어나기도 전부터 주어질 것을 알 수 있다. 우리는 이런 여호와의 종에 대한 암시를 창세기(3:15), 이사야(7:14), 미가(5:2-3), 시편(22:10) 등에서 찾아볼 수 있다. 그리고 이 약속이 메시아 예수에 의해 성취됨을 볼 수 있다.

"아들을 낳으리니 이름을 예수라 하라. 이는 그가 자기 백성을 그들의 죄에서 구원할 자이심이라 하니라. 이 모든 일이 된 것은 주께서 선지자로 하신 말씀을 이루려 하심이니 이르시되 보라. 처녀가 잉태하여 아들을 낳을 것이요 그의 이름은 임마누엘이라 하리라 하셨으니 이를 번역한즉 하나님이 우리와 함께 계시다 함이라"(마 1:21-23).

이러한 여호와의 종에 대한 소식은 이스라엘만 들어야 할 소식이 아니다. 열방이 들어야 할 소식이다. 그래서 본문은 시작부터 땅끝에 있는 '섬들'과 '먼 곳에 있는 열방의 백성들'을 향해 선포된다.

여호와의 종이 감당하는 사역의 특징이 있다. 그것은 바로 말씀의 사역이다.

"내 입을 날카로운 칼같이 만드시고 나를 그의 손 그늘에 숨기시며 나를 갈고 닦은 화살로 만드사 그의 화살통에 감추시고"(사 49:2).

그의 입에서 나오는 말은 날카로운 칼 같고, 갈고 닦은 예리한 화살과 같다. 그는 마병과 무기로 싸우는 자가 아니라 하나님의 능력 있는 말씀을 통해 하나님의 뜻을 성취할 것이다(사 11:4, 요 1:1-4, 14, 히 4:12, 계 1:16 참조). 그런데 이 무기는 여호와의 그늘에 숨겨져 있고, 화살통에 감추어져 있다. 이는 하나님의 때에 가장 유용하게 사용할 수 있도록 비바람을 맞지 않도록 보호받고 준비되어 있음을 나타낸다.

하나님은 이렇게 준비된 여호와의 종에게 "너는 나의 종이요 내 영광을 네 속에 나타낼 이스라엘"(사 49:3)이라 말씀한다. '하나님의 영광을 나타낼 이스라엘'이란 이사야서 전체에서 계속해서 암시하는 이스라엘의 사명, 곧 열방이 하나님께 나아가도록 하는 사명을 드러낼 자라는 뜻이다(사 60:1-3 참조). 이스라엘은 이 사명에 있어서 철저히 실패하였다. 그들은 이미 보기는 보아도 보지 못하고 듣기는 들어도 듣지 못하여 빛 되신 하나님께 나아가는 길을 헤매는 신세가 되었다(사 6:9-10). 여호와의 종은 이런 이스라엘을 대신하여 거룩한 씨로 황폐한 땅의 그루터기가 되어, 이스라엘과 열방을 주 앞에 돌이킬 것이다(사 6:13, 50:4).

이어지는 4절은 여호와의 종의 독백이다. 그 내용을 들어보면 바로 앞 3절에서 하나님께서 종에게 기대하신 것과는 정반대다. 하나님은 그의 종에게 하나님의 영광을 나타낼 것이라 하셨지만, 종은 "내가 헛되이 수고하였으며 무익하게 공연히 내 힘을 다하였다"고 한다. 인간적인 면에서 종이 하나님의 영광을 드러내기 위해서 한 것은 헛된 수고였다. 그는 무익한 또는 공허한(히. 토후) 것과 안개같이 사라질 공연한 것 또는 허무(히. 헤벨)로 끝날 일을 위해 힘을 다 소진했다.

그러나 여호와의 종은 그 판단을 하나님께 의탁한다. "참으로 나에 대한 판단이 여호와께 있고 나의 보응이 나의 하나님께 있느니라"(사 49:4). 여호와의 참된 종으로 오신 예수 그리스도의 사역은 이를 잘 반영한다. 그는 참혹한 십자가에서 자기 생명을 내어주며 "나의 하나님, 나의 하나님, 어찌하여 나를 버리셨나이까"(마 27:46)라고 외치며 자신의 수고와 희생이 결국 하나님께 버림받음으로 끝남을 탄식하였다. 그런데도 그는 자신의 인생을 무익하고 헛된 것으로 결론 내리지 않고, "아버지 내 영혼을 아버지 손에 부탁하나이다"(눅 23:46)라고 기도하며 최종 판단을 하나님께 의탁한다.

이러한 요청에 대해 여호와께서 말씀하신다. 본문은 여호와를 "태에서부터 나를 그의 종으로 지으신 이시요 야곱을 그에게로 돌아오게 하시는 이"(사 49:5)로 소개한다. 이렇게 볼 때 여호와의 종은 이스라엘 집단이 아닌 어머니의 태에서 나오는 한 개인임이 분명하다. 만약 집단이라면 이스라엘 곧 야곱이 야곱을 돌아오게 하는 것이 되는데 이것은 논리적으로 맞지 않는다.[57] 여기서 '나'는 여호와의 종 개인을 지칭한다.

그런데 여호와께서는 자신의 종을 지으시고 그를 통해 이스라엘을 돌아오게 하는 구원의 역사는 그다지 크지 않은 매우 쉬운 일이라고 하시며 그의 종의 사명을 더욱 확장한다.

> "…내가 또 너를 이방의 빛으로 삼아 나의 구원을 베풀어서 땅끝까지 이르게 하리라"(사 49:6).

여호와는 그의 종을 이방의 빛으로 일으켜 여호와의 구원이 되게 하여 세상 끝까지 이르게 할 것이다. '나의 구원을 베풀어서'는 직역하면 '너는 나의 구원이다'이다. 여기서 구원은 히브리어 '예수아'

로 구원자 예수의 이름과 같다. 여호와께서는 그의 종을 예수아, 곧 구원으로 삼아 열방에 비추는 빛이 되어 세상 끝까지 이르게 하실 것이다. 이 놀라운 역사는 힘과 무력이 아닌 멸시를 당하고 미움을 받는, 기이한 방식으로 이루어질 것이다. 이를 위해 그의 종을 부르고 택하신 여호와께서 말씀하신다.

> "여호와께서 이같이 이르시되 은혜의 때에 내가 네게 응답하였고 구원의 날에 내가 너를 도왔도다. 내가 장차 너를 보호하여 너를 백성의 언약으로 삼으며 나라를 일으켜 그들에게 그 황무하였던 땅을 기업으로 상속하게 하리라"(사 49:8).

하나님은 그의 종을 보호하여 백성의 언약으로 삼을 것이다. 이를 바탕으로 새로운 나라를 일으켜 황무하였던 유업을 분배할 것이다. 또한 사로잡혀 있는 자를 자유하게 하며, 흑암에 있는 자에게 나타나실 것이다. 이는 새로운 희년의 선포다(사 61:1-4, 눅 4:17-19 참조). 하나님은 이들을 풍성한 초장으로 인도하실 것이다. 돌아오는 길에서 먹을 것을 찾아 헤맬 필요가 없겠고 전쟁으로 황폐해져 헐벗은 산에도 푸른 초장이 펼쳐져 있을 것이다(사 49:9). 여호와의 종이 일으키는 해방의 역사는 제2의 출애굽이 될 것이다.

> "그들이 주리거나 목마르지 아니할 것이며 더위와 볕이 그들을 상하지 아니하리니 이는 그들을 긍휼히 여기는 이가 그들을 이끌되 샘물 근원으로 인도할 것임이라"(사 49:10).

하나님은 그의 종을 통해 광야 같은 세상을 지나가는 그의 백성을 마치 구름기둥과 불기둥으로 보호하셨듯이 지키셔서 목마르지 않고 상하지 않도록 친히 지키실 것이다(출 13:21 참조). 또한 쉴만한 물가의 샘물 근원으로 인도하실 것이다(시 23편, 요 7:38 참조).

하나님께서는 먼 곳(동쪽)에서, 북쪽과 서쪽에서, 또 시님 땅(남쪽)에서 사방의 열방 백성을 여호와의 종에게로 불러 모으실 것이다(사 49:12). 시님은 이집트 최남단에 있는 '시에네', 곧 '아스완' 이다. 역사적으로 주전 5세기에는 이곳에 유대 식민지가 세워졌다.[58] 주목할 것은 하나님이 동서남북 사방에서 그의 백성을 불러 모으실 때 어디로 오는지 말하지 않는다는 사실이다.[59] 우리가 흔히 생각할 수 있는 것처럼 하나님은 이들을 시온 혹은 예루살렘으로 돌아오게 할 것이라고 약속하지 않는다. 단 본문은 땅의 사방 백성이 누구에게 올지에 대해서만 분명하게 말할 뿐이고, 이는 여호와께서 그의 종을 통해 일으키실 제2의 출애굽의 가장 큰 특징이기도 하다.

여호와께서 그의 종을 통한 새로운 구속역사를 일으키실 때 온 세상의 피조물도 구원역사에 동참하여 여호와를 찬양한다.

> "하늘이여 노래하라. 땅이여 기뻐하라. 산들이여 즐거이 노래하라. 여호와께서 그의 백성을 위로하셨은즉 그의 고난당한 자를 긍휼히 여기실 것임이라"(사 49:13).

이는 여호와의 종을 통한 구속의 역사가 온 피조세계까지 구석구석 미치게 됨을 예고한다(사 65:17, 롬 8:19-21 참조). 본문이 전개

될수록 여호와의 구원은 그가 기름 부어 세운 고레스에게만 국한되지 않고, 이를 뛰어넘어 온 세상 백성을 여호와께 돌이키게 할 새로운 종의 사역에 집중된다. 하나님께서는 이스라엘 민족을 넘어 열방 가운데 '온 이스라엘'(롬 11:26 참조)을 불러 구원하실 것이다. 구원의 역사를 일으킬 종은 인간적인 눈으로 볼 때 헛되이 수고하고 무익한 노력을 기울이는 것 같았지만, 하나님은 그를 열방의 빛으로 삼아 땅끝까지 구원을 베푸시며 새로운 언약으로 삼으실 것이다. 나는 하나님의 준비하심을 얼마만큼 신뢰하는가? 날마다 새롭고 놀라운 일을 행하실 하나님을 기쁘게 신뢰하며 순종하며 나아가자.

[75장 각주]

57) 알렉 모티어, 「이사야 주석」, 859쪽.
58) 존 오스월트, 「NICOT 이사야 Ⅱ」, 360쪽.
59) 게리 스미스, 「NAC 이사야 2」, 446쪽.

76 Chapter 7. Isaiah 49:14-26

내가 너를 손바닥에 새겼고

14오직 시온이 이르기를 여호와께서 나를 버리시며 주께서 나를 잊으
셨다 하였거니와 15여인이 어찌 그 젖 먹는 자식을 잊겠으며 자기 태
에서 난 아들을 긍휼히 여기지 않겠느냐. 그들은 혹시 잊을지라도 나
는 너를 잊지 아니할 것이라. 16내가 너를 내 손바닥에 새겼고 너의 성
벽이 항상 내 앞에 있나니 17네 자녀들은 빨리 걸으며 너를 헐며 너를
황폐하게 하던 자들은 너를 떠나가리라. 18네 눈을 들어 사방을 보라.
그들이 다 모여 네게로 오느니라. 나 여호와가 이르노라. 내가 나의
삶으로 맹세하노니 네가 반드시 그 모든 무리를 장식처럼 몸에 차며
그것을 띠기를 신부처럼 할 것이라. 19이는 네 황폐하고 적막한 곳들
과 네 파멸을 당하였던 땅이 이제는 주민이 많아 좁게 될 것이며 너를

삼켰던 자들이 멀리 떠날 것이니라. [20]자식을 잃었을 때에 낳은 자녀가 후일에 네 귀에 말하기를 이곳이 내게 좁으니 넓혀서 내가 거주하게 하라 하리니 [21]그때에 네가 네 마음에 이르기를 누가 나를 위하여 이들을 낳았는고. 나는 자녀를 잃고 외로워졌으며 사로잡혀 유리하였거늘 이들을 누가 양육하였는고. 나는 홀로 남았거늘 이들은 어디서 생겼는고 하리라. [22]주 여호와가 이같이 이르노라. 내가 뭇 나라를 향하여 나의 손을 들고 민족들을 향하여 나의 기치를 세울 것이라. 그들이 네 아들들을 품에 안고 네 딸들을 어깨에 메고 올 것이며 [23]왕들은 네 양부가 되며 왕비들은 네 유모가 될 것이며 그들이 얼굴을 땅에 대고 네게 절하고 네 발의 티끌을 핥을 것이니 네가 나를 여호와인 줄을 알리라. 나를 바라는 자는 수치를 당하지 아니하리라. [24]용사가 빼앗은 것을 어떻게 도로 빼앗으며 승리자에게 사로잡힌 자를 어떻게 건져낼 수 있으랴. [25]여호와가 이같이 말하노라. 용사의 포로도 빼앗을 것이요 두려운 자의 빼앗은 것도 건져낼 것이니 이는 내가 너를 대적하는 자를 대적하고 네 자녀를 내가 구원할 것임이라. [26]내가 너를 억압하는 자들에게 자기의 살을 먹게 하며 새 술에 취함같이 자기의 피에 취하게 하리니 모든 육체가 나 여호와는 네 구원자요 네 구속자요 야곱의 전능자인 줄 알리라.

초등학교 종례 시간이 되면 담임 선생님이 다음날 수업을 위해 준비해야 할 것을 알려준다. 꼭 가져와야 할 것, 읽어오거나 풀어 와야 할 것, 그리고 학교에 내야 할 활동비용 등등. 이때 귀로 듣고 기억으로만 저장하면 반드시 다음 날에 기억하지 못하고 놓친다. 그래서 메모장이나 수첩에 이런 중요한 공지사항을 기록으로 남겨 둔다. 그런데 집에 가면 그마저도 보지 않고 잊어버리는 경우가 허다하다. 그래서 반드시 기억해야 할 것은 절대 잊지 않기 위해 볼펜으로 손바닥에 여러 번 진하게 써 놓는다. 손바닥에 여러 번 쓰는 이유는 볼펜의 잉크가 손바닥에 새겨져 잘 지워지지 않도록 하기 위함이다. 우리의 기억력은 생각보다 약해서 무엇인가를 늘 기억하도록 마음에 새긴다는 것은 참 쉽지 않다. 우리는 대부분 귓등으로 듣고 귓등으로 흘려버린다.

이것은 우리의 신앙생활에서도 마찬가지다. 하나님과의 관계를 잘 지켜가기 위해 중요한 것이 하나님 계시의 말씀을 잊지 말고 가슴에 새겨 기억하는 것이다. 기억하는 것은 택함받은 하나님 백성의 매우 중요한 사명이다(신 8:2,11,18, 9:7, 사 44:21, 46:9). 그러나 우리는 시간이 갈수록 점점 잊어버리고 기억하는 시늉만 낸다.

결국 하나님은 어떻게 하시는가? 이전의 방식으로는 도저히 이스라엘 백성의 가슴에 하나님 말씀을 새길 수 없음을 아셨다. 그래서 성령의 능력으로 우리의 강퍅하고 굳은 마음을 제거하고 부드러운 마음을 주시고 그 마음에 하나님 말씀을 성령의 능력으로 새길 것을 약속하셨다(렘 31:33, 겔 36:26-27). 하나님은 왜 그분의 말씀을 우리 가슴에 새기길 원하실까? 그것은 무엇보다 우리가 그분의 가슴에 새겨진 존재이기 때문이다. 하나님은 우리를 먼저 가슴에 새기시고 늘 기억하신다.

"에브라임이여 내가 어찌 너를 놓겠느냐. 이스라엘이여 내가 어찌 너를 버리겠느냐. 내가 어찌 너를 아드마같이 놓겠느냐. 어찌 너를 스보임같이 두겠느냐. 내 마음이 내 속에서 돌이키어 나의 긍휼이 온전히 불붙듯 하도다"(호 11:8).

이처럼 우리는 하나님이 결코 잊지 못하는 가슴에 새긴 존재들이다. 그러나 하나님의 백성 이스라엘은 강퍅한 상태로 하나님 말씀을 거부하고 점점 우상 숭배에 그 마음이 기울고 있었다. 하나님은 이런 이들이 잘못을 깨닫고 회개하고 돌아오도록 이들을 이방 민족에게 넘기셨다. 그러자 이스라엘은 자신의 죄악을 회개하기는커녕, 도리어 하나님께 항의한다. "아니, 하나님 우리가 하나님의 택한 백성이라고 해 놓고서 열국이 와서 우리를 짓밟고 유린하는 것이 말이 됩니까? 심지어 하나님이 임재하신다는 성전까지도 무너지니 이것이 말이 됩니까? 하나님이 우리를 버리신 것이 분명하고 우리를 잊으신 것이 분명합니다." 백성의 이런 심정이 본문 14절에 이렇게 표현되어 있다.

"오직 시온이 이르기를 여호와께서 나를 버리시며 주께서 나를 잊으셨다 하였거니와"(사 49:14).

이스라엘은 하나님이 자신을 버리고 잊으셨다고 주장한다. 이런 것을 무엇이라 할까? '오해'라고 한다. 우리는 종종 하나님에 대해 오해한다. 하나님은 분명 우리의 필요를 채우는 분이지만, 오해하지 말 것은 그분은 결코 우리의 욕망과 야심을 채우는 분은 아니라는 사실이다. 우리는 욕망을 채우려고 우상을 동원한다. 그러나 하나님은 우리의 욕망과 우상들을 비우고 털어내시는 분이다. 이런 오해와 원망 섞인 문제 제기에 대해 하나님은 다음과 같이 말씀하신다.

> "여인이 어찌 그 젖 먹는 자식을 잊겠으며 자기 태에서 난 아들을 긍휼히 여기지 않겠느냐. 그들은 혹시 잊을지라도 나는 너를 잊지 아니할 것이라"(사 49:15).

어린 아기를 키우는 엄마는 청력이 예민하게 발달해있다. 아기가 배가 고파 칭얼거리거나 작은 울음소리를 낼 때면 기가 막히게 듣고 깬다. 수유기에 많이 분비되는 옥시토신의 영향이라고 한다. 반면 아빠는 아기가 곁에서 울고불고 난리를 쳐도 전혀 듣지 못하고 코만 드르렁 곤다. 하나님은 자신을 젖 먹이는 여인에게 빗대어 말씀하신다. 여인이 절대 그 자식을 잊지 못하고 작은 소리에도 예민하게 반응하는 것처럼, 하나님은 그의 자녀를 절대 잊지 않으시고 긍휼히 여기신다는 것이다. 혹 이따금 자녀를 내팽개치는 엄마가 있을지라도 하나님은 절대 잊지 않으신다! 그의 백성을 향한 하나님의 마음이 어떠한가 보자.

> "에브라임은 나의 사랑하는 아들 기뻐하는 자식이 아니냐. 내가 그를 책망하여 말할 때마다 깊이 생각하노라. 그러므로 그를 위하여 내 창자가 들끓으니 내가 반드시 그를 불쌍히 여기리라. 여

호와의 말씀이니라"(렘 31:20).

하나님은 그의 백성을 향해 창자가 들끓는다(deeply moved, NRSV). 마치 창자가 끊어지는 듯한 커다란 긍휼을 갖고 계시다(have great compassion for him, NIV). 이런 긍휼을 보여주신 이가 기름 부음받은 여호와의 종, 메시아 예수다.

"내가 무리를 불쌍히 여기노라. 그들이 나와 함께 있은 지 이미 사흘이 지났으나 먹을 것이 없도다. 만일 내가 그들을 굶겨 집으로 보내면 길에서 기진하리라. 그 중에는 멀리서 온 사람들도 있느니라"(막 8:2-3).

여기 '불쌍히 여긴다'(헬. 스플랑크뉘조마이)는 '창자' '내장'을 의미하는 단어 '스플랑크'에서 왔다. 즉 불쌍히 여기는 것은 창자가 끊어지는 듯한 아픔과 공감으로 함께하는 것을 의미한다. 이런 긍휼의 마음은 여호와 하나님의 마음이기도 하다. 그런 마음이 본문 16절에는 다음과 같이 표현되어 있다.

"내가 너를 내 손바닥에 새겼고 너의 성벽이 항상 내 앞에 있나니" (사 49:16).

하나님은 그의 백성 시온을 손바닥에 새겼다고 하신다. 하나님은 긍휼히 여기는 마음으로 시온을 가슴에 새길 뿐 아니라 손바닥에도 새기셨다. 여기 '새겼다' (히. 하카크)는 바위와 같이 단단한 것을 정으로 쪼개 새기는 행위를 의미한다. 하나님은 우리 안에 하나님의 형상을 새겨 넣으셨다(창 1:27). 그리고 동시에 우리를 그분의 손바닥에 새겨 넣으셨다. 그랬기에 그의 백성이 죄로 인해 하나님의 형상이 파괴되고 더러워져도 하나님은 손바닥에 새기신 그의 백성을 절대 잊지 못한다. 호세아 11장 8절 말씀처럼 우리를 절대 놓지 않으시고, 버리지 않으시고 잊지 않으신다.

손바닥에 새긴다는 것은 고대 근동의 관행에 비추어 볼 때 상당히 파격적인 일이다. 보통은 종이 주인의 이름을 손과 이마에 새기기 때문이다. 그런데 하나님이 시온의 이름을 그의 손바닥에 새긴다고 하신다. 이는 여호와께서 친히 종과 같이 낮아져 시온을 섬기겠다는 자기 겸손과 비하의 표현이다.[60)]

"너의 성벽이 항상 내 앞에 있다"는 것은 하나님의 손바닥에 새긴 시온의 성벽이 항상 하나님 앞에 든든하게 서 있을 것이라는 확언의 말씀이다. 현실적으로 시온은 바벨론의 침공으로 함락되어 무너졌다. 그러나 하나님은 시온이 재건되어 회복될 것을 바라보며 계획하고 계셨다. 시온의 함락으로 소망을 잃은 이스라엘 백성에게 시온의 성벽은 무너진 잔해뿐이지만 시온의 회복을 계획하는 하나님의 눈에는 시온의 성벽이 탄탄하게 서 있다. 시온의 자녀들은 속히 시온으로 귀환할 것이며, 시온을 헐며 황폐하게 하던 인근 주변 족속들은 속히 떠나갈 것이다(사 49:17).

하나님은 시온에게 눈을 들어 사방에서 몰려오는 백성을 보라고 하신다. 시온은 쇄도하는 백성들을 귀금속 장신구처럼 몸에 차서 새로운 신부처럼 단장할 것이다(사 49:18). 이때가 되면 가시와 엉겅퀴가 무성하며 황폐했던 시온이 사람으로 가득하여 도리어 비좁게 될 것이다(사 49:19-20). 이때 시온은 깜짝 놀라 속으로 생각할 것이다. '나는 이미 자녀를 잃고 사로잡혔는데 이들은 어디서 생겼고 누가 양육했는가?'(사 49:21).

하나님은 이러한 질문에 대해 시온의 회복을 위해 열방의 왕들이 양부가 되고, 왕비들이 유모가 될 것이며, 그들이 얼굴을 땅에 대고 엎드려 네 발의 먼지를 닦아줄 것이라고 말씀한다. 그때가 되어서야 너희들은 내가 곧 여호와인 줄 알게 될 것이다(사 49:23). 그때까지 하나님을 신뢰하며 기다리는 이들은 결코 수치를 당하지 않을 것이다.

한때 시온은 바벨론의 침략으로 모든 것을 빼앗겼다. 바벨론은 이들을 포로로 사로잡고 전리품으로 성전의 기명들과 금은보화를 빼앗아 간 바 있다. 전쟁의 관례로는 전리품으로 빼앗은 물건은 절대 되돌려주지 않는다(사 49:24). 우리나라의 경우, 예전에 병인양요 때 빼앗겼던 직지심경을 프랑스가 되돌려준다고 한 적이 있었다. 그러나 프랑스가 최종적으로 취한 조치는 반환이 아니라 임대였다. 임대 형태로 우리나라에서 보관하도록 하겠지만 최종적인 소유권자는 여전히 프랑스 정부라는 것이다. 이처럼 약탈한 전리품은 돌려주지 않는 것이 국제 사회의 관례다. 그런데 하나님은 이런 관행과 정반대되는 놀라운 일들을 예고한다. 그것은 포로로 사로잡혀간 백성이 돌아갈 것이고, 전리품도 원래대로 돌아오는 일이다(사 49:25). 어떻게 이런 일이 일어날 수 있는가? 이는 여호와 하나님이 친히 시온을 위하여 대적하고 구원할 것이기 때문이다. 더 나아가 하나님은 시온을 억압하는 자들에게 피의 보응을 할 것이며, 이들은 자기 피에 취할 것이다(사 49:26). 이로써 모든 육체가 여호와가 참되신 구원자임을 알게 할 것이다.

하나님은 우리 생각보다 더 크신 분이고, 우리의 사랑보다 더 큰 사랑으로 우리를 구속하는 분이다. 하나님은 결코 우리를 잊지 않으시고 도리어 우리를 그분의 손바닥에 새기셨다. 그분의 소유로 삼으실 뿐만 아니라 우리를 구속하기 위해 모든 것을 내려놓고 기꺼이 우리를 위하여 섬기는 종이 되셨다. 어떤 일이 있어도 우리를 끝까지 붙드시는 하나님의 사랑을 놓지 말고 담대히 나아가도록 하자.

[76장 각주]

60) 존 오스월트, 「NICOT 이사야 Ⅱ」, 367쪽.

77 Chapter 7. Isaiah 50:1-11

탓 돌리기의 순환 고리를 끊는 자, 여호와의 종

1나 여호와가 이같이 말하노라. 내가 너희의 어미를 내보낸 이혼 증
서가 어디 있느냐. 내가 어느 채주에게 너희를 팔았느냐. 보라. 너희
는 너희의 죄악으로 말미암아 팔렸고 너희의 어미는 너희의 배역함
으로 말미암아 내보냄을 받았느니라. 2내가 왔어도 사람이 없었으며
내가 불러도 대답하는 자가 없었음은 어찌 됨이냐. 내 손이 어찌 짧
아 구속하지 못하겠느냐. 내게 어찌 건질 능력이 없겠느냐. 보라. 내
가 꾸짖어 바다를 마르게 하며 강들을 사막이 되게 하며 물이 없어졌
으므로 그 물고기들이 악취를 내며 갈하여 죽으리라. 3내가 흑암으로
하늘을 입히며 굵은 베로 덮느니라. 4주 여호와께서 학자들의 혀를
내게 주사 나로 곤고한 자를 말로 어떻게 도와줄 줄을 알게 하시고

아침마다 깨우치시되 나의 귀를 깨우치사 학자들같이 알아듣게 하시
도다. 5주 여호와께서 나의 귀를 여셨으므로 내가 거역하지도 아니하
며 뒤로 물러가지도 아니하며 6나를 때리는 자들에게 내 등을 맡기며
나의 수염을 뽑는 자들에게 나의 뺨을 맡기며 모욕과 침 뱉음을 당하
여도 내 얼굴을 가리지 아니하였느니라. 7주 여호와께서 나를 도우시
므로 내가 부끄러워하지 아니하고 내 얼굴을 부싯돌같이 굳게 하였
으므로 내가 수치를 당하지 아니할 줄 아노라. 8나를 의롭다 하시는
이가 가까이 계시니 나와 다툴 자가 누구냐. 나와 함께 설지어다. 나
의 대적이 누구냐 내게 가까이 나아올지어다. 9보라. 주 여호와께서
나를 도우시리니 나를 정죄할 자 누구냐. 보라. 그들은 다 옷과 같이
해어지며 좀이 그들을 먹으리라. 10너희 중에 여호와를 경외하며 그
의 종의 목소리를 청종하는 자가 누구냐. 흑암 중에 행하여 빛이 없
는 자라도 여호와의 이름을 의뢰하며 자기 하나님께 의지할지어다.
11보라. 불을 피우고 횃불을 둘러 띤 자여 너희가 다 너희의 불꽃 가운
데로 걸어가며 너희가 피운 횃불 가운데로 걸어갈지어다. 너희가 내
손에서 얻을 것이 이것이라. 너희가 고통이 있는 곳에 누우리라.

원초적 죄성 중 하나가 '탓 돌리기' 하는 것이다. 이는 태초부터 우리의 원초적 DNA에 심겨 있을 뿐만 아니라 자라면서 점차 강화된다. 그렇다면 언제부터 심겼을까? 인류의 조상인 아담과 하와가 범죄하면서부터다. 하나님께서 불순종한 아담을 부르시며 "내가 네게 먹지 말라 명한 그 선악과를 네가 먹었느냐?"고 물었다. 그러자

아담은 "하나님이 주셔서 나와 함께 있게 하신 저 여자 때문에 선악과를 먹었다"고 하며 그 책임을 여자에게로 돌린다(창 3:12). 이번에는 여자에게 "네가 어찌하여 이렇게 하였느냐"고 묻자 여자는 뱀이 꾀어서 그랬다고 그 탓을 뱀에게로 돌렸다(창 3:13). 이 사건 이후로 우리는 주변에 사람이든 개든, 탁자든 무엇이든 탓 돌릴 대상만 있으면 본능적으로 탓을 돌린다. 그래서 어떤 분은 지나가다 식탁에 부딪쳐 통증을 느끼자 "이놈의 식탁!" 하고 주먹으로 식탁을 내리쳤다가 손뼈에 금이 갔다. 우리는 이렇게 탓 돌리는 것을 어릴 때부터 배운다. 어린 아가가 아장아장 걷다 넘어진다. "앙~!" 하고 울면 엄마가 와서 "우리 아가 울지 마, 누가 그랬어?" 하고 물으면 아가는 걸려 넘어진 돌을 가리킨다. 그러면 엄마는 돌을 맴매한다. "맴매! 때찌!" 이때부터 어린 아가에게 탓 돌리기는 본능적으로 심어진다. 이렇게 자라다 보면 잘한 것은 내 공로가 되지만, 잘못한 것은 다 다른 사람 탓이 된다. 우리는 정치, 경제, 사회 등 모든 분야에서 이런 탓 돌리기와 비난하기 현상을 발견한다.

하지만 남에게로 향하던 이 '탓'을 내게로 돌리면 문제 해결과 혁신의 길이 보인다. 전에 국내의 한 휴대폰 제조업체에서 세계 최초로 폴더블폰을 공개한 적이 있다. 핸드폰을 넓게 펼쳐 커다란 화면이 나타나게 한 것이다. 그리고 예약까지 받고 본격 출시 전에 미국의 기자들과 유명 블로거를 초청하여 공개행사를 했다. 그런데 거기서 기자들이 화면 보호필름을 뜯자 스크린에 이상 현상이 나타났고 이를 문제 삼아 보도했다.[61] 그러자 제작사는 보호필름도 스크린의 일부인데 이걸 왜 떼냐며, 도리어 이것을 뗀 기자단에게 책임을 전가했다.

그러나 자꾸만 이 문제가 구설에 오르자 회사는 시제품을 다시 수거해 정밀검사를 하고 이 문제를 보완할 해결책을 찾아 다시 출시하였다. 탓 돌리기를 멈추고 이것을 자신들이 해결해야 할 문제와 책임으로 진지하게 인식하고 재검토했던 것이다. 이때 비로소 새로운 돌파구가 열리게 되었다. 그런데 이 탓 돌리기의 습관을 끊는 것은 생각보다 쉽지 않다. 우리는 본능적으로 탓 돌리기의 화살을 보내는 데 익숙하다.

이스라엘도 마찬가지다. 이들은 하나님 앞에 죄를 범해서 멸망했다. 망하니 참 비참했다. 바벨론에 노예로 끌려가 나라 잃은 설움에 고생하고 있었다. 이 가운데 이스라엘이 취할 수 있는 방법은 두 가지였다. 하나는 하나님께 탓 돌리는 것이다. 다른 하나는 이 탓을 자신의 책임으로 돌리고 회개하고 하나님께 돌이키는 것이다.

하지만 이스라엘은 전자를 택했다. 이들의 탓 돌리는 말을 들어보자.

> "나 여호와가 이같이 말하노라. 내가 너희의 어미를 내보낸 이혼 증서가 어디 있느냐. 내가 어느 채주에게 너희를 팔았느냐. 보라. 너희는 너희의 죄악으로 말미암아 팔렸고 너희의 어미는 너희의 배역함으로 말미암아 내보냄을 받았느니라"(사 50:1).

하나님은 이스라엘이 하나님을 향해 원망하고 탓 돌리는 내용을 말한다. "시온은 남편이신 여호와에게 버림받았다." "여호와는 그의 아내를 빚쟁이에게 팔아버렸다." 그러나 하나님은 이것이 하나님의 변덕스러운 성품 때문이 아니라 그들의 죄 때문이라고 말씀한다. 이스라엘 백성의 어미인 시온은 하나님을 반역했고, 결국 그 죄로 말미암아 약속의 땅에서 쫓겨난 것이다. 하나님은 이들이 범죄했을 때 이들을 찾아오셨다. 패역한 이스라엘을 부르며 찾았다. 그러나 누구도 대답하지 않았고 하나님 앞에 숨어버렸다(사 50:2). 하나님은 능력의 팔로 바다를 마르게 하고 강들을 사막이 되게 하시는 전능하신 하나님이다(사 50:2). 밝은 하늘도 순식간에 흑암으로 입히며 굵은 베로 덮어 어둡게 하실 수 있는 하나님이다(사 50:3). 이런 능력의 하나님은 이스라엘을 충분히 구원하실 수 있었다. 문제는 이스라엘이 구원의 능력을 베푸시려는 여호와께 나아오지 않았다는 사실이다. 하나님은 구원의 손을 길게 내미셨지만 그의 앞에 나와 손을 붙들려 하는 이가 없었다.

이처럼 강퍅한 이스라엘을 위하여 여호와는 자신이 택한 종을 보낼 것을 예고한다. 이는 여호와의 종에 대한 세 번째 단락이다(사 42:1-9, 49:1-7, 50:4-9, 52:13-53:12 참조). 그동안 나타난 여호와의 종은 순종하고 신실하며 어려움 가운데서도 하나님의 언약을 성취하며, 열방의 빛이 되어 땅끝까지 그 구원을 이르게 하는 종이었다. 여호와의 종은 이를 위해 말씀 선포를 핵심적인 사명으로 삼는다. 하지만 그가 이 땅에서 사명을 감당할 때는 열매가 없어 보였고, 수고에 대하여 헛되고 무익하다는 좌절감이 있었다(사 49:4). 본문에서 여호와의 종은 여기서 더 나아가 육체적, 정서적 고통을 겪을 것을 예고한다. 이러한 고난에 대한 진술은 여호와의 종에 대한 네 번째 단락(사 52:13-53:12)에서 절정에 이른다.

본문에 등장하는 여호와의 종의 임무는 다음과 같이 진술된다.

> "주 여호와께서 학자들의 혀를 내게 주사 나로 곤고한 자를 말로 어떻게 도와줄 줄을 알게 하시고 아침마다 깨우치시되 나의 귀를 깨우치사 학자들같이 알아듣게 하시도다"(사 49:4).

여호와 앞에 '주'가 나온 것에 주목하라. 여호와는 천지 만물을 말씀으로 창조하시고 능력의 팔로 온 우주를 통치하는 통치자이다(사 50:2-3 참조). 그런 주 여호와께서 종에게 학자들의 혀를 주셨다. '학자들'(히. 림무딤)이란 '배우는 자들'을 의미하며, 하나님과의 친밀한 관계 가운데 스승이 아는 것을 배운 사람을 가리킨다.[62] 학자의 혀, 곧 배우는 자의 혀를 가진 사람은 하나님과의 관계에서 배운 것을 진심에서 우러나와 말하는 사람으로, 곤고한 자를 말로 어떻게 도와줄 줄을 안다. 예수께서 사마리아 여인과 대화를 나누며 사마리아인들이 오해하고 있던 하나님의 뜻을 설명해주신 것이 좋은 예다. 이때 예수께서는 "나의 양식은 나를 보내신 이의 뜻을 행하며 그의 일을 온전히 이루는 이것이니라"(요 4:34)고 말씀하셨다.

하나님께서 그 종에게 알아듣게 하시고 그 귀를 여셨다. 구약에서 '듣다'는 곧 순종하는 행위를 포함한다. 듣는 것은 곧 순종하는 것이다. 따라서 여호와께서 그 종의 귀를 깨우쳐 학자같이 알아듣게 하셨다는 것은 하나님의 깊은 마음과 뜻을 깨우쳐 고난과 수치의 자리까지 나아가 기꺼이 순종하였다는 뜻이다.

당시 이스라엘 백성은 모두 눈멀고 귀가 막혀, 보기는 보아도 보지 못하고 듣기는 들어도 듣지 못하는 가운데 있었다(사 6:9). 이런 상황에서 여호와의 종의 등장은 파격이었다. 그는 눈과 귀가 막힌 이스라엘과 달리 학자들의 혀를 받고 날마다 깨우쳐 학자같이 알아듣게 되었고, 불순종한 이스라엘과 달리 파격적인 순종의 자리로 나아갔다.

> "주 여호와께서 나의 귀를 여셨으므로 내가 거역하지도 아니하며 뒤로 물러가지도 아니하며 나를 때리는 자들에게 내 등을 맡기며 나의 수염을 뽑는 자들에게 나의 뺨을 맡기며 모욕과 침 뱉음을 당하여도 내 얼굴을 가리지 아니하였느니라"(사 50:5-6).

구약의 어떤 위대한 선지자도 이런 자리까지 나아가 순종하지 못했다. 모세는 때로 거부했고(출 4:13) 예레미야는 반발했으며(렘 20:9) 요나는 도망갔다(욘 1:3). 그러나 본문에 나오는 여호와의 종은 거역하지 않고 물러가지도 않고 수치와 모욕이 기다리는 순종의 자리에 기꺼이 나아갔다. 종은 살점을 파내는 날카로운 금속이나 짐승의 뼈가 붙은 채찍으로 때리는 자들에게 자기 등을 내맡기고, 수염을 뽑고 뺨을 때리는 자들에게 뺨을 맡기며, 모욕하고 침 뱉는 자들에게 얼굴을 가리지 않고 내맡긴다(마 26:67-68). 심지어 그는 자기를 보내신 여호와의 기뻐하시는 일을 순종하기 위해 목숨을 버리는 자리까지 나아갔다(요 8:29, 10:17). 왜 이렇게까지 순종해야 할까? 그 놀라운 결과는 이사야 53장 5~6절에 나온다. 그러나 당장에는 고난 가운데의 순종만이 코앞에 있다.

이러한 고난의 자리가 순종의 결과로 맞이한 것이기에 여호와의 종은 고난 중에도 여호와께서 도우실 것을 확신한다(사 50:7). 그렇기에 수치와 굴욕 가운데서도 흔들림 없이 부싯돌같이 그 얼굴을 단호하고 굳게 할 수 있었다. 사람들은 여호와의 종을 비웃겠지만 여호와의 종은 하나님께서 그를 영원한 수치 가운데 두지 아니하실 것을 확신했다(사 50:7).

더 나아가 여호와의 종은 그가 최종적으로 옳았다는 것을 하나님께서 입증하실 것을 확신했다.

> "나를 의롭다 하시는 이가 가까이 계시니 나와 다툴 자가 누구냐. 나와 함께 설지어다. 나의 대적이 누구냐. 내게 가까이 나아올지어다"(사 50:8).

여기서 여호와의 종과 다투는 것은 법정적 상황을 전제한다. 종의 대적들은 종이 불의하고 죄가 있기에 모욕과 학대를 받았다고 공격하지만, 종은 자신의 무죄를 변론할 변호자가 가까이 계심을 확신한다. 종은 자신을 정죄하려는 자들에게 한번 그렇게 해 보라고 도전한다. 변호자 여호와는 종의 수치와 고난, 그리고 그의 죽음을 용서, 치유, 생명으로 역전시켜 종의 무죄와 정당성을 입증할 것이다. 본문은 여호와의 종을 정죄하려고 덤벼드는 자는 모두 좀 먹어 구멍 난 옷과 같이 낡고 하찮게 될 것이라 선언한다(사 50:9).

이제 이 말씀을 듣는 무리에게 하나님이 도전한다.

"너희 중에 여호와를 경외하며 그의 종의 목소리를 청종하는 자가 누구냐. 흑암 중에 행하여 빛이 없는 자라도 여호와의 이름을 의뢰하며 자기 하나님께 의지할지어다"(사 50:10).

여호와를 경외하며 장차 고난받을 종의 목소리를 청종하는 자가 누구일까? 하나님은 여호와의 종의 본을 따라, 흑암 중에 빛이 없는 길을 갈지라도 종의 목소리를 따르는 자를 의롭다 하시고 변호하실 여호와의 이름을 의뢰하며 나아가라고 도전하신다.

하나님은 이를 거부하는 자들의 최후를 주목하라고 말씀한다. 이들은 여호와 경외하기를 거부하고 종의 목소리를 배척하며, 어둠 가운데 자기 힘으로 횃불을 피우고 빛을 비추어 자기 길을 가려고 하는 자들이다(사 50:11). 횃불을 둘러 띤 자는 어둠 속을 걷는 동안 손을 자유롭게 놀리기 위해 횃불을 자기 몸에 묶은 자를 가리킨다.[63] 그런 자는 결국 자기가 의지하려 했던 횃불의 화염에 삼켜질 것이다. 이들은 결국 역설적으로 고통 가운데 누울 것이다.

코로나와 같이 계속되는 어려움 속에서 소망이 잘 보이지 않을 때 우리는 걸핏하면 이 모든 어려움을 누군가의 탓으로 돌리기 쉽다. 이것이 빈번해지면 탓 돌리기가 제2의 천성으로 자리 잡을 수 있다. 우리가 습관적으로 탓 돌리기에 빠지는 것은 이 어려움과 어둠을 누군가의 탓으로 돌려야 그나마 내가 정당화되는 것 같기 때문이다. 그러나 우리를 의롭다 하실 분은 여호와 하나님이다. 그의 종이 묵묵히 여호와를 신뢰하며 나아갔던 것처럼 우리도 여호와를 신뢰하며 기꺼이 우리 길을 그에게 의뢰할 수 있어야 한다. 당장에는 어둡고 힘들지만, 우리 길을 아시는 하나님께서 이 모든 것을 반드시 바로잡으실 것이고 영원한 수치에 두지 않으실 것이다. 여호와를 신뢰하고 묵묵히 여호와의 종 메시아 예수를 따르라.

[77장 각주]

61) 한경닷컴 뉴스룸, "'화면 보호막' 때문에… 갤럭시 폴드 불량 논란", 한국경제신문, 2019. 4. 21.
62) 존 오스월트, 「NICOT 이사야 Ⅱ」, 389쪽.
63) 위의 책, 397쪽.

78 Chapter 7. Isaiah 51:1-8

하늘로 눈을 들며 땅을 살피라

1의를 따르며 여호와를 찾아 구하는 너희는 내게 들을지어다. 너희를
떠낸 반석과 너희를 파낸 우묵한 구덩이를 생각하여 보라. 2너희의
조상 아브라함과 너희를 낳은 사라를 생각하여 보라. 아브라함이 혼
자 있을 때에 내가 그를 부르고 그에게 복을 주어 창성하게 하였느니
라. 3나 여호와가 시온의 모든 황폐한 곳들을 위로하여 그 사막을 에
덴 같게, 그 광야를 여호와의 동산 같게 하였나니 그 가운데에 기뻐
함과 즐거워함과 감사함과 창화하는 소리가 있으리라. 4내 백성이여
내게 주의하라. 내 나라여 내게 귀를 기울이라. 이는 율법이 내게서
부터 나갈 것임이라. 내가 내 공의를 만민의 빛으로 세우리라. 5내 공
의가 가깝고 내 구원이 나갔은즉 내 팔이 만민을 심판하리니 섬들이

나를 앙망하여 내 팔에 의지하리라. [6]너희는 하늘로 눈을 들며 그 아래의 땅을 살피라. 하늘이 연기같이 사라지고 땅이 옷같이 해어지며 거기에 사는 자들이 하루살이같이 죽으려니와 나의 구원은 영원히 있고 나의 공의는 폐하여지지 아니하리라. [7]의를 아는 자들아, 마음에 내 율법이 있는 백성들아, 너희는 내게 듣고 그들의 비방을 두려워하지 말라. 그들의 비방에 놀라지 말라. [8]옷같이 좀이 그들을 먹을 것이며 양털같이 좀벌레가 그들을 먹을 것이나 나의 공의는 영원히 있겠고 나의 구원은 세세에 미치리라.

2018년 출판계에 혜성처럼 떠오른 여성 저자가 있다. 바로 20대 후반의 청년 백세희 씨다. 그녀는 우울증을 겪으며 10년이 넘게 정신과 치료를 받아왔다. 보통은 이런 이력이 있으면 숨기고 싶어 한다. 그러나 그녀는 용기를 내어 그간의 치료 과정을 단 200명에게라도 나누고 싶은 마음으로 「죽고 싶지만 떡볶이는 먹고 싶어」라는 제목의 책을 발간했다.[64)] 반응은 상상을 초월했다. 책이 무려 40만 부가 넘게 팔리면서 주변에서 뜨겁게 반응하였다. 이런 반응이 그녀에게 큰 위로가 되었고, 점차 자기 내면의 우울증을 조금씩 이겨낼 힘이 생기는 것을 경험했다. 책을 내기 전에는 '세상에서 나란 존재는 늘 나약하고 별종이라 이런가?' 싶었는데, 주변의 반응을 접하면서 '아, 나만 이런 게 아니구나, 더 심한 사람도 있구나!' 하는 생각을 하면서 덜 우울해지고 힘과 용기를 얻게 되었다. 전에는 자기 자신이 그렇게 싫었는데 이제는 자기가 싫지 않고, 자신이 살아있다는 느낌

을 갖게 되어 기분이 좋아진다고 고백했다.[65]

사람에게는 주변 환경과 주변의 반응이 참 중요하다. 세상에 나 혼자밖에 없고 어두컴컴한 곳에 홀로 갇혀 있다고 생각하면 너무나도 우울하고 힘들고 어렵다. 이스라엘 백성이 그랬다. 바벨론 포로로 끌려온 이들은 흑암 중에 빛도 없이 헤매고 있었다(사 50:10, 9:2 참조). 하나님은 그런 이스라엘에게 흑암 중에라도 여호와의 종의 목소리를 청종하고 여호와의 이름을 의뢰하며 자기 하나님께 의지하라고 말씀하셨다(사 50:10).

본문은 어둠 가운데서도 눈을 들어 하나님을 바라보는 백성을 향해 하나님이 주시는 소망의 말씀이다. 하나님은 이들을 '내 백성' 이라 부르며 용기를 주신다(사 51:4,16).

> "의를 따르며 여호와를 찾아 구하는 너희는 내게 들을지어다. 너희를 떠낸 반석과 너희를 파낸 우묵한 구덩이를 생각하여 보라"(사 51:1).

'의' (히. 체데크)는 언약 관계에서 바른 관계를 유지하는 언약적 신실함을 가리킨다. 이는 통상적으로 언약에 대한 하나님의 신실함을 가리킨다.[66] 이는 하나님이 베푸시는 구원으로 나타난다. 이런 이유로 '의'는 '구원'(히. 예수아)과 짝을 이루며 '공의'(히. 미슈파트)와 함께 51장을 관통하는 핵심 주제어 역할을 한다.

그렇다면 의를 따른다는 것은 무슨 의미일까? 아무런 가능성이 보이지 않는 암담한 현실 가운데서도 언약에 신실하여 마침내 구원을 베푸실 하나님을 신뢰하고 따라간다는 것이다. 이렇게 하나님의 의를 따르는 자를 하나님은 의롭다고 하신다. 하나님은 그 예로 떼어낸 바위와 이들을 파낸 우묵한 채석장(히. 보르, quarry-NRSV, NIV)을 생각하여 보라고 한다.

여기 "보라"(사 51:1)는 동사는 창세기에서 하나님이 아브라함에게 밤하늘의 별들을 셀 수 있나 "보라"(창 15:5)고 하신 것과 같은 단어다. 이 말씀을 하신 때는 아브라함이 318명의 사병을 데리고 목숨 걸고 그돌라오멜의 연합군을 무찌르고 조카 롯을 구해낸 직후였다. 사방에는 대적들이 둘러쌌고, 아브라함은 혹여나 그돌라오멜의 연합군이 보복하지나 않을까 하는 두려움에 사로잡혔다. 아브라함이 죽으면 당장 그의 유업을 상속할 자녀도 없었다. 아브라함은 마치 채석장에서 움푹 떠낸 바위와도 같이 철저히 홀로된 두려움에 사로잡혔다(마 3:9 참조).[67]

이때 하나님께서 아브라함에게 나타나셔서 두려워하지 말라고 하시며 하늘의 뭇별을 셀 수 있나 "보라"고 하신다. 그러면서 수많은 별과 같이 아브라함의 자손이 많아질 것이라 말씀하시고, 아브라함은 이 하나님의 약속을 믿었다. 하나님은 이를 그의 의(히. 체다카)로 여기셨다. 아브라함 편에서 '의'는 하나님이 그의 언약을 신실하게 이루실 것을 믿는 것이다.

> "너희의 조상 아브라함과 너희를 낳은 사라를 생각하여 보라. 아브라함이 혼자 있을 때에 내가 그를 부르고 그에게 복을 주어 창성하게 하였느니라"(사 51:2).

이스라엘의 조상 아브라함과 사라는 채석장에서 떠낸 돌과 같이 홀로 고립되어 두려움에 사로잡혔지만 이들을 부르시고 복 주시고 창성하도록 언약하신 하나님을 신뢰했고, 이를 하나님이 의롭다 여겨주셨다. 하나님의 언약적 신실함을 신뢰하는 것, 이것이 바로 '의를 따르는' 삶이요 '여호와를 찾아 구하는' 것이다.

이제 이스라엘이 따라야 할 의는 무엇인가? 그것은 하나님께서 이스라엘을 포로에서 돌이키시고 황폐한 시온을 에덴과 같이 회복시킬 것을 신뢰하는 것이다.

> "나 여호와가 시온의 모든 황폐한 곳들을 위로하여 그 사막을 에덴 같게, 그 광야를 여호와의 동산 같게 하였나니 그 가운데에 기뻐함과 즐거워함과 감사함과 창화하는 소리가 있으리라"(사 51:3).

바벨론 침공으로 폐허가 된 시온을 하나님이 다시 회복시킬 것이다. 하나님은 사막 같은 시온이 에덴동산, 곧 풍요와 아름다움이 가득한 여호와의 동산같이 회복될 것을 약속하신다(창 13:10 참조). 이러한 회복의 핵심은 여호와의 공의(히. 미슈파트)가 만민의 빛으로 세워지는 것이다.

여호와의 공의란 무엇일까? 여기서 공의는 '율법'(4절, 히. 토라)과 대구를 이루는데, 토라의 핵심은 하나님의 언약 백성을 향한 하나님의 뜻이다. 따라서 율법과 대구를 이루는 여호와의 공의는 세상이 창조된 목적에 따라 한쪽으로 치우치지 않고, 공정하고 복된 다스림이 이루어지는 것이다(사 42:4 참조). 하나님의 언약은 시온을 물리적으로 회복시키는 것에만 있지 않다. 하나님의 언약은 그분의 뜻과 통치가 온전히 회복되는 것까지를 포함한다. 하나님은 "'내 의'(히. 체데크)가 가깝고 '내 구원'(히. 예수아)이 나갔다"고 한다(사 51:5). 이미 나갔다는 것은 시온의 회복을 반드시 이루실 것임을 강조하는 예언적 완료 시제다. 하나님이 장차 이루실 일을 선명하게 보고 선포할 때는 이미 일어난 일과 같이 선포된다.

하나님의 구원역사가 일어날 때는 그 범위가 온 세상과 피조 세계 전체에 퍼져나간다. 땅끝으로 여겨지는 섬들이 여호와를 앙망하며, 하나님의 능력의 팔에 의지할 것이다(사 51:5). 여기 '내 팔'(my arms, NRSV)은 복수형으로 직역하면 '내 팔들'이다. 이는 크게 두 가지 의미를 생각해 볼 수 있다. 하나는 하나님의 능력이 충분함을 의미한다. 다른 하나는 이 구원이 이스라엘만이 아니라 온 세상 전체에 주어짐을 의미한다.[68]

하늘이 연기처럼 사라지고 땅은 옷처럼 해어지며, 거기서 세상을 호령하며 군림했던 이들은 하루살이같이 죽을 것이다. 하나님의 구원과 통치가 선포되자 기존의 고착되었던 악의 구조가 흔들리고 덧없이 사라지는 역사가 일어나는 것이다. 오직 하나님의 구원과 의만이 온 세상에 끝까지 든든하게 설 것이다(사 51:6).

언약에 신실하신 하나님이 새로운 구원을 베풀 때 그가 부르는 언약의 백성은 의를 '아는' 자들이고, 율법이 '마음에' 새겨진 자들이다(사 51:7). 안다는 것은 인지적인 앎을 넘어 깊은 체험적인 앎으로까지 나아간 것을 말한다. 창세기에서 아담이 그의 아내 하와를 알았다(knew-NRSV, 창 4:1)고 할 때 이를 개역개정은 '동침하다'로 번역한다.[69] 또한 하나님의 법을 마음에 두는 것은 새 언약의 핵심적인 특징이다(렘 31:31-33). 여호와는 이것이 그의 성령을 언약 백성의 마음에 두어 굳은 마음을 제거하고 부드러운 마음을 주심으로 성취될 것을 말씀하셨다.

이런 놀라운 새 언약을 받은 여호와의 백성은 이들을 비방하고 조롱하는 대적들을 두려워하지 말아야 한다(사 51:7). 이들은 좀먹은 옷처럼, 벌레 먹은 양털처럼 해질 것이다. 이럴 때 하나님의 언약 백성은 환경이 아니라 언약을 이루실 하나님을 바라보아야 한다. 하늘로 눈을 들라. 하나님은 홀로 있는 아브라함을 통해서도 놀라운 일을 이루신 분이다. 그리고 그런 하나님을 신뢰하는 나를 통해서도 놀라운 일을 이루어 가실 것이다.

[78장 각주]

64) 백세희, 「죽고 싶지만 떡볶이는 먹고 싶어」(서울: 흔, 2018).
65) 유지영, "책 인기에 놀라… 나만의 고민이 아니구나 했죠", 매일경제, 2019. 5. 14.
66) 존 오스월트, 「NICOT 이사야 Ⅱ」, 402쪽.
67) 마태복음 3장 9절에서 세례요한은 "하나님이 능히 이 돌들로도 아브라함의 자손이 되게 하시리라"고 선언한다. 이는 채석장에서 떠낸 돌과 같은 아브라함을 수많은 이스라엘의 선조로 삼으셨던 것과 같이 하나님은 돌들로도 언약의 자손을 세울 수 있는 능력이 있는 분임을 뜻한다. 세례요한의 경고는 바리새인과 사두개인들이 자신들이 아브라함의 후손이라 자부하는 언약적 특권이 회개하라는 메시지 앞에 순종하지 않는 이상 아무것도 아님을 강조하는 것이다.
68) 알렉 모티어, 「이사야 주석」, 899쪽.
69) 위의 책, 903쪽.

79 Chapter 7. Isaiah 51:9-23

새롭게 발견하라

*[9]여호와의 팔이여 깨소서. 깨소서. 능력을 베푸소서. 옛날 옛시대에
깨신 것같이 하소서. 라합을 저미시고 용을 찌르신 이가 어찌 주가
아니시며 [10]바다를, 넓고 깊은 물을 말리시고 바다 깊은 곳에 길을 내
어 구속받은 자들을 건너게 하신 이가 어찌 주가 아니시니이까. [11]여
호와께 구속받은 자들이 돌아와 노래하며 시온으로 돌아오니 영원
한 기쁨이 그들의 머리 위에 있고 슬픔과 탄식이 달아나리이다. [12]이
르시되 너희를 위로하는 자는 나 곧 나이니라. 너는 어떠한 자이기
에 죽을 사람을 두려워하며 풀같이 될 사람의 아들을 두려워하느냐.
[13]하늘을 펴고 땅의 기초를 정하고 너를 지은 자 여호와를 어찌하여
잊어버렸느냐. 너를 멸하려고 준비하는 저 학대자의 분노를 어찌하*

여 항상 종일 두려워하느냐. 학대자의 분노가 어디 있느냐. 14결박된
포로가 속히 놓일 것이니 죽지도 아니할 것이요 구덩이로 내려가지
도 아니할 것이며 그의 양식이 부족하지도 아니하리라. 15나는 네 하
나님 여호와라. 바다를 휘저어서 그 물결을 뒤흔들게 하는 자이니 그
의 이름은 만군의 여호와니라. 16내가 내 말을 네 입에 두고 내 손 그
늘로 너를 덮었나니 이는 내가 하늘을 펴며 땅의 기초를 정하며 시온
에게 이르기를 너는 내 백성이라 말하기 위함이니라. 17여호와의 손에
서 그의 분노의 잔을 마신 예루살렘이여 깰지어다. 깰지어다. 일어설
지어다. 네가 이미 비틀걸음치게 하는 큰 잔을 마셔 다 비웠도다. 18네
가 낳은 모든 아들 중에 너를 인도할 자가 없고 네가 양육한 모든 아
들 중에 그 손으로 너를 이끌 자도 없도다. 19이 두 가지 일이 네게 닥
쳤으니 누가 너를 위하여 슬퍼하랴. 곧 황폐와 멸망이요 기근과 칼이
라. 누가 너를 위로하랴. 20네 아들들이 곤비하여 그물에 걸린 영양같
이 온 거리 모퉁이에 누웠으니 그들에게 여호와의 분노와 네 하나님
의 견책이 가득하도다. 21그러므로 너 곤고하며 포도주가 아니라도
취한 자여 이 말을 들으라. 22네 주 여호와, 그의 백성의 억울함을 풀
어주시는 네 하나님이 이같이 말씀하시되 보라. 내가 비틀걸음치게
하는 잔 곧 나의 분노의 큰 잔을 네 손에서 거두어서 네가 다시는 마
시지 못하게 하고 23그 잔을 너를 괴롭게 하던 자들의 손에 두리라. 그
들은 일찍이 네게 이르기를 엎드리라. 우리가 넘어가리라 하던 자들
이라. 너를 넘어가려는 그들에게 네가 네 허리를 땅과 같게, 길거리
와 같게 하였느니라 하시니라.

우리는 살아가면서 나에 대해 잘 안다고 생각한다. 반면 다른 사람들은 나를 잘 모른다고 생각한다. 그렇다면 '내가 아는 나'와 '남이 아는 나' 중 어떤 '나'가 더 정확할까?

한 병원에서 인턴을 하는 의사 수련생이 환자의 상처 부위를 소독하고 있는데 휴대폰 알림음이 울렸다.[70] 인턴은 드레싱을 중단한 채 바로 휴대폰을 꺼내 답장을 보냈다. 그러고는 아무 일 없었다는 듯 드레싱을 계속했다. 환자는 이 일을 바로 병원에 항의했다. 아니, 어떻게 균이 득실한 핸드폰을 만지고 아무 일도 없다는 듯이 다시 드레싱을 할 수 있느냐? 결국 인턴은 근무 성적을 최하위로 받아 전공의 지원에 타격을 받았다. 인턴은 잠깐 핸드폰 본 것이 무슨 문제냐고 항변하겠지만 자신의 평가는 엉망이 됐다. 인턴의 입장에서는 억울했을 것이다. 그러나 병원은 인턴이 제대로 근무하지 못했다고 평가했다.

내가 억울한 일을 당했다고 생각했을 때 나를 잘 아는 사람에게 이 사정을 하소연하면 도리어 "네가 잘못했네"라는 말을 들을 때가 있다. '내가 아는 나'가 모든 상황을 파악한 것이 아니다. 우리는 종종 내가 아는 나를 과신할 때가 많다. 나는 자신에 대해 내가 볼 수 있는 것만 볼 뿐이다. 다른 사람이 보는 것을 내가 보지 못할 때가 많다. 그래서 우리는 겸손해야 한다.

이스라엘 백성은 하나님이 자신을 버렸다고 생각했다. 바벨론에 포로로 비참하게 끌려간 것이 마치 채석장에서 떠낸 반석과 같다고 생각했다. 그러나 하나님은 이런 이스라엘에게 결코 그들을 버리지 않았고, 여전히 언약적 신실함으로 붙들고 계신다고 말씀한다. 혼자 있는 아브라함에게 복을 주어 창성하게 하신 것처럼(사 51:2) 이스라엘을 돌이키고 시온을 에덴같이 바꾸실 것이다(사 51:3). 더 나아가 온 열방에 하나님의 공의와 구원을 세울 것이라 선언하신다(사 51:4,6).

하나님의 이런 놀라운 선포에 그동안 자신을 포로로 여겼던 이스라엘은 이제 하나님을 향하여 보다 적극적으로 나아간다.

> "여호와의 팔이여 깨소서. 깨소서. 능력을 베푸소서. 옛날 옛시대에 깨신 것같이 하소서. 라합을 저미시고 용을 찌르신 이가 어찌 주가 아니시며 바다를, 넓고 깊은 물을 말리시고 바다 깊은 곳에 길을 내어 구속받은 자들을 건너게 하신 이가 어찌 주가 아니시니이까"(사 51:9-10)

'깨소서'를 반복적으로 외치는 것은 하나님의 선언이 이루어지기를 구하는 것이지만, 다른 한편으로는 하나님이 그동안 이스라엘을 위해 적극적으로 나서지 않았다는 암묵적인 비난이자 항변이다.[71] 여호와의 팔은 여호와의 능력을 의미하며, 팔이 깨어나 펼쳐지는 것은 이스라엘의 현실에 능력으로 개입하는 것을 의미한다. 여호와는 '큰 능력과 펴신 팔'로 천지를 창조하셨으며(렘 32:17), '편 팔'로 애굽 왕 바로의 압제에서 그의 백성을 구원했고(출 6:6, 신 4:34), '능력의 팔'로 원수를 흩으셨다(시 89:10). 그런데 하나님은 그동안 유배당하고 고난받는 이스라엘을 위해 이 팔을 펴지 않으셨다.

이제 이스라엘은 창세로부터 능력의 팔로 여호와께서 행하신 구원의 역사를 기억하며 고백한다. 여호와는 능력의 팔로 라합을 저미시고 용을 찌르셨다. '라합' 은 애굽을 가리키고(사 30:7), '용' 은 애굽의 바로를 가리킨다(겔 29:3). 창세기(1:21)와 욥기(40:15, 41:1)에도 등장하는 '용' (히. 타닌)은 하나님의 창조 질서를 거스르고 위협하는 혼돈과 공허의 세력이다. 용은 출애굽 때 하나님을 향하여 대항했고 하나님은 용을 찌르고 용에 올라탔던 라합을 저미셨다. '저미다' 는 '여러 개의 작은 조각으로 베어내거나 깎아내는' 행위를 말한다. 하나님은 애굽을 산산조각 내셨다. 능력의 팔로 홍해를 말리시고 바다 깊은 곳에서 길을 내어 그의 언약 백성을 구원하셨다. 하나님이 능력의 팔을 펴시면 전혀 예상치 못했던 바다 깊은 곳에서도 길이 난다. 이처럼 하나님은 기이한 방식으로 길을 만들어 가시는 분이다. 그리고 마침내 용을 죽이실 것이다(사 27:1). 이때 이스라엘은 이사야 35장 10절을 거의 그대로 반복하며 다음과 같이 기도한다.

> "여호와께 구속받은 자들이 돌아와 노래하며 시온으로 돌아오니 영원한 기쁨이 그들의 머리 위에 있고 슬픔과 탄식이 달아나리이다"(사 51:11).

이러한 기도는 언뜻 볼 때 확신의 고백처럼 보이지만, 이미 이사야 선지자가 했던 선언이 하나님을 향한 항변의 문맥에서 사용된 것을 볼 때 이 또한 하나님을 향한 토로로 보인다. 이스라엘은 하나님을 향해 "과거에 영광스러운 일을 하셨고 또한 장차 밝고 영광스러운 미래를 약속하셨는데, 왜 아직 능력의 팔을 펴지 않고 계시냐"고

암묵적으로 항변하는 것이다.[72] 이스라엘이 여호와의 팔이 펼쳐지지 않은 것에 대한 암묵적인 비난을 쏟아내며 간구하자 하나님의 응답이 그의 백성에게 임한다.

> "이르시되 너희를 위로하는 자는 나 곧 나이니라. 너는 어떠한 자이기에 죽을 사람을 두려워하며 풀같이 될 사람의 아들을 두려워하느냐"(사 51:12).

하나님은 그의 백성을 위로하는 자존자(I AM)로서 '나 곧 나' 다(출 3:14). 전에도 계셨고 지금도 계시며 장차 계실 하나님이다. 이 세상의 역사를 주관하시지만 시간을 초월하시는 비교가 불가능한 하나님이다. 세계 최강의 제국 바벨론의 포로로 유배된 이들을 참으로 위로하실 수 있는 분은 여호와 하나님뿐이다. 이런 하나님이 이제 이스라엘의 암묵적인 비난에 대하여 응답하신다. "너는 어떠한 자이기에 죽을 사람, 풀같이 될 사람의 아들을 두려워하느냐." 영원하신 자존자요, 전능하신 하나님의 백성이 덧없이 사라지는 한계 있는 인생, 바벨론 제국의 통치자를 두려워해서 되겠느냐는 여호와의 책망이다.

> "하늘을 펴고 땅의 기초를 정하고 너를 지은 자 여호와를 어찌하여 잊어버렸느냐. 너를 멸하려고 준비하는 저 학대자의 분노를 어찌하여 항상 종일 두려워하느냐. 학대자의 분노가 어디 있느냐"(사 51:13).

이스라엘은 하늘과 땅을 창조하시고 이스라엘을 지으신 하나님을 섬긴다고 고백했다. 그러나 지금 이스라엘을 학대하는 제국 통치자의 분노에 대해서는 하나님이 하실 수 있는 것이 아무것도 없는 것처럼 두려워하고 있었다. 하나님은 어떤 압제자도 여호와를 이길 수 없다고 선언한다. 하나님은 고난받는 그의 백성이 구렁텅이에 빠져 굶어 죽어 멸망하도록 내버려 두지 않으실 것이다(사 51:14). 하나님은 분명하게 선언하신다.

> "나는 네 하나님 여호와라. 바다를 휘저어서 그 물결을 뒤흔들게 하는 자이니 그의 이름은 만군의 여호와니라"(사 51:15).

온 세상을 만드시고 통치하시는 하나님은 바로 이스라엘을 지으신 이스라엘의 하나님 여호와다. 이스라엘은 눈에 보이는 제국에 압도되어 살 것이 아니라 하나님의 하나님 되심에 집중해야 한다.

여기서 본문의 흐름이 갑자기 하나님의 사명을 수행할 한 종에게로 바뀐다. 하나님은 능력의 팔을 펴시되 그가 택한 한 종을 통해 두려움에 사로잡힌 이스라엘 백성을 구원하실 것이다. 그런데 이 종에게 하신 말씀이 그동안 계속해서 예고하셨던 '여호와의 종'을 떠올리게 한다.

> "내가 내 말을 네 입에 두고 내 손 그늘로 너를 덮었나니 이는 내가 하늘을 펴며 땅의 기초를 정하며 시온에게 이르기를 너는 내 백성이라 말하기 위함이니라"(사 51:16).

여호와의 말을 입에 둔 것은 여호와의 종이 갖는 특징이다(사 49:2, 50:4, 참조 사 59:21).[73] 여호와의 손 그늘로 숨겨둔 것도 여호와의 종의 특징이다(사 49:2). 하나님은 두려움에 사로잡힌 하나님의 백성 시온에게 하늘과 땅을 지으신 창조의 최종 목표가 시온을 향하여 '너는 내 백성이라' 고 부르며 온전한 언약 백성으로 세우기 위함임을 말씀한다. 이를 위해 태초부터 계획한 종이자, 우리와 함께 계시는 하나님을 보내기로 작정하신 것이다(사 7:14 참조).

이제 본문은 여호와의 팔을 다급하게 깨우던 이스라엘의 요청(사 51:9)에 응답한다.

> "여호와의 손에서 그의 분노의 잔을 마신 예루살렘이여 깰지어다. 깰지어다. 일어설지어다. 네가 이미 비틀걸음치게 하는 큰 잔을 마셔 다 비웠도다"(사 51:17).

지금까지 이스라엘은 여호와께서 잠드셨다고 생각했다. 그러나 본문의 선언은 도리어 예루살렘이 잠들었음을 적시하시며 이들을 깨운다. 반복적으로 외치는 '깰지어다' (wake yourself, ESV)는 재귀적 용법으로 사용되어, 진정 깨어야 할 자가 바로 이스라엘임을 강조한다. 지금 예루살렘은 자신의 상태가 어떠한지 제대로 진단하지 못하고 있다. 이들은 여호와의 손에서 진노의 큰 잔을 마셔 비틀거리고 있었다. 이들이 인사불성이 되어 무력하게 된 것은 바벨론 제국의 압도적인 군사력 때문이 아니다. 하나님의 공의 때문이다.

여호와의 진노의 잔을 마신 시온은 스스로를 구원할 능력이 없다. 시온이 낳고 양육한 모든 아들 중에도 그를 이끌어 집으로 인도할 인물이 없다(사 51:18). 시온은 그야말로 철저히 무력한 상태다. '황폐와 멸망'을 맞이했고, '기근과 칼'이 찾아왔다(사 51:19). 세상에는 이런 시온을 위하여 그 누구도 슬퍼하고 위로할 수 없다. 마치 그물에 걸린 영양처럼 '온 거리 모퉁이', 곧 성읍 가운데를 동서로 관통하는 주 교차로에 하나님의 가득한 분노와 견책으로 쓰러져 있다. 본문은 이들을 분노로 견책하신 하나님이 '네 하나님'임을 진술한다. 이 가운데서도 시온은 여호와께 속한 언약 백성임을 분명히 하시는 것이다(출 19:5, 사 65:10 참조).

이제 이유가 분명해졌다. 여호와의 팔이 잠든 것이 아니라 시온이 여호와의 진노의 잔을 받아 신음하여 쓰러졌기 때문이다. 현실적으로 그들을 압제하는 대적이 문제가 아니다. 여호와의 진노의 잔을 마신 것이 주요한 문제다. 그렇다면 이 문제의 해결은 하나님이 진노의 잔을 거두어가시는 데 있다.

이제 하나님께서는 예루살렘을 깨우기 위하여 그들에게 마시게 했던 분노의 큰 잔을 거두어 가실 것을 선언한다.

> "그러므로 너 곤고하며 포도주가 아니라도 취한 자여 이 말을 들으라. 네 주 여호와, 그의 백성의 억울함을 풀어주시는 네 하나님이 이같이 말씀하시되 보라. 내가 비틀걸음 치게 하는 잔 곧 나의 분노의 큰 잔을 네 손에서 거두어서 네가 다시는 마시지 못하게 하고"(사 51:21-22).

여기서 하나님은 '그의 백성의 억울함을 풀어주시는' (히. 야리브 야모) 분으로 소개된다. 억울함을 풀어준다는 것은 죄로 고발당한 백성을 위해 변호하며 다투는 것을 의미한다(사 1:23, 50:8, 요일 2:1 참조). 이제 여호와는 이스라엘을 변호하시는 하나님이다. 이런 하나님께서 이제 시온에게 부으셨던 진노의 큰 잔을 거두어 다시는 마시지 못하게 하신다고 선언한다. 도리어 그 잔을 시온을 괴롭게 하던 대적자들의 손에 넘겨주어 마시게 하겠다고 하신다(사 51:23). 이전에 시온은 그들 앞에 바짝 엎드렸었다. 그러나 이제 이 모든 고난이 멈추고 상황이 역전될 것이다. 이제 시온은 하나님이 일으키시는 구원역사를 신뢰하고 깨어나야 한다.

이제 우리도 편협한 시야를 내려놓고 하나님이 행하실 일에 집중해야 한다. 하나님이 깨어나셔야 할 것이 아니라 내가 깨어나야 한다. 이전의 실망, 좌절을 뒤로하고, 이제 우리에게 새 일을 행하실 하나님께 집중하라. 하나님의 새 창조의 역사를 새롭게 발견하라.

[79장 각주]

70) 최연호, "남이 아는 나", 한국경제, 2019. 5. 21.
71) 존 오스월트, 「NICOT 이사야 Ⅱ」, 410쪽.
72) 위의 책, 413쪽.
73) 게리 스미스, 「NAC 이사야 2」, 513쪽.

80 Chapter 7. Isaiah 52:1-12

냉담함을 깨뜨리고 아름다운 옷을 입으라

*[1]시온이여 깰지어다. 깰지어다. 네 힘을 낼지어다. 거룩한 성 예루살
렘이여 네 아름다운 옷을 입을지어다. 이제부터 할례받지 아니한 자
와 부정한 자가 다시는 네게로 들어옴이 없을 것임이라. [2]너는 티끌
을 털어 버릴지어다. 예루살렘이여 일어나 앉을지어다. 사로잡힌 딸
시온이여 네 목의 줄을 스스로 풀지어다. [3]여호와께서 이와 같이 말
씀하시되 너희가 값 없이 팔렸으니 돈 없이 속량되리라. [4]주 여호와
께서 이와 같이 말씀하시되 내 백성이 전에 애굽에 내려가서 거기에
거류하였고 앗수르인은 공연히 그들을 압박하였도다. [5]그러므로 이
제 여호와께서 말씀하시되 내 백성이 까닭 없이 잡혀갔으니 내가 여
기서 어떻게 하랴. 여호와께서 말씀하시되 그들을 관할하는 자들이*

떠들며 내 이름을 항상 종일토록 더럽히도다. 6그러므로 내 백성은
내 이름을 알리라. 그러므로 그날에는 그들이 이 말을 하는 자가 나
인 줄을 알리라. 내가 여기 있느니라. 7좋은 소식을 전하며 평화를 공
포하며 복된 좋은 소식을 가져오며 구원을 공포하며 시온을 향하여
이르기를 네 하나님이 통치하신다 하는 자의 산을 넘는 발이 어찌 그
리 아름다운가. 8네 파수꾼들의 소리로다. 그들이 소리를 높여 일제
히 노래하니 이는 여호와께서 시온으로 돌아오실 때에 그들의 눈이
마주 보리로다. 9너 예루살렘의 황폐한 곳들아 기쁜 소리를 내어 함
께 노래할지어다. 이는 여호와께서 그의 백성을 위로하셨고 예루살
렘을 구속하셨음이라. 10여호와께서 열방의 목전에서 그의 거룩한 팔
을 나타내셨으므로 땅끝까지도 모두 우리 하나님의 구원을 보았도
다. 11너희는 떠날지어다. 떠날지어다. 거기서 나오고 부정한 것을 만
지지 말지어다. 그 가운데에서 나올지어다. 여호와의 기구를 메는 자
들이여 스스로 정결하게 할지어다. 12여호와께서 너희 앞에서 행하시
며 이스라엘의 하나님이 너희 뒤에서 호위하시리니 너희가 황급히
나오지 아니하며 도망하듯 다니지 아니하리라.

살다 보면 우리 마음이 냉담해질 때가 있다. 냉담한 마음이 되면 주변 이야기가 잘 들어오지 않는다. 아무리 말해도 도리어 성가시게 느껴진다. 그리고 이 모든 어려움의 원인을 온통 외부의 탓으로 돌리고 원망과 분노를 품는다.

이스라엘은 포로생활의 고난 가운데 마음이 많이 힘들고 지쳤다.

그야말로 포로생활로 번아웃(burnout)이 되었다. 번아웃의 특징이 무엇인가? 에너지 고갈, 소진, 그리고 일에 대한 냉소적인 감정의 증가와 효율이 저하되는 것이다.[74] 이스라엘은 이런 상태에서 하나님께 원망하며 여호와를 깨우기 위해 "깨소서 깨소서" 하며 간절히 기도한다(사 51:9). 그런데 이런 기도에 대한 하나님의 응답이 무엇이었는가? "예루살렘이여 깰지어다 깰지어다!"였다. 하나님은 도리어 이스라엘에게 불신앙과 원망, 불평으로부터 깨어나라고 말씀하셨다(사 51:17).

그런데 본문은 여기서 더 나아간다.

> "시온이여 깰지어다. 깰지어다. 네 힘을 낼지어다. 거룩한 성 예루살렘이여 네 아름다운 옷을 입을지어다"(사 52:1).

하나님은 시온을 깨우시며 시온이 깨어나 힘을 내고 더 나아가 아름다운 옷을 입으라고 하신다. 옷을 입는다는 것은 새로운 신분, 새로운 정체성을 입는다는 뜻이다. '아름다운 옷'이란 청색, 자색, 홍색 실과 세마포, 그리고 12보석으로 장식한 흉패 그리고 금방울과 금관으로 상징되는 제사장의 의복을 말한다(출 28:2 참조). 따라서 거룩한 성 예루살렘이 아름다운 옷을 입는 것은 처음 출애굽 때 하나님이 이스라엘을 부르셨던 제사장 나라, 거룩한 백성으로서의 정체성을 회복하는 것을 뜻한다(롬 13:14, 갈 3:27 참조). 현재 이스라엘은 제사장이 아닌 바벨론의 포로다. 아름다운 옷이 아닌 노예의 비천한 옷을 입고 있다. 노예의 정체성을 갖고 있었기에 하나님의 팔이 잠들어 있다고 쉽게 단정 지었고, 하나님이 다시 회복하실 것에 대한 기대보다는 불신앙과 냉담함으로 일관했다. 하나님은 이들에게 다시 하나님의 새로운 제사장 백성으로의 정체성을 회복할 것을 요청한다.

> "이제부터 할례받지 아니한 자와 부정한 자가 다시는 네게로 들어옴이 없을 것임이라"(사 52:1).

거룩하게 회복된 시온에는 더 이상 할례받지 않은 자와 부정한 자가 들어올 수 없을 것이다. 여기서 할례받은 자는 육체의 할례를 의미하지 않는다. 이는 마음의 할례, 심령의 할례다. 예레미야서는 할례의 문제에 대해 다음과 같이 말씀한다.

> "모든 민족은 할례를 받지 못하였고 이스라엘은 마음에 할례를 받지 못하였느니라 하셨느니라"(렘 9:26).

할례받지 못한 자들은 이방인만 있는 것이 아니다. 이스라엘 백성도 포함된다. 특별히 이스라엘 백성에게는 육신의 할례가 아니라 마음의 할례가 필요하다. 완악하고 굳은 마음을 제거하고 부드럽고 새로운 마음으로 변화를 받아야 하는 것이다. 이들의 부정함은 육신의 문제가 아니라 내면의 문제고 결국 영혼의 문제다. 로마서는 이를 다음과 같이 진술한다.

> "무릇 표면적 유대인이 유대인이 아니요 표면적 육신의 할례가 할

례가 아니니라. 오직 이면적 유대인이 유대인이며 할례는 마음에 할지니 영에 있고 율법 조문에 있지 아니한 것이라. 그 칭찬이 사람에게서가 아니요 다만 하나님에게서니라"(롬 2:28-29).

이로써 알 수 있는 것이 무엇인가? 시온의 구원은 단순히 바벨론의 포로로부터 귀환하는 것만이 아니라 언약 백성의 심령 깊은 곳이 할례를 받아 부정함이 제거되고 새롭게 되어 거룩해져야 하는 문제인 것이다. 그래야 거룩한 성에 들어가 영원토록 거할 수 있다(계 21:27).

"너는 티끌을 털어 버릴지어다. 예루살렘이여 일어나 앉을지어다. 사로잡힌 딸 시온이여 네 목의 줄을 스스로 풀지어다"(사 52:2).

딸 시온은 티끌에서 일어나 앉으라는 명령을 받는다. 앉는 것은 존귀한 보좌에 앉는 것을 함의한다. 시온은 이전까지 황폐한 땅에(사 3:26), 티끌에(사 47:1) 앉아 있었다. 그러나 이제 아름다운 옷을 입은 제사장 나라로 회복되어 존귀한 보좌에 앉을 것이다. 이것은 시온이 자기 공로로 이룬 일이 아니다. 전적으로 하나님이 회복시킬 구원 역사다. 하지만 시온은 하나님이 이루시는 역사에 수동적으로 반응하기만 해서는 안 된다. 스스로 그 목에서 끊어진 사슬을 풀어 벗어 던져야 한다(사 52:2).[75]

"여호와께서 이와 같이 말씀하시되 너희가 값없이 팔렸으니 돈 없이 속량되리라"(사 52:3).

하나님께서는 이스라엘이 오해했던 것에 대해 다시 한번 명확하게 말씀한다. 하나님은 어느 채주에게 값을 받고 이스라엘을 부당하게 팔아넘긴 것이 아니라 하나님의 뜻에 따라 파셨다(사 50:1 참조). 하나님이 파신 이유는 이스라엘의 죄악과 배역함으로 말미암아 하나님의 공의가 침해받았기 때문이다. 하나님이 값없이 파셨기에, 이제 하나님은 다시 이들이 대가 없이 속량되리라고 선언하신다(사 45:13, 고후 5:19 참조).

그러면서 하나님은 지난 이스라엘의 역사를 회고한다.

> "주 여호와께서 이와 같이 말씀하시되 내 백성이 전에 애굽에 내려가서 거기에 거류하였고 앗수르인은 공연히 그들을 압박하였도다"(사 52:4).

전에 야곱과 그의 가족이 스스로의 선택과 결단으로 애굽으로 가서 400년간 거류하였을 때도 하나님은 그들을 출애굽의 역사로 구원하셨다(사 52:4). 심지어 이스라엘의 의지와 반하는 앗수르의 공연한 침공으로 압박당했을 때도 구원하셨다(사 52:4). 그렇다면 바벨론에 유배당한 그의 백성도 능히 구원하실 것이다.

하나님은 현재 이스라엘이 처한 상황을 이스라엘보다 정확하게 알고 계신다.

> "그러므로 이제 여호와께서 말씀하시되 내 백성이 까닭 없이 잡혀갔으니 내가 여기서 어떻게 하랴. 여호와께서 말씀하시되 그들을

관할하는 자들이 떠들며 내 이름을 항상 종일토록 더럽히도다" (사 52:5).

첫째, 이스라엘은 '까닭 없이'(히. 에페스) 잡혀갔다. 이는 '값없이' 잡혀갔다는 뜻이다. 하나님은 누군가의 요구나 강요로 이스라엘을 내어주지 않았다. 둘째, 이들을 '관할하는 자들', 즉 바벨론의 통치자들은 이스라엘을 '항상 종일토록' 조롱하고 멸시한다. 여호와의 이름이 지속적으로 짓밟히고 있는 것이다. 이런 상황에서 하나님은 어떻게 하셔야 할까? 이어지는 6절에서 하나님은 그 답을 말씀한다.

"그러므로 내 백성은 내 이름을 알리라. 그러므로 그날에는 그들이 이 말을 하는 자가 나인 줄을 알리라. 내가 여기 있느니라(사 52:6).

하나님은 그의 백성이 하나님의 성품과 행하심에 오해가 없도록 원수의 면전에서 자신의 권능을 나타내실 것이다. 에스겔서는 하나님의 이름을 열방에 알리는 것에 대해 보다 구체적으로 말씀한다(겔 36:21-32). 그의 백성을 다시 출바벨론 시켜 약속의 땅으로 돌이키고 모든 더러운 우상 숭배와 죄악으로부터 깨끗게 하실 것이며(겔 36:26), 새 영을 주어 마음에 새로운 할례를 행하게 하실 것이며(겔 36:26), 풍성한 삶을 허락하실 것이다(겔 36:29-30). 이처럼 여호와의 이름을 알리실 때 그의 백성과 온 열방은 이 말씀을 하시고 성취한 분이 바로 '스스로 계신 분' 여호와임을 알게 될 것이다.

이 놀라운 소식은 아름다운 발을 가진 한 전령에 의해 전해진다

(삼하 18:24 참조). 시온, 곧 예루살렘이 전란의 위협 속에 있던 시대에는 멀리서 달려오는 전령의 소식이 매우 중요했다.[76] 성읍 백성들은 전투 결과를 알리는 메신저의 소식을 애타게 기다렸다. 소식이 승리의 소식이면 시온이 모두 구원받지만 패배의 소식이면 비참한 운명에 처한다. 그런데 저 멀리 산 위에서 한 사람이 달려온다. 전쟁에서 패배하여 죽기 살기로 대오에서 이탈한 패잔병일까? 아니면 승리의 기쁜 소식을 전하기 위해 온 힘을 다해 빠르게 달려오는 승리의 전령일까? 전령이 마침내 산을 넘어 시온에 이르러 선언한다. "네 하나님이 통치하신다!" 이 얼마나 가슴 벅차고 아름다운 장면인가? 이를 본문은 다음과 같이 진술한다.

> "좋은 소식을 전하며 평화를 공포하며 복된 좋은 소식을 가져오며 구원을 공포하며 시온을 향하여 이르기를 네 하나님이 통치하신다 하는 자의 산을 넘는 발이 어찌 그리 아름다운가"(사 52:7).

발은 신체 중에 그리 아름다운 부분은 아니다. 도리어 먼 거리를 달리느라 먼지가 가득하고 물집이 잡히고 터진, 그다지 볼품없는 지체다. 그러나 그 발을 통하여 전령이 가져오는 승리와 구원의 메시지로 인해 그 발은 너무나도 아름다운 발이 된다. 메시지의 핵심은 "네 하나님이 통치하신다"는 것이다. '네 하나님'이란 시온의 백성이 하나님의 언약 백성임을 의미한다(레 26:12, 출 6:7, 19:5, 20:2, 사 40:1). 언약에 신실하신 하나님이 다시 시온을 통치하기 시작한다. 새롭게 임하는 하나님의 통치, 바로 새롭게 갱신된 언약으로 말미암아 하나님 나라가 시작됨을 알리는 것이다(사 40:9-11 참조). 로마서는 이것이 바로 유대인이나 헬라인이나 차별 없이 누구든지 주의 이름을 부르는 자는 구원을 받는 아름다운 좋은 소식임을 진술한다(롬 10:12-15). 이 좋은 소식, 기쁜 소식이 바로 메시아 예수께서 오셔서 선포하신 하나님 나라의 복음이다(막 1:15).

하나님께서 그의 백성을 향해 돌아올 때 이를 간절히 기다리고 기다렸던 파수꾼들이 일제히 소리 높여 노래할 것이고(사 52:8), 예루살렘의 황폐한 곳, 즉 황폐한 언약 백성들이 모두 그의 위로와 값없는 구속으로 말미암아 기뻐하며 노래할 것이다(사 52:9). 더 나아가 여호와의 팔이 펼쳐진 이 구원의 소식은 온 열방의 목전에 전파될 것이고, 땅끝까지 이르러 전파될 것이다(사 52:10, 참조 사 51:5,9, 행 1:8).

복된 좋은 소식으로 포로 상태의 잠든 시온을 깨우신 하나님은 이제 마지막으로 그들에게 "너희는 떠날지어다 떠날지어다"라고 말씀한다(사 52:11). 이는 일차적으로 바벨론으로부터 떠나라는 말씀이다. 이는 하나님께서 곧 이루실 출바벨론의 역사가 확실함을 생생하게 진술한 것이다. 이제 더 이상 바벨론 제국의 통치 아래 온갖 부정함에 자신을 노출하지 말고 자신을 거룩하게 지켜 떠나야 한다. 특별히 여호와의 기구를 메는 자들 곧 레위, 고핫 자손들은 더욱더 자신을 정결하게 준비해야 할 것이다(민 4:1-20, 스 8:15-20 참조).[77]

장차 하나님이 일으키실 출바벨론의 구원역사는 여호와께서 앞에서 인도하시고 뒤에서 호위하실 것이다(사 52:12). 그러나 이전의 출애굽과 다를 것은 이전처럼 황급하게 도망치듯 나오지 않을 것이다(사 52:12). 이들은 여호와의 기름 부음받은 자 고레스의 칙령으로 말미암아 도리어 성소의 금은 기명을 챙길 정도로 여유 있게 나올 것이다(스 1:8-11).

그러나 하나님이 일으키실 구원역사는 이것이 다가 아니다. 왜냐하면 새롭게 일으키실 구원역사는 물리적인 구원만이 아니라 마음의 변화와 죄 문제의 근원적인 해결을 포함하기 때문이다. 그렇지 않고는 시온은 이스라엘에 돌아와도 결국 이전의 죄와 우상 숭배의 유혹에 또다시 반복적으로 빠지게 될 것이다(스 9:1-15). 우리는 그 실마리를 '떠날지어다'(히. 수르)는 동사에서 찾을 수 있다. 히브리 동사 '수르'는 떠난다는 의미와 함께 '제거한다'는 의미가 있다. 예를 들어 할례를 시행할 때 포피를 제거하거나(렘 4:4), 우상 제단을 제거하거나(대하 32:12, 사 36:7), 돌 같은 마음(겔 11:19, 36:26)을 제거할 때 사용된다.[78] 따라서 본문의 '떠나라'는 명령은 단순히 바벨론으로부터의 귀환뿐만 아니라 장차 하나님이 여호와의 종을 통하여 이루실 새 언약의 구원역사로서 이루실 내면의 부패와 오염, 죄의 속박과 사망의 권세로부터의 해방을 포함한다(롬 8:1-2).

하나님의 생각은 분명 우리의 얕은 생각과 다르다(사 55:8-9). 우리는 만만찮은 현실 가운데 쉽게 실망하거나 낙담할 것이 아니다. 하나님은 분명 이런 우리를 통하여 그분의 놀라운 경륜을 펼치실 것이다. 더 이상 제국이 강요하는 정체성을 받아들이지 말라. 그리스도로 새 옷을 입고, 왕 같은 제사장으로 그의 소유된 존귀한 백성이자 거룩한 나라로 있는 삶의 자리에서 임마누엘의 하나님을 맛보며 찬송하라.

[80장 각주]

74) 연합뉴스, "WHO, '번아웃' 직업 관련 증상으로 정의… '정신건강 돌봐야'", 매일경제, 2019. 5. 29.
75) 존 오스월트, 「NICOT 이샤야 Ⅱ」, 435쪽.
76) 알렉 모티어, 「이사야 주석」, 933쪽.
77) 김회권, 「하나님 나라 신학으로 읽는 이사야 40-66장」, 414쪽.
78) 존 오스월트, 「NICOT 이샤야 Ⅱ」, 449쪽.

81 Chapter 7. Isaiah 52:13-53:12

여호와의 팔이 누구에게 나타났는가

13보라. 내 종이 형통하리니 받들어 높이 들려서 지극히 존귀하게 되
리라. 14전에는 그의 모양이 타인보다 상하였고 그의 모습이 사람들
보다 상하였으므로 많은 사람이 그에 대하여 놀랐거니와 15그가 나라
들을 놀라게 할 것이며 왕들은 그로 말미암아 그들의 입을 봉하리니
이는 그들이 아직 그들에게 전파되지 아니한 것을 볼 것이요 아직 듣
지 못한 것을 깨달을 것임이라.
1우리가 전한 것을 누가 믿었느냐. 여호와의 팔이 누구에게 나타났느
냐. 2그는 주 앞에서 자라나기를 연한 순 같고 마른 땅에서 나온 뿌리
같아서 고운 모양도 없고 풍채도 없은즉 우리가 보기에 흠모할 만한
아름다운 것이 없도다. 3그는 멸시를 받아 사람들에게 버림받았으며

간고를 많이 겪었으며 질고를 아는 자라. 마치 사람들이 그에게서 얼
굴을 가리는 것같이 멸시를 당하였고 우리도 그를 귀히 여기지 아니
하였도다. 4 그는 실로 우리의 질고를 지고 우리의 슬픔을 당하였거늘
우리는 생각하기를 그는 징벌을 받아 하나님께 맞으며 고난을 당한
다 하였노라. 5 그가 찔림은 우리의 허물 때문이요 그가 상함은 우리의
죄악 때문이라. 그가 징계를 받으므로 우리는 평화를 누리고 그가 채
찍에 맞으므로 우리는 나음을 받았도다. 6 우리는 다 양 같아서 그릇
행하여 각기 제 길로 갔거늘 여호와께서는 우리 모두의 죄악을 그에
게 담당시키셨도다. 7 그가 곤욕을 당하여 괴로울 때에도 그의 입을 열
지 아니하였음이여 마치 도수장으로 끌려가는 어린 양과 털 깎는 자
앞에서 잠잠한 양같이 그의 입을 열지 아니하였도다. 8 그는 곤욕과 심
문을 당하고 끌려갔으나 그 세대 중에 누가 생각하기를 그가 살아 있
는 자들의 땅에서 끊어짐은 마땅히 형벌받을 내 백성의 허물 때문이
라 하였으리요. 9 그는 강포를 행하지 아니하였고 그의 입에 거짓이 없
었으나 그의 무덤이 악인들과 함께 있었으며 그가 죽은 후에 부자와
함께 있었도다. 10 여호와께서 그에게 상함을 받게 하시기를 원하사 질
고를 당하게 하셨은즉 그의 영혼을 속건제물로 드리기에 이르면 그
가 씨를 보게 되며 그의 날은 길 것이요 또 그의 손으로 여호와께서
기뻐하시는 뜻을 성취하리로다. 11 그가 자기 영혼의 수고한 것을 보고
만족하게 여길 것이라. 나의 의로운 종이 자기 지식으로 많은 사람을
의롭게 하며 또 그들의 죄악을 친히 담당하리로다. 12 그러므로 내가
그에게 존귀한 자와 함께 몫을 받게 하며 강한 자와 함께 탈취한 것을
나누게 하리니 이는 그가 자기 영혼을 버려 사망에 이르게 하며 범죄

자 중 하나로 헤아림을 받았음이니라. 그러나 그가 많은 사람의 죄를 담당하며 범죄자를 위하여 기도하였느니라.

고양이가 곰을 이길 수 있을까? 동물 세계를 촬영한 어느 영상에 보니 커다란 곰이 울타리 위에 앉아 있는 고양이를 위협하며 어슬렁어슬렁 다가오는 모습이 보였다. 고양이는 긴장한 채로 가만히 앉아 기다리고 있다가 자기에게로 서서히 얼굴을 들이미는 곰의 얼굴에 순식간에 날카로운 발톱으로 공격을 가했다. 예상치 못한 번개같이 날카로운 공격에 곰은 화들짝 놀라며 뒤로 물러가 뛰어 도망갔다.

다윗과 골리앗의 대결을 생각해 보라. 처음에 다윗이 골리앗과 싸우겠다고 나서자 골리앗은 무장도 제대로 하지 않고 나온 다윗을 비웃고 하나님을 모욕했다. 심지어 그를 전장으로 내보냈던 사울조차 다윗에게 큰 기대를 하지 않았던 것 같다. 골리앗에 비해 너무나 왜소한 목동 다윗이 하나님의 대안이라는 생각을 못 했던 것이다. 그러나 막상 대결이 시작되자 결과는 모두의 예상과 정반대였다. 다윗은 순식간에 물맷돌로 골리앗을 쓰러뜨렸다. 다윗이야말로 하나님께 영광을 돌리기에 가장 적합하고 멋진 하나님의 대안이었던 것이다. 우리는 종종 하나님이 능력을 베푸실 대안을 마련하실 때 겉모습만 보고 실망할 때가 많다. 그것은 약한 자를 통하여 놀라운 구원을 이루시는 하나님의 역사를 제대로 이해하지 못하기 때문이다.

이사야 52장 1~12절은 지금까지 장차 하나님이 회복시킬 시온과 그의 백성의 가슴 벅찬 비전을 노래했다. 이러한 비전은 사실 이사야 40장부터 전개되어 왔던 거대한 구원과 회복의 약속이기도 했다. 하나님은 이를 "여호와의 팔"(사 53:1)을 통해 성취하실 것을 말씀한다. 이사야는 이전에 능력 있는 여호와의 팔이 나타나기를 바라며 "여호와의 팔이여 깨소서. 깨소서. 능력을 베푸소서"(사 51:9)라고 기도하며 간구한 바 있다. 그렇다면 여호와의 팔은 누구에게 어떻게 나타날까? 주목할 것은 여호와의 팔이 모두의 기대와는 너무나도 다르게 나타날 것이라는 점이다.

본문은 '보라' 는 감탄사로 주의를 환기시킨다. 이는 하나님이 행하실 기이한 일에 집중하게 하는 효과를 준다. 하나님은 그 주의를 '내 종' 곧 여호와의 종에게 집중시킨다.

> "보라. 내 종이 형통하리니 받들어 높이 들려서 지극히 존귀하게 되리라"(사 52:13).

여호와의 종은 그동안 하나님의 구원역사를 성취할 인물로 계속해서 진술되었다(사 42:1-9, 49:1-6, 50:4-9). 이 종은 상한 갈대를 꺾지 아니하고 꺼져가는 등불을 끄지 아니하며(사 42:3), 백성의 언약과 이방의 빛이 되어 땅끝에서부터 흑암에 앉은 자를 감방에 나오게 하는 자이다(사 42:6-7, 49:6). 또한 그는 학자들의 혀로 사람들을 깨우치며(사 50:4) 모욕과 침 뱉음을 당해도 여호와께 묵묵히 순종하는 종이다(사 50:6).

13절에서 주목하는 종의 모습은 높이 들려 지극히 존귀하게 되는 종이다. 여기 '형통하리니'는 '성공한다' '그 목적을 이룬다'는 뜻이다. 이러한 모습은 여호와의 종의 사역이 온전히 그 목적을 성취하고 나서 맞이하게 될 최종적인 모습을 묘사한다. 여호와의 종은 높이 들려 지극히 존귀하게 될 것이다. '높아지다'와 '들리다'는 단어가 결합하어 나타나는 것은 본문을 제외하고 세 곳에 나온다(사 6:1, 33:10, 57:15).[79] 모두 높이 들리는 하나님을 묘사한다. 그런데 놀랍게도 본문에는 '여호와의 종'이 하나님과 같이 높이 들림을 받는다고 한다. 이사야서는 인간이 높임받는 일체의 행위를 강력하게 반대한다(사 2:6-22 참조). 그렇다면 여호와의 종은 하나님인가? 사람인가? 빌립보서는 이사야 본문에 대한 대답을 다음과 같이 반향한다.

"이러므로 하나님이 그를 지극히 높여 모든 이름 위에 뛰어난 이름을 주사 하늘에 있는 자들과 땅에 있는 자들과 땅 아래에 있는 자들로 모든 무릎을 예수의 이름에 꿇게 하시고 모든 입으로 예수 그리스도를 주라 시인하여 하나님 아버지께 영광을 돌리게 하셨느니라"(빌 2:9-11).

그렇다면 지극히 높이기 전에는 어떤 일이 있었는가? 빌립보서에 따르면 "그가 하나님의 본체시나 하나님과 동등됨을 취하지 않고 도리어 자기를 비워 종의 형체로 사람들과 같이 되어 나타나셨고 자기를 낮추고 죽기까지 복종하여 십자가에 죽으셨다"(빌 2:6-8 참조). 이어지는 14절은 이를 지극히 높아지기 '전에' 있던 일로 진술한다.

“전에는 그의 모양이 타인보다 상하였고 그의 모습이 사람들보다 상하였으므로 많은 사람이 그에 대하여 놀랐거니와”(사 52:14).

지극히 높아지기 전 종은 상처받고 수난받는다. 이로 인해 그의 외모는 심히 망가져 인간의 몰골이라 할 수 없을 정도로 섬뜩한 모습이었다. 여호와의 종으로 오신 그가 이렇게 흉측하게 일그러진 모습을 보고 많은 사람이 놀란다. 그러나 그가 지극히 높이 들려 존귀하게 되자 그는 온 나라와 열왕을 놀라게 한다.

“그가 나라들을 놀라게 할 것이며 왕들은 그로 말미암아 그들의 입을 봉하리니 이는 그들이 아직 그들에게 전파되지 아니한 것을 볼 것이요 아직 듣지 못한 것을 깨달을 것임이라”(사 52:15).

열방과 열왕이 놀라 입을 봉하는 이유가 무엇일까? 이는 여호와께서 그의 종으로 이루어가시는 이런 종류의 기이한 일은 이전에 들어본 적도 없고 만나본 적도 없었기 때문이다. 로마서는 이 말씀(사 52:15)이 예수 그리스도의 아름다운 복음의 소식으로 온 나라에 전파될 때 성취될 것으로 진술한다(롬 15:21). 이때 열방과 열왕들은 이 소식을 듣고 충격을 받고 깨닫기도 할 것이다. 하지만 처음 이러한 일이 전해질 때는 여호와의 종이 일그러지고 수난받고 죽임을 당했다는 소식 앞에 누구도 선뜻 믿지 못하고 걸려 넘어졌다. 이를 1절은 다음과 같이 진술한다.

"우리가 전한 것을 누가 믿었느냐. 여호와의 팔이 누구에게 나타났느냐"(사 53:1).

여호와의 종의 기쁜 소식이 전파되었을 때 사람들은 믿지 않았다. 구원하시는 여호와의 팔이 수난받는 종을 통해 나타났다는 것을 믿지 못했다. 그도 그럴 것이 '여호와의 팔' 은 이스라엘을 능히 구원할 강한 팔로 묘사되기 때문이다(사 40:10, 48:14, 51:5, 52:10). 그런데 이 팔이 수난받는 그의 종을 통해 나타났다는 소식은 확실히 거리끼는 것이요, 미련한 것이며 걸려 넘어지는 돌이었던 것이다(고전 1:23, 롬 9:33 참조). 여기서 '우리' 는 이사야 선지자를 따르고 함께하는 이스라엘의 제자 공동체를 가리킨다. 예수께서는 이 말씀에서 '우리' 를 자신과 함께하는 제자 공동체로, 믿지 않는 이들을 예수님을 배척하고 적대시했던 유대의 지도자들과 백성으로 적용하여 말씀하신 바 있다(요 12:38).

이제 본문은 앞서 진술한 여호와의 종의 상한 모습(사 52:14)을 본격적으로 상세하게 진술한다.

"그는 주 앞에서 자라나기를 연한 순 같고 마른 땅에서 나온 뿌리 같아서 고운 모양도 없고 풍채도 없은즉 우리가 보기에 흠모할 만한 아름다운 것이 없도다. 그는 멸시를 받아 사람들에게 버림받았으며 간고를 많이 겪었으며 질고를 아는 자라 마치 사람들이 그에게서 얼굴을 가리는 것같이 멸시를 당하였고 우리도 그를 귀히 여기지 아니하였도다"(사 53:2-3).

풍채는 공동체를 이끄는 하나님이 세우신 주요한 지도자에게 기대되는 위풍당당한 모습이다(시 96:6 참조). 사울 왕은 이스라엘 자손 중 가장 준수한 외모를 가졌고, 모든 사람보다 어깨 위만큼 더 큰 훤칠한 키를 갖고 있었다(삼상 9:2). 다윗은 붉고 건강한 외모와 잘생긴 이목구비를 갖추고 있었다(삼상 16:12). 이러한 외모는 분명 백성의 호감과 신뢰를 끌어당기는 요소로 작용한다.

하지만 여호와의 종에게서 나타나는 풍채는 이와 정반대다. 그는 연한 순과 같이 보잘것없고 연약하다(사 53:2). 물이 없어 메마른 땅에서 생존을 위해 몸부림치다 불쑥 솟아 나오는 기생뿌리와도 같다. 모두의 기대를 뒤엎는 모습이다. 우리는 여기서 베들레헴의 한 동네 여관에서 누일 자리가 없어 비천한 마구간에 누인 한 아기를 떠올린다. 헤롯은 연한 순과 같은 아기를 없애려고 위협했고, 부모는 아기를 데리고 한밤중에 애굽으로 조용히 피난을 떠나기도 하였다.

이 여호와의 종이 펼치는 사역은 왕과 같은 위풍당당한 통치행위와는 거리가 멀다. 도리어 그는 멸시받고 버림받고 고통을 많이 겪었다(사 53:3, 새번역). '멸시를 받는다'는 것은 이 종을 성급하게 판단하여 무가치하게 평가하고 외면하는 것을 뜻한다. 사람들은 이 종이 자신에게 아무런 의미가 없다고 결론 내리고 그를 저버렸다. 종은 사람들의 철저한 외면과 거절을 받은 것이다. 그는 간고, 즉 가난과 고생을 많이 겪었고 병으로 인한 괴로움(질고)이 무엇인지 그 누구보다 잘 알고 있었다. 그는 간고와 질고의 사람이었던 것이다. 이런 그의 모습으로 인해 사람들은 그에게서 얼굴을 가리고 외면하고, 무시한다(요 1:10-11 참조). 여호와의 종의 등장은 많은 사람에게 설렘과 소망이라기보다 충격과 놀람, 혐오와 경멸, 무시와 외면을 마주하게 할 것이다.

하지만 이어지는 단락(사 53:4-6)은 여호와의 이 모든 충격적인 모습과 사역이 사실은 우리를 위한 것임을 선언한다.

> "그는 실로 우리의 질고를 지고 우리의 슬픔을 당하였거늘 우리는 생각하기를 그는 징벌을 받아 하나님께 맞으며 고난을 당한다 하였노라"(사 53:4).

'실로'(히. 아켄)는 '그러나 틀림없이'(but surely)라는 뜻으로 대조와 긍정을 함께 표현한다. 여호와의 종의 믿기 힘든 겉모습과 비참한 상황은 부인할 수 없는 충격적인 진실이지만, 그러나 이 모든 것은 분명 우리를 위한 것임을 강조하는 것이다. 여호와의 종이 질고와 슬픔을 짊어진 것은 분명 우리의 질고와 슬픔이었다. 이것을 몰랐던 우리는 그의 비참과 고난이 하나님께 매 맞고 징벌당하는 것이라 생각했다. '그'와 '우리'의 대조는 이어지는 5절에 계속된다.

> "그가 찔림은 우리의 허물 때문이요 그가 상함은 우리의 죄악 때문이라. 그가 징계를 받으므로 우리는 평화를 누리고 그가 채찍에 맞으므로 우리는 나음을 받았도다"(사 53:5).

원문에는 '그러나'를 의미하는 히브리 역접 접속사 '바브'(but)가 들어있다. 우리는 여호와의 종이 자기 죄와 허물로 인해 하나님께 벌받는다고 생각했지만, 알고 보니 그것은 모두 우리의 죄와 허물과 반역 때문이었다. 이제 종이 받는 질고는 상해와 죽음으로까지 심화된다. 그는 몸 깊숙이 찔려(pierced, NIV, ESV) 고통스럽게 죽어가는 가운데, 그의 몸은 산산이 으깨어져(crushed, NRSV, NIV, ESV) 상하게 되었다. 여호와의 종이 이토록 심각하고 치명적인 수난을 당하는 것은 그만큼 우리의 죄악이 얼마나 큰지를 고스란히 보여준다. 그렇다면 우리를 대신한 그의 수난은 어떤 결과를 야기했는가? 이는 온전한 샬롬과 치유다.

하나님이 주시는 샬롬은 뒤틀린 정의로는 누릴 수 없다. 여호와의 종은 불의한 우리를 대신하여 그 결과를 대신 당함으로 어그러진 공의를 충족시키고, 우리와 하나님 사이의 뒤틀린 관계를 바로잡음으로 샬롬을 회복시킨 것이다. 또한 종의 수난은 우리에게 온전한 치유를 가져왔다. 5절 후반부를 직역하면 "그의 채찍 자국 안에서 그것이 우리에게 치유된다"이다.[80] 우리 스스로 얻을 수 없는 치유를 그의 채찍 자국과 피 흘림 안에서 새롭게 경험하는 것이다.

본문은 여호와의 종이 감당하는 수난을 제대로 알아차리지 못하고 오해해 왔던 '우리'를 향하여 '다' 양과 같다고 고발한다(사 53:6). 그동안 구체성을 결여하며 독자와 연대해왔던 '우리'가 이제 다 예외 없이 이런 무리에 속한다는 것이다. 여기 '우리 모두'는 양과 같은 모든 인류로 그 범위를 확대한다. 그렇다면 양은 어떤 특징이 있는가? 자기 유익과 욕심 앞에 각기 그릇 행하여 제 길로 간다. 실제로 양은 주변 상황을 의식하지 않고 외골수로 풀밭에만 마음이 가 있다. 그러다 놀라면 짧은 다리로 제대로 도망치지도 못하면서 아무 방향으로나 뿔뿔이 흩어져 각각 제 길로 도망간다. 결국 제 길을 잃고 구덩이에 빠지거나 맹수의 먹이가 되어 비참한 최후를 맞이하곤 한다. 본문은 우리가 모두 이런 양과 같은 비참한 곤궁에 빠진 상태임을 진술하는 것이다. 하지만 놀랍고 감사한 소식이 있다. 그것은 그런 우리를 위하여 여호와께서 우리 모두의 죄악을 그, 곧 여호와의 종에게 담당시켰다는 사실이다!(사 53:6).

그렇다면 우리의 죄악을 담당한 그는 어떤 사람인가? 그는 죄악을 감당하며 곤욕을 당하며 괴로울 때도 잠잠히 하나님을 바라보며 위엄을 지킨다(사 53:7, 참조 마 26:63, 27:12-14, 막 15:5, 눅 23:9, 요 19:9). 여기 '괴롭다'(히. 아나)는 '스스로를 낮춘다'는 의미이기도 하다.[81] 즉 우리의 죄악을 감당하기 위해 스스로를 낮추며 곤욕을 당하는 것이다(눅 9:51 참조). 여기서 여호와의 종은 6절의 제 길로 가는 양의 이미지와는 대조적으로 도살당하는 양으로 비유되어 묘사된다. 양은 도살을 위해 털이 깎여도 저항하지 않는다. 이처럼 겸손하고도 묵묵하게 우리의 죄악을 감당하는 모습을 보고 세례 요한은 "보라. 세상 죄를 지고 가는 하나님의 어린 양이로다"(요 1:29)라고 고백한다. 종이 곤욕과 심문을 당하고 끌려가서 살아 있는 땅에서 끊어진 것은 우리의 허물 때문이지만, 여호와의 종 자신의 세대에 속한 사람들은 그렇게 생각하지 못했다(사 53:8). 그는 무고하였지만 악인들과 함께 처형을 당하였고(마 27:38, 막 15:27, 눅 23:32-33), 죽어서는 부자의 무덤에 묻히게 되었다(마 27:57-60, 요 19:38-42).

이 모든 기이한 역사가 일어난 이유가 무엇인가? 마지막 단락(사 53:10-12)은 그 이유를 밝힌다. 이는 여호와의 종이 하나님께 '속건

제물' (사 53:10)로 드려지기 위한 것이었다. 속건제(히. 아샴, guilt offering)는 하나님의 성물이나 이웃의 물건을 침해하거나 손해를 끼치고 이를 깨달았을 때 죄를 용서받기 위해 죄책의 배상을 위해 드리는 제사다(레 5:14-6:7 참조). 속건제물은 죄인에게 죄의 책임, 곧 배상하여 탕감해야 할 빚이었다. 즉 여호와의 종은 그의 백성의 범죄로 초래한 죄책의 보상 때문에, 부채의 탕감을 위하여 '그의 영혼' 을 기꺼이 내어드린 것이었다. 여기서 '영혼' (히. 네페쉬)은 '숨결' '생명' '목숨', 더 나아가 그의 '전 인격과 생애' 를 뜻한다. 여호와의 종의 수난은 그의 백성이 도저히 자신의 힘으로 갚을 수 없는 죄의 부채를 탕감하기 위한 수난이었던 것이다. 그의 죽음은 결코 헛되이 끝나지 않는다. 그의 수난과 죽음 이후 그는 많은 씨, 곧 많은 믿음의 후손을 볼 것이고, 그의 날은 영구하게 될 것이며, 마침내 하나님의 기뻐하시는 뜻이 성취될 것이다(사 53:10, 참조 사 45:22-25). 연한 순 같은 수난받던 종이 열방을 구원하는 여호와의 강한 팔이 되신다는 것이 드러날 것이다.

하나님은 이 종을 '나의 의로운 종' (사 53:11)으로 인정한다. 그리고 의로운 종의 사역으로 말미암아 많은 이가 의롭다 함을 받게 될 것이다. 이는 그가 많은 이의 죄악을 친히 담당하는 수난의 사역을 온몸으로, 전 존재로 당했기 때문이다. 그는 자기 생명(영혼)을 버려 사망에 이르게 하였고, 죄인 중 하나로 취급을 받았다(사 53:12). 이는 그가 죄인과 함께 죽었다는 뜻이 아니다. 그는 죄인을 '위해' 죽었다. 그랬기에 그는 많은 이의 죄를 담당하는 가운데 죄인들을 위해 심지어 죽어가는 순간에도 기도할 수 있었던 것이다(사 53:12). 이런 그의 사역으로 그는 하나님 나라의 유업을 이어받고, 승리의 전리품과 같은 믿음의 후손과 민족들을 얻게 되었다(사 52:15 참조).

요컨대 여호와의 구원의 팔은 기이하게 나타날 것이다. 그는 연한 순같이 상하고 수난받는 충격적인 모습으로 이 땅에 나타나셨고, 누구도 기대하지 않았던 수난과 곤욕과 죽음의 자리로 내려가셨다. 이는 많은 사람의 부채를 탕감하기 위한 거룩한 속건제물로 자신을 드리기 위함이었다. 그분의 죽음으로 인해 놀라운 은혜를 경험했던 성도라면, 이제 우리도 기꺼이 연약하고 낮아지는 자리로 나아갈 수 있어야 한다. 멋지게 쓰임받기보다 때로 우리 이웃의 실수와 잘못을 껴안으며 진심으로 겸손히 또 묵묵히 섬겨야 한다. 이런 은혜를 받은 우리 모두가 그런 자리로까지 그리스도의 험한 십자가를 지고 기꺼이 따라나설 수 있게 되기를 소망한다.

[81장 각주]

79) 존 오스월트, 「NICOT 이사야 Ⅱ」, 456쪽.
80) 위의 책, 468쪽.
81) 본문에서는 '아나' 동사의 니팔형 분사가 사용되어 수동적 의미와 재귀적 의미가 함께 들어 있고, 분사형이기에 동시적 동작의 의미도 갖는다.

82 Chapter 7. Isaiah 54:1-17

하나님이 회복시키는 기이한 자비

1잉태하지 못하며 출산하지 못한 너는 노래할지어다. 산고를 겪지 못
한 너는 외쳐 노래할지어다. 이는 홀로 된 여인의 자식이 남편 있는
자의 자식보다 많음이라. 여호와께서 말씀하셨느니라. 2네 장막터를
넓히며 네 처소의 휘장을 아끼지 말고 널리 펴되 너의 줄을 길게 하며
너의 말뚝을 견고히 할지어다. 3이는 네가 좌우로 퍼지며 네 자손은
열방을 얻으며 황폐한 성읍들을 사람 살 곳이 되게 할 것임이라. 4두
려워하지 말라. 네가 수치를 당하지 아니하리라. 놀라지 말라. 네가
부끄러움을 보지 아니하리라. 네가 네 젊었을 때의 수치를 잊겠고 과
부 때의 치욕을 다시 기억함이 없으리니 5이는 너를 지으신 이가 네
남편이시라. 그의 이름은 만군의 여호와이시며 네 구속자는 이스라

엘의 거룩한 이시라. 그는 온 땅의 하나님이라 일컬음을 받으실 것이
라. [6]여호와께서 너를 부르시되 마치 버림을 받아 마음에 근심하는
아내 곧 어릴 때에 아내가 되었다가 버림을 받은 자에게 함과 같이
하실 것임이라. 네 하나님께서 말씀하셨느니라. [7]내가 잠시 너를 버
렸으나 큰 긍휼로 너를 모을 것이요 [8]내가 넘치는 진노로 내 얼굴을
네게서 잠시 가렸으나 영원한 자비로 너를 긍휼히 여기리라. 네 구속
자 여호와께서 말씀하셨느니라. [9]이는 내게 노아의 홍수와 같도다.
내가 다시는 노아의 홍수로 땅 위에 범람하지 못하게 하리라 맹세한
것같이 내가 네게 노하지 아니하며 너를 책망하지 아니하기로 맹세
하였노니 [10]산들이 떠나며 언덕들은 옮겨질지라도 나의 자비는 네게
서 떠나지 아니하며 나의 화평의 언약은 흔들리지 아니하리라. 너를
긍휼히 여기시는 여호와께서 말씀하셨느니라. [11]너 곤고하며 광풍에
요동하여 안위를 받지 못한 자여 보라. 내가 화려한 채색으로 네 돌
사이에 더하며 청옥으로 네 기초를 쌓으며 [12]홍보석으로 네 성벽을
지으며 석류석으로 네 성문을 만들고 네 지경을 다 보석으로 꾸밀
것이며 [13]네 모든 자녀는 여호와의 교훈을 받을 것이니 네 자녀에게
는 큰 평안이 있을 것이며 [14]너는 공의로 설 것이며 학대가 네게서 멀
어질 것인즉 네가 두려워하지 아니할 것이며 공포도 네게 가까이하
지 못할 것이라. [15]보라. 그들이 분쟁을 일으킬지라도 나로 말미암지
아니한 것이니 누구든지 너와 분쟁을 일으키는 자는 너로 말미암아
패망하리라. [16]보라. 숯불을 불어서 자기가 쓸 만한 연장을 제조하는
장인도 내가 창조하였고 파괴하며 진멸하는 자도 내가 창조하였은
즉 [17]너를 치려고 제조된 모든 연장이 쓸모가 없을 것이라. 일어나 너

를 대적하여 송사하는 모든 혀는 네게 정죄를 당하리니 이는 여호와의 종들의 기업이요. 이는 그들이 내게서 얻은 공의니라. 여호와의 말씀이니라.

우리 주변에 모든 것을 다 갖춘 정말 완벽해 보이는 엄마 친구 딸, 또는 엄마 친구 아들이 있다. 흔히들 엄친딸, 엄친아라 불리는 이들이다. 인물도 훤칠하고 성품도 좋고 믿음도 좋다. 공부도 잘하고 음악도 잘하고 미술도 잘하고 운동도 잘한다. 그래서 늘 화제를 몰고 다니며 비교의 대상이 되곤 한다. 그런데 엄친아가 끝까지 어떻게 자라가고 열매를 맺는지 지켜봐야 한다. 왜냐하면 엄친아가 그렇게 잘하는 이유는 자기 힘이라기보다 엄마의 적극적인 개입과 간섭으로 인한 경우가 많기 때문이다. 그들은 자의보다는 타의에 의해 떠밀려서 살아가는 경우가 많다. 이런 경우 혼자 있을 때는 완벽해 보이지만, 사회에 나가 관계를 맺어가면서부터 주변의 기대만큼 성공하지 못하는 경우가 종종 있다. 어릴 때는 장래가 촉망되었지만, 성인이 되어서는 관계가 어그러져 어려움을 겪고 좋은 결과를 내지 못하는 경우가 많다.

전에 국내에 거의 처음으로 전자바이올린을 연주하며 많은 주목을 받았던 천재 바이올리니스트가 있었다. 장래가 촉망되었다. 미국의 명문대를 나오고 신들린 듯한 연주를 하며 많은 인기를 끌었다. 그런데 그는 매니저를 잘못 만나 사기당하고 주변 사람을 잘못 만나 인생에 참 많은 어려움을 겪었다. 더 활짝 피고 많은 열매를 거두어야 할 시기에 그만 열매를 맺지 못하고 만 것이다.

이스라엘은 열방 가운데 특별한 은혜로 부름받고 택함받은 '엄친아' 같은 존재였다. 하나님의 특별한 언약을 받고, 놀라운 능력과 기적과 복을 받았던 이들이었다. 모두 극상품 포도나무와 같은 이스라엘에게 아름다운 열매가 주렁주렁 맺힐 것을 기대했다(사 5:2 참조). 그러나 이들은 하나님이 기대하시는 열매를 맺지 못했고 가시덤불만을 내는 불임의 상태로 전락하였다. 왜 그랬는가? 이들이 가졌던 주변과의 잘못된 관계 때문이다. 이스라엘은 바알과 아세라와 같은 우상들을 섬기며 결국 아무 열매도 맺지 못하는 불임의 현실에 직면하게 되었다. 처음 부름받았을 때는 생육하고 번성하여 온 땅에 충만하여 모든 민족에게 복을 나누어줄 특별한 복의 근원이었지만 이제는 황량하고 열매 없는 비참한 상태였다.

이런 이스라엘을 향해 본문은 노래하라 명령한다.

> "잉태하지 못하며 출산하지 못한 너는 노래할지어다. 산고를 겪지 못한 너는 외쳐 노래할지어다. 이는 홀로 된 여인의 자식이 남편 있는 자의 자식보다 많음이라. 여호와께서 말씀하셨느니라" (사 54:1).

"잉태하지 못하며 출산하지 못한 너"는 시온 또는 예루살렘으로 대표되는, 하나님의 택한 이스라엘 백성을 가리킨다. 시온은 생명을 낳는 산고를 겪어보지 못한 불임 상태였다. 이런 시온에게 외쳐 노래하라고 하는 이유가 무엇일까? 이는 이제 시온이 불임의 현실을 뚫고 생명을 낳는 역사를 일으킬 것이기 때문이다. 하나님은 시온을 홀로 된 여인에 빗대어 말씀한다. 홀로 된 여인은 남편이 없는 여인, 남편에게 버림받은 여인으로 자녀를 출산할 수 있는 가능성이 없는 여인이다. 하나님은 이런 불임 여인과 같은 시온이 자녀를 출산하게 될 것인데, 남편 있는 여인보다 많이 낳을 것이라 말씀한다. 이는 사라와 하갈의 이야기를 연상시킨다. 사라가 불임의 상태로 고생하다 하나님의 능력으로 나은 후손이, 하갈을 통해 난 자녀의 후손보다 더 생육하고 번성하였기 때문이다. 불임을 축복으로 바꾸시는 하나님의 능력은 한나의 노래(삼상 2:1-10)에도 잘 나타난다. 이처럼 하나님은 허물과 죄로 죽었던 그의 백성을 살리셔서 온 세상에 번성하게 하여 풍성한 축복을 베푸실 것이다(엡 2:1 참조).

이제 하나님은 시온의 장막터를 넓히라고 말씀한다.

> "네 장막터를 넓히며 네 처소의 휘장을 아끼지 말고 널리 펴되 너의 줄을 길게 하며 너의 말뚝을 견고히 할지어다"(사 54:2).

장막터를 넓힌다는 것은 곧 시온의 자녀가 많아질 것을 암시한다. 오늘날에는 식구가 늘어나면 더 넓은 평수의 아파트나 주택으로 이사 가겠지만 유목생활을 하던 고대 근동에서는 자녀가 늘어나면 장막의 터를 넓히고 장막을 넓혔다. 이를 위해 장막을 덮는 휘장을 넓게 펴고 장막을 팽팽하게 당겨 고정시키는 줄을 길게 하고 바람에 장막이 무너지지 않도록 줄을 고정시켜 묶는 말뚝을 단단하게 박아 놓아야 한다(렘 10:20 참조).

하지만 이사야가 활동하던 시대에 이스라엘 백성들은 장막이 아닌 성읍에 거했다. 그래서 3절은 다음과 같이 말씀한다.

> “이는 네가 좌우로 퍼지며 네 자손은 열방을 얻으며 황폐한 성읍들을 사람 살 곳이 되게 할 것임이라”(사 54:3).

여기 보면 황폐한 ‘장막’이 아닌 ‘성읍’을 다시 회복시킬 것을 말씀한다. 그렇다면 왜 하나님은 장막터를 넓히라고 말씀하셨을까? 이는 출애굽의 광야 경험을 떠올리게 한다. 생존의 조건이 결여된 광야에서 하나님은 이스라엘을 신실하게 보호하고 지키시며 약속의 땅으로 인도하셨다. 마찬가지로 하나님은 황량하게 된 예루살렘을 신실하게 보호하고 지키시며 회복시킬 것이다. 출애굽의 인도와 보호, 회복의 역사가 이제 시온에 임할 것임을 암시하는 것이다.

회복의 시작은 자손(히. 제라), 즉 씨가 사방으로 퍼져나가 번성함으로 일어난다. 이는 아담에게 주신 언약(창 1:28)이 여전히 유효하며, 특별히 약속의 성읍 시온을 통해 퍼져나가는 것은 아브라함에게 하신 땅의 약속(창 12:7)이 여전히 유효함을 의미한다. 더 나아가 이 약속의 자손을 통해 열방은 복을 얻을 것이다. 여기 ‘좌우’는 ‘북쪽과 남쪽’을 의미하며 이는 이스라엘 백성이 번성하여 사방으로 퍼져나갈 것을 의미한다(창 28:14 참조).

시온은 장막터를 넓히라는 하나님의 요청을 듣지만 여전히 두려웠다. 이는 자손도 없는 홀로 된 여인의 형편에서 장막터를 넓혔다가, 주변에서 이를 비웃고 손가락질할 때 당할 수치에 대한 두려움 때문이었다. 하나님은 그런 시온을 향하여 두려워하지 말라고 말씀하신다.

> "두려워하지 말라. 네가 수치를 당하지 아니하리라. 놀라지 말라. 네가 부끄러움을 보지 아니하리라. 네가 네 젊었을 때의 수치를 잊겠고 과부 때의 치욕을 다시 기억함이 없으리니"(사 54:4).

하나님은 이스라엘이 가진 젊을 때의 수치와 과부 때의 수치를 알고 계신다. 젊을 때는 가나안 땅에서 누렸던 왕정기를, 과부 때는 바벨론 포로기를 가리킨다. 하나님은 과거의 수치를 잊고 기억하지 않겠다고 하시며 이제 과부 된 시온에게 하나님이 누구신가를 선언한다.

> "이는 너를 지으신 이가 네 남편이시라. 그의 이름은 만군의 여호와이시며 네 구속자는 이스라엘의 거룩한 이시라. 그는 온 땅의 하나님이라 일컬음을 받으실 것이라"(사 54:5).

하나님은 버림받은 시온에게 자신을 남편이라 선언하신다! 이는 버림받은 시온에게 놀라운 소망이고 충격이다. 하나님은 만군의 여호와이며 시온을 지으신 창조주이며 시온을 구속할 뿐 아니라 온 땅을 지으시고 다스리시는 이스라엘의 거룩한 이다. 바로 이 하나님께서 버림받아 근심했던 과부 시온을 친히 다시 아내로 맞이하여 깨어진 언약을 회복하겠다 선언하신다(사 54:6). 하나님의 따스한 긍휼의 선언은 계속된다.

> "내가 잠시 너를 버렸으나 큰 긍휼로 너를 모을 것이요 내가 넘치는 진노로 내 얼굴을 네게서 잠시 가렸으나 영원한 자비로 너를 긍휼히 여기리라. 네 구속자 여호와께서 말씀하셨느니라"(사 54:7-8).

하나님은 분노하셔도 그의 노염은 잠깐이요, 큰 사랑과 긍휼은 평생 계속된다(시 30:5). 하나님은 그의 얼굴을 잠시 가리셨지만 끝까지 신실한 하나님의 자비(히. 헤세드)가 시온을 모으고 구속하실 것이다. 이런 자비야말로 언제까지나 떨어지지 않는 사랑이다(고전 13:8). 이러한 회복의 선언은 하나님의 징계 이후 새로운 회복을 선언하는 이사야 40장 1~3절을 반향하기도 한다.

진노하셨던 하나님 안에 무엇인가 변화가 일어났음이 틀림없다.[82] 이로 말미암아 진노가 그치고 그의 크신 긍휼이 다시 이스라엘을 향하고 있는 것이다. 하나님은 사랑의 하나님이지만 공의의 하나님이기도 하다. 그렇다면 이러한 하나님의 변화 이전에 하나님의 진노를 누그러뜨릴 사건이 일어났음이 분명하다. 하나님의 분노가 평화로 바뀌고, 하나님의 징계가 치유로 바뀌며, 하나님의 정죄가 무죄로 선언되는 일이 어떻게 가능할까? 그것은 분명 53장에 등장하는 여호와의 종의 사역으로 인한 것이 분명하다.[83] 종이 정죄와 형벌을 담당함으로 그의 백성이 하나님과 다시 화목하게 된 것이다.

하나님은 시온의 회복이 노아의 홍수 이후 세상을 회복하는 사건과 같다고 말씀한다(사 54:9). 노아의 홍수 이후 다시는 홍수로 세상을 멸하지 않겠다고 하셨던 것처럼(창 8:21, 9:11), 이제 하나님의 영원한 자비는 결코 시온을 떠나지 않고 지켜주실 것이다(사 54:10). 본문은 이를 '화평의 언약'으로 표현한다. 화평의 언약은 시온에 굳게 세워질 것이다.

새롭게 세워질 시온이 경험할 풍성한 삶의 모습은 어떠할까? 이어지는 단락(사 54:11-17)은 이를 아름답고 거룩한 성 예루살렘 건설의 관점에서 묘사한다. 비록 시온은 지금 여호와 외에 도움을 구할 수 없는, 광풍에 요동하고 곤고하여 위로받지 못한 상태이지만, 이제는 아름답고 눈부시게 바뀔 것이다. 성의 기초석이 화려한 채색과 함께 청옥으로 놓일 것이다(사 54:11). 청옥(루비-공동번역, NRSV, NIV)은 장식용으로 사용되던 매우 귀한 파란색 보석이다. 또한 홍보석으로 성벽을 짓고 석류석으로 성문을 만들고 보석으로 성벽 둘레를 꾸밀 것이다(사 54:12).

이 거룩한 성 시온에서 이제 예루살렘의 모든 자녀는 '여호와의 제자들'(히. 리무딤)이 될 것이다(사 54:13 새번역).[84] 여기 '제자들'은 이사야 50장 4절에서는 '학자들'로 번역되며, 이들은 학자들의 혀로 사람들을 일깨웠던 여호와의 종(Servant)의 사역을 배우고 닮아가는 자들(servants)이다. 이들은 아침마다 여호와의 가르침을 듣고 깨우치며 시온에 큰 샬롬을 이룩할 것이다. 공의가 세워지고 학대가 멀어지며 두려움이 엄습하지 못할 것이다(사 54:14). 시온과 분쟁을 일으키려는 모든 시도가 헛되이 돌아가고 패망할 것이다(사 54:15). 시온을 공격할 무기를 제작하는 장인도, 무기를 들고 공격하려는 시온의 대적도 쓸모없을 것이다(사 54:16). 이들을 지으신 창조주가 이들의 모든 시도를 헛된 것으로 돌리실 것이기 때문이다. 그뿐만이 아니다. 이미 공의로 굳건하게 세워진 시온을 음해하려는 모든 소문(혀)도 소용없을 것이다(사 54:17). 시온을 고소, 고발할수록 도리어 이들의 유죄가 드러날 것이기 때문이다.

이상으로 진술한 복은 여호와의 종들에게 허락된 유업, 곧 유산의 몫(heritage)이 될 것이다(사 54:17). 여기에서는 두 가지를 주목할 필요가 있다.

첫째, 그동안 '여호와의 종'은 단수로 진술되었지만 여기서부터 복수형으로 사용된다는 사실이다. 그렇다면 '여호와의 종들'은 누구일까? 이들은 여호와의 종이 많은 사람의 죄악을 담당하고 죽임을 당한 효력을 자신들의 것으로 취하여 의롭게 된 이들이다(사 53:11).[85] '여호와의 종'(Servant)이 감당한 수난의 사역 결과로 세워진 이들인 것이다. 이들은 여호와의 종의 제자들이 되어 새 예루살렘을 아름다움과 공의로 든든히 세워갈 것이다.

둘째, 종들이 받을 유업은 약속의 땅 경계를 넘어선다. 이는 자녀(사 54:1), 사방으로 확장된 장막(사 54:2), 수치가 없을 것이라는 약속(사 54:4), 하나님의 긍휼(사 54:8), 신실한 자비(헤세드)와 평화의 언약(사 54:10), 보석이 가득한 성읍(사 54:11-12), 여호와의 제자들(사 54:13), 하나님의 보호와 공의(사 54:14-17) 등이 포함된다.[86] 이 모든 것은 여호와께서 주실 유산으로 여호와의 종처럼 행동하는 여호와의 제자들, 곧 그의 종들에게 주어질 것이다.

불임의 현실에서 고통받던 이스라엘에게 이제 새로운 희망이 생겨났다. 그것은 하나님의 신실하심으로 새롭게 세우실 하나님의 새로운 나라다. 이는 여호와의 종의 수난의 사역으로 가능하게 되었으며, 이전보다 풍성한 유업이 그의 의를 힘입는 백성에게 주어질 것이다. 나 자신에게 실망하고 희망이 보이지 않을수록 열매 없는 현실을 역전시킬 하나님을 바라보라. 그의 의를 힘입어 담대히 나아가라!

[82장 각주]

82) Claus Westermann, trans.by David Stalker, *Isaiah 40–66*, Old Testament Libarary, (London: SCM Press, 1970), p.274.
83) 알렉 모티어, 「이사야 주석」, 999쪽 참조.
84) 난하주 1번 참조.
85) 알렉 모티어, 「이사야 주석」, 1007쪽.
86) 게리 스미스, 「NAC 이사야 2」, 617쪽.

83 Chapter 7. Isaiah 55:1-13

목마른 자들을 향한 외침

[1]오호라. 너희 모든 목마른 자들아 물로 나아오라. 돈 없는 자도 오라.
너희는 와서 사 먹되 돈 없이, 값 없이 와서 포도주와 젖을 사라. [2]너
희가 어찌하여 양식이 아닌 것을 위하여 은을 달아주며 배부르게 하
지 못할 것을 위하여 수고하느냐. 내게 듣고 들을지어다. 그리하면
너희가 좋은 것을 먹을 것이며 너희 자신들이 기름진 것으로 즐거움
을 얻으리라. [3]너희는 귀를 기울이고 내게로 나아와 들으라. 그리하
면 너희의 영혼이 살리라. 내가 너희를 위하여 영원한 언약을 맺으리
니 곧 다윗에게 허락한 확실한 은혜이니라. [4]보라. 내가 그를 만민에
게 증인으로 세웠고 만민의 인도자와 명령자로 삼았나니 [5]보라. 네가
알지 못하는 나라를 네가 부를 것이며 너를 알지 못하는 나라가 네게

로 달려올 것은 여호와 네 하나님 곧 이스라엘의 거룩하신 이로 말미
암음이니라. 이는 그가 너를 영화롭게 하였느니라. 6너희는 여호와를
만날 만한 때에 찾으라. 가까이 계실 때에 그를 부르라. 7악인은 그의
길을, 불의한 자는 그의 생각을 버리고 여호와께로 돌아오라. 그리하
면 그가 긍휼히 여기시리라. 우리 하나님께로 돌아오라. 그가 너그럽
게 용서하시리라. 8이는 내 생각이 너희의 생각과 다르며 내 길은 너
희의 길과 다름이니라. 여호와의 말씀이니라. 9이는 하늘이 땅보다
높음같이 내 길은 너희의 길보다 높으며 내 생각은 너희의 생각보다
높음이니라. 10이는 비와 눈이 하늘로부터 내려서 그리로 되돌아가지
아니하고 땅을 적셔서 소출이 나게 하며 싹이 나게 하여 파종하는 자
에게는 종자를 주며 먹는 자에게는 양식을 줌과 같이 11내 입에서 나
가는 말도 이와 같이 헛되이 내게로 되돌아오지 아니하고 나의 기뻐
하는 뜻을 이루며 내가 보낸 일에 형통함이니라. 12너희는 기쁨으로
나아가며 평안히 인도함을 받을 것이요 산들과 언덕들이 너희 앞에
서 노래를 발하고 들의 모든 나무가 손뼉을 칠 것이며 13잣나무는 가
시나무를 대신하여 나며 화석류는 찔레를 대신하여 날 것이라. 이것
이 여호와의 기념이 되며 영영한 표징이 되어 끊어지지 아니하리라.

직장생활을 하다 보면 꼭 참여하게 되는 것이 회식이다. 배부르게 먹고 심지어 소화제까지 먹어가며 고기와 술 또는 탄산음료를 들이키는 경우가 많다. 요즘 세대가 변해서 회식문화도 점점 달라진다고 하지만 여전히 고질적인 회식문화가 잘 없어지지 않는다. 왜 그런 것일까? 어느 사회학자는 그 이유를 다음과 같이 재미있게 설명했다.

바로 어린 시절 궁핍하게 살았던 시대의 기억, 트라우마가 무의식에 새겨졌기 때문이라는 것이다. 어릴 때 힘들 때는 고기 한 번 먹기도 힘들고 상다리가 휘도록 먹기가 참 어려웠다. 그러니 잔치는 대단한 것이었다. 물론 지금 어른이 되었을 때는 이렇게 먹는 것이 그리 큰 부담이 되지는 않는다. 하지만 어릴 때 새겨진 트라우마가 저녁에 함께 모이면 배 터지게 먹어야 한다는 강박관념을 발동하게 하는 것이다.

구약시대 이스라엘 사람들에게도 이런 트라우마가 있었다. 그것은 바로 생수에 대한 목마름이다. 팔레스타인 땅은 겨울철의 우기를 제외하고는 봄부터 늦은 가을까지 건기가 계속되기 때문에 비가 한 방울도 내리지 않는다. 그러니 이 기간에 물이 없으면 낭패를 겪는다. 그래서 성읍마다 거대한 시스턴(cistern), 물 저장창고를 건설하곤 했다. 북이스라엘의 아합왕(주전 873-851)의 궁전에도 가보면 거대한 물 저장창고가 있다. 주후 70~73년경, 유다의 천연 요새 맛사다에서 벌인 로마와의 최후 항전 때도 물 저장창고는 중요한 역할을 했다. 맛사다는 800m나 되는 거대한 바위산이다. 그런데 그 안에도 바위 안을 파서 거대한 시스턴을 만들어 놓았다. 왜? 물이 있어야 건기를 견뎌내며 그곳에서 생활이 가능하기 때문이다.

이처럼 이스라엘 사람들에게 생수를 얻는다는 것은 얼마나 큰 축복인지 모른다. 하나님은 생수에 대한 갈증이 있는 이스라엘에게 사실은 더 심각한 갈증이 있음을 보셨다. 그것은 하나님을 떠나 유배되어 있는 이들에게 나타난, 여호와의 말씀을 알지 못하는 것에 대한 갈증이었다. 하나님이 주시는 참된 진리의 말씀과 하늘의 생명을 마셔야 하는데, 그들은 잠시 마시고 다시 목마른, 설탕이 잔뜩 들어간 청량음료 같은 것만 마시고 있었다. 그것은 바로 바알과 아세라 같은 우상들을 섬기는 것이었다. 결국 강렬한 갈증에는 시원한 생수를 마셔야 한다.

하나님께서는 본문을 통해 계속되는 진리의 기근으로 강렬한 목마름에 사로잡혀있는 하나님의 백성을 초대한다.

> "오호라. 너희 모든 목마른 자들아 물로 나아오라. 돈 없는 자도 오라. 너희는 와서 사 먹되 돈 없이, 값없이 와서 포도주와 젖을 사라"(사 55:1).

'오호라'(히. 호이)는 슬픔과 탄식을 나타내는 감탄사다. 하지만 여기서는 여호와의 종이 당한 고난과 슬픔(사 52:13-53:12)을 뒤로 하고 새로운 긴박감과 중요성을 환기하는 감탄사로 사용된다. 하나님은 그의 백성을 '목마른' 자들이라 부르신다. 이들은 앞서 잉태하지 못하고 출산하지 못하며 산고를 겪지 못했던 이들이다(사 54:1). 그런데 그 앞에는 '모든'이 들어있다. 이것은 유대인과 이방인을 포괄하는 모두를 뜻한다. 이들은 갖고 있던 돈을 모두 우상에게 탕진하여 '돈 없는 자' 들이다. 이들은 참된 음료, 참된 양식이 아닌 것을 위하여 은을 달아주고, 참된 만족을 주지 못할 것을 위하여 헛된 수고를 했던 이들이다(사 55:2). 이들은 참된 생수를 찾아 헤매었지만 찾지 못한 채 엉뚱한 우상에 기대다 결국 갈증이 더욱 심해지고 가난해졌다.

하나님은 이들에게 '물'로 나아오라고 초대한다. 이사야에서 '물'은 종종 하나님의 영을 상징한다.

> "나는 목마른 자에게 물을 주며 마른 땅에 시내가 흐르게 하며 나의 영을 네 자손에게, 나의 복을 네 후손에게 부어주리니"(사 44:3).

여기 '목마른 자'는 난하주 5번에 보면 '건조한 땅'으로 되어 있다. 즉 하나님께서 건조한 땅에 물을 준다는 약속은 목마른 백성에게 하나님의 영을 부어준다는 영적 의미를 포함하는 것이다. 예수께서도 목마른 자에게 물을 줄 것을 약속하신 바 있다. 이 물이 목마른 자가 마시는 생수와 다른 것은 이 물은 그 속에서 영생하도록 솟아나는 샘물이 되기 때문이다(요 4:14). 예수께서는 모든 사람을 초대하며 다음과 같이 말씀하셨다.

> "…누구든지 목마르거든 내게로 와서 마시라. 나를 믿는 자는 성경에 이름과 같이 그 배에서 생수의 강이 흘러나오리라 하시니 이는 그를 믿는 자들이 받을 성령을 가리켜 말씀하신 것이라…"(요 7:37-39).

여기서도 누구든지 목마른 자 모두를 초대하신다. 중요한 것은 값을 요구하지 않는다는 점이다. 본문에서도 "너희는 와서 사 먹되 돈 없이, 값없이 와서… 사라"고 한다. 이는 생수의 값을 따진다면 어마어마한 비용을 지불해야 한다는 것을 의미한다. 하지만 하나님은 이 비용을 요구하지 않으시고 하나님의 초대에 믿음으로 응하는 이들에게 거저 주겠다고 하신다.

모든 목마른 자들을 향한 하나님의 초대는 집요하고 강렬하다. 1절에서는 "오라"는 초대를 세 번이나 반복하고, 2~3절에는 "들으라"는 초대를 세 번이나 반복한다. '오라' 는 것은 삶의 방향을 돌이키는 회개를 뜻한다. '들으라' 는 순종을 포함한다. 하나님이 그의 백성들에게 "듣고 들을지어다"(사 55:2), "귀를 기울이고 내게로 나아와 들으라"(사 55:3)고 하며 세 번이나 '들으라' 는 말씀을 반복하는 것은 듣는 것이 이들의 생명과 직결되기 때문이다. 하나님의 초대에 순종으로 반응하는 것이 이스라엘의 살길이다. 우리는 지속적으로 생명의 말씀을 듣지 않으면 살 수 없고, 온전하고 풍성한 삶을 누릴 수 없다.

하나님은 물로 나아오는 자들에게 생수만이 아니라 포도주와 젖까지 사라고 초대한다. 포도주와 젖은 황폐한 땅을 풍요롭게 하는 풍성하고 기름진 좋은 음식을 뜻한다. 하나님의 초대를 지속적으로 경청하는 이들에게 하나님은 '좋은 것을 먹고 기름진 것으로 즐거움을 얻는' 풍성한 삶을 허락하겠다고 약속하신다(사 55:2).

하나님은 이런 이들에게 '영원한 언약' (사 55:3)을 맺겠다고 약속하신다. 그동안 하나님과 이스라엘의 관계에 놓인 언약은 약속의 땅 가나안에 들어가기 전 시내산에서 맺었던 모세언약이었다. 그러나 이사야 1장에는 이스라엘이 하나님과 맺었던 언약이 깨어졌음을 고발하고 있다. 하나님은 더 이상 헛된 제물을 가져오지 말라고 하시며 이스라엘의 가증한 제사를 견디지 못하겠다고 하신다(사 1:23). 그들의 손에는 피가 가득했고 이들의 기도는 더 이상 하나님이 듣지 않으신다(사 1:15). 모세 언약이 깨어진 상태에서 이스라엘은 새로운 기반 위에 언약이 갱신될 필요가 있었다. 하나님은 새롭게 맺는 언약은 다윗에게 허락하신 확실한 은혜에 기초한 언약이라고 하신다(사 55:3). '은혜'(히. 헤세드)는 하나님의 변함없는 신실한 언약적 사랑을 뜻한다. 하나님께서 다윗에게 주신 취소할 수 없는 언약적 사랑은 무엇인가? 그것은 그의 가문을 통하여 왕들이 끊이지 않고 나오며, 장차 영원히 다스릴 메시아를 보내겠다는 것이다(삼하 7:14, 사 9:6-7, 11:1-5). 하나님의 신실한 사랑은 다윗의 생애 가운데서도 함께했다. 밧세바와의 간음사건 때도(삼하 11장), 하나님이 금하시는 인구조사를 했을 때도(삼하 24장) 하나님은 그의 사랑을 취소하지 않으셨고 끝까지 다윗의 가문을 지키셨다.

이제 하나님은 다윗에게 허락하셨던 확실한 자비로 다윗과 같은 새로운 인물을 세워 만민에게 증인으로 삼고 만민의 인도자와 명령자로 삼으실 것이다.

> "보라. 내가 그를 만민에게 증인으로 세웠고 만민의 인도자와 명령자로 삼았나니 보라. 네가 알지 못하는 나라를 네가 부를 것이며 너를 알지 못하는 나라가 네게로 달려올 것은 여호와 네 하나님 곧 이스라엘의 거룩하신 이로 말미암음이니라. 이는 그가 너를 영화롭게 하였느니라"(사 55:4-5).

하나님이 세우실 다윗과 같은 인물은 이스라엘을 넘어 만민에게 증인이 될 것이다. 그는 하나님의 성품과 구원과 그의 통치를 증거할 것이다. 물론 이런 사명은 장차 이스라엘이 온전히 회복되어 감당할 제사장적 사명이지만(사 43:10), 여기서는 특별히 한 사람 '그', 곧 다윗 가문의 메시아를 통해서 성취할 것을 말씀한다. 그때가 되면 열방은 하나님의 참 도를 배우기 위해 온전히 회복된 이스라엘로 돌아올 것이다(사 2:3 42:4, 66:18,21). 이때 하나님은 이스라엘이 알지 못하는 나라를 부를 것이며 이스라엘을 알지 못하던 나라가 달려오게 될 것이다(사 55:5).

하나님의 새로운 언약으로의 초대(1-5절)에 이은 후반부 단락(6-13절)은 하나님 말씀의 확실성을 강조하며 55장을 마무리한다. 이 단락은 40장부터 시작했던 이스라엘의 회복에 대한 약속의 결론 부분이기도 하며 첫 시작의 서문(사 40:1-11)과 대응하는 에필로그의 기능도 한다.

이사야는 예언사역의 큰 단락을 마무리하며 이스라엘의 변화를 촉구한다.

> "너희는 여호와를 만날 만한 때에 찾으라. 가까이 계실 때에 그를 부르라. 악인은 그의 길을, 불의한 자는 그의 생각을 버리고 여호와께로 돌아오라. 그리하면 그가 긍휼히 여기시리라. 우리 하나님께로 돌아오라. 그가 너그럽게 용서하시리라"(사 55:6-7).

여기에는 사중적인 부름이 있다. "찾으라" "부르라" "버리라" "돌아오라." 이스라엘은 전에 이러한 부름을 외면한 적이 있다. 하나님은 그의 백성이 하나님을 찬송하도록 지으셨지만(사 43:21), 이스라엘은 하나님을 부르지 않고 죄의 길에서 돌이키지 않아 하나님을 도리어 괴롭혔다(사 43:22). 이제 이스라엘은 더 이상 머뭇거릴 틈이 없다. 지금이 바로 응답할 때이고, 하나님이 이스라엘에게 가까이 돌아오실 때가 바로 지금이다. 악한 길과 생각을 버릴 때가 지금이고, 여호와께 돌아갈 때가 지금이다.

이스라엘은 지금까지 하나님께 돌아가는 것을 머뭇거리고 있었다. 자신들의 죄를 하나님이 용서하지 않고 영원히 저주하실 것이라는 부정적인 믿음이 있었다. 성전이 파괴됨으로 더 이상 제사를 드릴 수 없게 되자 모세의 언약이 무효가 되어 언약에서 끊어진 백성이란 비관적 생각이 팽배했다. 이렇게 유배된 백성으로 사는 것이 당연하고 이것이 하나님이 걷게 하시는 길이라고 여겼다. 그러나 하나님은 이런 이스라엘의 생각과 하나님의 생각이 다르다고 선언한다.

> "이는 내 생각이 너희의 생각과 다르며 내 길은 너희의 길과 다름이니라. 여호와의 말씀이니라. 이는 하늘이 땅보다 높음같이 내 길은 너희의 길보다 높으며 내 생각은 너희의 생각보다 높음이니라"(사 55:8-9).

우리는 종종 나의 생각을 하나님의 생각과 동일시하려는 경향이 있다. 그러나 하나님은 우리의 편협한 생각으로 하나님의 원대한 구원계획을 제한하지 말라고 말씀하신다. 하나님의 계획은 이미 시작되었다. 그의 입에서 나가는 말씀이 선포되었기 때문이다. 비와 눈이 하늘에서 내려 다시 돌아가지 않고 땅을 적셔 식물을 자라게 하여 소출을 내듯, 하나님의 입에서 나가는 말도 헛되이 돌아가지 않고 하나님의 기뻐하는 뜻을 이루며 형통하게 한다. 하나님께서는 이미 시작한 구원 경륜을 통해 황량한 땅을 가득 채웠던 가시나무를 대신하여 건축 목재로 사용하는 사이프러스 잣나무(pine tree, NIV)가 자랄 것이고, 쓸모없는 찔레를 대신하여 초막을 제작하는 데 사용하는 화석류(myrtle)가 자랄 것이다. 가시나무와 찔레가 사라진다는 것은 하나님의 심판과 저주가 있던 옛 시대가 끝난다는 표시다(창 3:18 참조).[87] 그 대신 온 땅이 잣나무와 화석류의 군락지로 뒤덮이는 것은 이것이 여호와의 이름을 기념하는 영영한 표징이 됨을 상징한다(사 55:13).

이는 이사야에서 영원하다고 묘사된 세 번째 것이다. 첫째는 하나님의 변함없는 언약적 사랑을 '영원한 헤세드' (사랑, 자비, 은혜, 인자)라고 하였고(사 54:8), 둘째는 하나님의 언약을 '영원한 언약' (사 55:3)이라 하였다. 세 번째 표징이 바로 황폐하게 되었던 약속의 땅에서 아름다운 초목이 자라는 것이다. 한편 본문의 '표징' (히. 오트)은 임마누엘의 표징(사 7:14)과 짝을 이룬다. 불가능한 것 같은 곳에서도 길을 내시며 기적을 만드시는 하나님이 함께하는 역사인 것이다.

이로써 본문은 여호와의 종의 사역(사 52:13-53:12)으로 인한 결과로 불임과 소외가 치유됨을 찬송하고(54장), 여호와께 돌아오라는 부름과 찬송(55장)으로 이사야 40~55장 전체를 마무리한다.

하나님을 향한 나의 영적 목마름은 얼마나 되는가? 시간이 갈수록 영적 갈증과 사모함이 더해 가는가? 아니면 주님이 아닌 세상을 향한 갈증이 커지는가? 이제는 주님께로 돌아가 그분의 자비와 성령으로 충만하게 흠뻑 젖어야 한다. 그분을 향한 사모함이 우리의 전인을 새롭게 할 것이다.

[83장 각주]

87) 게리 스미스, 「NAC 이사야 2」, 642쪽.

[P·A·R·T·8]

다가오는 영광스러운 미래

84 Chapter 8. Isaiah 56:1-8

믿음은 행동으로 드러난다

[1]여호와께서 이와 같이 말씀하시기를 너희는 정의를 지키며 의를 행
하라. 이는 나의 구원이 가까이 왔고 나의 공의가 나타날 것임이라
하셨도다. [2]안식일을 지켜 더럽히지 아니하며 그의 손을 금하여 모든
악을 행하지 아니하여야 하나니 이와 같이 하는 사람, 이와 같이 굳
게 잡는 사람은 복이 있느니라. [3]여호와께 연합한 이방인은 말하기를
여호와께서 나를 그의 백성 중에서 반드시 갈라내시리라 하지 말며
고자도 말하기를 나는 마른 나무라 하지 말라. [4]여호와께서 이와 같
이 말씀하시기를 나의 안식일을 지키며 내가 기뻐하는 일을 선택하
며 나의 언약을 굳게 잡는 고자들에게는 [5]내가 내 집에서, 내 성 안에
서 아들이나 딸보다 나은 기념물과 이름을 그들에게 주며 영원한 이

름을 주어 끊어지지 아니하게 할 것이며 [6]또 여호와와 연합하여 그를 섬기며 여호와의 이름을 사랑하며 그의 종이 되며 안식일을 지켜 더럽히지 아니하며 나의 언약을 굳게 지키는 이방인마다 [7]내가 곧 그들을 나의 성산으로 인도하여 기도하는 내 집에서 그들을 기쁘게 할 것이며 그들의 번제와 희생을 나의 제단에서 기꺼이 받게 되리니 이는 내 집은 만민이 기도하는 집이라 일컬음이 될 것임이라. [8]이스라엘의 쫓겨난 자를 모으시는 주 여호와가 말하노니 내가 이미 모은 백성 외에 또 모아 그에게 속하게 하리라 하셨느니라.

이사야서는 총 66장으로 그 구조가 성경과 유사하다. 성경은 총 66권으로 구약이 39권, 신약이 27권으로 구성되어 있다. 구약은 옛언약을, 신약은 그리스도 안에서 주신 새 언약을 다루고 있다. 이사야서도 전반부 39장(1-39장), 후반부 27장(40-66장)으로 구분된다. 전반부는 범죄한 언약 백성 이스라엘을 향한 하나님의 책망과 징계를 다루고, 후반부는 이스라엘의 회복과 구원, 그리고 이를 가능하게 하는 여호와의 종의 사역을 다룬다.

후반부(40-66장)에서 하나님의 은혜와 구원역사의 클라이맥스는 55장으로 끝난다. 모든 목마른 자, 가난한 자를 초대하여 돈 없이, 값없이 생수와 포도주와 젖을 사라고 하며(사 55:1), 하나님의 백성들을 위하여 영원한 언약을 맺고(사 55:3), 다윗의 후손, 곧 여호와의 종을 새로운 증인과 인도자와 명령자로 삼겠다고 선언한다(사 55:4). 그리고 장차 수많은 열방이 돌아올 것을 말씀한다(사 55:5). 이제 하나님의 구원역사는 시작되었고, 반드시 하나님의 기뻐하는 뜻을 이룰 것이다(사 55:11).

그렇다면 내용상 40~55장과 구분되는 후반부 나머지(56-66장) 부분은 무엇을 위한 것일까?[88] 이는 하나님의 구원 약속의 성취를 기다리는 언약공동체를 위한 말씀이다. 이들은 하나님의 공의(히. 체데크)가 가깝고 하나님의 구원(히. 예수아)이 이미 시작되었음을 듣고 확신하고 있다(사 51:5, 46:13). 그렇다면 구원의 초청을 받고 응답하는 이들에게 요구되는 삶의 양식은 하나님의 정의(히. 미슈파트)를 지키며 의(히. 체데크)를 행하는 것이다. 이들은 하나님의 새 언약의 백성으로 하나님의 성품과 거룩을 드러내고 보여줄 사명이 있다.

> "여호와께서 이와 같이 말씀하시기를 너희는 정의를 지키며 의를 행하라. 이는 나의 구원이 가까이 왔고 나의 공의가 나타날 것임이라 하셨도다"(사 56:1).

55장이 은혜의 선언이었다면 56장의 시작은 은혜받은 자의 합당한 반응을 요청하는 말씀이다. 이제 시작된 하나님의 구원(히. 예수아)이 가까이 왔고, 하나님의 공의(deliverance-NRSV, 히. 차다크)가 가까이 왔기에 이에 대한 합당한 반응으로 그의 백성은 마땅히 정의(히. 미슈파트)를 지키라는 것이다. 이는 구원얻은 백성이 새로운 정체성으로 행하여야 할 삶의 방식을 요청하는 것이다. 그렇다면 큰 은혜로 구원을 얻은 자로서 하나님의 정의(히. 미슈파트)를 지키는 가장 구체적인 행동지침은 무엇인가?

“안식일을 지켜 더럽히지 아니하며 그의 손을 금하여 모든 악을 행하지 아니하여야 하나니 이와 같이 하는 사람, 이와 같이 굳게 잡는 사람은 복이 있느니라”(사 56:2).

첫째는 안식일을 지키는 것이고, 둘째는 어떤 악행에도 손을 대지 않는 것이다.

안식일을 지키는 것은 바벨론 제국 아래 살며 하나님 백성의 정체성을 지키는 것과 밀접한 관계가 있다. 바벨론에 끌려오면서 예루살렘 성전은 파괴되었고, 성전에서 제사장이 집례하는 합당한 제사를 더 이상 드릴 수 없게 되었다.[89] 바벨론의 다신교적 제의 상황에 둘러싸인 가운데 계속되는 포로생활에서 이스라엘이 하나님의 백성으로서의 정체성을 지킬 수 있는 방편이 많지 않았다. 그런데도 하나님의 백성 됨을 명확하게 드러내고 지키는 것은 안식일을 거룩하게 지키는 것이다. 비록 제사는 드리지 못하지만 함께 모여 하나님을 찬양하고, 그의 말씀을 읽고, 듣고, 지키며 자신들이 하나님께 속한 하나님의 백성임을 선포하는 것은 하나님께 매우 중요한 행위였다. 이제는 제사를 드리는 것이 아니라 제국의 포로생활 가운데 시공간을 구별하여 하나님을 찬미하며 그의 거룩한 백성답게 살아가는 산 제사를 드려야 했다(롬 12:1 참조). 그 핵심에 바로 안식일 준수가 있다.

악행을 금하는 것은 바벨론이 장악한 세상 풍조가 조장하는 악들에 휩쓸리지 않는 것을 의미한다. 바벨론 세대를 본받지 말고 마음을 새롭게 함으로 하나님이 기뻐하시는 뜻을 분별하며 살아가는 것이다(롬 12:2).

'이와 같이 하는 사람' '이와 같이 굳게 잡는 사람' 은 복이 있다고 선언한다. 전자에 나오는 '사람' 은 히브리어 '에노쉬' 로 한계 있고 연약한 인간(mortal, NIV)을 가리키는 표현이다(창 4:26 참조). 후자에 나오는 '사람' 은 히브리어 '벤 아담' 으로, '아담의 아들' 혹은 '사람의 아들' 이란 뜻이다. 여기에는 하나님의 선민을 규정하던 혈통과 특권이라는 옛 경계는 사라진다.[90] 그렇다면 하나님의 참된 백성의 표지는 안식일을 지키고 악을 금하는 모든 이에게 열리게 된다. "복이 있느니라"(히. 아쉬레)는 원문 제일 앞에 오는 일종의 감탄형으로 시편 1편 1절의 복 있는 사람을 반영한다. 지혜문학의 첫 출발인 시편 1편이 말하는 복 있는 사람은 "악인들의 꾀를 따르지 않고 죄인들의 길에 서지 않고 오직 여호와의 율법을 즐거워하여 그 율법을 주야로 묵상하는 자"이다. 세상 풍조에 휩쓸리지 않고 하나님 말씀이 그의 내면에 머물러 있도록 하는 사람인 것이다.

이러한 복은 신약시대에 말씀이 육신이 되어 우리 가운데 거하시는 예수 그리스도를 영접하는 이들에게 주어진다(요 1:12-14). 예수께서는 자신을 '안식일의 주인' (마 12:8, 막 2:28, 눅 6:5)으로 선포하신 바 있다. 예수 그리스도를 참된 주로 고백하며 예배하는 자는 안식일을 온전히 지키는 자가 된다. 또한 예수를 주로 영접하며 그 안에 거하는 자는 그를 굳게 붙잡는 것이다(롬 10:9).

구원의 지평이 확장되는 것은 이어지는 3절부터 보다 본격적으로 펼쳐진다. 이제 하나님의 선민 이스라엘이 아닌 이방인과 고자도 여호와께 연합하는 역사가 일어나기 때문이다.

"여호와께 연합한 이방인은 말하기를 여호와께서 나를 그의 백성 중에서 반드시 갈라내시리라 하지 말며 고자도 말하기를 나는 마른 나무라 하지 말라"(사 56:3).

'연합했다'(히. 라바)는 단어는 '레위' 족속의 어원이 되기도 한다. 예전에는 하나님의 백성에서 배제되었던 이방인이 이제는 여호와와 연합하여 함께 거하기 시작한다. 여호와의 날개 그늘 아래 거하는 역사가 일어나는 것이다. 이는 이사야 서두에서 종말에 회복될 새 예루살렘에서 일어날 역사로 이미 예고한 바 있다.

"말일에 여호와의 전의 산이 모든 산 꼭대기에 굳게 설 것이요 모든 작은 산 위에 뛰어나리니 만방이 그리로 모여들 것이라. 많은 백성이 가며 이르기를 오라. 우리가 여호와의 산에 오르며 야곱의 하나님의 전에 이르자. 그가 그의 길을 우리에게 가르치실 것이라. 우리가 그 길로 행하리라 하리니 이는 율법이 시온에서부터 나올 것이요 여호와의 말씀이 예루살렘에서부터 나올 것임이니라"(사 2:2-3, 참조 계 7:9-17, 14:1-5, 21:1-22:5).

그뿐만이 아니다. 이러한 연합에는 여호와의 총회에서 배제되었던 고자도 포함된다(신 23:1, 레 21:18-21). 고자는 고환이 상하여 더 이상 생식기능을 발휘할 수 없는 자다. 그런데 고자가 "나는 마른 나무라" 하는 일이 더는 없을 것이다. 마른 나무는 열매를 맺을 수 없는 무익한 나무로 결국 불에 태워진다. 이처럼 유대사회에서 고자는 자녀를 생육하고 번성하라는 창조 명령을 수행할 수 없는 무익하고 가치 없는 부류로 간주되었다. 그러나 하나님은 이런 고자라 하더라도 안식일을 지키며 하나님의 선하고 기뻐하시는 일을 택하며 새롭게 주시는 언약을 굳게 잡는다면(사 56:4), 이들에게 영원한 이름을 주어 영원히 기념하도록 하실 것이다(사 56:5). 압살롬은 그를 기념할 자녀가 없었기에 스스로 자신을 위하여 기념 비석을 세웠던 적이 있다(삼하 18:18). 하지만 고자는 자녀가 없는 데다가 여호와의 총회에서 제외되었기에 그의 이름을 기념해줄 이가 없다. 그러나 이제는 하나님이 주시는 새 언약을 굳게 붙든다면 하나님이 친히 그에게 영원한 새 이름을 주시고 그를 기념하실 것이다(계 2:17, 3:12 참조).

하나님은 그와 연합하는 이방인에게 새로운 복을 약속한다.

> "또 여호와와 연합하여 그를 섬기며 여호와의 이름을 사랑하며 그의 종이 되며 안식일을 지켜 더럽히지 아니하며 나의 언약을 굳게 지키는 이방인마다"(사 56:6).

'연합하다'는 동사에는 세 개의 부정사가 추가되어 보다 구체적으로 정의된다.[91] 그를 '섬기며'(사 66:21 참조), 여호와의 이름을 '사랑하며', 그의 종이 '되기 위하여' 연합하는 것이다. 이방인이 여호와와 연합한다는 것은 하나님의 선행하는 크신 은혜의 결과다. 따라서 여호와와 연합하는 자들은 큰 은혜의 결과로 그를 섬기고 그 이름을 사랑하며 그의 종이 되어 그의 뜻과 영광을 위하여 살아가는 사람이 된다. 하나님께서는 이런 사람들을 거룩한 새 예루살렘 시온으로 인도하여 그들의 눈물을 닦아주시며 그들을 기쁘게 하실 것이다(계 21:2-4 참조).

"내가 곧 그들을 나의 성산으로 인도하여 기도하는 내 집에서 그들을 기쁘게 할 것이며 그들의 번제와 희생을 나의 제단에서 기꺼이 받게 되리니 이는 내 집은 만민이 기도하는 집이라 일컬음이 될 것임이라"(사 56:7).

이들은 하나님의 전에서 기쁘게 예배할 것이며 하나님은 이들의 찬송과 예배를 기쁘게 받으실 것이다. 그리고 이때 성전은 '만민이 기도하는 집'이라 일컬음을 받게 될 것이다. 만민이 기도하는 집으로서의 성전의 비전은 사실 솔로몬이 성전을 하나님께 봉헌하면서 기도했던 제목이다(왕상 8:41-43). 또한 말라기서가 가졌던 비전이기도 하다(말 1:11). 그리고 이 비전은 말씀이 육신이 되어 이 땅에 오신 여호와의 종, 메시아 예수께서 가졌던 비전이기도 하다(막 11:17). 그리고 그 성전은 매우 기이한 방식으로 삼일 만에 새롭게 세워진다(요 2:19-22 참조). 건축자가 버린 돌이 성전의 모퉁이 돌이 되어 새로운 성전이 지어진 것이다(행 4:11-12, 벧전 2:7, 엡 2:19-22). 이 모퉁이 돌이 바로 우리 질고를 지고 우리의 허물과 죄악으로 말미암아 대신 채찍에 맞으시고 찔리신 여호와의 종, 메시아 예수다(사 53:4-6 참조).

하나님은 새 언약의 백성들에게 파격적인 선언을 하신다.

"이스라엘의 쫓겨난 자를 모으시는 주 여호와가 말하노니 내가 이미 모은 백성 외에 또 모아 그에게 속하게 하리라 하셨느니라"(사 56:8).

하나님은 바벨론 포로에서 돌이킨 이스라엘 백성뿐만 아니라 온 세상의 죄와 사망의 포로 된 자들을 더 모아 여호와께 속하게 하실 것이다. 이를 통해 비로소 참된 이스라엘이 완성된다. 이를 사도 바울은 "이방인의 충만한 수가 들어와 이로써 '온 이스라엘'이 구원을 받으리라"고 진술한다(롬 11:25-26). 여기서 '온 이스라엘'은 열방의 이방인과 고자가 포함된 새롭게 된 이스라엘이다. 이것을 보여주는 것이 메시아의 계보(마 1:1-17)다. 여기에는 가나안 여리고의 기생 라합과 보아스와 결혼한 모압 여인 룻(마 1:5), 이방 헷 족속 우리야의 아내(마 1:6)와 같은 혈통과 신분, 특권에 있어서 자격 없는 이들이 포함되어 있다. 그러나 이들은 믿음으로 결단하며 하나님의 약속을 붙들었던 이들이고 결국 메시아의 계보 안으로 들어오게 되었다. 메시아는 이러한 구원역사를 일으키실 분이다. 그래서 그는 문둥병자와 열두 해 혈루증 앓던 여인에게도 기꺼이 손을 내미셨고, 세리와 창기에게도 다가가셨으며, 귀신 들린 자에게도 다가가셨고 심지어 죽은 소녀에게조차 손을 내미셨다. 또한 그는 기꺼이 이방인에게도 구원의 손길을 내미셨다. 로마의 백부장에게, 두로와 시돈과 거라사의 많은 이방인에게 기꺼이 나아가셨다.

나는 하나님의 새 언약 백성임을 확신하는가? 날마다 그리스도 안에 거하며 주의 말씀을 사랑하며 이 세상 풍조와 벗하지 않고 구별되게 살아가기 위해 몸부림치는가? 분명한 성도의 정체성을 확신하며 살라. 이런 나를 건지고 살리기 위해 하나님은 너무나도 많은 비용을 기꺼이 지불하셨다. 날마다 그리스도와 연합하며 그 안에 거하라.

[84장 각주]

88) 학자들은 이러한 내용상의 구분에 따라 1~39장을 제1이사야, 40~55장을 제2이사야, 56~66장을 제3이사야로 나누고, 제3이사야는 포로귀환 이후에 다시 율법을 불순종하고 죄와 우상 숭배로 빠져드는 귀환공동체를 향한 말씀으로 본다. 하지만 본서에서는 이사야를 최종적인 하나의 경전으로 보고, 55장과 56장의 연속성을 고려하여, 제3이사야를 구원의 성취를 기다리는 백성들을 향한 말씀으로 해석한다. 참조. 알렉 모티어, 「이사야 주석」, 1027쪽.

89) Claus Westermann, *Isaiah 40–66*, p.310.

90) 알렉 모티어, 「이사야 주석」, 1032쪽.

91) 존 오스월트, 「NICOT 이사야 Ⅱ」, 554쪽.

85 Chapter 8. Isaiah 56:9-57:13

의인을 죽이는 사회, 의인을 살리시는 하나님

9들의 모든 짐승들아 숲 가운데의 모든 짐승들아 와서 먹으라. 10이스
라엘의 파수꾼들은 맹인이요 다 무지하며 벙어리 개들이라 짖지 못
하며 다 꿈꾸는 자들이요 누워 있는 자들이요 잠자기를 좋아하는 자
들이니 11이 개들은 탐욕이 심하여 족한 줄을 알지 못하는 자들이요
그들은 몰지각한 목자들이라. 다 제 길로 돌아가며 사람마다 자기 이
익만 추구하며 12오라. 내가 포도주를 가져오리라. 우리가 독주를 잔
뜩 마시자. 내일도 오늘같이 크게 넘치리라 하느니라.
1의인이 죽을지라도 마음에 두는 자가 없고 진실한 이들이 거두어 감
을 당할지라도 깨닫는 자가 없도다. 의인들은 악한 자들 앞에서 불리
어가도다. 2그들은 평안에 들어갔나니 바른 길로 가는 자들은 그들의

침상에서 편히 쉬리라. [3]무당의 자식, 간음자와 음녀의 자식들아 너
희는 가까이 오라. [4]너희가 누구를 희롱하느냐 누구를 향하여 입을 크
게 벌리며 혀를 내미느냐. 너희는 패역의 자식, 거짓의 후손이 아니
냐. [5]너희가 상수리나무 사이, 모든 푸른 나무 아래에서 음욕을 피우
며 골짜기 가운데 바위 틈에서 자녀를 도살하는도다. [6]골짜기 가운데
매끄러운 돌들 중에 네 몫이 있으니 그것들이 곧 네가 제비 뽑아 얻은
것이라. 또한 네가 전제와 예물을 그것들에게 드리니 내가 어찌 위로
를 받겠느냐. [7]네가 높고 높은 산 위에 네 침상을 베풀었고 네가 또 거
기에 올라가서 제사를 드렸으며 [8]네가 또 네 기념표를 문과 문설주 뒤
에 두었으며 네가 나를 떠나 벗고 올라가서 네 침상을 넓히고 그들과
언약하며 또 네가 그들의 침상을 사랑하여 그 벌거벗은 것을 보았으
며 [9]네가 기름을 가지고 몰렉에게 나아가되 향품을 더하였으며 네가
또 사신을 먼 곳에 보내고 스올에까지 내려가게 하였으며 [10]네가 길이
멀어서 피곤할지라도 헛되다 말하지 아니함은 네 힘이 살아났으므로
쇠약하여지지 아니함이라. [11]네가 누구를 두려워하며 누구로 말미암
아 놀랐기에 거짓을 말하며 나를 생각하지 아니하며 이를 마음에 두
지 아니하였느냐. 네가 나를 경외하지 아니함은 내가 오랫동안 잠잠
했기 때문이 아니냐. [12]네 공의를 내가 보이리라. 네가 행한 일이 네게
무익하니라. [13]네가 부르짖을 때에 네가 모은 우상들에게 너를 구원
하게 하라. 그것들은 다 바람에 날려 가겠고 기운에 불려갈 것이로되
나를 의뢰하는 자는 땅을 차지하겠고 나의 거룩한 산을 기업으로 얻
으리라.

어느 사회든지 그 사회에 탐욕과 죄가 가득해지면 나타나는 현상이 있다. 그것은 악인이 득세하고 의인이 사라지는 것이다. 악인은 목에 핏대를 세우며 큰 소리를 내고 분위기를 몰아간다. 반면 무고한 의인은 악인들에 둘러싸여 큰 고통과 위협을 경험한다. 의인의 소리는 악인들의 여론몰이에 소리도 제대로 내지 못하고 묻히게 된다. 이런 사회는 과연 자정할 능력이 있을까? 자정할 수 없으면 그 사회는 불의에 물들고 부패하며 결국 하나님의 심판 아래 처하게 된다.

본문은 의를 행할 수 없는 인간의 무능력을 소개하며 56장 1~8절에서 강조된 요점을 확대한다.[92] 하나님 은혜의 초청을 받은 언약 백성에게 요구되는 것은 '정의를 지키며 의를 행하는 것'이었다(사 56:1). 정의(히. 미슈파트)를 지킨다(히. 샤마르)는 것은 하나님의 통치가 이루어지도록 우리 삶의 전 영역에서 하나님 뜻을 지켜내고(keep, ESV) 유지하는 것(maintain, NRSV)을 의미한다. 의(히. 체데크)를 행한다는 것은 하나님과의 올바른 관계를 증진시키는 적극적인 행동을 실행하는 것을 뜻한다.

그러나 본문에서 보여주는 이스라엘의 현실을 보면 이러한 것들을 행할 수 있는 능력이 전적으로 결여되었음을 알 수 있다. 이는 당시 이사야가 사역할 때의 현실을 포함한다. 은혜의 초대를 받았으나 자신을 의롭게 할 능력은 결여된 것이 바로 이스라엘이었다. 결국 이스라엘은 끝까지 은혜가 필요한 존재라는 사실만이 명확해질 뿐이다.

본문 9절은 들과 숲의 모든 짐승을 초대하는 장면으로 시작한다.

"들의 모든 짐승들아 숲 가운데의 모든 짐승들아 와서 먹으라" (사 56:9).

원래 짐승들은 들과 숲에서 야생생활을 하는 존재다. 그들을 하나님의 언약 백성이 사는 성읍으로 초대한다는 것은 그 성읍이 죄로 인해 혼돈과 무질서가 찾아와 들짐승들이 사는 을씨년스러운 장소가 되었음을 뜻한다. 우리는 이사야 34장에서 에돔성이 죄악으로 인해 하나님의 심판을 받아 각종 들짐승, 곧 당아새, 고슴도치, 부엉이와 까마귀 등이 몰려 살게 됨을 예고하신 것을 보았다(사 34:9-15).

하나님은 구원의 초대를 받았지만 여전히 공의를 지키고 의를 행할 수 있는 능력이 없는 이스라엘의 현실을 말씀하신다. 이는 크게 두 부분으로 볼 수 있는데, 첫째는 부패한 지도자들의 모습(사 56:9-57:2)이고 둘째는 부패한 백성들의 모습(사 57:3-13)이다.

먼저, 이스라엘의 부패한 지도자들의 모습을 세 가지로 말씀한다(사 57:10-11).

첫째, 눈먼 파수꾼이다. 파수꾼은 성 밖의 동태를 살피며 적의 침입의 위험을 알리는 자다. 그런데 파수꾼이 앞을 보지 못하는 맹인이면 백성에게 다가오는 위기를 보지 못하고 위험을 경고하지 못한 채 평안하다고만 한다. 이들은 이스라엘에게 다가오는 영적 위기를 보지 못했다. 죄에 대한 아무런 책망과 경고도 없이, 그저 평안하다고만 한다.

둘째, 벙어리 개다. 개는 도둑을 보면 짖어야 한다. 그런데 벙어리라 짖지 못하고 코만 벌름거리며 졸고 있다.[93] 게다가 탐욕, 곧 식욕이 강하여 아무리 많이 삼켜도 족한 줄을 알지 못한다. 그저 세상 풍조에 휩쓸려 분별력을 상실한 채 감당해야 할 사명에는 무관심한 채 욕망의 노예가 되어 살아가는 이들이다.

셋째, 몰지각한 목자들이다. 목자들은 양에 대해 깊이 이해하고 있어야 한다. 양을 위해 기꺼이 자신의 즐거움과 안락을 포기할 수 있어야 하고 필요하다면 목숨을 내어줄 수 있어야 한다(요 10:10-12 참조). 그러나 이들은 자기 이익과 포도주에 탐닉한 채 날마다 독주를 잔뜩 마시며 쾌락에 빠져 산다. 그 결과 양들은 방치되고 병들고 죽어간다.

이러한 파수꾼, 개, 목자들의 이미지는 이스라엘의 지도층인 제사장, 선지자, 왕족 및 귀족들의 무능한 모습을 잘 보여준다. 본문은 이러한 지도자들의 무능함의 결과로 그 공동체에 의인이 사라지고 있는 현실을 탄식하며 고발한다.

> "의인이 죽을지라도 마음에 두는 자가 없고 진실한 이들이 거두어 감을 당할지라도 깨닫는 자가 없도다 의인들은 악한 자들 앞에서 불리어가도다"(사 57:1).

하나님은 공동체의 점증하는 악과 그것이 초래하는 악한 결과로 인해 의인을 거두어 가실 것이다. 이들은 이 세상에서의 고난을 떠나 평안으로 들어가고, 올곧은 길을 걸어갔던 이들은 침상에서 편안히 눈을 감을 것이다(사 57:2).

이런 상황에서 나라의 백성들은 부패하여 우상 숭배와 이에 따른

악에 빠져갈 것이다. 이들은 믿음의 조상 아브라함과 이삭과 야곱의 자녀가 아닌 무당의 자식, 간음자와 음녀의 자식들로 전락한다(사 57:3). 본문은 이들이 벌이는 적나라한 우상 숭배의 행태를 고발한다.

이들은 상수리나무 아래에서 우상 숭배를 자행한다(사 57:5). 상수리나무는 다 자랄 경우 10~30m에 이르는 거대한 낙엽송으로 고대 근동에서는 그 가지가 하늘로 뻗어 하늘과 땅을 연결해 주는 신성한 나무로 여겼다. 이스라엘 백성은 하나님을 저버리고 상수리나무를 과도하게 의존하기 시작했다(사 1:29 참조). 또한 이들은 모든 푸른 나무 아래에서 음란하게 우상을 숭배하며 음란한 제의에 참여했다(사 57:5). 푸르름은 생명력을 상징한다. 푸른 나무 아래에서 음란한 제의를 행하는 것은 풍년과 다산을 기원하기 위한 것이다.

또한 이들은 골짜기 가운데 있는 매끄러운 돌들을 가져와 그것을 신으로 삼고 그것에 전제와 예물을 드린다(사 57:6). 여기 골짜기는 와디를 가리킨다. 마른 건천은 우기가 되면 갑자기 급류가 쏟아져 흐르고, 이를 타고 굴러온 매끄러운 돌들이 바닥 중간중간에 남아있게 된다. 그중에서 매끈하고 그럴듯한 모양새를 가진 돌을 골라오는데, 이것도 경쟁자들이 있어 제비를 뽑아 얻어 올 정도다. 가장 낮은 골짜기뿐만이 아니다. 가장 높은 산에도 음란한 우상 제의를 위하여 침상을 베풀었고 거기에서 제사를 드린다(사 57:7).

이들은 집을 드나들며 우상을 마음에 새기기 위해 문과 문설주에 이방 우상을 기념하는 표식을 달아두기까지 하였다(사 57:8). 원래 이스라엘 백성들은 집 문설주에 쉐마 말씀(신 6:4-9)을 작은 쪽지에 기록하여 보관한 메주자를 달아두었다. 그런데 이것이 이방신의 기념표로 대치된 것이다. 이는 여호와에게서 등을 돌리고, 이방 신과 연애하기 위해 마치 침상을 펼치고 뒹구는 음란한 행위와도 같았다(사 57:8).

이스라엘은 값비싼 기름과 향품을 가지고 인신제사를 요구하는 몰렉에게까지 나아가 섬겼다(사 57:9). 그뿐만이 아니다. 자신을 만족시켜주는 신이라면 먼 곳을 마다하지 않고 찾아 헤메었으며 심지어 스올(음부)에까지 내려갈 정도로 열정적이었다(사 57:9). 하지만 이런 우상 탐색은 끝이 없었다. 아무리 찾아다녀도 만족함이 없었고 채울 수 없는 영적 공허함과 갈증이 생겨났다. 먼 길을 가면서 피곤하더라도 부질없는 헛된 일이라고 하지 않고 다시 기력을 회복하여 찾아나선다(사 57:10). 도리어 우상들이 새 힘을 주어 지치지 않는다고 생각했다(사 57:10, 새번역).

이런 어리석은 모습에 하나님은 이스라엘에게 묻는다.

"네가 누구를 두려워하며 누구로 말미암아 놀랐기에 거짓을 말하며 나를 생각하지 아니하며 이를 마음에 두지 아니하였느냐. 네가 나를 경외하지 아니함은 내가 오랫동안 잠잠했기 때문이 아니냐"(사 57:11).

이를 새번역은 다음과 같이 진술한다.

"네가 그처럼 무서워하는 신들이 누구냐? 도대체 그 신들이 얼마나 무서우면, 나를 속이면서까지, 나를 까마득히 잊어가면서까지, 그 신들에게 매달리느냐? 내가 오랫동안 침묵하고 있었다고, 네가 나를 경외하지 않는 것이냐?"(사 57:11, 새번역).

하나님은 이스라엘이 행한 공의, 즉 그들이 옳다고 생각하며 행했던 모든 일을 다 폭로하겠다고 한다(사 57:12). 이로써 드러나는 것이 무엇인가? 이스라엘이 우상을 향해 그토록 지극정성으로 섬기고 절했지만, 결국 우상들은 이스라엘에게 아무런 힘과 도움이 되지 못한다는 사실이다(사 57:13). 이스라엘은 무익한 일에 열과 성을 다했을 뿐이다. 하나님은 자신 있게 이스라엘에게 그들이 모아 섬기던 우상들에게 구원해달라고 부르짖어보라고 한다(사 57:13). 우상은 아무것도 아니기에 바람이 이것들을 날려 버릴 것이고, 입김의 기운에조차 쓸려갈 것이다. 그러나 여호와를 의뢰하는 자는 유업을 차지할 것이고 그의 거룩한 성전에서 그를 예배할 것이다(사 57:13, 새번역).

결국 이스라엘에게 진정 필요한 것은 우상이 아니라 하나님의 은혜다. 그리고 참되신 하나님을 사랑하는 것이다. 이것이 헷갈리면 우리는 자칫 이 땅에 살아가면서 무익한 것에 우리의 시간과 물질과 정력을 헛되이 쏟을 수 있다. 짧은 나그네 인생, 오직 주를 사랑함으로 주를 위해 행한 것만이 남게 된다. 악인이 득세하고 의인이 사라져가는 이 시대, 끝까지 주를 의뢰하며 주를 사랑함으로 행하라. 참된 만족과 기쁨을 이 세상 풍조와 다른 우상에게 절대 빼앗기지 말라.

[85장 각주]

92) 본문을 갑작스러운 추가 단락으로 이해하기보다(김회권), 56장부터 새롭게 시작하는 은혜 입은 자에게 요구되는 의로운 행실의 관점에서 보는 것이 더 큰 일관성을 갖는다. 참조. 존 오스월트, 「NICOT 이사야 Ⅱ」, 562쪽.

93) "꿈꾸는 자들"(히. 호짐)은 코를 벌름거리는 자들로 번역이 가능하다.

86 Chapter 8. Isaiah 57:14-21

탐심의 길을 버리고 여호와께 나아오라

[14]그가 말하기를 돋우고 돋우어 길을 수축하여 내 백성의 길에서 거치
는 것을 제하여 버리라 하리라. [15]지극히 존귀하며 영원히 거하시며
거룩하다 이름하는 이가 이와 같이 말씀하시되 내가 높고 거룩한 곳
에 있으며 또한 통회하고 마음이 겸손한 자와 함께 있나니 이는 겸손
한 자의 영을 소생시키며 통회하는 자의 마음을 소생시키려 함이라.
[16]내가 영원히 다투지 아니하며 내가 끊임없이 노하지 아니할 것은 내
가 지은 그의 영과 혼이 내 앞에서 피곤할까 함이라. [17]그의 탐심의 죄
악으로 말미암아 내가 노하여 그를 쳤으며 또 내 얼굴을 가리고 노하
였으나 그가 아직도 패역하여 자기 마음의 길로 걸어가도다. [18]내가
그의 길을 보았은즉 그를 고쳐줄 것이라. 그를 인도하며 그와 그를

슬퍼하는 자들에게 위로를 다시 얻게 하리라. [19]입술의 열매를 창조하는 자 여호와가 말하노라. 먼 데 있는 자에게든지 가까운 데 있는 자에게든지 평강이 있을지어다. 평강이 있을지어다. 내가 그를 고치리라 하셨느니라. [20]그러나 악인은 평온함을 얻지 못하고 그 물이 진흙과 더러운 것을 늘 솟구쳐 내는 요동하는 바다와 같으니라. [21]내 하나님의 말씀에 악인에게는 평강이 없다 하셨느니라.

예수께서 공생애 사역을 하시던 중 어떤 사람이 찾아와 부탁했다. 자기 형에게 말해서 아버지의 유산을 나누어주게 하라는 것이었다. 지금도 그렇거니와 예전에도 유산은 자신이 노력하지 않은 꽤 큰 금전적 유익을 갑작스럽게 얻게 한다. 그래서 이런 유산으로 형제간에 다툼이 많다. 그때 예수께서는 그를 책망하시며 자신은 유산을 분배하도록 판결하는 재판장이나 재산 분배인이 아니라고 하면서 도리어 그가 품고 있는 갑작스러운 금전적 유익에 대해 경고한다. "삼가 모든 탐심을 물리치라 사람의 생명이 그 소유의 넉넉한 데 있지 아니하니라!"(눅 12:15). 그가 그토록 원했던 유산 분배의 핵심에 그의 탐욕이 있었음을 보셨던 것이다.

탐욕은 어떻게 해서든 자신의 소유와 돈을 더 확보하고 싶은 욕망이다. 이런 탐욕이 자신의 삶을 부요하게 할 것 같지만 예수께서는 이것으로는 풍성한 삶을 얻는 데 큰 유익이 없음을 아셨다. 디모데전서는 "돈을 사랑함이 일만 악의 뿌리가 되나니 이것을 탐내는 자들은 미혹을 받아 믿음에서 떠나 많은 근심으로써 자기를 찔렀도다"(딤

전 6:10)고 경고한다.

하나님은 이스라엘이 타락하여 무너진 핵심에 바로 이 탐욕이 있음을 아셨다. 하나님이 없어도 돈과 소유, 권력과 쾌락을 가능한 한 많이 확보하면 이것이 어떻게든 자기 삶을 윤택하고 안전하게 지켜 줄 것으로 믿고 이를 집요하게 추구했다. 탐욕에 대한 집착은 이스라엘 모두에게 염병처럼 퍼져 있었다. 예레미야 선지자는 이를 다음과 같이 말한다. "이는 그들이 가장 작은 자로부터 큰 자까지 다 탐욕을 부리며 선지자로부터 제사장까지 다 거짓을 행함이라"(렘 6:13). 이들은 수단과 방법을 가리지 않고 탐욕을 충족시키기 위해 혈안이 되어 있었고, 이렇게 사는 것이 '평강하다' 고 말하지만 그 속에는 평강이 없었다(렘 6:14). 탐욕을 추구하는 데는 빈부귀천을 가리지 않고 가증스러운 일도 서슴지 않으며 일말의 부끄러움도 느끼지 않을 정도였다(렘 6:15).

하나님께서는 이스라엘을 회복시킬 때 이 탐심이 가장 큰 걸림돌이 되는 것을 알고 계셨다. 하나님께서는 하나님의 은혜 안에 들어올 때 공의를 지키고 의를 행할 것을 요구하셨다(사 56:1-8). 이스라엘은 여전히 불의하고 전적으로 타락해 이를 행할 수 있는 능력이 결여되어 있다(사 56:9-57:13). 그런데도 하나님께서는 언약 백성 스스로의 힘으로 할 수 없는 일을 행하실 것인데, 중요한 것은 이때 그의 백성이 탐심을 버리고 하나님의 의를 붙들어야 한다는 것이다. 그것이 본문(사 57:14-21)이 강조하려는 바이다.

본문은 공의를 실행하는 데 있어 이스라엘의 전적인 무력함을 압도하는 하나님의 신실하신 은혜를 진술한다.

"그가 말하기를 돋우고 돋우어 길을 수축하여 내 백성의 길에서 거치는 것을 제하여 버리라 하리라"(사 57:14).

하나님께서는 길을 수축할 것을 명하신다. 이 길은 시온으로 돌아오는 물리적 귀환의 길을 말하는 것이 아니다. 이스라엘을 다스리실 하나님께로 돌아오도록 하는 영적 갱신의 길이다(사 52:7-9 참조). 돋우고 돋우라는 것은 대로를 구축하는 데 필요한 노반(roadbed)을 주변 지역보다 높게 우뚝 세우라는 말이다.[94]

큰 길을 구축하려면 울퉁불퉁한 지면을 평평하게, 가능한 한 직선길로 세워야 한다. 그러려면 지면의 돌출된 곳과 파인 곳을 제거하고 평탄화 작업을 해야 한다. 하나님은 "내 백성의 길에서 거치는 것을 제거하라"고 하신다. 길을 닦는데 중간에 가로막는 커다란 바위나 나무 같은 것들은 다 치워야 한다. 마찬가지로 하나님의 백성이 하나님께 돌아갈 때 이를 가로막는 것은 무엇이든 다 과감하게 결단하고 제거해야 한다. 그래야 하나님께서 부으시는 은혜를 온전히 받을 수 있기 때문이다.

"지극히 존귀하며 영원히 거하시며 거룩하다 이름하는 이가 이와 같이 말씀하시되 내가 높고 거룩한 곳에 있으며 또한 통회하고 마음이 겸손한 자와 함께 있나니 이는 겸손한 자의 영을 소생시키며 통회하는 자의 마음을 소생시키려 함이라"(사 57:15).

하나님은 존귀하시다. 지극히 높이 계신 분으로 공간적으로 초월해 계시며 구별된다. 하나님은 영원히 거하시는 분이다. 시간적으로 한계 있는 모든 피조물과는 전적으로 구별된다. 또한 하나님은 성품에 있어 거룩하신 분이다. 이 세상 그 어떤 피조물과도 구별되는 전적인 배타성과 절대성을 갖는다. 그런데 그런 초월적인 하나님이 이 땅에서 통회하고 마음이 겸손한 자에게 함께하신다(사 55:6-9 참조). 하지만 그의 백성은 여전히 부패하고 온전히 하나님께 돌아오지 않는다. 그렇다면 거룩하신 하나님은 이들이 완전해질 때까지 끝까지 분노하고 징계하셔야 할까? 여기에 놀라운 선언이 있다 영원하신 하나님께서 그의 분노는 영원하지 않을 것이라고 선언하는 것이다.

> "내가 영원히 다투지 아니하며 내가 끊임없이 노하지 아니할 것은 내가 지은 그의 영과 혼이 내 앞에서 피곤할까 함이라"(사 57:16).

하나님의 분노가 영원하지 않는 것은 어떤 이유일까? 그것은 그분의 풍성하신 자비와 사랑 때문이다. 하나님은 그의 진노가 계속되면 이스라엘의 영과 혼, 곧 생명은 그 앞에서 쇠하여 혼절할 것을 아셨다. 여기 '피곤하다'(히. 아타프)는 단어는 '힘이 빠져 혼절하다'(faint)는 의미가 있다. 하나님이 진노하신 이유는 무엇 때문인가? 그것은 '탐심의 죄악' 때문이었다. 여기서 '탐심'(히. 베짜)은 특별히 부정한 거래를 통해 얻은 이익 또는 부당한 이득에 대한 욕망을 뜻한다. 이는 수단과 방법을 가리지 않고 어떻게든 더 많은 소유를 확보하려는 욕망이다. 그 기원은 아담과 하와에게로까지 거슬러 간다. 최초의 인류가 선악과를 먹은 것은 하나님 없이 자신의 삶에 필요한 자원, 곧 선악을 아는 지식을 확보하여 스스로 하나님같이 되려고 한 것이다. 이런 탐심을 성경은 분명히 우상 숭배라고 경고한다(골 3:5). 하나님은 이스라엘에게 이 탐심이 좀처럼 사라지지 않음을 보셨고 이스라엘을 치셨고 얼굴을 가리시고 진노하셨다(민 6:25-26 참조). 그러나 이런 진노에도 이스라엘은 여전히 탐욕으로 패역하여 자기 마음대로 살아갔다. 놀라운 것은 하나님께서 이런 이스라엘을 끝까지 징계하신 것이 아니라 은혜를 주시고 그들을 고쳐주기로 작정하셨다는 사실이다.

"내가 그의 길을 보았은즉 그를 고쳐줄 것이라. 그를 인도하며 그와 그를 슬퍼하는 자들에게 위로를 다시 얻게 하리라"(사 57:18).

하나님은 이스라엘의 패역한 길을 보시고 아셨음에도 이들을 고쳐주겠다고 선언한다. 이는 이스라엘의 행위를 조건으로 하지 않는, 자기 언약에 신실하신 하나님의 일방적인 은혜의 선언이다. 그뿐만이 아니다. 하나님은 이들을 인도하실 것이고 슬퍼하는 이들을 위로해주실 것이다. 하나님의 은혜의 역사가 치유와 회복뿐만 아니라 언약을 성취하기까지 친히 그의 인도하심으로 나타날 것이다. 그리고 마침내 입술의 열매, 곧 구속받은 백성의 입에서 나오는 감사와 찬양의 노래가 있게 하실 것이고, 가까이 있든지 먼 데 있든지 여호와에게로 돌아오는 모든 백성에게 궁극적인 샬롬을 주실 것이다(사 57:19).

이런 놀라운 역사를 예고하신 하나님 앞에 그의 백성이 보여야 할 합당한 반응은 무엇일까? "아멘. 주의 말씀대로 우리에게 이루어지길 원하나이다!"가 될 것이다. 하나님은 그의 약속을 신뢰하고 믿음으로 붙드는 자들을 의롭다 하시고 고치시고 싸매실 것이다. 반면 이를 신뢰하지 못하고 거부하는 이들은 악한 이들이다. 하나님은 이런 악인들에 대해 경고하신다.

> "그러나 악인은 평온함을 얻지 못하고 그 물이 진흙과 더러운 것을 늘 솟구쳐 내는 요동하는 바다와 같으니라. 내 하나님의 말씀에 악인에게는 평강이 없다 하셨느니라"(사 57:20-21).

하나님께서 요구하시는 것은 거룩한 삶을 일구어내는 능력이 아니다. 이는 하나님께서 먼저 자신과 우리를 화목하게 하시고 의롭다 하시고 우리에게 거룩하게 살 수 있는 능력을 주셔야 가능한 것이다. 그런데도 우리가 악을 버리고 하나님의 역사를 신뢰하고 붙들지 않으면 하나님은 이런 은혜의 역사를 행하실 수 없다. 따라서 그의 백성은 악을 거부하고 하나님의 신실하심을 믿음으로 받아들여야 한다. 하나님의 역사가 코앞에 왔는데도 이를 거부하면 그 속에는 여전히 진흙과 더러운 것을 솟구쳐내는 요동하는 물결과 같다. 이런 악인이 평강을 누리는 것은 불가능하다.

마음을 열고 하나님의 신실하심을 붙들라. 그리고 내 안에 교묘하게 작동하는 탐심의 유혹을 직시하라. 부당한 이익, 수단과 방법을 가리지 않고 나의 사심을 채우려는 유혹을 예민하게 알아차리라. 우리가 하나님께 결단하고 나아갈 때 신실하신 하나님의 새롭게 하시는 역사가 시작될 것이다.

[86장 각주]

94) 존 오스월트, 「NICOT 이사야 Ⅱ」, 586쪽.

87 Chapter 8. Isaiah 58:1-14

나는 하나님께 왜 서운할까

*1크게 외치라. 목소리를 아끼지 말라. 네 목소리를 나팔같이 높여 내
백성에게 그들의 허물을, 야곱의 집에 그들의 죄를 알리라. 2그들이
날마다 나를 찾아 나의 길 알기를 즐거워함이 마치 공의를 행하여 그
의 하나님의 규례를 저버리지 아니하는 나라 같아서 의로운 판단을
내게 구하며 하나님과 가까이하기를 즐거워하는도다. 3우리가 금식
하되 어찌하여 주께서 보지 아니하시오며 우리가 마음을 괴롭게 하
되 어찌하여 주께서 알아주지 아니하시나이까. 보라. 너희가 금식하
는 날에 오락을 구하며 온갖 일을 시키는도다. 4보라. 너희가 금식하
면서 논쟁하며 다투며 악한 주먹으로 치는도다. 너희가 오늘 금식하
는 것은 너희의 목소리를 상달하게 하려는 것이 아니니라. 5이것이*

*어찌 내가 기뻐하는 금식이 되겠으며 이것이 어찌 사람이 자기의 마
음을 괴롭게 하는 날이 되겠느냐. 그의 머리를 갈대같이 숙이고 굵은
베와 재를 펴는 것을 어찌 금식이라 하겠으며 여호와께 열납될 날이
라 하겠느냐. 6내가 기뻐하는 금식은 흉악의 결박을 풀어주며 멍에의
줄을 끌러주며 압제 당하는 자를 자유하게 하며 모든 멍에를 꺾는 것
이 아니겠느냐. 7또 주린 자에게 네 양식을 나누어주며 유리하는 빈
민을 집에 들이며 헐벗은 자를 보면 입히며 또 네 골육을 피하여 스
스로 숨지 아니하는 것이 아니겠느냐. 8그리하면 네 빛이 새벽같이
비칠 것이며 네 치유가 급속할 것이며 네 공의가 네 앞에 행하고 여
호와의 영광이 네 뒤에 호위하리니 9네가 부를 때에는 나 여호와가
응답하겠고 네가 부르짖을 때에는 내가 여기 있다 하리라. 만일 네가
너희 중에서 멍에와 손가락질과 허망한 말을 제하여 버리고 10주린
자에게 네 심정이 동하며 괴로워하는 자의 심정을 만족하게 하면 네
빛이 흑암 중에서 떠올라 네 어둠이 낮과 같이 될 것이며 11여호와가
너를 항상 인도하여 메마른 곳에서도 네 영혼을 만족하게 하며 네 뼈
를 견고하게 하리니 너는 물 댄 동산 같겠고 물이 끊어지지 아니하는
샘 같을 것이라. 12네게서 날 자들이 오래 황폐된 곳들을 다시 세울 것
이며 너는 역대의 파괴된 기초를 쌓으리니 너를 일컬어 무너진 데를
보수하는 자라 할 것이며 길을 수축하여 거할 곳이 되게 하는 자라
하리라. 13만일 안식일에 네 발을 금하여 내 성일에 오락을 행하지 아
니하고 안식일을 일컬어 즐거운 날이라, 여호와의 성일을 존귀한 날
이라 하여 이를 존귀하게 여기고 네 길로 행하지 아니하며 네 오락을
구하지 아니하며 사사로운 말을 하지 아니하면 14네가 여호와 안에서*

즐거움을 얻을 것이라. 내가 너를 땅의 높은 곳에 올리고 네 조상 야곱의 기업으로 기르리라. 여호와의 입의 말씀이니라.

우리가 신앙생활을 하다 보면 하나님께 서운할 때가 있다. 언제인가? 나는 나름대로 하나님을 기쁘시게 해드린다고 무엇인가 열심히 해드렸는데, 내 노력과 수고에 비해서 하나님이 그다지 응답하지 않는 것 같고, 또 결과도 좋아 보이지 않을 때다.

정말 바쁜 와중에 수요예배에 와서 열심히 예배드리고 뜨겁게 기도하고 가는데 돌아가는 길에 접촉 사고가 났다. 이것을 신앙적으로 어떻게 소화해야 할까? 하나님이 내 예배를 기뻐 받지 않으신 것일까? 그렇다면 '하나님이 어떻게 나에게 이렇게 하실 수 있을까' 하는 생각이 들지 않겠는가? 그런 가운데서도 욥이 고백했던 것처럼 "주신 이도 여호와시요 거두신 이도 여호와시니 여호와의 이름이 찬송을 받으실지니이다"(욥 1:21)라고 고백하며 감사할 수 있겠는가?

이스라엘 백성은 하나님께 이와 같은 섭섭한 감정을 가졌다. 하나님은 이런 이스라엘 백성을 향하여 그의 종 선지자를 통해 큰 소리로 경보를 발하도록 명하신다.

"크게 외치라. 목소리를 아끼지 말라. 네 목소리를 나팔같이 높여 내 백성에게 그들의 허물을, 야곱의 집에 그들의 죄를 알리라"(사 58:1).

하나님은 영적으로 무감각해진 백성들에게 목소리를 아끼지 말고 외치라고 한다. 목소리를 '나팔' 같이 높이라고 한다. '나팔'(히. 쇼파르)은 숫양의 뿔로 만든 양각 나팔을 의미하며, 이스라엘 공동체에게 경고를 하거나 필수적인 공지사항을 효과적으로 알리기 위한 신호였다. 양각 나팔이 성읍에 울려 퍼지면 사람들은 모든 활동을 멈추고 집중했다. 하나님이 이사야에게 양각 나팔같이 큰 소리로 외치라는 것은 이스라엘의 허물과 죄악을 숨기지 말고 공공연히 드러내어 그들이 자백하도록 하기 위해서다.

> "그들이 날마다 나를 찾아 나의 길 알기를 즐거워함이 마치 공의를 행하여 그의 하나님의 규례를 저버리지 아니하는 나라 같아서 의로운 판단을 내게 구하며 하나님과 가까이하기를 즐거워하는도다"(사 58:2).

놀랍게도 이사야가 경종을 울려야 할 백성들은 '날마다' 하나님을 찾는 사람들이라는 사실이다. 아마도 이들은 "여호와를 만날 만한 때에 찾고 가까이 계실 때에 그를 부르라"는 이사야 55장 6~9절의 권면을 들었던 모양이다. 더 나아가 이들은 마치 공의를 행하여 하나님의 규례를 든든히 붙드는 이상적인 나라처럼 보인다. 그러나 여기서 주의할 표현이 있다. 그것은 '마치 ~과 같다'는 것과 실제 그런 것은 다르다는 사실이다. 이스라엘 백성은 겉으로 드러나는 자신들의 행위를 스스로 훌륭하다 여기며 자신을 속이고 있었다.[95]

"우리가 금식하되 어찌하여 주께서 보지 아니하시오며 우리가 마음을 괴롭게 하되 어찌하여 주께서 알아주지 아니하시나이까"(사 58:3).

이스라엘은 매해 7월 10일, 대속죄일(레 16:29, 23:26-32)을 지키게 되어 있다. 그날에는 금식하며 스스로를 괴롭게 하고 하나님 앞에 나아와 참회하였다. 또한 기근이나 강대국의 침략과 같은 국가적 위기가 있거나 하나님 앞에 드러난 치명적인 죄가 있을 때도 금식하며 참회하곤 하였다(삼상 7:6, 삼하 12:16, 왕상 21:27, 느 9:1). 이스라엘 백성은 자신들이 이와 같이 금식하고 참회하면 하나님이 마땅히 자신들이 처한 어려움에 개입하여 문제를 해결해주실 것을 기대했고, 또 그래야만 한다고 생각했다. 그러나 하나님은 금식과 회개에도 응답하지 않으셨다. 이스라엘은 이것이 부당하다고 항변했다. 날마다 하나님 찾기를 즐거워하고 하나님의 긍휼을 구하며 금식하고 회개하면 마땅히 역사하셔야 하는데 왜 하나님은 응답하지 않는가?

이에 하나님은 곧바로 연속적인 두 번의 "보라"(사 58:3-4)로 이스라엘의 주의를 환기시키며 응답하신다.

"보라. 너희가 금식하는 날에 오락을 구하며 온갖 일을 시키는도다. 보라. 너희가 금식하면서 논쟁하며 다투며 악한 주먹으로 치는도다. 너희가 오늘 금식하는 것은 너희의 목소리를 상달하게 하려는 것이 아니니라."

하나님이 보시기에 이들의 금식은 위선적인 종교 행위였다. 금식하며 스스로를 괴롭게 해야 함에도 향락만을 찾고 일꾼과 종들에게 온갖 일을 시키며 다른 이들을 괴롭게 하였다. 또 금식하면서도 어디서 그런 기운이 나오는지 다른 이들과 다투고 싸우며 주먹질했다. 경건의 모양은 있으나 경건의 내용은 없었다. 이스라엘이 행하는 이런 위선적인 금식은 하나님께 상달될 수 없다. 이어지는 5절은 세 번의 연속적인 "어찌"가 등장하며 하나님의 안타까운 심정을 드러낸다.

> "이것이 어찌 내가 기뻐하는 금식이 되겠으며 이것이 어찌 사람이 자기의 마음을 괴롭게 하는 날이 되겠느냐. 그의 머리를 갈대같이 숙이고 굵은 베와 재를 펴는 것을 어찌 금식이라 하겠으며 여호와께 열납될 날이라 하겠느냐"(사 58:5).

지금까지 이스라엘 백성이 하나님을 기쁘시게 한다고 자부하던 경건의 행위는 하나님이 보시기에 터무니없는 것이었다. 하나님은 그의 백성이 단지 음식을 금하고 머리를 숙이고 굵은 베와 재를 뒤집어쓰는 행위를 성실하게 하는 것에만 관심을 기울이지 않는다(사 1:11 참조). 지금 이스라엘은 착각하고 있다. 이제는 바로 깨달아야 한다. 이런 행위를 통해 하나님이 구하시는 것은 '상한 심령' (시 51:17)이다.

이제 하나님은 하나님이 기뻐하시는 참된 금식이 어떤 것인지 말씀하신다.

> "내가 기뻐하는 금식은 흉악의 결박을 풀어주며 멍에의 줄을 끌러

주며 압제 당하는 자를 자유하게 하며 모든 멍에를 꺾는 것이 아니겠느냐. 또 주린 자에게 네 양식을 나누어주며 유리하는 빈민을 집에 들이며 헐벗은 자를 보면 입히며 또 네 골육을 피하여 스스로 숨지 아니하는 것이 아니겠느냐"(사 58:6-7).

하나님이 기뻐하는 금식은 이웃의 압제당하는 형제의 부당한 결박을 풀어주는 것이고, 멍에의 줄을 풀어주는 것, 압제받고 힘없는 자들을 석방하고 형제들을 옭아매는 모든 멍에를 꺾어 버리는 것이다. 여기서 멍에를 풀고 꺾는다는 것은 온갖 종류의 압제와 억압적인 종살이에서의 해방을 뜻한다(느 5:1-9 참조). 따라서 금식은 단순히 굶는 행위가 아니다. 도리어 자신의 더 깊은 속에 있는 이기적인 탐욕을 굶기고 감금시키는 행위다. 더 나아가 이것은 하나님의 자비와 사랑의 통로가 되어 이웃을 자유하게 하는 것이다. 이러한 자유와 해방의 은혜는 하나님이 이스라엘을 출애굽시키고 약속의 땅으로 인도하며 베푸신 은혜이기도 하다. 하나님은 이런 은혜의 행위가 그의 백성에게도 서로 간에 행해지기를 원하셨다. 주린 자에게 양식을 나누고 방랑하는 빈민을 집에 들이고 헐벗은 자를 입히고 언약 안에 한 가족으로 부름받은 골육 지체들을 모르는 체하지 말고 환대해야 한다.

만약 이런 금식이 행해진다면 이들은 그토록 바라던 놀라운 구원의 역사를 경험할 것이다.

"그리하면 네 빛이 새벽같이 비칠 것이며 네 치유가 급속할 것이며 네 공의가 네 앞에 행하고 여호와의 영광이 네 뒤에 호위하리니 네가 부를 때에는 나 여호와가 응답하겠고 네가 부르짖을 때에는 내가 여기 있다 하리라"(사 58:8-9).

하나님이 기뻐하시는 금식에 참여하는 이스라엘에게 하나님의 구원역사는 빛, 치유, 인도, 응답, 임재 등으로 임한다. 반면 하나님을 마치 금액을 넣고 선택 버튼을 누르면 원하는 상품이 나오는 자동판매기처럼 여기며 이기적인 관심사에 매몰되어 드렸던 금식은 아무런 변화를 가져오지 못한다. 도리어 그럴수록 자신의 위선적인 악한 행위를 정당화하며 더 깊은 어둠, 질병, 패배에 빠져들게 된다.

이어지는 단락(사 58:9-12)은 앞서 진술한 참된 금식의 내용과 결과(사 58:6-9)를 좀 더 상술한다. 참된 금식은 공동체의 지체 중에 멍에와 조롱하는 손가락질과 허망한 말과 멸시를 그치고, 삶을 짓누르는 파괴적인 힘에 신음하며 괴로워하는 이들에게 영혼(히. 네페쉬), 곧 자신의 모든 생명을 쏟아부어(pour yourself, ESV) 섬기는 것이다(사 58:9-10). 지체를 섬기고 사랑하는 행동하는 금식인 것이다.

하나님은 이런 백성에게 빛을 비추사 그를 둘러싼 어둠이 낮과 같이 되게 할 것이다. 또한 생존의 조건이 결여된 광야에서도 낮에는 구름기둥으로 밤에는 불기둥으로 졸지도 주무시지도 아니하며 항상 이스라엘을 인도하셨던 것처럼, 광야 같은 인생길 가운데 이들의 영혼을 만족하게 하실 것이고 그 뼈를 견고하게 하여 흔들리지 않게 할 것이다(욥 4:14, 시 6:2, 합 3:16 참조). 그뿐만이 아니다. 그의 백성을 물 댄 동산, 곧 에덴동산의 풍요로움 가운데 거하게 하시며 마르지 않고 솟아나는 샘같이 풍성한 삶을 맛보게 하실 것이다(사 51:3, 렘 31:12, 창 13:10 참조).

하나님은 장차 이런 백성 가운데 그동안 파괴되어 황폐하게 된 성을 다시 세우고 무너진 성전의 토대를 쌓는 자가 일어날 것이라 약속하신다. 아름다운 믿음의 다음 세대가 서게 된 것이다. 우리는 이러한 역사가 스룹바벨, 여호수아, 에스라, 느헤미야, 학개와 스가랴의 사역을 통해 어떻게 이루어지는가를 볼 수 있다.

하나님은 참된 금식의 문제에서 더 나아가 경건의 또 다른 행위로 안식일을 온전히 지킬 것을 말씀하신다(사 58:13-14). 이는 본문의 주제가 금식에만 국한된 것이 아니라 전반적으로 하나님을 기쁘게 하는 신앙에 초점 맞추었음을 보여준다. 핵심은 하나님을 영화롭게 하기 위해 안식일을 지켜야 한다는 것이다. 안식일을 개인의 사사로운 이익과 쾌락을 위하여 보낼 것이 아니라 하나님을 귀하게 여기고 존귀하게 여기며 보내야 한다(사 58:13). 그럴 때 그의 백성은 즐거움을 얻으며 하나님의 영광 안에 그의 유업을 누리며 살아가게 될 것이다(사 58:14).

결국 이스라엘이 하나님께 느끼는 서운함은 이스라엘의 위선적인 행위 속에 스스로를 속이는 착각임이 드러났다. 이들이 하나님 앞에 잘 수행하고 있다고 주장했던 금식은 속이 텅 빈 껍데기 경건이었다. 알고 보니 이들은 하나님께 부당한 거래를 요구하고 있었다. 내가 이렇게 금식했으니 하나님은 마땅히 금식에 합당한 복을 주셔야 한다는 것이다. 하지만 내용 없는 형식이 마법처럼 효과를 발휘하지 않는다. 이러한 관계는 하나님을 기쁘시게 하는 순수한 관계가 아니다. 따라서 우리는 하나님께 서운한 감정이 들 때 먼저 자신을 돌아봐야 한다. 기억하라. 서운함에 집중하면 관계가 깨진다. 그 가운데서도 우리 자신을 하나님의 시선으로 살피고, 하나님이 기뻐하실 것을 찾아 결국에는 빛을 발하는 성도로 서도록 하라! 이런 믿음의 사람들이 모인 공동체에는 믿음의 다음 세대도 든든하게 서게 될 것이다.

[87장 각주]

95) 55장의 초대에 대한 두 번째 응답으로서 58~59장을 볼 때 이는 크게 세 부분, 즉 참된 신앙의 모습(사 58:1-14), 백성들의 실패(사 59:1-15), 자기 백성을 위한 하나님의 능력(사 49:15-21)으로 나눌 수 있다. 이는 56~57장과 유사한 구조를 이중적으로 갖는다. 55장의 초대에 56~57장은 참된 신앙의 모습(사 56:1-8), 백성들의 실패(사 56:9-57:13), 하나님의 능력(사 57:14-21)의 순서로 진술한다.

88 Chapter 8. Isaiah 59:1-15

여호와의 손이 짧은가, 나의 손이 짧은가

*[1]여호와의 손이 짧아 구원하지 못하심도 아니요 귀가 둔하여 듣지 못
하심도 아니라. [2]오직 너희 죄악이 너희와 너희 하나님 사이를 갈라
놓았고 너희 죄가 그의 얼굴을 가리어서 너희에게서 듣지 않으시게
함이니라. [3]이는 너희 손이 피에, 너희 손가락이 죄악에 더러워졌으
며 너희 입술은 거짓을 말하며 너희 혀는 악독을 냄이라. [4]공의대로
소송하는 자도 없고 진실하게 판결하는 자도 없으며 허망한 것을 의
뢰하며 거짓을 말하며 악행을 잉태하여 죄악을 낳으며 [5]독사의 알을
품으며 거미줄을 짜나니 그 알을 먹는 자는 죽을 것이요 그 알이 밟
힌즉 터져서 독사가 나올 것이니라. [6]그 짠 것으로는 옷을 이룰 수 없
을 것이요 그 행위로는 자기를 가릴 수 없을 것이며 그 행위는 죄악*

> *의 행위라. 그 손에는 포악한 행동이 있으며 [7]그 발은 행악하기에 빠르고 무죄한 피를 흘리기에 신속하며 그 생각은 악한 생각이라 황폐와 파멸이 그 길에 있으며 [8]그들은 평강의 길을 알지 못하며 그들이 행하는 곳에는 정의가 없으며 굽은 길을 스스로 만드나니 무릇 이 길을 밟는 자는 평강을 알지 못하느니라. [9]그러므로 정의가 우리에게서 멀고 공의가 우리에게 미치지 못한즉 우리가 빛을 바라나 어둠뿐이요 밝은 것을 바라나 캄캄한 가운데에 행하므로 [10]우리가 맹인같이 담을 더듬으며 눈 없는 자같이 두루 더듬으며 낮에도 황혼 때같이 넘어지니 우리는 강장한 자 중에서도 죽은 자 같은지라. [11]우리가 곰같이 부르짖으며 비둘기같이 슬피 울며 정의를 바라나 없고 구원을 바라나 우리에게서 멀도다. [12]이는 우리의 허물이 주의 앞에 심히 많으며 우리의 죄가 우리를 쳐서 증언하오니 이는 우리의 허물이 우리와 함께 있음이니라. 우리의 죄악을 우리가 아나이다. [13]우리가 여호와를 배반하고 속였으며 우리 하나님을 따르는 데에서 돌이켜 포학과 패역을 말하며 거짓말을 마음에 잉태하여 낳으니 [14]정의가 뒤로 물리침이 되고 공의가 멀리 섰으며 성실이 거리에 엎드러지고 정직이 나타나지 못하는도다. [15]성실이 없어지므로 악을 떠나는 자가 탈취를 당하는도다.*

리 스트로벨은 「예수는 역사다」 「특종 믿음사건」과 같은 좋은 기독교 변증서를 써서 많은 이를 그리스도께 인도한 기독교 변증가이자 저술가이며 목사다. 그는 예수 믿기 전 시카고 지역의 대표

신문인 시카고 트리뷴지의 기자로, 철저한 무신론자였다. 주변의 누군가가 하나님을 믿자고, 교회에 나가자고, 신앙생활을 하자고 하면 냉정하게 거부했고 때로는 화를 벌컥 내기까지 했다. 그러던 어느 날 그의 아내가 신앙을 갖게 되었다는 사실을 알게 되었다. 그는 아내에게 신이란 존재하지 않는 거짓임을 입증하고 싶었다. 그래서 그는 과연 하나님이 존재하는지, 성경에서 말하는 예수님이 하신 일이 과학적으로 이성적으로 타당하게 납득할 수 있는 것인지를 추적하기로 결심했다.

그는 각 분야의 전문가들을 만나 예수가 과연 허구의 상상이 아닌 역사적 인물인지, 그의 부활이 역사적 사실인지, 그의 부활을 증언하는 제자들의 증언이 거짓말은 아닌지 등을 집요하게 묻고 취재했다. 그러던 중 어느 대학의 저명한 심리학 교수를 만나 제자들의 심리 상태에 대해 취재하고 나오다가 뜻밖의 질문을 받는다. "혹시 아버지와의 관계가 어떤가요?" 그러자 스트로벨은 당황하며 "아니, 갑자기 그 질문은 왜 하느냐?"고 반문했다. 그러자 그 심리학자가 말하기를 자신이 겪었던 무신론자의 상당수가 아버지와의 관계가 좋지 않다고 했다. 아버지에 대한 거부감, 거절감이 하나님과의 관계에 고스란히 반영된다는 것이다. 스트로벨은 깜짝 놀라 아무 말도 못 하고 집에 돌아온다. 그리고 이 말을 곱씹은 끝에 마침내 하나님께 돌아가기로 결단한다. 하나님이 문제인 줄 알았는데, 깊이 따지고 들어가 보니 하나님이 아니라 죄로 인해 관계가 틀어진 바로 자신이 문제였던 것이다.

이스라엘 백성은 나라가 멸망하고 자신들이 포로로 끌려가서 노예생활을 하게 되자 하나님을 향하여 원망하기 시작하였다. '아니 하나님의 임재가 있는 성전이 파괴당하고 불에 타는 일이 어떻게 일어날 수 있는가? 거룩한 도성 예루살렘이 어떻게 무너져 내릴 수 있는가? 이것은 혹시 하나님의 능력이 약해서 그런 것 아닌가? 하나님이 손이 약해서 그런 것 아닌가?' '하나님은 우리가 그렇게 많은 숫양과 살진 짐승으로 제사드려도 잠잠하시고(사 1:11), 또 손을 펴고 기도해도 응답하시지 않네' (사 1:15). '심지어 우리가 금식하며 우리 마음을 괴롭게 하는데도 알아주시지 않네' (사 58:3). '그렇다면 우리는 하나님보다 더 강한, 우리를 정복한 이방인들이 섬기는 다른 신을 믿고 따라가야 하는 것 아닌가?' 하고 생각하기 시작했다. 하나님의 부재와 무능력에 대한 이러한 회의적인 질문은 그 이전부터 꽤 오랫동안 제기되어왔던 질문이다.

이에 대해 본문은 문제가 하나님께 있는 것이 아니라 죄악으로 가득한 백성의 무능함에 있음을 밝힌다. 본격적으로 살펴보기 전에 본문이 위치한 커다란 맥락을 살펴보자. 본문은 55장의 초대에 대한 이중적인 대답(56–57, 58–59장)의 단락 중 일부에 해당한다. 이를 보기 쉽게 진술하면 다음과 같다.[96)]

목마른 자들에게 값없이 내게 나아오라는 초청(사 55장)

답변 1 : 택함받은 백성이 우상을 따라가는 것이 얼마나 무익한가 (사 56:1–8).

답변 2 : 거짓과 악으로 가득하여 자기 힘으로 의를 행하는 일이 불가능한 백성들(사 56:9–57:13).

답변 3 : 하나님이 의를 행할 수 있는 능력을 갖고 돌아오심 (사 57:14–21).

답변 1-2 : 택함받은 백성이 우상을 따라가는 것이 얼마나 무익한가(사 58:1–14).

답변 2-2 : 거짓과 악으로 가득하여 자기 힘으로 의를 행하는 일이 불가능한 백성들(사 59:1–15).

답변 2-3 : 하나님이 의를 행할 수 있는 능력을 갖고 돌아오심(사 59:15–21).

본문의 시작은 '보라'(히. 헨, Behold–ESV)로 주의를 환기시키며 시작한다(개역개정 성경에는 생략됨). 이는 하나님을 향한 원망과 자기 연민에 사로잡힌 이스라엘의 주의를 환기시키며 이스라엘이 미처 보지 못하고 자각하지 못했던 이들의 적나라한 현실을 보도록 촉구하는 표현이다.

"(보라) 여호와의 손이 짧아 구원하지 못하심도 아니요 귀가 둔하여 듣지 못하심도 아니라. 오직 너희 죄악이 너희와 너희 하나님 사이를 갈라놓았고 너희 죄가 그의 얼굴을 가리어서 너희에게서 듣지 않으시게 함이니라"(사 59:1–2).

하나님은 그동안 이스라엘이 방치된 것 같은 것이 하나님의 손이 짧아서, 즉 하나님의 능력이 충분히 강하지 않아서도 아니고, 또 귀가 둔하여 충분히 주의를 기울이지 않아서도 아니라고 대답하신다. 그렇다면 무엇 때문인가? 원인은 바로 '너희 죄악', 즉 이스라엘의 죄악 때문이다! 죄가 장벽(barrier, NRSV)이 되어 이스라엘과 하나님 사이를 갈라놓았다. 여기 '갈라놓았다'(히. 마브딜림, separated-NIV)는 동사는 하나님께서 천지를 창조할 때 궁창 위의 물과 궁창 아래의 물을 분리시킬 때(창 1:6) 사용했던 표현이다. 이처럼 죄는 하나님과 그의 백성 사이를 완전히 분리시키고 그 어떤 교제도 가로막는 장벽이 된다. 하나님의 얼굴빛을 이스라엘에 비추는 것이 복이다(민 6:25-26). 그런데 죄가 하나님의 얼굴을 가리었다. 이처럼 죄는 하나님과 정서적으로 멀어지고 불화하게 하여 결국 관계의 단절에 이르게 만든다.

이스라엘의 죄악 된 상태는 이어지는 3절이 잘 묘사한다. 이들은 피를 손에 묻히고, 손가락이 죄악에 더러워졌다. 이는 이웃을 향한 폭력과 살인, 또 이웃을 비난하며 그들의 죽음을 방조한 행위를 총체적으로 표현한다. 또 이스라엘의 입술은 거짓을 말하고 혀는 악독을 내고 있다. 여호와의 말씀을 주야로 묵상해야 할 그들의 입술이 거짓과 악독으로 가득한 상태인 것이다(시 1:2 참조).[97] 악인이 가득한 이스라엘에는 공의와 진실이 무너졌다. 아니, 공의와 진실의 개념 자체가 무너졌다. 자신의 허탄한 유익과 허망한 목적을 위해서라면 서슴없이 거짓말과 악행을 자행한다(사 58:4).

이런 사회가 초래하는 결과는 치명적인 독사의 알과 거미줄이다.

> "독사의 알을 품으며 거미줄을 짜나니 그 알을 먹는 자는 죽을 것이요 그 알이 밟힌즉 터져서 독사가 나올 것이니라. 그 짠 것으로

는 옷을 이룰 수 없을 것이요 그 행위로는 자기를 가리울 수 없을 것이며…"(사 59:5-6).

독사의 알을 먹는 자는 그 안에 있는 독으로 인해 죽을 것이고, 그 알을 짓밟아도 그 알이 거의 부화가 되어 그 안에 있는 새끼 뱀이 튀어나와 맹독으로 그를 죽일 것이다. 또 거미줄은 그 모양이 규칙성을 갖고 아름다운 대칭으로 짜이지만 가늘고 투명한 거미줄 가닥으로는 옷을 만들 수 없고, 사람의 부끄러움을 가릴 수도 없다. 마찬가지로 죄로 가득한 이스라엘 사회에는 곳곳에 사람을 죽이고 해치는 악독과 강포한 행습이 만연하고, 그것을 결코 가릴 수 없다. 본문은 이런 이스라엘의 상태를 다음과 같이 묘사한다.

"그 발은 행악하기에 빠르고 무죄한 피를 흘리기에 신속하며 그 생각은 악한 생각이라 황폐와 파멸이 그 길에 있으며"(사 59:7).

이스라엘은 행악에 재빠르다. 다른 이들의 피눈물을 쏟게 하는데 신속하다. 그들은 죄악의 사상(evil scheme, NIV), 곧 악한 계략을 쫓고 가는 길마다 황폐함과 파멸의 족적을 남겨놓는다. 결국 이들은 평강을 모르고 정의를 몰아내며 곧은길을 저버리고 구부러진 길을 닦아놓는다. 이들의 악행으로 이스라엘 공동체는 하나님의 통치가 가져오는 샬롬을 전혀 경험해 보지도 못하고 알지도 못하게 되었다(사 59:8).

이제 본문은 '우리'라는 일인칭 복수형을 사용하며 자신들이 죄를 고백하고 인정한다. 그동안 선지자가 자신과 거리를 두고 '너희'(이인칭 복수형)에게 책망하고(사 59:1-4) '그들'(삼인칭 복수형)에게 질책했다면 이제 더는 팔짱만 끼지 않고 이스라엘의 죄악에 동참하여 함께 참회하며 기도하는 것이다.

그동안 이스라엘의 강팍한 상태로는 정의와 공의를 품을 수 없었다. 도리어 이스라엘은 공동체가 살아나기 위한 이런 소중한 가치들을 몰아냈다. 그 결과 빛을 바랐지만 어둠만 가득했고, 환한 대낮을 기대했지만 캄캄한 가운데 마치 맹인처럼 더듬고 다니다 넘어지고 쓰러졌다(사 59:9). 겉으로는 '강장(强壯)한 자'(사 59:10), 곧 '힘이 세고 혈기가 왕성한 건강한 자' 같았지만 사실은 죄로 인해 죽은 사람과 다름없었다. 마치 사슬에 묶인 곰이 신음하며 으르렁거리듯 비둘기의 구슬픈 소리와 같이 이스라엘은 슬피 울며 정의를 구했고 구원을 바랐지만 이런 상태로 그들이 직면한 현실은 정의의 부재와 구원의 부재뿐이었다. 마침내 이사야는 이스라엘 백성과 함께 연대하여 '우리'의 허물과 죄를 고백하며 참회한다.

> "이는 우리의 허물이 주의 앞에 심히 많으며 우리의 죄가 우리를 쳐서 증언하오니 이는 우리의 허물이 우리와 함께 있음이니라. 우리의 죄악을 우리가 아나이다. 우리가 여호와를 배반하고 속였으며 우리 하나님을 따르는 데에서 돌이켜 포학과 패역을 말하며 거짓말을 마음에 잉태하여 낳으니 정의가 뒤로 물리침이 되고 공의가 멀리 섰으며 성실이 거리에 엎드러지고 정직이 나타나지 못하는도다"(사 59:12-14).

이사야는 하나님께 '우리'가 ① 배반, 곧 반역하고, ② 하나님을 속이며 위선적으로 살았고, ③ 하나님을 따르는 데서 돌아섰고, ④ 포학과 패역, 곧 이웃을 핍박하는 말을 사용했고, ⑤ 거짓말을 마음에 품고, ⑥ 이를 출산, 곧 말하고 행했다고 자백한다. 이런 패역한 상태에서는 진실해야 한다는 것을 알아도 남이 자기를 속일 수 있다는 불신으로, 자신이 속기 전에 이웃을 먼저 속이는 상황이 일어나게 된다. 악을 떠나려는 자가 먼저 탈취당하는 것이다(사 59:15).

이스라엘이 이 정도 상태까지 왔다면 지금까지 이스라엘이 하나님을 향하여 쏟아냈던 원망, 즉 여호와의 손이 짧아 구원하지 못했고, 귀가 둔하여 듣지 못했다는 비난은 설 자리를 잃는다. 결국 하나님 앞에 스스로를, 그리고 이웃을 속였던 이스라엘이 문제였던 것이다. 그렇다면 이스라엘은 원망과 독설과 비난을 접고 다시 하나님 앞에 나아가 겸손하게 서야 한다.

우리는 어떤가? 불편하고 원망스럽고 못마땅한 상황에서 나는 하나님께 어떤 마음으로 서 있는가? 내 주변의 가까운 이웃을 나는 어떻게 대하는가? 이제 원망과 비난의 시선을 타인에게서 거두라. 그리고 겸손히 나 자신을 진지하게 돌아보라.

[88장 각주]

96) 각주 55 참조. 존 오스월트, 「NICOT 이사야 Ⅱ」, 617쪽 참조.
97) 게리 스미스, 「NAC 이사야 2」, 740-741쪽.

89 Chapter 8. Isaiah 59:15-21

하나님의 신실하심으로 산다

15여호와께서 이를 살피시고 그 정의가 없는 것을 기뻐하지 아니하
시고 16사람이 없음을 보시며 중재자가 없음을 이상히 여기셨으므로
자기 팔로 스스로 구원을 베푸시며 자기의 공의를 스스로 의지하사
17공의를 갑옷으로 삼으시며 구원을 자기의 머리에 써서 투구로 삼으
시며 보복을 속옷으로 삼으시며 열심을 입어 겉옷으로 삼으시고 18그
들의 행위대로 갚으시되 그 원수에게 분노하시며 그 원수에게 보응
하시며 섬들에게 보복하실 것이라. 19서쪽에서 여호와의 이름을 두려
워하겠고 해 돋는 쪽에서 그의 영광을 두려워할 것은 여호와께서 그
기운에 몰려 급히 흐르는 강물같이 오실 것임이로다. 20여호와의 말
씀이니라. 구속자가 시온에 임하며 야곱의 자손 가운데에서 죄과를

떠나는 자에게 임하리라. 21 여호와께서 이르시되 내가 그들과 세운 나의 언약이 이러하니 곧 네 위에 있는 나의 영과 네 입에 둔 나의 말이 이제부터 영원하도록 네 입에서와 네 후손의 입에서와 네 후손의 후손의 입에서 떠나지 아니하리라 하시니라. 여호와의 말씀이니라.

1979년 카터 미국 대통령이 방한했을 때였다. 당시 카터는 주한 미군 철수를 결정한 상태로 한국에 와서 박정희 대통령을 만나 1차 한미 정상 회담을 했다. 분위기는 험악했다. 카터 대통령은 주한 미군 철수 입장을 전달했고, 당시 김대중, 김영삼 등 야당 지도자에 대한 가택 연금 조치를 강하게 비판했다. 카터 대통령은 한국 정부에서 마련한 영빈관에도 머물지 않고 주한 미 대사관저에 머물렀다. 이런 험악한 위기일발의 상황을 과연 누가 수습할 수 있을까? 이때 나타난 이가 김장환 목사였다.[98] 이전에 카터 대통령이 미국의 조지아 주지사였을 때부터 그를 알았던 김장환 목사는 그를 만나 "한반도에서 주한 미군이 철수하면 북한군이 내려올 텐데 그렇게 되면 기독교인은 생존할 수가 없다. 철군을 유보했으면 좋겠다. 이게 한국의 전체 기독교인의 생각이고 한국 국민 다수도 그렇게 생각한다"고 전했다. 그리고 더 나아가 카터 대통령에게 박정희 대통령을 전도해달라고 부탁했다. 카터는 이 이야기를 진지하게 들었고, 그의 중재로 인해 결국 주한미군 철수는 철회되었고 위기는 가라앉았다. 이런 것을 보면 커다란 위기일수록 한 사람의 중재자가 얼마나 중요한지 모른다.

이스라엘은 다가오는 위기의 먹구름으로 뒤덮이고 있었다. 하나님께서 목마른 이들에게 값없이 돈 없이 나아와 포도주와 젖을 사라고 초청하셨음에도(사 55장), 이스라엘은 거짓과 악으로 가득하여 자기 힘으로 여호와께 나아가 의를 행하는 일이 불가능했다(사 59:1-15). 그렇다면 이들은 포도주와 젖을 맛보지 못하고 스스로의 악으로 결국 멸망당하고 말아야 할 것인가? 본문은 이런 위기 가운데 한 소망을 발견하고 진술한다. 그것은 여호와께서 이를 살펴보신다는 사실이다(사 59:15). 하나님의 긍휼의 눈길이 무력한 이스라엘에 머물러 있는 한, 비참하고 악으로 가득한 백성이라 하더라도 아직 소망이 있다!

하나님이 이스라엘을 살펴보신 반응은 두 가지다. 첫째, 정의가 없는 것을 기뻐하지 않으셨다(사 59:15). 죄 앞에 전적으로 무력한 이들의 모습을 보고 슬퍼하신 것이다. 둘째, 이런 가운데 하나님과 이스라엘 사이를 중재할 중재자가 없음을 이상하게 여기셨다(사 59:16).

그동안의 구약역사 가운데는 하나님의 백성이 죄 앞에 무력하여 망하게 되었을 때 종종 하나님과 백성 사이에서 최선을 다하여, 심지어 자기 목숨을 내놓고 중재하는 이들이 있었다. 소돔과 고모라를 불로 심판하러 가는 천사를 가로막고, 의인이 10명만 있다면 멸망시키지 말아달라고 중재한 아브라함(창 18:22-23,32)이 있었고, 또 시내산 앞에서 금송아지를 섬겨 하나님의 큰 진노를 산 이스라엘을 중재하며 차라리 자기 이름을 생명책에서 지워달라며 중재했던 모세(출 32:11-14,32)가 대표적인 예다. 그러나 이제는 이렇게 자신의 모든 것을 걸고 하나님의 백성을 하나님 앞에 중재할 사람이 없다. 그만큼 온 백성이 죄로 찌들어 하나님 앞에 나아갈 자가 좀처럼 나오지 않는 것이다.

'중재자'(히. 마프기아, one to intervene)는 '중재하다'(make intercession)는 뜻을 가진 히브리동사 '파가'에서 온 것이다. 이사야서는 앞서 이런 중재자의 사역을 묘사하기 위해 '파가' 동사를 사용하여 예고한 바 있다. 바로 이사야 53장 12절이다.

> "…이는 그가 자기 영혼을 버려 사망에 이르게 하며 범죄자 중 하나로 헤아림을 받았음이니라. 그러나 그가 많은 사람의 죄를 담당하며 범죄자를 위하여 기도하였느니라."

여기서 '기도했다'는 단어에 사용된 히브리 동사 '파가'는 중재에 나서는 행동을 의미한다(중재에 나선 것이라, 새번역 - make intercession, NRSV, NIV, ESV). 이사야 53장에 등장하는 수난받는 종의 중재행위는 자기 온몸으로 하나님과 죄악 된 백성 사이의 갈라진 틈을 덮는 것이다.[99] 이러한 중재자는 우리의 허물 때문에 찔림을 받고, 우리의 죄악 때문에 상함을 받고, 우리의 질고로 인해 슬픔을 당하는 '수난받는 중재자'인 것이다(사 53:4-5). 이사야 53장은 이런 수난받는 종이 '가지 사람'(사 11:1)이자 '여호와의 팔'(사 53:1)로 나타나 장차 죄 앞에 무력한 백성과 하나님 사이에서 온몸으로 백성의 죄악과 질고를 지고 중재할 것을 예고한다.

본문은 '여호와의 팔'이 어떻게 죄로 무력한 그의 백성에게 구원을 베푸시는지를 보다 상세히 진술한다.

"…자기 팔로 스스로 구원을 베푸시며 자기의 공의를 스스로 의지하사 공의를 갑옷으로 삼으시며 구원을 자기의 머리에 써서 투구로 삼으시며 보복을 속옷으로 삼으시며 열심을 입어 겉옷으로 삼으시고 그들의 행위대로 갚으시되 그 원수에게 분노하시며 그 원수에게 보응하시며 섬들에게 보복하실 것이라"(사 59:16-18).

하나님의 팔은 '스스로' 중재자가 되어 구원을 베푸신다. 악으로 무력해진 백성들에게 공의를 요구하시는 것이 아니라 자신의 공의를 의지하여 이를 갑옷으로 삼으신다. 이는 하나님이 갑옷으로 온몸을 두르듯 자신의 공의로 전체를 무장하여 이스라엘에게 구원을 베푸신다는 뜻이다.

'공의'(히. 차다크, righteousness)는 어그러진 것이 올바로 회복되어 바로잡힌 상태를 말한다. 이스라엘이 어그러진 것은 하나님과의 뒤틀어진 언약 관계였다. 하나님은 이런 관계를 회복시키시되 이스라엘의 신실함에 기대지 않고 자신의 신실하심에 기대어 회복시키실 것을 말씀한다.

이사야 40장부터 55장까지 계속되어 온 하나님의 장엄한 회복의 약속은 이스라엘의 회복이 결코 이스라엘의 의로움이 아닌, 언약을 끝까지 기억하고 회복시키는 하나님의 신실하심으로 이루어질 것을 말씀한다. 본문은 하나님 자신의 신실하심(미쁘심)으로 완전무장한 모습을 '공의의 갑옷' '구원의 투구'와 '보복의 속옷'과 '열심의 겉옷' 등의 전신갑주로 묘사한다. 이러한 하나님의 완전무장은 장차 어둠의 세상 주관자들과 공중권세 잡은 악한 영들을 상대하는 성도들이 취해야 할 하나님의 전신갑주를 생각나게 한다(엡 6:13-17). 본문에 등장하는 전신갑주의 특이한 점은 공격용 무기가 언급되지 않는다는 점이다. 이는 '여호와의 강한 팔' 만으로도 충분하기 때문일 것이다.

하나님은 원수들에게 분노하시며 보응하시되 그들의 행위대로 갚으실 것이다(사 59:18). '갚다' (히. 샬람)는 것은 빚을 해결한다는 의미다. 이는 '평화' 를 의미하는 히브리어 '샬롬' 과 같은 어원을 갖는다. 빚을 갚는 것과 평화를 맛보는 것은 동전의 양면과 같다. 빚을 갚으면 평안이 찾아오기 때문이다. 하나님은 원수들의 불의와 악행을 계산하여 그 빚을 해결하여 그들로 공의로운 보응을 받게 하여 기울어진 운동장을 바로잡으실 것이다. 그 결과 하나님의 백성들은 평화(히. 샬롬)를 맛보게 될 것이다.

이때 여호와의 영광이 해 돋는 동쪽에서부터 해 지는 서쪽까지 온 땅에 가득할 것이고, 온 땅의 모든 백성은 여호와의 이름을 두려워할 것이다(사 59:19). 하나님이 그의 백성을 위하여 스스로 모든 불의를 바로잡는 것을 볼 것이기 때문이다. 하나님이 뒤틀린 것들을 바로잡는 것은 "급히 흐르는 강물같이"(사 59:19), 순식간에 임할 것이기 때문이다. 이는 좁은 협곡을 통해 갑작스럽게 물이 불어난 와디(건천)의 모습을 연상시킨다. 와디 협곡에 갑자기 불어난 물이 순식간에 급류를 형성하여 모든 것을 휩쓸어 버리듯, 악인들을 휩쓸어 버리실 것이다.

하나님의 이런 공의가 시행되기 전 하나님의 백성들은 속히 회개하고 죄에서 떠나야 한다. 왜냐하면 하나님은 자기 죄과를 떠나는 자에게 '구속자'로 임할 것이기 때문이다(사 59:20). 여호와께서 이스라엘의 공의가 아닌 자기의 의, 곧 '하나님의 의'를 의지하여 자기 팔로 스스로 구원을 베푸실 때 그 구원을 맛볼 백성들에게 요구되는 단 한 가지 조건이 바로 이것이다. 회개하고 구속자의 팔을 믿고 받아들이는 것이다. 여기에는 장차 여호와의 팔로 나타날 메시아를 통해 드러날 기쁜 소식, 즉 복음의 정수가 담겨 있다. "복음에는 하나님의 의가 나타나서 믿음으로 믿음에 이르게 하나니 기록된 바 오직 의인은 믿음으로 말미암아 살리라 함과 같으니라"(롬 1:17). 여기서 '기록된 바'는 하박국 2장 4절을 인용했음을 가리킨다. 하박국의 "믿음으로 말미암아 살리라"는 구절은 "그의 신실함으로 말미암아"(by his faithfulness, NIV) 살리라는 의미를 갖는다. 이를 70인역은 '나의 믿음', 곧 인간의 모든 불의함을 바로잡으실 하나님의 언약적 신실하심으로 번역한다.[100] 즉 의인은 하나님의 언약적 신실하심을 믿음으로 붙듦으로 산다는 것이다.

하나님이 죄에 대한 이스라엘의 무능력에 맞서 무장하여 싸우시는 것은 그의 언약 백성을 죄로부터 구속하기 위해서만은 아니다. 하나님은 여기서 더 나아가 처음부터 갖고 계셨던 더욱 원대한 목적을 향해 나아간다.

> "여호와께서 이르시되 내가 그들과 세운 나의 언약이 이러하니 곧 네 위에 있는 나의 영과 네 입에 둔 나의 말이 이제부터 영원하도록 네 입에서와 네 후손의 입에서와 네 후손의 후손의 입에서 떠나지 아니하리라 하시니라. 여호와의 말씀이니라"(사 59:21).

하나님께서는 이제 그의 백성에게 하나님의 거룩한 영을 부으시고, 하나님 말씀을 그들의 입술에 두실 것이다. 하나님이 그의 백성의 입술에 말씀을 두시는 이유가 무엇일까? 이는 이사야의 경우를 보면 알 수 있다. 이사야 선지자는 처음 부름받을 때 환상 중에 제단의 숯불로 입술이 정결해지고 하나님의 말씀을 전하도록 사명을 받는다(사 6장). 이처럼 하나님의 언약 백성들에게 하나님의 영이 부어지고 입술에 말씀을 두신 것은 그들이 열방에 말씀을 선포하여 열방이 주께 돌아오는 역사를 이루기 위해서다(사 2:2-3). 이러한 역사의 성취는 이어지는 60~62장에 생생하게 묘사되어 있다. 또한 이러한 역사는 장차 사도행전 2장에서 오순절 성령강림으로 본격적으로 성취되기 시작한다(행 2장).

하나님의 팔로 나타나신 메시아 예수는 인류를 위한 구속의 역사를 십자가에서 대속하심으로 성취하셨다. 우리가 구원받는 것은 하나님의 신실하심이 우리의 불의함에 앞서 행하셨기 때문이다. 우리는 오직 하나님의 신실하신 구속역사를 믿음으로 붙듦으로 구원받는다. 메시아 예수를 믿음으로 영접할 때 우리에게는 하나님의 거룩한 성령이 선물로 부어지고, 우리 입술에 기쁘고 복된 소식을 전할 말씀이 머물게 된다. 나에게는 이런 은혜의 선물들이 머물고 있는가? 성령으로 충만하여 담대하게 그리스도 예수의 복음을 증거하는 신실한 증인으로 서자.

[89장 각주]

98) 백성호, "[백성호의 현문우답] 미군 철수 막은 김장환 목사의 숨은 외교력", 중앙일보. 2021. 9. 23.

99) 존 오스월트, 「NICOT 이사야 Ⅱ」, 637쪽.

100) 양형주, 「평신도를 위한 쉬운 로마서」, 개정증보2판, (서울: 브니엘, 2022), 50-51쪽.

90 Chapter 8. Isaiah 60:1-22

일어나라. 빛을 발하라

[1]일어나라. 빛을 발하라. 이는 네 빛이 이르렀고 여호와의 영광이 네
위에 임하였음이니라. [2]보라. 어둠이 땅을 덮을 것이며 캄캄함이 만
민을 가리려니와 오직 여호와께서 네 위에 임하실 것이며 그의 영광
이 네 위에 나타나리니 [3]나라들은 네 빛으로, 왕들은 비치는 네 광명
으로 나아오리라. [4]네 눈을 들어 사방을 보라. 무리가 다 모여 네게로
오느니라. 네 아들들은 먼 곳에서 오겠고 네 딸들은 안기어 올 것이
라. [5]그때에 네가 보고 기쁜 빛을 내며 네 마음이 놀라고 또 화창하리
니 이는 바다의 부가 네게로 돌아오며 이방 나라들의 재물이 네게로
옴이라. [6]허다한 낙타, 미디안과 에바의 어린 낙타가 네 가운데에 가
득할 것이며 스바 사람들은 다 금과 유향을 가지고 와서 여호와의 찬

송을 전파할 것이며 7게달의 양 무리는 다 네게로 모일 것이요 느바
욧의 숫양은 네게 공급되고 내 제단에 올라 기꺼이 받음이 되리니 내
가 내 영광의 집을 영화롭게 하리라. 8저 구름같이, 비둘기들이 그 보
금자리로 날아가는 것같이 날아오는 자들이 누구냐. 9곧 섬들이 나를
앙망하고 다시스의 배들이 먼저 이르되 먼 곳에서 네 자손과 그들의
은금을 아울러 싣고 와서 네 하나님 여호와의 이름에 드리려 하며 이
스라엘의 거룩한 이에게 드리려 하는 자들이라. 이는 내가 너를 영화
롭게 하였음이라. 10내가 노하여 너를 쳤으나 이제는 나의 은혜로 너
를 불쌍히 여겼은즉 이방인들이 네 성벽을 쌓을 것이요 그들의 왕들
이 너를 섬길 것이며 11네 성문이 항상 열려 주야로 닫히지 아니하리
니 이는 사람들이 네게로 이방 나라들의 재물을 가져오며 그들의 왕
들을 포로로 이끌어 옴이라. 12너를 섬기지 아니하는 백성과 나라는
파멸하리니 그 백성들은 반드시 진멸되리라. 13레바논의 영광 곧 잣
나무와 소나무와 황양목이 함께 네게 이르러 내 거룩한 곳을 아름답
게 할 것이며 내가 나의 발 둘 곳을 영화롭게 할 것이라. 14너를 괴롭
히던 자의 자손이 몸을 굽혀 네게 나아오며 너를 멸시하던 모든 자가
네 발 아래에 엎드려 너를 일컬어 여호와의 성읍이라, 이스라엘의 거
룩한 이의 시온이라 하리라. 15전에는 네가 버림을 당하며 미움을 당
하였으므로 네게로 가는 자가 없었으나 이제는 내가 너를 영원한 아
름다움과 대대의 기쁨이 되게 하리니 16네가 이방 나라들의 젖을 빨
며 뭇 왕의 젖을 빨고 나 여호와는 네 구원자, 네 구속자, 야곱의 전능
자인 줄 알리라. 17내가 금을 가지고 놋을 대신하며 은을 가지고 철을
대신하며 놋으로 나무를 대신하며 철로 돌을 대신하며 화평을 세워

관원으로 삼으며 공의를 세워 감독으로 삼으리니 [18]다시는 강포한 일이 네 땅에 들리지 않을 것이요 황폐와 파멸이 네 국경 안에 다시 없을 것이며 네가 네 성벽을 구원이라, 네 성문을 찬송이라 부를 것이라. [19]다시는 낮에 해가 네 빛이 되지 아니하며 달도 네게 빛을 비추지 않을 것이요 오직 여호와가 네게 영원한 빛이 되며 네 하나님이 네 영광이 되리니 [20]다시는 네 해가 지지 아니하며 네 달이 물러가지 아니할 것은 여호와가 네 영원한 빛이 되고 네 슬픔의 날이 끝날 것임이라. [21]네 백성이 다 의롭게 되어 영원히 땅을 차지하리니 그들은 내가 심은 가지요 내가 손으로 만든 것으로서 나의 영광을 나타낼 것인즉 [22]그 작은 자가 천 명을 이루겠고 그 약한 자가 강국을 이룰 것이라. 때가 되면 나 여호와가 속히 이루리라.

해마다 통계청이 발표하는 국민사망원인통계를 보면 자살이 늘고 있다. 2018년 통계청 자료에 따르면 한 해 동안 우리나라에서 자살로 생을 마감하는 이들이 1만 3,670명이다. 하루 평균 스스로 목숨을 끊은 이가 37.5명이다. 이는 인구 10만 명당 26.6명으로, 2017년보다 9.5% 높아진 수치다.[101] 특히 10대의 자살률이 전체의 22.1%로 급증했다. 주목할 것은 10~30대 연령층에서는 다른 사고나 질환을 모두 제치고 자살이 사망원인 1위라는 사실이다. 연령별 사망원인을 보면 10대 사망자의 35.7%, 20대의 47.2%, 30대의 39.4%가 자살로 숨졌다.[102] 이러한 통계를 보면 젊은 세대에 소망 없고 비관적인 우울함과 죽음의 그림자가 깊게 드리운 것을 볼 수 있다. 이런 어둠의 무게를 도저히 가누지 못해 극단적 선택을 하는 것이다.

이스라엘 역시 마찬가지였다. 이들에게는 빛이 없었다. 빛을 바라나 어둠뿐이었기에 컴컴한 데서 맹인같이 헤매고 넘어질 뿐이었다.

> "그러므로 정의가 우리에게서 멀고 공의가 우리에게 미치지 못한즉 우리가 빛을 바라나 어둠뿐이요 밝은 것을 바라나 캄캄한 가운데에 행하므로 우리가 맹인같이 담을 더듬으며 눈 없는 자같이 두루 더듬으며 낮에도 황혼 때같이 넘어지니 우리는 강장한 자 중에서도 죽은 자 같은지라"(사 59:9-10).

그런데 오늘 본문에는 이런 어둠 가운데 있는 이스라엘에게 하나님이 놀라운 선언을 하신다.

> "일어나라. 빛을 발하라. 이는 네 빛이 이르렀고 여호와의 영광이 네 위에 임하였음이니라"(사 60:1).

'일어나라' 는 부름은 현재 이스라엘이 비틀거리고 주저앉아 있음을 의미한다. 이들에게 '빛을 발하라고 하신 것' 은 앞서 살펴본 것처럼 이들이 갖고 있는 빛이 아니다. 이는 하나님 영광의 빛이다. 그래서 본문은 빛을 발하라고 한 이유를 "네 빛이 이르렀고 여호와의 영광이 네 위에 임하였"기 때문이라고 진술한다. '네 빛' 은 이스라엘이 갖고 있는 빛이 아니라 이스라엘을 비추는 하나님의 빛이다. 마찬가지로 '네 위에 임한 영광' 은 '여호와의 영광' 이다. 이스라엘의 빛은 하나님이 오셔야, 그의 영광이 임해야 가능한 것이다. 놀라운 것은 하나님은 자신의 영광을 다른 이들과 나누지 않는 분이라는 사실이다. "나는 여호와이니 이는 내 이름이라. 나는 내 영광을 다른 자에게, 내 찬송을 우상에게 주지 아니하리라"(사 42:8). 그런데 그런 하나님이 자신의 영광을 빛을 잃고 무너진 이스라엘에게 주겠다고 하신다.

그렇다면 하나님은 어떤 방식으로 그렇게 하실까? 이는 그가 택한 종, 곧 여호와의 종을 통해 우리가 흔히 이해할 수 없는 기이한 방식으로 그렇게 하실 것이다. 그것은 말씀이 육신이 되어 우리 가운데 거하시는 성육의 역사를 통해서다. 그러나 그의 백성들은 그런 여호와의 종을 보고도 제대로 알아보지 못하였는데, 이는 그가 사람에게 멸시당하고 백성에게 미움받으며(사 49:7), 심지어 수염이 뽑히고 뺨을 맞고 침 뱉음을 당하기까지 하며(사 50:6), 찔리고 상하고 채찍에 맞기 때문이다(사 53:5). 이 모든 수난이 그의 백성들을 위한 것이건만, 도리어 백성들은 그는 징벌을 받아 하나님께 맞으며 고난을 당한다고 생각한다(사 53:5). 그러나 결국 이 모든 과정을 통해 그의 백성은 나음을 받고 평화를 누리며 그의 죄악을 사함받는다(사 53:5-6).

여호와의 종의 사역의 중요성은 이사야 56~66장의 구조를 통해서도 잘 드러난다. 이 부분의 핵심을 이루는 60~62장의 가운데 단락(사 61:1-5)에는 성령으로 기름 부음을 받아 복음을 전하고 마음이 상한 자를 고치며, 포로 된 자를 자유롭게 하는 여호와의 종의 사역이 있다.[103]

여호와의 종이 임하기 전 세상은 어둠(히. 호쉐크)과 캄캄함(히.

아라펠)이 가득한 세상이다. 그러나 이러한 세상과 대조되게 여호와의 영광이 이스라엘 위에 밝게 비추실 것이다(사 60:2). 이러한 모습은 마치 애굽에 내린 9번째 재앙을 연상하게 한다. 온 애굽에 캄캄한 흑암(히. 호쉐크 아펠라)이 뒤덮였지만 오직 이스라엘이 거주했던 고센 땅만 빛이 비추었다(출 10:22-23). 하지만 여기서 흑암에 덮였던 애굽은 이스라엘에 비추었던 여호와의 빛을 보고도 나아오지 않았다. 본문을 이해하는 또 다른 좋은 방법은 본문에 등장하는 어둠과 흑암을 하나님의 영광을 둘러싸는 외피로 이해하는 것이다.[104] 이스라엘 백성이 호렙산에 섰을 때 산에는 불이 붙어 불길이 충만했지만, 그 밖은 어둠(히. 호쉐크)과 구름(히. 아난)과 흑암(히. 아라펠)이 에워싸고 있었다(신 4:11). 이스라엘이 하나님의 영광을 반사하는 존재라면 만민은 하나님의 영광을 둘러싸는 외피 역할을 한다. 여기서 만민은 통치에서 제외되는 애굽 제국이 아니라 여호와의 영광의 빛을 보고 나아가는 하나님 통치의 2차 수혜자가 된다. 이때 나라들은 이스라엘에게 비추는 여호와의 빛으로, 왕들은 이스라엘의 광명으로 나아오게 될 것이다(사 60:3).

이러한 열방의 귀환은 이스라엘의 포로 귀환을 넘어선다. 하나님은 이스라엘에게 "네 눈을 들어 사방을 보라"(사 60:4)고 말씀한다. 사방에서 온 무리가 모여 이들에게 오기 때문이다. 주목할 것은 열방이 돌아올 때 이스라엘의 자손들이 이들을 함께 데리고 온다는 점이다(사 60:4). 이러한 열방의 귀환은 이사야 2장의 비전을 다시 한번 보여준다.

"말일에 여호와의 전의 산이 모든 산 꼭대기에 굳게 설 것이요 모든 작은 산 위에 뛰어나리니 만방이 그리로 모여들 것이라. 많은 백성이 가며 이르기를 오라. 우리가 여호와의 산에 오르며 야곱의 하나님의 전에 이르자. 그가 그의 길을 우리에게 가르치실 것이라. 우리가 그 길로 행하리라 하리니 이는 율법이 시온에서부터 나올 것이요 여호와의 말씀이 예루살렘에서부터 나올 것임이니라"(사 2:2-3).

본문은 열방이 주께 돌아올 때 이방 나라들의 부와 재물이 함께 돌아올 것을 예고한다. 미디안과 에바의 낙타들이 가득할 것이고, 스바 사람들은 금과 유향을 가져올 것이며, 게달의 양무리, 느바욧의 숫양이 함께 돌아와 하나님의 제단에 기꺼이 드려지게 될 것이다.

여기 등장하는 미디안, 에바, 스바, 게달, 느바욧의 공통점이 있다. 이는 모두 언약 밖에 있던 아브라함의 후손이라는 사실이다. 미디안은 아브라함이 사라의 죽음 이후 맞이한 후처 그두라에게서 난 여섯 아들 중 넷째다(창 25:2). 에바는 미디안의 아들이며(창 25:4), 스바는 둘째 아들 욕산의 장자다(창 25:3). 그두라를 통해 난 자손들은 아브라함이 죽을 때 모두 약속의 땅 밖 동쪽으로 내보내졌다(창 25:6). 한편 느바욧은 아브라함이 하갈에게서 난 아들 이스마엘의 장자이고, 게달은 둘째 아들이다(창 25:13). 이들은 약속의 땅 주변에 흩어져 살던 언약 밖의 자손들이지만, 여호와의 영광의 빛이 이스라엘을 다시 비출 때 함께 나아와 하나님을 예배하는 하나님의 백성들이 될 것이다.

하나님은 이스라엘의 시선을 돌리며 “저 구름같이 비둘기들이 그 보금자리로 날아가는 것같이 날아오는 자들이 누구냐”고 물으신다(사 60:8). ‘구름 같다’는 것은 수많은 배의 돛이 수평선 위의 구름처럼 보인다는 것이고, ‘비둘기가 보금자리로 날아가는 것같이 날아온다’는 것은 돛을 단 다시스의 수많은 배가 보금자리 주변을 선회하는 비둘기처럼 이스라엘을 향해 서둘러 온다는 뜻이다.[105] 세상 끝이라고 여겼던 다시스로부터 오는 원양 항해용 배들은 온 세상에 흩어졌던 하나님의 백성들과 은금을 싣고 와서 ‘여호와의 이름’으로 인해 이스라엘의 거룩한 그분께 드리며 예배한다(사 60:9).

이제 열방과 이스라엘의 상황이 역전된다. 예전에는 이스라엘을 압제하던 열방이 이제는 이스라엘의 성벽을 쌓고 열국의 왕들이 그들을 섬길 것이다(사 60:10). 이렇게 된 이유는 오직 하나, 하나님의 은혜 덕분이다. 하나님은 이스라엘의 죄로 인해 진노하여 이들을 치셨다. 열방은 여호와의 진노의 몽둥이였다(사 10:5 참조). 그러나 이제 하나님은 이스라엘에게 은혜를 베푸시고 그들에게 빛을 비추셨다. 그 빛이 이스라엘을 밝게 비추어 나라들과 왕들이 광명으로 나아와 이들을 섬기게 되는 것이다. 이전에는 형벌의 도구였던 그들이 이제는 은혜의 도구로 바뀐다.

시온의 성문은 항상 열려 주야로 닫히지 않을 것이다(사 60:11). 일반적으로 성문은 안전과 경계를 위하여 밤에는 닫아야 한다. 그러나 성문이 닫히지 않고 항상 열려 있다는 것은 그만큼 주변 환경이 안전하다는 의미다. 여호와의 영광의 빛이 이스라엘을 비추자 이스라엘에게 적의를 품은 나라들이 사라졌다. 더 나아가 열방의 대상들이 이들과 교류하며 이들이 섬기는 하나님을 섬기기 위해 성문을 통해 끊임없이 몰려온다. 이들은 여호와께 드릴 예물을 갖고 몰려올 것이고, 심지어 여호와를 자발적으로 섬기지 않는 왕들을 포로로 끌고 온다. 여호와의 영광의 빛과 그의 주권을 인정하지 않으면 결국 하나님의 새로운 언약 밖으로 내몰리게 되어 사로잡힘과 멸망을 자초하게 된다(사 60:12). 성전을 세울 때 사용하는 레바논의 영광, 곧 레바논의 우뚝 솟은 잣나무, 소나무, 황양목 등이 다시 이스라엘로 들어와 여호와의 새로운 전을 건립하게 될 것이다(사 60:13). 이때 이스라엘을 괴롭히고 멸시하던 모든 열방이 그들의 발아래 엎드려 "너희들은 과연 여호와의 성읍이구나, 이스라엘의 거룩한 이의 시온이구나" 하고 인정할 것이다(사 60:14). 이것은 전적인 하나님의 은혜 덕분이다. 하나님의 영광의 빛이 임하자 이스라엘을 미워하여 근처에도 가지 않던 이들이 모두 몰려올 뿐만 아니라(사 60:15), 이제 이들이 이스라엘을 물심양면으로 지원하고 돕는 일이 일어날 것이다(사 60:16). 이를 통해 이스라엘의 참된 구원자요 구속자, 야곱의 전능자는 여호와인 줄 알게 될 것이다(사 60:16).

여호와의 은혜의 빛을 받은 이스라엘이 장차 회복할 영광은 솔로몬 때의 영광을 능가한다(왕상 10:21,27 참조). 이때 이스라엘은 금으로 놋을 대신하며 은으로 철을 대신하고 놋으로 나무를 대신하며 철로 돌을 대신하게 될 것이다(사 60:17). 또한 하나님의 참된 샬롬과 하나님의 뜻이 온전히 이루어지는 공의가 온 시온 구석구석에 스며들게 될 것이다(사 60:17). 시온성에서는 구속자의 구원이 성벽이 되어 백성들을 죄와 악에서 보호할 것이다(사 60:18). 그에게로 들어가는 길, 곧 성문은 찬송이 될 것이다.

새롭게 세워진 시온성에는 더 이상 낮의 해가 빛의 구실을 하지 못할 것이고 밤의 달도 제대로 빛을 비추지 못할 것이다. 여호와가 시온에게 영원한 빛이 되어 이들의 모든 슬픔을 끝내고 이들을 의롭게 여기시고 영원히 그곳을 차지하도록 하실 것이다(사 60:18-21). 장차 시온에 임할 놀라운 구원은 장차 새 하늘과 새 땅에 이루어질 거룩한 성 예루살렘을 예고한다(계 21:1-4,22-27). 그곳에서 하나님은 새 이스라엘 백성들의 모든 눈에서 눈물을 닦아주시고(계 21:4), 어린 양의 생명을 힘입은 이들을 의롭게 여겨 거룩한 성으로 들여보내실 것이다(계 21:27). 그 성에서는 해와 달의 비침이 쓸데없을 것이다. 하나님의 영광이 비치고 어린 양이 등불이 되시기 때문이다(계 21:23). 이 성에서는 작은 자가 천 명을 이루고, 약한 자가 강국을 이룰 것이다(사 60:22). 이는 한 사람의 꾸짖음으로 천 명이 도망하게 되는 저주와 심판의 상태(사 30:17)가 역전되어 완전한 복이 가득한 상태가 될 것을 예고하는 것이다.

우리 인생에 가장 필요한 것은 하나님의 은혜다. 여호와의 영광의 빛이 우리 인생에 비추어야 모든 상황이 역전될 수 있다. 여호와의 빛이 우리 생에 가득할 때 원수 같던 이들이 돌이킬 것이고, 닫혔던 문이 열리며 주변의 모든 이가 돌아설 것이다. 은혜를 구하라. 긍휼을 구하고 불쌍히 여겨달라고 하나님께 간구하라. 그리하여 여호와의 빛이 우리 인생을 다시 비추어주시도록 간구하라. 이것만이 우리 인생의 참 소망이다. 주여, 내게 영광의 빛을 비추어주옵소서!

[90장 각주]

101) 강애란, "2018년 자살률 전년보다 9.5% 증가… 인구 10만 명당 26.6명", 연합뉴스, 2020. 6. 1.

102) 노현웅 외, "지난해 자살률 증가세 전환… 다시 OECD 1위로", 한겨레, 2019. 9. 24.

103) 60~62장에는 여호와의 구원역사를 이루는 핵심 주제들이 반복되는데, 이는 '구원' '빛' '영광' '열방' '시온' '재물' '압제하는 나라의 낮아짐과 이스라엘의 높아짐' '이스라엘이 하나님의 의를 경험함' 등이다.

104) 김회권, 「하나님 나라 신학으로 읽는 이사야 40-66장」, 568쪽.

105) 존 오스월트, 「NICOT 이사야 Ⅱ」, 654-655쪽.

91 Chapter 8. Isaiah 61:1-11

메시아가 오실 때

[1]주 여호와의 영이 내게 내리셨으니 이는 여호와께서 내게 기름을 부
으사 가난한 자에게 아름다운 소식을 전하게 하려 하심이라. 나를 보
내사 마음이 상한 자를 고치며 포로된 자에게 자유를, 갇힌 자에게
놓임을 선포하며 [2]여호와의 은혜의 해와 우리 하나님의 보복의 날을
선포하여 모든 슬픈 자를 위로하되 [3]무릇 시온에서 슬퍼하는 자에게
화관을 주어 그 재를 대신하며 기쁨의 기름으로 그 슬픔을 대신하며
찬송의 옷으로 그 근심을 대신하시고 그들이 의의 나무 곧 여호와께
서 심으신 그 영광을 나타낼 자라 일컬음을 받게 하려 하심이라. [4]그
들은 오래 황폐하였던 곳을 다시 쌓을 것이며 옛부터 무너진 곳을 다
시 일으킬 것이며 황폐한 성읍 곧 대대로 무너져 있던 것들을 중수할

것이며 5외인은 서서 너희 양 떼를 칠 것이요 이방 사람은 너희 농부
와 포도원지기가 될 것이나 6오직 너희는 여호와의 제사장이라 일컬
음을 받을 것이라. 사람들이 너희를 우리 하나님의 봉사자라 할 것이
며 너희가 이방 나라들의 재물을 먹으며 그들의 영광을 얻어 자랑할
것이니라. 7너희가 수치 대신에 보상을 배나 얻으며 능욕 대신에 몫
으로 말미암아 즐거워할 것이라. 그리하여 그들의 땅에서 갑절이나
얻고 영원한 기쁨이 있으리라. 8무릇 나 여호와는 정의를 사랑하며
불의의 강탈을 미워하여 성실히 그들에게 갚아주고 그들과 영원한
언약을 맺을 것이라. 9그들의 자손을 뭇 나라 가운데에, 그들의 후손
을 만민 가운데에 알리리니 무릇 이를 보는 자가 그들은 여호와께 복
받은 자손이라 인정하리라. 10내가 여호와로 말미암아 크게 기뻐하며
내 영혼이 나의 하나님으로 말미암아 즐거워하리니 이는 그가 구원
의 옷을 내게 입히시며 공의의 겉옷을 내게 더하심이 신랑이 사모를
쓰며 신부가 자기 보석으로 단장함 같게 하셨음이라. 11땅이 싹을 내
며 동산이 거기 뿌린 것을 움돋게 함같이 주 여호와께서 공의와 찬송
을 모든 나라 앞에 솟아나게 하시리라.

본문은 이스라엘의 회복과 영광스러운 미래에 대한 60~62장 말씀 중 한 가운데 있는 것으로, 그 핵심에 바로 여호와의 기름 부음받은 종의 사명을 소개한다. 주목할 사실은 메시아 예수께서 공생애 사역을 처음 시작하실 때 바로 본문 1~2절을 낭독하신 후, 이 말씀이 메시아를 통하여 성취되었다고 선언하셨다는 점이다.

"예수께서 그 자라나신 곳 나사렛에 이르사 안식일에 늘 하시던 대로 회당에 들어가사 성경을 읽으려고 서시매 선지자 이사야의 글을 드리거늘 책을 펴서 이렇게 기록된 데를 찾으시니 곧 주의 성령이 내게 임하셨으니 이는 가난한 자에게 복음을 전하게 하시려고 내게 기름을 부으시고 나를 보내사 포로 된 자에게 자유를, 눈먼 자에게 다시 보게 함을 전파하며 눌린 자를 자유롭게 하고 주의 은혜의 해를 전파하게 하려 하심이라 하였더라. 책을 덮어 그 맡은 자에게 주시고 앉으시니 회당에 있는 자들이 다 주목하여 보더라. 이에 예수께서 그들에게 말씀하시되 이 글이 오늘 너희 귀에 응하였느니라 하시니"(눅 4:16-21).

메시아 예수께서는 이사야의 예언이 자신에게 성취되었다고 선언하셨다. 단지 이사야 61장 1절 이하의 말씀만이 아니다. 이스라엘의 회복과 구원에 관한 모든 약속을 자신의 전 생애에 걸쳐 성취하셨다.

예수께서 이 말씀을 하필이면 왜 나사렛 회당에서 선포하셨을까? 그것은 이사야의 예언을 자신의 생애를 통해 성취하기 위해서다. 나사렛은 예수께서 어릴 때부터 자라신 동네다. 마태복음은 이를 다음과 같이 진술한다.

"나사렛이란 동네에 가서 사니 이는 선지자로 하신 말씀에 나사렛 사람이라 칭하리라 하심을 이루려 함이러라"(마 2:23).

예수께서는 이사야가 예언한 바, 나사렛 사람이라 칭함을 이루기 위해 나사렛 동네에 가서 사신 것이다. 그렇다면 마태복음 2장 23절 난하주에서 이사야 예언으로 제시한 이사야 11장 1절은 무엇이라 말씀하셨을까?

"이새의 줄기에서 한 싹이 나며 그 뿌리에서 한 가지가 나서 결실할 것이요."

이새는 유다지파의 장자 계보를 잇는 다윗의 아버지로, 그로부터 한 싹이 나고 그 뿌리에서 한 가지가 나서 결실할 것이라고 말씀한다. 이것이 나사렛 사람이라 칭함받는 것과는 무슨 관계가 있을까? 나사렛은 '가지'를 의미하는 히브리어 '네쩨르'에서 왔다. 나사렛 사람이란 '가지 사람'이란 뜻이다. 이는 이새의 뿌리에서 난 가지 사람이라 칭함을 받기 위해서라는 뜻인데, 예수께서는 '가지'를 의미하는 나사렛 동네에서 유다지파 이새와 다윗의 가지로부터 난 '가지 사람'으로 사셨고, 이제 이사야의 예언을 본격적으로 성취하기 위해 '가지 동네' 회당에서 이사야 61장 1~2절을 낭독하심으로 이 예언이 자신에게 성취됨을 선언하신다.

예수께서 낭독하신 이사야의 내용은 본문 1~2절과 약간의 차이를 보인다. 먼저, '주 여호와의 영'을 예수께서는 '주의 성령'으로 읽으신다. 이사야 11장이 예고하는 장차 오게 될 가지 사람의 특징은 "여호와의 영 곧 지혜와 총명의 영이요 지식과 여호와를 경외하는 영"이 임한다는 것이다(사 11:2). 하나님의 성령이 임하는 것을 이사야서는 '기름을 붓다' 라는 표현을 사용한다. 이는 사명을 감당하기 위한 것으로 구약에서는 신적 사명을 감당하는 왕, 선지자, 제사장에게 기름을 부었다. '기름을 붓다' 는 히브리어 '마샤흐' 로, 기름 부음 받은 자를 '메시아' 라 부른다. 이를 정리하면 예수께서는 메시아로서, 하나님의 성령으로 기름 부음을 받은 분으로 자신을 선언하신다.

예수께서 선포하신 또 다른 특징은 이 가지 사람은 말씀 사역을 한다는 점이다. 가지 사람에 대해 예언한 이사야 11장에도 그는 '그의 입의 막대기' 와 '입술의 기운' 으로 사역할 것을 진술한다. 본문은 여호와의 영, 곧 기름을 부으신 것이 "가난한 자에게 아름다운 소식을 전하게 하려는 것"이라 말씀한다(사 61:1). 예수께서는 이를 "가난한 자에게 복음을 전하게"하려는 것이라 말씀한다.

'가난한 자' 는 포로됨의 비참함과 곤궁으로부터 오는 가난함(눅 6:20)과 하나님이 없어서 찾아오는 심령의 가난함(마 5:3) 모두를 포함한다. 가난한 자를 구체적으로 보여주는 것이 이어지는 '마음이 상한 자' '포로 된 자' '갇힌 자' 들이다. 이들은 하나님을 떠나 죄의 권세로 고통받아 마음이 상하고, 죄와 권세자의 포로가 되어 갇힌 자들이다. 예수께서는 이를 '눌린 자' (the oppressed)라고도 말씀하신다. 예수께서는 여기에 한 가지를 더 추가하시는데, 그것은 '눈먼 자' 다. 이는 이사야서를 비롯한 구약성경에서 우상 숭배와 매우 관계 깊은 표현이다(사 6:9. 시 115:4-8, 135:15-18).

이렇게 볼 때 나사렛 예수께서 복음을 전하려 하는 가난한 자, 곧 마음이 상한 자들은 하나님을 떠나 우상 숭배로 인해 포로 되고 갇힌 자들임을 알 수 있다(사 6:13 참조). 이사야서에서 하나님은 여호와의 종을 통한 회복의 때에 '겸손한 자의 영' 과 '통회하는 자의 마음' 을 소생시키겠다고 약속하신 바 있다(사 57:15). 이것이 메시아 예수가 전하는 아름다운 소식인 복음을 통해 성취되는 것이다.

기름 부음받은 메시아 종은 '여호와의 은혜의 해' (the year of Lord's favor)와 '보복의 날' (the day of vengeance)을 선포한다. '은혜의 해' 란 종 되고 포로 되었던 자들이 대자유를 얻게 되는 희년(the year of jubilee)의 의미를 내포한다(레 25:10-12 참조). 이스라엘의 참된 희년은 메시아 종을 통해 온전히 성취되어 참된 자유를 맛볼 것이다. '보복의 날' 은 불의와 원수를 심판하는 최후의 날을 뜻한다. 주목할 것은 은혜의 해(year)는 긴 기간인 반면, 보복의 날(day)은 짧은 하루라는 점이다(출 20:4-5 참조).

메시아 종은 죄로 인한 고통으로 슬퍼하는 모든 이에게 아름답고 영광스러운 '화관' 을 씌워주고 흥겨운 잔치에 사용하는 값비싼 '기쁨의 기름' 을 부으시고 '찬송의 옷' 을 입히실 것이다(사 61:3). 여기서 '옷' (히. 마아테, mantle-NRSV, garment-NIV, ESV)은 몸 전체에 두르는 겉옷 또는 감싸는 것을 가리킨다. 이는 찬송으로 그의 전 존재를 두르겠다는 것이다. 더 나아가 그가 사역하는 이들은 여호와의 영광을 나타낼 '의의 나무' 라 일컬음을 받게 될 것이다. 나무는 안정성, 넉넉함, 항구성을 가리킨다. 여기서 '의' 란 자신의 의가 아닌 여호와의 의를 가리킨다. 여호와의 의를 드러내는 넉넉한 나무가 되는 것은 이사야서 초반에서 자신의 불의로 부끄러움과 수치를 당하는 이스라엘의 모습과 대조된다(사 1:29-31).

메시아의 사역으로 치유와 자유와 위로를 맛본 이스라엘은 무너져 황폐하였던 성읍을 다시 쌓고 세울 것이다(사 61:4). 이때 이스라엘을 압제하던 외인들은 서서 그들의 양 떼를 칠 것이고, 이방 사람은 이스라엘에게 허락하신 포도원을 지키는 농부가 될 것이다(사 61:5).

'포도원'은 하나님이 언약 백성에게 허락한 유업이다(사 5:1-2 참조). '이방 사람'(히. 벤 네카르)은 직역하면 '이방인의 아들들'이며 이와 동일한 표현이 '여호와께 연합한 이방 사람'(이방인의 아들들)으로 등장한다. 이는 본문에 나오는 이방인들이 결국 하나님의 언약 안으로 들어와 함께 하나님을 섬기는 언약 백성이 될 것임을 나타낸다. 이때 이스라엘 백성은 '여호와의 제사장' '하나님의 봉사자'가 될 것이다(사 61:6). 이스라엘과 열방의 관계가 지배자와 피지배자의 관계가 아니라 제사장과 예배자임을 주목하라. 이스라엘은 열방의 중보자와 봉사자가 되어 이방에 여호와의 빛을 비출 것이고, 열방은 그 빛을 보고 하나님께 나아올 것이다. 이때 이스라엘은 이들로 하나님을 온전히 알고 예배하도록 섬길 것이다(사 60:1-4, 2:2-3 참조). 이때 이스라엘은 열방이 가져온 재물로 제사드리며 제사장의 몫을 풍성하게 취할 것이다. 그동안의 수치 대신 보상을 배나 얻는 명예가 있을 것이고, 장자에게 주어지는 '갑절'의 유업의 몫을 얻을 것이다(사 61:7).

하나님께서는 이 언약을 성실하게 성취하시며 이제 이를 영원한 언약으로 약속하신다(사 61:8, 참조 사 59:20-21). 이러한 언약의 복으로 인해 참 이스라엘의 후손들이 뭇 나라 가운데, 만민 가운데 알려질 것이고, 그동안 이스라엘을 능멸하던 열방들은 이들이야말로 여호와께 복받은 자손이라 인정할 것이다(사 61:9, 참조 사 60:14).

이 놀라운 하나님의 약속의 선언 앞에 이제 시온은 일인칭 화자가 되어 찬양한다.

> "내가 여호와로 말미암아 크게 기뻐하며 내 영혼이 나의 하나님으로 말미암아 즐거워하리니 이는 그가 구원의 옷을 내게 입히시며 공의의 겉옷을 내게 더하심이 신랑이 사모를 쓰며 신부가 자기 보석으로 단장함 같게 하셨음이라"(사 61:10).

시온은 하나님이 입히신 구원과 공의의 옷으로 인해 찬양한다. 이런 시온의 영광과 아름다움은 마치 결혼식의 신랑과 신부의 모습과 같다. 신랑이 혼인 예식을 위해 멋진 사모를 쓰고 나오는 것과 같다. 사모는 난하주 1번에 따르면 제사장의 관을 의미한다. 마치 대제사장이 '여호와께 성결' 이라고 쓰인 금패를 단 관을 위엄 있게 쓰는 것처럼, 신랑 시온도 위엄과 영화로움으로 하나님 앞에 나올 것이다. 또 시온은 아름다운 보석으로 단장한 신부와도 같다. 이런 신부의 옷은 혼인 예식을 위한 예복과도 같다.

이런 아름다운 구원의 역사는 이제 시작될 것이다. 땅이 이른 비에 싹을 틔우는 것처럼, 동산에 뿌린 씨앗이 자라나 움 돋는 것처럼 이제 하나님께서 공의와 찬송을 모든 나라 앞에 샘솟듯 솟아나게 하실 것이다(사 61:11). 이렇게 싹과 움이 돋아나는 것은 이사야서에서 예고한 '여호와의 싹' (사 4:2) 곧 이새의 줄기에서 나는 싹을 통해서 일어나게 될 것이다(사 11:1, 53:2).

우리는 이런 놀라운 역사가 이미 메시아 예수 안에서 성취된 것을 보았다. 이제는 열방이 그의 영광으로 나아가고 있다. 더 놀라운 것은 메시아 예수의 영을 이제 우리에게 부어주시고, 우리 또한 왕 같은 제사장으로 삼으셔서 열방을 예수의 빛, 복음의 빛으로 돌아오게 하는데 우리를 사용하신다는 사실이다. 나는 예수의 빛을 주변에 얼마나 밝게 비추고 있는가? 어떻게 하면 더 강렬하고 아름다운 빛을 비출 수 있을까? 지혜를 구하라. 성령의 능력을 구하라. 그리고 당당한 제사장으로 서라!

92 Chapter 8. Isaiah 62:1-12

여호와의 명예를 걸고

*1나는 시온의 의가 빛같이, 예루살렘의 구원이 횃불같이 나타나도록
시온을 위하여 잠잠하지 아니하며 예루살렘을 위하여 쉬지 아니할
것인즉 2이방 나라들이 네 공의를, 뭇 왕이 다 네 영광을 볼 것이요
너는 여호와의 입으로 정하실 새 이름으로 일컬음이 될 것이며 3너
는 또 여호와의 손의 아름다운 관, 네 하나님의 손의 왕관이 될 것이
라. 4다시는 너를 버림받은 자라 부르지 아니하며 다시는 네 땅을 황
무지라 부르지 아니하고 오직 너를 헵시바라 하며 네 땅을 쁄라라 하
리니 이는 여호와께서 너를 기뻐하실 것이며 네 땅이 결혼한 것처럼
될 것임이라. 5마치 청년이 처녀와 결혼함같이 네 아들들이 너를 취
하겠고 신랑이 신부를 기뻐함같이 네 하나님이 너를 기뻐하시리라.*

*6예루살렘이여 내가 너의 성벽 위에 파수꾼을 세우고 그들로 하여금
주야로 계속 잠잠하지 않게 하였느니라. 너희 여호와로 기억하시게
하는 자들아 너희는 쉬지 말며 7또 여호와께서 예루살렘을 세워 세상
에서 찬송을 받게 하시기까지 그로 쉬지 못하시게 하라. 8여호와께서
그 오른손, 그 능력의 팔로 맹세하시되 내가 다시는 네 곡식을 네 원
수들에게 양식으로 주지 아니하겠고 네가 수고하여 얻은 포도주를
이방인이 마시지 못하게 할 것인즉 9오직 추수한 자가 그것을 먹고
나 여호와를 찬송할 것이요 거둔 자가 그것을 나의 성소 뜰에서 마시
리라 하셨느니라. 10성문으로 나아가라. 나아가라. 백성이 올 길을 닦
으라. 큰 길을 수축하고 수축하라 돌을 제하라 만민을 위하여 기치를
들라. 11여호와께서 땅끝까지 선포하시되 너희는 딸 시온에게 이르
라. 보라. 네 구원이 이르렀느니라. 보라. 상급이 그에게 있고 보응이
그 앞에 있느니라 하셨느니라. 12사람들이 너를 일컬어 거룩한 백성
이라 여호와께서 구속하신 자라 하겠고 또 너를 일컬어 찾은 바 된
자요 버림받지 아니한 성읍이라 하리라.*

우리가 세상에서 하나님 말씀을 붙들고 믿음으로 살아갈 때 늘 이중적인 긴장 가운데 노출된다. 그것은 '이미' 시작된 하나님의 약속과 '아직' 완전히 성취되지 않은 하나님의 약속 사이의 긴장이다. 하나님이 새 언약을 약속하시고 우리를 메시아 예수의 피로 구원하셨다. 예수 믿는 우리를 '이미' 의롭다 하셨고, 하나님의 자녀 삼아주셨다. 열심히 잘해야 의롭다고 칭해주고 자녀로 불러주는 것이

아니다. 오직 믿음으로 말미암아 의롭다 함을 얻고 이 믿음의 고백 위에 성령이 임하여, 가슴으로부터 하나님을 '아버지'로 부르기 시작한다. 그러나 우리는 '아직' 공중권세 잡은 사단이 역사하는 이 땅에 살아가며 늘 죄와 분투하고 거짓과 미혹을 분별하고 싸우며 살아가야 한다. 장차 우리 안에 계신 성령께서 우리를 부활의 첫 열매인 그리스도처럼 영광 중에 몸의 부활을 완전히 이루실 때까지 우리는 열심히 죄와 유혹과 싸우며 거룩을 향한 분투를 계속해야 한다.

이런 이중적 긴장은 이사야에도 등장한다. 이사야 60장은 이스라엘에게 "일어나라. 빛을 발하라. 네 빛이 이르렀고 여호와의 영광이 네 위에 임하였음이니라"(1절)고 이미 이루어진 완료형태로 선언한다. 또 "네 눈을 들어 사방을 보라. 무리가 다 모여 네게로 오느니라"(4절)며 생생한 현재로 말씀한다. 그러나 61장에 가면 이러한 구원이 아직은 기다려야 할 미래로 표현된다. "~받을 것이라"(6절), "자랑할 것이니라"(6절), "솟아나게 하시리라"(11절)와 같은 표현들은 아직은 기다려야 할 미래다.

여호와의 구원은 이미 시작되었고, 장차 완전히 임할 것을 기다리는 하나님의 백성은 이 긴장되는 기간을 어떻게 지내야 할까? 이때 이사야는 단호하게 결단하며 선언한다.

> "나는 시온의 의가 빛같이, 예루살렘의 구원이 횃불같이 나타나도록 시온을 위하여 잠잠하지 아니하며 예루살렘을 위하여 쉬지 아니할 것인즉"(사 62:1).

시온의 의(히. 체데크)가 빛(히. 노가흐)같이 나타나는 것은 전적으로 하나님의 주권적인 은혜의 역사다. 왜냐하면 이사야는 앞서 시온이 "빛을 바라나 어둠 뿐이요 밝은 것을 바라나 캄캄한 가운데에" (사 59:9) 행한다고 선언했기 때문이다. 시온에게는 스스로를 밝힐 빛이 없다. 이사야는 하나님께서 은혜의 빛을 시온에 비추어 다시 일어나 빛을 발할 때까지 중보의 기도로 분투할 것을 결단한다. 하나님이 약속하셨으나 아직 성취되지 않은 현실에서 성도가 택할 것은 원망이 아니라 기도의 분투다.

한편 1절의 선언은 하나님의 선언이기도 하다. 하나님은 자기 백성을 위하여, 그들을 향한 하나님의 뜻이 이루어질 때까지 쉬지 않고 계속해서 그의 구원역사를 이루어가실 것이다. 주목할 것은 이러한 역사를 '자기 이름을 위하여' 가 아니라 '시온을 위하여' 행한다는 것이다. 하나님이 불의하고 빛도 없는 시온을 위하여 행하시는 이유가 무엇일까? 그들을 사랑하기 때문이다. 그들을 향한 언약적 사랑 때문에 그들에게 의와 구원이 밝게 나타날 때까지 친히 쉬지 않고 일하시는 것이다.

하나님이 시온을 위해 행하시는 구원역사에 대하여 이사야는 이방 나라들과 뭇 왕들이 시온에 임한 의와 영광을 보게 될 것이라고 선언한다(사 62:2). 그 대표적인 증거가 바로 여호와가 주실 '새 이름' 이다. 성경에서 새 이름은 새로운 정체성과 관계, 신분, 성품, 사명의 변화를 나타낸다. 이런 시온은 여호와의 손에 들린 아름다운 면류관(히. 아테레트)이자 왕관이 될 것이다(사 62:3). 하나님의 손에 있다는 것은 하나님의 보호 아래 아름답고 소중하게 간직되어있음을 의미한다.

"다시는 너를 버림받은 자라 부르지 아니하며 다시는 네 땅을 황무지라 부르지 아니하고 오직 너를 헵시바라 하며 네 땅을 쁄라라 하리니 이는 여호와께서 너를 기뻐하실 것이며 네 땅이 결혼한 것처럼 될 것임이라"(사 62:4).

이스라엘이 바벨론의 포로로 끌려간 후 이들은 자신을 '버림받은 자' (히. 아주바)[106]로, 황폐하게 된 시온은 황무지로 여겼다. 그러나 하나님은 이제 시온의 백성을 더 이상 이런 이름으로 부르지 않고 '헵시바' 라 부르며, 한때 황무지라 불렀던 시온의 땅을 '쁄라' 라는 새 이름으로 부르실 것이다. '헵시바' 는 '나의 기쁨이 그녀에게 있다' 는 뜻이고, '쁄라' 는 '결혼한 여자' 란 뜻이다. 이런 놀라운 변화는 시온의 공로에 근거해서 이루어지는 것이 아니다. 오직 하나님의 신실하신 언약적 사랑에 기반한다(사 61:10 참조). 하나님은 시온을 기뻐하며 그들의 땅이 결혼한 것처럼 되게 할 것이라 선언한다.

"마치 청년이 처녀와 결혼함같이 네 아들들이 너를 취하겠고 신랑이 신부를 기뻐함같이 네 하나님이 너를 기뻐하시리라(사 62:5).

여기 '결혼한' (4절), '결혼함' (5절), '취하겠고' (5절, 결혼하겠고) 등과 같은 결혼의 언어는 그 어근이 모두 히브리 동사 '바알' 에서 나왔는데, 이는 '~의 주인이 되다' '남편이 되다' 는 뜻이다.[107] 하나님이 주시는 새 이름의 핵심은 이제 하나님이 시온의 주(主)이자 남편이 된다는 것이다. 이런 놀라운 하나님의 은혜의 선언 앞에 이사야는 예루살렘에 촉구한다.

> "예루살렘이여 내가 너의 성벽 위에 파수꾼을 세우고 그들로 하여금 주야로 계속 잠잠하지 않게 하였느니라. 너희 여호와로 기억하시게 하는 자들아 너희는 쉬지 말며 또 여호와께서 예루살렘을 세워 세상에서 찬송을 받게 하시기까지 그로 쉬지 못하시게 하라" (사 62:6-7).

기도의 분투에 참여한 이사야는 이제 이 일에 함께할 믿음의 파수꾼을 세워 주야로 깨어 기도하도록 한다. 이렇게 믿음의 파수꾼을 세운 것은 다른 한편 하나님의 주권적 역사 가운데 하나님이 세워주신 것이기도 하다. 이사야가 파수꾼을 세우지만 하나님이 세워주시는 것이기도 하다. 이것이 본문의 '내가'가 이사야 선지자인지 하나님인지가 명확하지 않은 이유이기도 하다.[108] 앞서 파수꾼은 승리하신 하나님이 시온으로 돌아오는 모습을 발견하고 전하는 역할을 수행하는 자로 소개된 바 있다(사 52:8). 이제 이런 파수꾼의 사명은 하나님으로 하여금 시온에 대한 약속을 잊지 않고 계속해서 기억하도록 하는 것이다. 하나님의 구원 경륜이 온전히 성취되기까지 파수꾼은 끊임없이 하나님의 일하심을 촉구하며 기도해야 한다. 하나님이 거룩한 성 새 예루살렘을 온전히 세워 온 세상에서 찬송을 받게 하시기까지 쉬지 않고 기도해야 한다.

이런 파수꾼의 결단과 기도에 대해 하나님이 응답하신다. 그것은 파수꾼과 이스라엘의 수고가 헛되지 않게 하겠다는 것이다.

"여호와께서 그 오른손, 그 능력의 팔로 맹세하시되 내가 다시는 네 곡식을 네 원수들에게 양식으로 주지 아니하겠고 네가 수고하여 얻은 포도주를 이방인이 마시지 못하게 할 것인즉 오직 추수한 자가 그것을 먹고 나 여호와를 찬송할 것이요 거둔 자가 그것을 나의 성소 뜰에서 마시리라 하셨느니라"(사 62:8-9).

그동안 시온은 열심히 농사지었던 것을 대적들에게 빼앗겼고, 수고하여 얻은 포도주를 마시지 못하고 이방인에게 내주었다. 열심히 수고했지만 열매를 거두지 못했던 것은 신명기에서 예고했던 언약 위반에 대한 저주였다.

"네가 여자와 약혼하였으나 다른 사람이 그 여자와 같이 동침할 것이요 집을 건축하였으나 거기에 거주하지 못할 것이요 포도원을 심었으나 네가 그 열매를 따지 못할 것이며 네 소를 네 목전에서 잡았으나 네가 먹지 못할 것이며 네 나귀를 네 목전에서 빼앗겨도 도로 찾지 못할 것이며 네 양을 원수에게 빼앗길 것이나 너를 도와 줄 자가 없을 것이며 네 자녀를 다른 민족에게 빼앗기고 종일 생각하고 찾음으로 눈이 피곤하여지나 네 손에 힘이 없을 것이며 네 토지 소산과 네 수고로 얻은 것을 네가 알지 못하는 민족이 먹겠고 너는 항상 압제와 학대를 받을 뿐이리니"(신 28:30-33).

하나님의 언약을 떠날 때 이스라엘은 자신의 노력이 허사로 돌아가는 저주를 맛보게 된다. 약혼을 해도 다른 사람의 여인이 되고, 살 집을 건축해도 다른 사람의 차지가 되며, 소를 잡아도 먹지 못하며, 자신의 토지에서 수고해도 소산은 다른 사람의 차지가 된다. 그동안 시온은 하나님의 언약을 저버리고 하나님께 '버림받은 자' (히. 아주바)가 되어 헛되이 수고하며 살았다. 애씀에 대한 결실을 전혀 맛보지 못하고 살았던 것이다. 그러나 그들을 다시 '헵시바' 로 부르신 하나님께서는 파수꾼들의 쉼 없는 기도와 분투에 응답하여 이제 시온이 농사지은 곡식을 대적에게 주지 않고, 수고하여 얻은 포도주를 마실 수 있도록 하겠다고 능력의 오른손으로 약속하신다. 이는 하나님의 능력이 이를 반드시 성취하겠다는 단호한 자기 헌신의 표시다. 시온은 추수의 기쁨을 맛보며 여호와를 찬송할 것이고, 하나님의 성전에 그 소산을 가지고 나아와 제사하며 먹고 마실 것이다.

이제 본문은 시온으로 하여금 큰 길을 닦고 모든 민족이 보도록 깃발을 들어 올릴 것을 촉구한다.

> "성문으로 나아가라. 나아가라. 백성이 올 길을 닦으라. 큰 길을 수축하고 수축하라. 돌을 제하라 만민을 위하여 기치를 들라"(사 62:10).

시온의 백성들이 큰 길을 닦아야 할 이유가 무엇일까? 그것은 하나님이 시온을 회복시키실 때 열방이 하나님께 나아와 예배하러 몰려올 것이기 때문이다(사 40:3-4 참조). 이때 포로 되었던 시온의 백성들도 함께 돌아올 것이다. 이제 여호와를 예배하는 새로운 시온은 여호와의 구속의 은혜를 얻은 거룩한 백성이라 일컬음을 받을 것이고, 찾은 바 된 자요 버림받지 아니한 성읍이라 불릴 것이다(사 62:12).

훗날 시온이 수축해야 할 길을 선포하며 준비했던 자가 있었다. 바로 세례요한이었다. 세례요한은 그 길을 통하여 오실 이를 소개했고 그는 바로 여호와의 종 메시아 예수였다. 따라서 이 길은 큰 길인 동시에 좁은 길이다. 왜? 오직 여호와의 기름 부음받은 메시아를 통해서만 갈 수 있기 때문이다. 이때 구속함을 받고 찾은 바 된 시온은 자신의 의가 아닌 하나님의 의로, 자신의 빛이 아닌 하늘의 빛을 나타낼 것이다. 이런 회복을 사모하고 기다리는 성도들은 이 일이 반드시 이루어질 것을 믿고 확신하며 계속해서 하나님을 깨우는 파수꾼이 되어야 한다.

본문의 말씀은 미국 CCM 가수 맷 레드맨(Matt Redmann)이 부른 '우린 쉬지 않으리'(Knocking on the Door of Heaven)라는 찬양의 가사를 떠올리게 한다.

우린 쉬지 않으리 천국임할 때까지
우리는 성벽의 파수꾼
주가 주신 마음으로 무릎 꿇고 엎드려
하늘의 주께 기도하리
주의 능력 곧 나타내소서
흐르는 눈물의 기도 들으소서

천국이 온전히 임할 때까지 깨어 하나님의 약속을 상기시키며 하나님으로 쉬지 못하시게 하라. 놀라운 하늘의 영광을 보는 파수꾼의 사명을 힘 있게 감당하라.

[92장 각주]

106) 히브리어 '아주바'는 여호사밧왕의 어머니의 이름으로 처음 등장한다(왕상 22:42).
107) 존 오스월트, 「NICOT 이사야 Ⅱ」, 701쪽.
108) 이에 관해서는 학자들 사이에서도 통일된 견해가 없다. 이사야로 보는 이들이 있는가 하면 하나님으로 보는 이들도 있다.

93 Chapter 8. Isaiah 63:1-14

에돔에서 오는 이가 누구인가

1에돔에서 오는 이 누구며 붉은 옷을 입고 보스라에서 오는 이 누구
냐 그의 화려한 의복 큰 능력으로 걷는 이가 누구냐. 그는 나이니 공
의를 말하는 이요 구원하는 능력을 가진 이니라. 2어찌하여 네 의복
이 붉으며 네 옷이 포도즙틀을 밟는 자 같으냐. 3만민 가운데 나와 함
께 한 자가 없이 내가 홀로 포도즙틀을 밟았는데 내가 노함으로 말미
암아 무리를 밟았고 분함으로 말미암아 짓밟았으므로 그들의 선혈이
내 옷에 튀어 내 의복을 다 더럽혔음이니 4이는 내 원수 갚는 날이 내
마음에 있고 내가 구속할 해가 왔으나 5내가 본즉 도와주는 자도 없
고 붙들어주는 자도 없으므로 이상하게 여겨 내 팔이 나를 구원하며
내 분이 나를 붙들었음이라. 6내가 노함으로 말미암아 만민을 밟았으

> *며 내가 분함으로 말미암아 그들을 취하게 하고 그들의 선혈이 땅에 쏟아지게 하였느니라. 7내가 여호와께서 우리에게 베푸신 모든 자비와 그의 찬송을 말하며 그의 사랑을 따라, 그의 많은 자비를 따라 이스라엘 집에 베푸신 큰 은총을 말하리라. 8그가 말씀하시되 그들은 실로 나의 백성이요 거짓을 행하지 아니하는 자녀라 하시고 그들의 구원자가 되사 9그들의 모든 환난에 동참하사 자기 앞의 사자로 하여금 그들을 구원하시며 그의 사랑과 그의 자비로 그들을 구원하시고 옛적 모든 날에 그들을 드시며 안으셨으나 10그들이 반역하여 주의 성령을 근심하게 하였으므로 그가 돌이켜 그들의 대적이 되사 친히 그들을 치셨더니 11백성이 옛적 모세의 때를 기억하여 이르되 백성과 양 떼의 목자를 바다에서 올라오게 하신 이가 이제 어디 계시냐. 그들 가운데에 성령을 두신 이가 이제 어디 계시냐. 12그의 영광의 팔이 모세의 오른손을 이끄시며 그의 이름을 영원하게 하려 하사 그들 앞에서 물을 갈라지게 하시고 13그들을 깊음으로 인도하시되 광야에 있는 말같이 넘어지지 않게 하신 이가 이제 어디 계시냐. 14여호와의 영이 그들을 골짜기로 내려가는 가축같이 편히 쉬게 하셨도다. 주께서 이와 같이 주의 백성을 인도하사 이름을 영화롭게 하셨나이다 하였느니라.*

스티븐 스필버그가 감독하고 톰 행크스가 주연한 〈라이언 일병 구하기〉는 2차 세계대전의 대표적 격전지인 노르망디 상륙작전을 배경으로 제작한 전쟁영화다. 아카데미 감독상을 비롯한 4개 부문을 수상하며, 전쟁의 참상을 실감 있게 다룬 영화로 유명하다. 이 영화의 첫 장면은 노르망디 상륙작전의 피 튀기는 전투 장면을 보여주는데, 끔찍할 정도로 선혈이 낭자한 장면이다. 이처럼 처음 시작을 피 튀기는 전쟁 장면으로 시작한 이유는 관객을 압도하는 효과를 주기 위해서다. 그래서 이 영화 이후로 첫 시작에 강렬하게 압도하는 장면이 등장하는 영화가 많아졌다.

본문의 첫 시작도 이와 비슷한 느낌을 준다. 왜냐하면 첫 시작부터 치열한 전쟁을 치르고 선혈을 뚝뚝 흘리는 누군가가 등장하기 때문이다. 아마도 어둠이 깔리기 시작하는 저녁쯤, 혹은 동트기 전 여명이 밝아오는 새벽인 것 같다. 누군지는 그 얼굴이 잘 보이지 않지만 그 옷에서 피가 뚝뚝 떨어지고 붉게 물든 것은 확실하게 볼 수 있다. 조금 전까지 치열한 전쟁을 치른 전사(戰士)임에 틀림없다. 성문을 지키는 파수꾼은 화들짝 놀라 신원을 알 수 없는 이 사람을 주목한다. 그런데 그의 모습이 범상치 않다. 포도원에서 일하는 노동자의 일상적인 복장이 아니라 왕이 입는 것 같은 화려한 의복을 입고 나타났기 때문이다.

> "에돔에서 오는 이 누구며 붉은 옷을 입고 보스라에서 오는 이 누구냐. 그의 화려한 의복 큰 능력으로 걷는 이가 누구냐. 그는 나이니 공의를 말하는 이요 구원하는 능력을 가진 이니라"(사 63:1).

이 전사는 시온의 남쪽에 있는 에돔의 수도 보스라에서부터 오고 있다. 에돔은 '붉다' 는 의미가 있고, 보스라는 포도를 수확한다는 의미의 히브리 동사 '바차르'에서 파생된 단어다. 포도를 수확하는 것은 즙을 짜고 밟는 일을 포함한다. 이런 일을 하다 보면 옷이 붉게 물들기 마련이다. 마찬가지로 이 전사는 에돔을 포도즙 짜듯 짓이기고 이제 막 돌아왔다. 성경에서 에돔은 유다의 대표적인 원수다. 에돔은 예루살렘이 멸망할 때 바벨론의 앞잡이가 되어 멸망할 길을 안내하고, 바벨론이 예루살렘을 공격할 때 결정적인 공헌을 했던 불의한 이웃 민족이다.

시편 137편에는 이런 에돔을 향한 심판의 탄원이 애절하게 등장한다. 여기서 이스라엘 백성은 바벨론의 강변에서 시온을 기억하며 울고 있다(시 137:1). 이때 백성들은 하나님께 예루살렘이 멸망하던 날을 기억하시고 에돔 자손을 심판해달라고 기도한다(시 137:7). 에돔 자손은 시온이 함락당할 때 옆에서 바벨론을 충동질하며 "헐어버리라. 헐어버리라. 그 기초까지 헐어버리라"(시 137:7)고 했기 때문이다(겔 35:14-15, 암 1:6,11 참조).

본문은 이들의 간절한 기도가 응답되어 에돔에서 큰 능력으로 전쟁을 수행하고 적군의 피로 붉게 물든 옷을 입고 나타나는 이를 보도한다. 도대체 그가 누구일까? 파수꾼의 질문에 전사는 대답한다. "그는 나이니 공의를 말하는 이요 구원하는 능력을 가진 이니라." '그는 나다'는 대답은 출애굽기에서 하나님이 모세에게 불타는 떨기나무 가운데 나타나서 '나는 나다'라고 계시했던 장면을 떠올리게 한다(출 3:14의 난하주 1). '그는 나'라는 것은 하나님이 자신을 드러내는 신적 자기서술의 언어다.[109] 에돔에서 붉은 옷을 입고 오는 큰 능력의 전사는 다름 아닌 여호와 하나님이었던 것이다. 하나님은 자신을 드러내며 "공의를 말하는 이요 구원하는 큰 능력을 가진 자"라 말씀한다. '공의'(체다카)는 어그러진 것을 바로잡는 하나님의 정의를 말한다. 바로 잡으려면 뒤틀린 것을 복구하는 능력이 있어야 한다. 이는 큰 능력을 필요로 한다. 하나님은 자신이 어그러진 것을 바로잡는 능력의 하나님임을 계시한다. 이런 능력의 일환으로 불의한 에돔을 심판하신 것이다.

파수꾼은 시온으로 가까이 오는 전사 하나님을 보고 놀란다. 화려한 의복이 온통 붉게 물들었기 때문이다. 포도즙틀을 밟으며 포도즙을 열심히 짜는 농부처럼 온통 붉은 것으로 흥건했다. 파수꾼이 묻는다. "어찌하여 의복이 붉고 그 옷이 포도즙틀을 밟은 자 같습니까"(사 63:2 참조). 이에 대한 하나님의 대답은 3~6절까지 이어진다.

먼저, 신적 전사이신 하나님의 옷이 붉게 물든 것은 하나님을 대적했던 이스라엘의 원수 에돔의 선혈이 튄 것이다.

둘째, 이들이 이렇게 된 것은 에돔의 불의에 대한 하나님의 진노 때문이다.

셋째, 여기에는 다른 영향력이 들어올 여지가 없다. 하나님 홀로 이 악을 심판하셨기 때문이다. 그 누구도 하나님의 심판을 거들거나 도와준 이가 없다.

하나님이 이렇게 홀로 나선 이유는 무엇인가? 본문과 상응하는 59장 15~21절은 이를 잘 보여준다.[110] 그것은 이 땅에 정의가 없는 것을 보고 슬퍼하시고, 압박받는 백성들을 도우려는 사람이나 중재자가 없음을 보셨기 때문이다. 공의를 이루시려는 여호와의 열심이 결국 원수를 갚으시고 시온에게 돌아오신 것이다(사 61:2 참조).

이스라엘을 위해 친히 전사가 되신 하나님의 모습을 보고 공동체를 대표하는 예언자 '나'는 공동체 '우리'를 위하여 하나님의 보다 적극적인 개입을 탄원하는 기도를 드린다. 탄원의 기도는 이사야 63장 7절부터 64장 12절까지 이어지며, 크게 구속사의 회상(사 63:7-14), 항의(사 63:15-19), 간구와 신뢰의 선언(사 64:1-5), 호소(사 64:5-12)의 네 부분으로 구성된다.

구속사를 회상하는 첫째 단락(사 63:7-14)은 먼저 하나님의 은혜를 진술한다.

> "내가 여호와께서 우리에게 베푸신 모든 자비와 그의 찬송을 말하며 그의 사랑을 따라, 그의 많은 자비를 따라 이스라엘 집에 베푸신 큰 은총을 말하리라"(사 63:7).

원문은 하나님의 신실하신 사랑, 곧 자비(히. 헤세드)를 처음과 끝에 배치한다. 이는 시온을 향한 하나님의 마음과 행동이 변함없는 사랑에서 비롯되었음을 나타낸다. 하나님은 변함없는 모든 자비와 사랑의 하나님이다. 그런 하나님은 시온을 향하여 "…실로 그들은 나의 백성이요 거짓을 행하지 아니하는 자녀라"(사 63:8) 선언하시고 그들의 구원자가 되셨다. 하나님의 이러한 선언의 배경에는 그의 백성과 맺은 언약이 전제되어 있다. 하나님은 언약적 헌신을 기반으로 이스라엘의 하나님이 되셨고, 이스라엘은 그의 신실한 백성이 되어야 했다(신 28:9, 출 6:7 참조).

하나님은 그의 백성과 맺은 언약에 신실하셔서 이스라엘이 하나님을 떠나 범죄하여 곤궁에 빠질 때마다 그들의 구원자가 되셨다. 하나님은 친히 그들의 모든 환난에 동참하셨고, 그의 사자를 통해 그의 백성을 구원하셨다.

"그들의 모든 환난에 동참하사 자기 앞의 사자로 하여금 그들을 구원하시며 그의 사랑과 그의 자비로 그들을 구원하시고 옛적 모든 날에 그들을 드시며 안으셨으나"(사 63:9).

여기 '자기 앞의 사자'는 직역하면 '그의 얼굴의 사자'이다.[111] '얼굴'은 인식 가능하고 인격적인 하나님의 영광스러운 임재를 의미하며, 여기서 사자는 하나님의 임재를 그의 백성으로 하여금 인격적이고도 실질적으로 인식 가능하게 드러내는 역할을 감당한다. 본문에서 '그의 얼굴의 사자'는 출애굽 때 이스라엘 앞에서 갔던 하나님의 천사를 가리킨다(출 23:20).[112] 천사는 인격적이고 인식 가능한 하나님의 임재를 드러내며 하나님의 구원역사를 이루어가는 사자다. 이러한 하나님의 구원역사는 장차 여호와의 종을 통해 이루실 구원역사를 예고하기도 한다(골 1:15, 고후 4:6, 히 1:3).

자비와 사랑이 충만한 인격적이신 하나님은 그의 백성을 업고 안으셨다(출 19:4, 신 32:11, 사 40:11, 46:4). 세심하게 보살피며 안전하게 보호하여 그들을 인도하신 것이다. 하지만 이스라엘은 반역하였고, 주의 성령을 근심하게 하였다(사 63:10). 이는 가나안 땅에 정착하고 나서부터 우상 숭배에 탐닉하며 하나님과 멀어져간 역사를 함축적으로 표현한 것이다(신 32장 참조).[113] 하나님은 이런 이스라엘의 반역에 대해 그동안 베푸셨던 인자와 인도하심에서 돌이키셨다. 그리고 그들의 대적이 되어 친히 그들을 치셨다. 이것이 현재 이스라엘이 곤궁에 처한 근본적인 이유다.

고통 중에 있는 이스라엘은 영광스러운 과거를 기억하며 하나님께 탄원의 기도를 드린다.

> "백성과 양 떼의 목자를 바다에서 올라오게 하신 이가 이제 어디 계시냐. 그들 가운데에 성령을 두신 이가 이제 어디 계시냐. 그의 영광의 팔이 모세의 오른손을 이끄시며 그의 이름을 영원하게 하려 하사 그들 앞에서 물을 갈라지게 하시고 그들을 깊음으로 인도하시되 광야에 있는 말같이 넘어지지 않게 하신 이가 이제 어디 계시냐"(사 63:11-13).

이스라엘이 반복적으로 탄원하는 것은 그토록 놀라운 능력으로 이스라엘을 구원하고 인도하신 하나님이 '이제 어디 계시냐'는 것이다. 고난 중에 감사한 것은 하나님의 심판으로 이렇게 곤궁에 처하게 되었지만, 이스라엘이 다시 '옛적 모세의 때'를 기억하고 그때 역사하셨던 하나님을 찾기 시작한다는 것이다. 여호와의 영은 모세의 때 이후에도 그들을 약속의 땅 가나안에 인도하여, 건기인 여름에도 풀이 무성하게 자라는 골짜기로 내려가는 가축 떼처럼 풍성하게 인도해주셨다(사 63:14). 그런데 이들은 그랬던 주의 성령을 근심하게 하고 돌이켰던 것이다.

그러나 이스라엘은 여기서 절망할 것이 아니라 다시 소망을 가져야 한다. 하나님이 과거 모세의 때 이런 놀라운 일을 행하셨다면 지금도 동일한 구원과 인도하심의 역사를 행하실 수 있지 않겠는가? 그 소망이 더욱더 가까이 온 것은 이제 이스라엘 파수꾼의 눈앞에 선혈이 낭자하게 원수를 밟고 오신 신적 전사이신 여호와께서 나타나셨기 때문이다. 그렇다면 이스라엘은 더더욱 희망을 갖고 하나님께 간구하고 회개하며 그의 역사하심을 구해야 하지 않겠는가? 과거에 놀라운 일을 행하신 하나님은 지금도 놀라운 일을 행하시는 동일하신 하나님이다. 그리고 우리를 구하시려고 원수를 밟고 우리 앞에 나타나셔서 우리의 회개와 기도를 기다리고 계신다. 하나님을 신뢰하며 담대히 나아가라!

[93장 각주]

109) 존 오스월트, 「NICOT 이샤야 Ⅱ」, 719쪽.

110) 본문은 이사야 56~66장을 이루는 세 문단(56-59장, 60-62장, 63-66장) 중 세 번째의 시작으로, 구원의 소식을 선포하는 중간 문단(60-62장)을 중심으로 상호 대칭을 이룬다. 이런 면에서 첫째 문단의 끝 단락인 59장 15~21절은 63장 1~14절과 상응을 이룬다.

111) 알렉 모티어, 「이사야 주석」, 1146쪽.

112) 게리 스미스, 「NAC 이사야 2」, 843쪽.

113) 김회권, 「하나님 나라 신학으로 읽는 이사야 40-66장」, 630쪽.

94 Chapter 8. Isaiah 63:15-64:12

하늘을 가르고 임하소서

[15]주여 하늘에서 굽어 살피시며 주의 거룩하고 영화로운 처소에서 보
옵소서. 주의 열성과 주의 능하신 행동이 이제 어디 있나이까. 주께
서 베푸시던 간곡한 자비와 사랑이 내게 그쳤나이다. [16]주는 우리 아
버지시라 아브라함은 우리를 모르고 이스라엘은 우리를 인정하지 아
니할지라도 여호와여, 주는 우리의 아버지시라. 옛날부터 주의 이름
을 우리의 구속자라 하셨거늘 [17]여호와여 어찌하여 우리로 주의 길에
서 떠나게 하시며 우리의 마음을 완고하게 하사 주를 경외하지 않게
하시나이까. 원하건대 주의 종들 곧 주의 기업인 지파들을 위하사 돌
아오시옵소서. [18]주의 거룩한 백성이 땅을 차지한 지 오래지 아니하
여서 우리의 원수가 주의 성소를 유린하였사오니 [19]우리는 주의 다스

림을 받지 못하는 자 같으며 주의 이름으로 일컬음을 받지 못하는 자
같이 되었나이다.
[1]원하건대 주는 하늘을 가르고 강림하시고 주 앞에서 산들이 진동하
기를 [2]불이 섶을 사르며 불이 물을 끓임 같게 하사 주의 원수들이 주
의 이름을 알게 하시며 이방 나라들로 주 앞에서 떨게 하옵소서. [3]주
께서 강림하사 우리가 생각하지 못한 두려운 일을 행하시던 그때에
산들이 주 앞에서 진동하였사오니 [4]주 외에는 자기를 앙망하는 자를
위하여 이런 일을 행한 신을 옛부터 들은 자도 없고 귀로 들은 자도
없고 눈으로 본 자도 없었나이다. [5]주께서 기쁘게 공의를 행하는 자
와 주의 길에서 주를 기억하는 자를 선대하시거늘 우리가 범죄하므
로 주께서 진노하셨사오며 이 현상이 이미 오래 되었사오니 우리가
어찌 구원을 얻을 수 있으리이까. [6]무릇 우리는 다 부정한 자 같아서
우리의 의는 다 더러운 옷 같으며 우리는 다 잎사귀같이 시들므로 우
리의 죄악이 바람같이 우리를 몰아가나이다. [7]주의 이름을 부르는 자
가 없으며 스스로 분발하여 주를 붙잡는 자가 없사오니 이는 주께서
우리에게 얼굴을 숨기시며 우리의 죄악으로 말미암아 우리가 소멸되
게 하셨음이니이다. [8]그러나 여호와여, 이제 주는 우리 아버지시니이
다. 우리는 진흙이요 주는 토기장이시니 우리는 다 주의 손으로 지으
신 것이니이다. [9]여호와여, 너무 분노하지 마시오며 죄악을 영원히
기억하지 마시옵소서. 구하오니 보시옵소서. 보시옵소서. 우리는 다
주의 백성이니이다. [10]주의 거룩한 성읍들이 광야가 되었으며 시온이
광야가 되었으며 예루살렘이 황폐하였나이다. [11]우리 조상들이 주를
찬송하던 우리의 거룩하고 아름다운 성전이 불에 탔으며 우리가 즐

거워하던 곳이 다 황폐하였나이다. [12]여호와여 일이 이러하거늘 주께서 아직도 가만히 계시려 하시나이까. 주께서 아직도 잠잠하시고 우리에게 심한 괴로움을 받게 하시려나이까.

하나님과의 친밀한 교제를 추구했던 많은 기독교 영성가가 공통적으로 경험하는 것이 있다. 소위 '영혼의 어둔 밤'이라 불리는 영혼의 암흑기다. 그것은 이전에 그토록 친밀하고 가까웠던 하나님과의 관계가 어느 순간 더 이상 가까이 갈 수 없는 흑암 속에 빠진 것 같은 깊은 어둠과 거리감을 느끼게 되는 것이다. 이전에는 하나님께 조금만 가까이 가려 하면 어느 순간 가까이 다가오시는 하나님을 만날 수 있었지만 이제는 아무리 애를 써도 하나님께 가까이 나아갈 수 없음을 절감한다. 결국 하나님과의 교제와 영혼의 밝은 빛은 오직 먼저 다가오시는 하나님의 은혜임을 고백하게 된다.

본문은 하늘에 계신 하나님과 이 땅에 신음하는 백성들 사이에 끼인 깊은 흑암으로 인해 하나님의 오심을 간청하는 이사야의 탄식의 기도다. 모세의 때 하나님이 행하셨던 놀라운 구속사(사 63:7-14)를 회고했던 예언자는 이제 하늘과 땅 사이에 가득한 어둔 밤의 현실을 두고 탄원한다.

"주여 하늘에서 굽어 살피시며 주의 거룩하고 영화로운 처소에서 보옵소서. 주의 열성과 주의 능하신 행동이 이제 어디 있나이까. 주께서 베푸시던 간곡한 자비와 사랑이 내게 그쳤나이다"(사 63:15).

하늘은 하나님이 계신 처소다. 하나님의 영광이 가득한 거룩하고 영화로운 신적 궁전이 있는 곳이다. 반면 이 땅은 하나님의 백성이 거하는 처소다. 하늘과 대조적으로 이 땅은 죄가 가득하여 혼돈과 공허, 흑암이 가득했고 하나님과의 연결이 거의 끊어지다시피 했다. 이런 깊은 영적 흑암 속에 이사야는 이 땅의 현실을 보아달라고 하나님께 탄원한다. 이전에는 그토록 하나님의 열정과 능력이 풍성하게 베풀어졌던 땅이다. 하나님의 자비와 사랑이 끊임없던 땅이다. 그러나 이 모든 것이 그치고 영적 흑암이 가득하다.

이런 상태에서 이사야가 의지하는 근거는 여호와가 이스라엘의 아버지 되심이다.

> "주는 우리 아버지시라 아브라함은 우리를 모르고 이스라엘은 우리를 인정하지 아니할지라도 여호와여, 주는 우리의 아버지시라 옛날부터 주의 이름을 우리의 구속자라 하셨거늘"(사 53:16).

아브라함과 야곱은 자신들의 후손을 잘 모르고 인정하지 않을지라도, 하나님은 이스라엘의 친아버지가 되어 이스라엘을 친히 낳으시고 기르시고 안으셨다. 하나님은 조상들의 하나님이 아니라 이스라엘의 친아버지다. 그뿐만이 아니다. 여호와의 이름은 '우리(이스라엘)의 구속자' 다. 하나님은 그의 백성을 애굽으로부터 뿐만 아니라 많은 원수에게서도 구속하신 분이다. '이스라엘의 구속자' (사 41:14, 43:14, 48:17, 49:7, 54:5)가 어찌 이스라엘을 구속받지 못한 채로 흑암 가운데 내팽개칠 수 있는가? 예언자는 하나님의 아버지

되심과 구속자 되심에 근거하여 현재의 암담한 상태를 간과하면 안 된다고 강력하게 호소한다.

> "여호와여 어찌하여 우리로 주의 길에서 떠나게 하시며 우리의 마음을 완고하게 하사 주를 경외하지 않게 하시나이까. 원하건대 주의 종들 곧 주의 기업인 지파들을 위하사 돌아오시옵소서"(사 63:17).

기도자는 하나님이 그의 백성을 주의 길에서 떠나게 하셨고 그 백성의 마음을 완고하게 하셨다는 매우 도발적인 불평을 쏟아놓는다. 이런 자극적인 원망을 쏟아놓는 것은 한편으로 기도자가 그만큼 하나님의 구속자 되심과 아버지 되심에 대한 강력한 확신을 갖고 있었기 때문일 것이다. 구속자라는 이름을 갖고 계신 하나님이라면, 그 백성의 친아버지가 되신다면 이스라엘의 어둔 밤을 결코 간과하면 안 된다는 하나님의 선하신 성품에 기초한 탄원을 하는 것이다. 이토록 도발적인 탄원을 하는 것은 시온에 세운 주의 성소, 곧 성전이 무참하게 유린되었기 때문이다(사 63:18). 하나님의 명예와 영광을 위해서라도 절대 이런 흑암을 그냥 두어서는 안 되는 것이다.

이에 예언자는 죄로 인해 캄캄하게 막힌 하늘을 향하여 강력한 탄원의 기도를 발한다.

> "원하건대 주는 하늘을 가르고 강림하시고 주 앞에서 산들이 진동하기를 불이 섶을 사르며 불이 물을 끓임 같게 하사 주의 원수들

이 주의 이름을 알게 하시며 이방 나라들로 주 앞에서 떨게 하옵소서"(사 64:1-2).

이사야 선지자는 주께서 하늘을 가르고 강림해달라고 기도한다. '가르고'(히. 카라)는 '찢다'(tear, NRSV)는 뜻으로 죄로 인해 하늘과 땅이 꽉 막힌 상태에서 강력한 능력으로 그 하늘을 찢어 하늘의 은총이 내려오도록 해달라는 것이다. 하늘과 땅을 찢고서 강림하셔야 하는 이유는 이사야 59장 1절 이하에 구체적으로 설명한다.

"여호와의 손이 짧아 구원하지 못하심도 아니요 귀가 둔하여 듣지 못하심도 아니라. 오직 너희 죄악이 너희와 너희 하나님 사이를 갈라 놓았고 너희 죄가 그의 얼굴을 가리어서 너희에게서 듣지 않으시게 함이니라. 이는 너희 손이 피에, 너희 손가락이 죄악에 더러워졌으며 너희 입술은 거짓을 말하며 너희 혀는 악독을 냄이라"(사 59:1-3).

하나님과 이스라엘 사이에 꽉 막힌 죄악을 이스라엘 스스로의 힘으로 해결하고 하나님께 나아갈 수 없다. 그러니 하나님이 친히 하늘을 찢고 강림하셔야 하는 것이다. 이러한 역사는 여호와의 종 메시아가 이 땅에서 공식적으로 사역할 때 본격적으로 시작된다.

"그때에 예수께서 갈릴리 나사렛으로부터 와서 요단 강에서 요한에게 세례를 받으시고 곧 물에서 올라오실새 하늘이 갈라짐과 성령이 비둘기같이 자기에게 내려오심을 보시더니 하늘로부터 소리가 나기를 너는 내 사랑하는 아들이라. 내가 너를 기뻐하노라 하시니라"(막 1:9-11).

예수께서 세례를 받고 올라오실 때 하늘이 '갈라졌다'(히. 스키조). 여기 갈라졌다는 것은 '찢어져 나누어졌다'(torn apart, NRSV)는 뜻이다. 죄와 어둠 가운데 있는 이들이 스스로 하나님께 나아갈 수 없으니 하나님께서 하늘을 찢고 친히 그의 백성에게 강림하신 것이다.

이사야는 하나님의 이런 강력한 임재를 간구한다. 출애굽 때 하나님이 시내산에 나타나셨던 것처럼 이사야는 하나님께서 친히 흑암으로 가득한 이스라엘에게 임재하여 세상의 가장 강력한 기초이자 뿌리인 산들도 진동하기를 기도한다(사 64:1, 참조 출 19:18). 또 불이 섶(나뭇가지 또는 땔감의 잔가지)을 활활 태우고, 물을 펄펄 끓이는 것처럼 이스라엘의 원수이자 여호와 하나님의 원수들도 하나님의 위엄 있고 두려운 임재와 그의 이름 앞에 화들짝 놀라 두려워 떨며 그 이름을 알게 해 달라고 기도한다(사 64:2).

이사야는 다시 출애굽 때 이스라엘이 생각하지도 못했던 놀라운 방식으로 하나님이 임재하셨던 일을 상기하며(사 64:3) 여호와 하나님의 강림을 기다리는 백성들에게 임해달라고 기도한다(사 64:4). 하나님은 그의 구원을 앙망하는 백성들을 위하여 큰일을 행하실 것이다. 흑암이 가득한 암담한 상황에서도 하나님을 신뢰하며 앙망하는 것은 구원을 베푸시는 때와 방식조차도 하나님께 맡기는 믿음의 행위다. 하나님이 얼굴을 가리셔도 끝까지 그의 구원을 앙망하며 신뢰함으로 기다리고(사 8:17), 볼품없는 그의 기름 부음받은 종이 죄에 대해 결정타를 날리고(사 52:13-53:12) 새 예루살렘에 시온의 의가 빛같이 비출 것(사 62:1)을 기다리는 것이다. 열방의 신들과 달리 여호와는 자기를 신뢰하며 앙망하는 자들을 위하여 이런 일들을 행하실 하나님이다. 그렇다면 여호와를 앙망하는 백성은 그의 구원을 신뢰하며 기쁘게 하나님의 공의를 행하며 그를 기억하며 주께서 기뻐하시는 길을 걷는 것이 필요하다. 하나님은 그런 그의 백성을 선대하여 만나주실 것이다(사 64:5).

그러나 5절 중반에 와서 이러한 바람은 갑자기 중단된다. 현실은 이런 바람과는 정반대였기 때문이다. 이사야는 하나님을 앙망하기는커녕 도리어 범죄의 구렁텅이에 빠져 헤매는 이스라엘의 영적 현실을 고백한다.

> "우리가 범죄하므로 주께서 진노하셨사오며 이 현상이 이미 오래되었사오니 우리가 어찌 구원을 얻을 수 있으리이까"(사 64:5).

예언자는 이런 상태가 이미 오래되었다고 한다. 치유가 거의 불가능한 상태인 것이다. 이스라엘의 비참한 영적 현실에 대해 이사야는 다음과 같이 고백한다.

> "무릇 우리는 다 부정한 자 같아서 우리의 의는 다 더러운 옷 같으며 우리는 다 잎사귀같이 시들므로 우리의 죄악이 바람같이 우리

를 몰아가나이다. 주의 이름을 부르는 자가 없으며 스스로 분발 하여 주를 붙잡는 자가 없사오니"(사 64:6-7)

이스라엘은 패역하여 하나님이 그토록 바랐던 정결한 의는 더럽고 해진 누더기가 되었다. 광야의 메마른 들풀과 같이 그의 백성은 죄로 인해 메말라가고 있었다. 이스라엘은 죄로 인해 바람에 나는 겨와 같이(시 1:4) 정처 없이 흩어지고 부스러지게 되었다.[114] 결국 이런 죄는 하나님이 그의 얼굴을 숨기게 하고, 이스라엘은 죄로 인해 스스로 소멸되기에 이른 것이다(사 64:7). 이런 상태에서 이스라엘은 스스로의 힘으로 할 수 있는 것이 없다.

주목할 것은 예언자가 이스라엘의 비참한 죄의 현실을 고발하면서 자신과 이스라엘 공동체를 연대하여 '우리' 라는 1인칭 복수를 사용한다는 점이다. 저들의 죄가 아니라 우리가 범죄한 '우리의 죄악' (사 64:6-7)이다. 이는 자기 힘으로는 하나님을 붙들 수 없는 이스라엘의 비참한 상태와 연대하여, 예언자가 하나님께 그 백성을 중보하며 탄원하기 위한 예언자적 전략이기도 하다. 이것은 또한 장차 우리를 위해 채찍에 맞고 찔림을 당할 여호와의 종의 사역을 선제적으로 암시하기도 한다(사 53:4-6).

이스라엘 스스로 하나님 앞에 나아갈 능력과 의가 완전히 결핍되어 있을 때 예언자는 용기를 내어 다시 탄원한다. 그렇기에 하나님이 하늘을 찢고 강림하셔야 한다는 것이다. 그 이유는 여호와가 여전히 이런 비참한 이스라엘의 아버지가 되시고, 이들을 빚으신 토기장이가 되기 때문이다(사 64:8). 또한 하나님은 언약에 신실하신 자비하신 하나님이기 때문이다. 그렇기에 예언자는 너무 분노하지 말고 죄악을 영원히 기억하지 말아 달라고 하나님께 긍휼과 자비를 간구한다. 여기서 예언자는 '우리는 다'(사 64:9)라는 표현을 반복하여 사용하며 다시 자신을 공동체와 연대한다(사 64:6,8,9). 우리는 다 주의 손으로 지으신 존재이고, 비록 범죄하였으나 우리는 다 주의 백성임을 호소하며 하나님의 긍휼과 자비를 구한다. 그 누구도 하나님의 긍휼과 자비에서 끊어질 수 없는 존재임을 탄원하는 것이다.

이러한 예언자적 전략은 이스라엘의 생존과 구원을 위한 효과적인 연대다. 성전마저 불타고 황폐해져 하나님과의 연결이 끊어진 작금의 암담한 현실 가운데 하나님이 먼저 그의 백성을 긍휼히 여기지 않으시면 이스라엘게는 더 이상 소망이 없다(사 64:11). 예언자는 비참한 이스라엘의 현실을 자신의 현실과 연대하여 하나님의 움직임을 촉구한다. "여호와여 일이 이러하거늘 주께서 아직도 가만히 계시려 하시나이까. 주께서 아직도 잠잠하시고 우리에게 심한 괴로움을 받게 하시려나이까"(사 64:12). 이스라엘은 이제 하나님의 움직임 외에 아무런 소망이 없음을 절감한다. 결국은 하나님이 움직이셔야 하고 긍휼을 베푸셔야 소망을 붙들 수 있게 된다. 이러한 이스라엘의 탄원에 대해 하나님은 어떻게 하실까? 그 응답은 이어지는 65장이다.

결국 영혼의 어두운 밤을 통과할 수 있는 것은 나의 노력과 공로에 기초하지 않는다. 오직 하나님의 은혜에 기초한다. 어둠을 물리치는 밝은 빛은 하나님의 신실하신 긍휼과 자비를 신뢰하며 잠잠히 기다리는 자에게 하나님의 때에 하나님의 방법으로 임한다. 어둠 속에 있는가? 하나님의 자비와 구속의 은혜를 기억하라. 우리의 토기장이시고 아버지인 하나님께 하늘을 찢고 현재의 암담한 현실에 임재해 달라고 간구하라. 그분의 때에 그분의 기이한 방법으로 하늘을 가르고 임하는 긍휼과 신실하신 사랑을 반드시 맛보게 될 것이다.

[94장 각주]

114) 김회권, 「하나님 나라 신학으로 읽는 이사야 40-66장」, 648쪽.

95 Chapter 8. Isaiah 65:1-16

문제의 원인, 하나님이 아니라 바로 나였다

*[1]나는 나를 구하지 아니하던 자에게 물음을 받았으며 나를 찾지 아니
하던 자에게 찾아냄이 되었으며 내 이름을 부르지 아니하던 나라에
내가 여기 있노라. 내가 여기 있노라 하였노라. [2]내가 종일 손을 펴서
자기 생각을 따라 옳지 않은 길을 걸어가는 패역한 백성들을 불렀나
니 [3]곧 동산에서 제사하며 벽돌 위에서 분향하여 내 앞에서 항상 내
노를 일으키는 백성이라. [4]그들이 무덤 사이에 앉으며 은밀한 처소에
서 밤을 지내며 돼지고기를 먹으며 가증한 것들의 국을 그릇에 담으
면서 [5]사람에게 이르기를 너는 네 자리에 서 있고 내게 가까이하지
말라. 나는 너보다 거룩함이라 하나니 이런 자들은 내 코의 연기요
종일 타는 불이로다. [6]보라. 이것이 내 앞에 기록되었으니 내가 잠잠*

하지 아니하고 반드시 보응하되 그들의 품에 보응하리라. 7너희의 죄
악과 너희 조상들의 죄악은 한 가지니 그들이 산 위에서 분향하며 작
은 산 위에서 나를 능욕하였음이라. 그러므로 내가 먼저 그들의 행위
를 헤아리고 그들의 품에 보응하리라. 여호와가 말하였느니라. 8여호
와께서 이와 같이 말씀하시되 포도송이에는 즙이 있으므로 사람들이
말하기를 그것을 상하지 말라. 거기 복이 있느니라 하나니 나도 내
종들을 위하여 그와 같이 행하여 다 멸하지 아니하고 9내가 야곱에게
서 씨를 내며 유다에게서 나의 산들을 기업으로 얻을 자를 내리니 내
가 택한 자가 이를 기업으로 얻을 것이요 나의 종들이 거기에 살 것
이라. 10사론은 양 떼의 우리가 되겠고 아골 골짜기는 소 떼가 눕는 곳
이 되어 나를 찾은 내 백성의 소유가 되려니와 11오직 나 여호와를 버
리며 나의 성산을 잊고 갓에게 상을 베풀며 므니에게 섞은 술을 가득
히 붓는 너희여 12내가 너희를 칼에 붙일 것인즉 다 구푸리고 죽임을
당하리니 이는 내가 불러도 너희가 대답하지 아니하며 내가 말하여
도 듣지 아니하고 나의 눈에 악을 행하였으며 내가 즐겨하지 아니하
는 일을 택하였음이니라. 13이러므로 주 여호와께서 이와 같이 말씀
하시니라. 보라. 나의 종들은 먹을 것이로되 너희는 주릴 것이니라.
보라. 나의 종들은 마실 것이로되 너희는 갈할 것이니라. 보라. 나의
종들은 기뻐할 것이로되 너희는 수치를 당할 것이니라. 14보라. 나의
종들은 마음이 즐거우므로 노래할 것이로되 너희는 마음이 슬프므로
울며 심령이 상하므로 통곡할 것이며 15또 너희가 남겨 놓은 이름은
내가 택한 자의 저줏거리가 될 것이니라. 주 여호와 내가 너를 죽이
고 내 종들은 다른 이름으로 부르리라. 16이러므로 땅에서 자기를 위

하여 복을 구하는 자는 진리의 하나님을 향하여 복을 구할 것이요 땅에서 맹세하는 자는 진리의 하나님으로 맹세하리니 이는 이전 환난이 잊어졌고 내 눈 앞에 숨겨졌음이라.

우리 삶에 어려움이 일어날 때 우리는 그 탓을 주변으로 돌린다. 이런 습관이 신앙생활에도 이어지면 우리의 신앙은 병들기 쉽다. 내 삶에 일어나는 어려움이 하나님 때문이고 하나님은 내 기도를 듣지 않으시고 돕지도 않으신다고 생각하면, 하나님을 향한 원망만이 가득해진다.

앞서 이스라엘은 하나님을 향한 긴 탄원의 기도(사 63:7-64:12)를 드렸다. 그 기도에서 하나님의 구속사를 회고하며(사 63:7-14), 하나님의 간절한 도움을 구한다(사 63:15-64:11). 이스라엘은 "주의 열심과 능하신 행동이 어디 있느냐"며 "주의 자비와 사랑이 이제 그쳤다"고 탄식했다(사 63:15). "하나님이 우리의 아버지요 구속자라고 하셨음에도 어떻게 이스라엘을 돕지 않고, 원수가 약속의 땅과 성소를 유린할 수 있느냐"며 기도했다(사 63:16-18). 자신들은 주의 통치를 받지 못하는 자와 같고(사 63:19), 하나님은 아직도 가만히 계셔서 우리가 이토록 심한 괴로움을 받도록 한다는 것이다(사 64:12).

하나님은 본문을 통해 이스라엘의 이런 원망 섞인 탄원에 응답하신다.

"나는 나를 구하지 아니하던 자에게 물음을 받았으며 나를 찾지 아니하던 자에게 찾아냄이 되었으며 내 이름을 부르지 아니하던 나라에 내가 여기 있노라. 내가 여기 있노라 하였노라"(사 65:1).

하나님은 자신을 구하지 않던 자에게 응답하실 준비를 하고 계셨다. 이스라엘이 구하기만 하면(ask), 당장에라도 구해질 준비를 하고 계셨던 것이다(ready to be sought, NRSV). 또 하나님은 자신을 찾기만 하면(seek), 찾아냄이 되려고 하셨다(be found, NRSV). 여기 구하지 않던 자, 찾지 않던 자는 누구일까? 이들은 하나님의 언약 백성이던 이스라엘이다. 그런데 그들이 하나님을 더 이상 찾지 않고 구하지 않는다. 이는 이방인과 별반 다를 것 없는 모습이다. 하나님은 이스라엘을 언약 밖의 이방인과 별로 다르지 않은 모습으로 묘사한다. 그런데도 하나님은 이들의 행위에 따라서가 아니라 하나님의 풍성한 은혜로 이들에게 자신을 계시하려 하셨다.

더 나아가 하나님은 본문에서 "내 이름을 부르지 아니하던 나라"에게 "내가 여기 있노라 내가 여기 있노라" 하며 반복적으로 응답하셨다고 한다. 여기 '나라'(히. 고이)는 언약으로 맺어진 이스라엘을 가리키는 용어인 '백성'(히. 암)과는 사뭇 다른 표현이다.[115] 여기서 기존 언약의 경계가 흐려지고 있다. 왜냐하면 이제부터 하나님께서는 본격적인 새 언약을 통해 이방인을 포함하여 누구든지 그의 부르심에 응답하는 백성을 새롭게 세우실 것이기 때문이다(사 56:6 참조).

이어지는 2절은 이들을 '백성'으로 지칭하며 말씀한다.

"내가 종일 손을 펴서 자기 생각을 따라 옳지 않은 길을 걸어가는 패역한 백성들을 불렀나니”(사 65:2).

여기서도 하나님은 패역한 백성들이 하나님을 찾고 부를 때까지 기다리지 않고 먼저 이들을 부르셨다. 하나님의 이러한 적극적인 은혜의 행동은 이스라엘의 원망 섞인 주장, 즉 하나님의 사랑과 열정이 그쳤기에 하나님께서 자신들에게 다시 돌이키셔야 한다는 주장을 무색하게 한다. 결국 하나님이 돌이키셔야 하는 것이 아니라 이들이 하나님께로 돌이켜야 했던 것이다. 앞서 이사야가 호소했던 것처럼 이스라엘은 불의한 길과 내면의 불의한 생각을 버리고 돌아와야 했다(사 55:7). 이로써 드러나는 것이 무엇인가? 이스라엘과 하나님의 생각은 정말이지 하늘과 땅처럼 너무나도 다르다는 것이다(사 55:8-9). 이러한 이스라엘의 모습은 우상 숭배와 영적 어둠에 붙잡힌 이방인과 같았다. 하나님께서 이스라엘을 ‘나의 백성’이 아니라 ‘패역한 백성’이라 지칭하신 점을 주목하라. 하나님은 이들의 상태를 성별된 언약 백성이 아니라 어둠에 있는 이방인과 거의 같은 상태로 보셨다.

훗날 여호와의 종 메시아 예수는 구원을 갈망하던 백성들에게 “구하라. 그리하면 너희에게 주실 것이요 찾으라. 그리하면 찾아낼 것이요 문을 두드리라. 그리하면 너희에게 열릴 것이니”(마 7:7)라고 말씀하셨다. 이는 본문 1절의 말씀과 밀접한 관련이 있다. 예수께서 주신 이 약속은 하나님을 구하지 않던 이스라엘뿐만 아니라 흑암 가운데 있던 언약 밖의 이방인도 포함한다(마 4:15-17, 참조 사 9:1-2).

사도 바울도 본문의 말씀을 이방인과 유대인에게 각각 적용하며 다음과 같이 말씀한다.

"이사야는 매우 담대하여 내가 나를 찾지 아니한 자들에게 찾은 바 되고 내게 묻지 아니한 자들에게 나타났노라 말하였고 이스라엘에 대하여 이르되 순종하지 아니하고 거슬러 말하는 백성에게 내가 종일 내 손을 벌렸노라 하였느니라"(롬 10:20-21).

전반부의 '나를 찾지 아니한 자들' '내게 묻지 아니한 자들'은 이방인을, '이스라엘'은 유대인을 가리킨다. 이와 같은 적용이 가능한 이유는 이미 본문에서 묘사하는 이스라엘이 언약 백성의 정체성을 잃어버리고 이방인과 같이 행동하였기 때문이다. 이어지는 묘사는 이들의 패역함을 구체적으로 보여준다.

이들은 동산에서 제사했다(사 65:3). 동산은 이사야에서 다산 제의의 대표적인 장소로 등장한다(사 1:29, 참조 왕하 21:18,26). '여호와의 동산'(창 13:10, 사 51:3, 66:17), '물 댄 동산'(사 58:11, 렘 31:12) 같아야 할 곳을 우상 숭배가 가득한 동산으로 바꾸어 버린 것이다. 동산에서의 희생제사는 성전에서 짐승을 잡아 희생제사를 드리는 모습을 모방한 것이다. 또 벽돌 위에서 피우는 분향은 매일 아침 성전에서 하나님께 올려드리는 향단에서의 분향을 모방한 것이다(출 30:7 참조). 이처럼 매일 드려지는 동산과 벽돌에서의 제사와 분향은 성전에서 매일 드려지는 상번제를 흉내 낸 것이다.[116] 이러한 행위는 매일같이 항상 하나님의 진노를 일으켰다. 하나님은 이런 이스라엘을 '항상 내 노를 일으키는 백성'(사 65:3)이라 하신다. 여기 '백성' 앞에는 정관사가 있어 정확하게 번역하면 '그 백성'이 된다. 이는 앞서 진술한 '패역한 백성'(사 65:2)을 가리킨다. 즉 이들은 항상 하나님의 진노를 일으키는 패역한 바로 그 백성이었던 것이다.

이들은 무덤 사이에 앉으며 은밀한 처소에서 밤을 지냈다(사 65:4). 무덤 사이에 머무는 것은 죽은 자들과 접신하기 위해서였을 것이다. 이들은 죽은 자의 영들에게 물어보며 답을 구한다(새번역 참조). 또 은밀한 장소에서 비밀스러운 철야기도를 한다. 이러한 접신 추구는 분명 하나님께서 금하시는 것이다(신 18:11-12). 또한 이들은 부정한 음식으로 금하는 돼지고기를 먹고 가증한 음식이 담긴 국을 마신다(레 11:7, 신 14:8). 구약에서 가증한(히. 피굴) 음식은 허용된 기간이 지난 희생제물의 고기(레 7:18)뿐 아니라 혐오할만한 배설물(겔 4:9-14)로 구운 음식, 또는 짐승의 피를 넣은 음식 등을 가리킨다.

하나님이 보시기에 패역한 일들을 자행하던 백성들은 자신들을 매우 특별하고 거룩하다고 여기고 있었다. 그러면서 다른 사람들에게는 "너는 네 자리에 서 있고 내게 가까이하지 말라. 나는 너보다 거룩함이니라"(사 65:5)고 말한다. 하지만 사람 앞에 늘어놓는 말도 안 되는 이런 자아도취적인 자랑에 대해 하나님은 이들은 "내 코의 연기요 종일 타는 불"이라 선언한다. 히브리 관용 표현에는 분노할 때 "코가 뜨거워진다"는 말이 있다.[117] 코의 연기는 하나님의 강한 진노가 뿜어 나오는 것을 표현하는 것이다. 그런데 여기에 불이 나오는데 좀처럼 사그라들지 않고 하루 종일 계속해서 타오른다. 진노하시는 하나님은 말씀하신다. "보라. 이것이 내 앞에 기록되었으니 내가 잠잠하지 아니하고 반드시 보응하되 그들의 품에 보응하리라"(사 65:6). 하나님은 그의 패역한 백성들의 행위가 모두 하나님 앞에 기록되었다고 말씀한다. 그리고 이 기록에 근거하여 그들이 그대로 심판받을 것을 말씀한다(단 7:10 참조). 이들의 죄악의 핵심은 한가지로 압축할 수 있다. 바로 우상 숭배다. 이들은 산 위에서 우상에게 분향하며 작은 산 위에서도 엉뚱한 우상에게 절하며 하나님을 능욕했다(사 65:7). 하나님은 이들의 행위를 헤아리고 그들의 품에 보응하실 것이다. '품' 은 심장과 폐 등 생명의 중심이 있는 곳으로, 하나님의 보응은 패역한 이스라엘의 생명 중심부까지 타격할 것이다. 결국 이스라엘 백성의 문제 제기의 핵심에는 하나님이 아니라 패역한 자신들이 있었던 것이다. 그렇다면 이스라엘에게 구원의 소망은 없는 것인가?

하나님은 패역한 이스라엘의 주장대로 이들을 구원하지 않고 버리실 것인가? 그들의 선조 아브라함과 후손에게 하셨던 약속을 거부하실 것인가? 하나님께서는 그동안 자신들이 야곱의 자손이라고 자부하며 자신들은 선민으로서 마땅히 구원하셔야 하지 않느냐고 문제를 제기했던 이스라엘을 향해 새로운 기준을 제시한다.

> "여호와께서 이와 같이 말씀하시되 포도송이에는 즙이 있으므로 사람들이 말하기를 그것을 상하지 말라 거기 복이 있느니라 하나니 나도 내 종들을 위하여 그와 같이 행하여 다 멸하지 아니하고" (사 65:8).

하나님께서는 포도나무가 마르고 포도송이가 부실하다 하더라도, 그중 맺힌 일부 포도에 포도즙이 얼마라도 남아 있다면 포도송이 전체를 잘라 내버리지 않으실 것이라고 한다. 다 멸하지 않으시고 좋은 포도는 추려내실 것이다. '다 멸하지 않겠다' 는 것은 마치 소돔과 고

모라의 멸망을 앞두고 아브라함이 그 성읍에 소수의 의인이 있다면 다 멸하겠느냐고 문제를 제기하는 장면을 연상시킨다(창 18:28-32 참조). 하나님은 열 명의 의인만 남아 있어도 결코 성읍을 멸망시키지 않겠다고 하셨다(창 18:32). 여기서도 하나님은 일부의 포도 열매에 즙이 남아있다면 결코 다 멸하여 상하게 하지 않겠다고 선언하신다. 이들은 하나님께 순종하는 이스라엘의 '남은 자' 들이다(사 10:21-22 참조).

하나님은 남은 자들을 어떻게 구원하시는가? 이는 하나님이 택하신 야곱에게서 난 씨(후손), 곧 유다에게서 약속의 기업을 상속할 한 사람을 통해서다(사 65:9, 참조 창 49:10, 민 24:17, 사 6:13). 하나님의 택한 백성들이 이 유업을 얻을 것이고 하나님께 신실하게 순종하는 이들이 거기에 살 것이다(사 65:9).[118] 하나님이 택한 한 사람을 통해 구원역사가 일어나면 "사론은 양 떼의 우리가 되겠고 아골 골짜기는 소 떼가 눕는 곳"이 될 것이다(사 65:10).

사론 평야는 시온에서 서쪽으로 욥바로부터 갈멜산까지 서부 해변을 따라 형성된 비옥한 해안 평야 지대다. 아골 골짜기는 '괴로움의 골짜기' 라는 뜻으로, 시온에서 동쪽방향으로 유대 광야를 따라 내려가는 여리고 부근 지역의 황량한 광야 골짜기다. 이곳은 예전에 이스라엘이 여리고 정복을 마친 후, 아간과 그의 가족이 여호와께 범죄함으로 말미암아 죽임을 당한 곳이기도 하다(수 7:24-26). 하나님은 풍요로운 사론에도 양 떼가 가득할 것이고, 심지어 황량한 아골 골짜기조차도 소 떼가 눕는 푸른 초장으로 바뀌게 될 것을 예고하신다. 중요한 것은 이렇게 풍성하게 회복한 약속의 땅을 이제는 야곱의 자손 모두에게 주는 것이 아니라 하나님을 '찾은 백성'의 소유로 주신다는 사실이다(사 65:10). 반면 여호와를 저버린 이들에게는 심판이 임할 것이다.

> "오직 나 여호와를 버리며 나의 성산을 잊고 갓에게 상을 베풀며 므니에게 섞은 술을 가득히 붓는 너희여 내가 너희를 칼에 붙일 것인즉 다 구푸리고 죽임을 당하리니 이는 내가 불러도 너희가 대답하지 아니하며 내가 말하여도 듣지 아니하고 나의 눈에 악을 행하였으며 내가 즐겨하지 아니하는 일을 택하였음이니라"(사 65:11).

'갓'은 시리아지역에 잘 알려진 행운의 신이고, '므니'는 운명의 신이다. 70인역은 '갓'을 '귀신'(헬. 다이모니오)으로, '므니'(헬. 튀케)를 '행운'으로 번역했다. 이는 한 쌍을 이루며 귀신을 통해 행운을 가져다주는 것으로 기능했을 것이다.[119] 하나님은 귀신에게 행운을 빌던 패역한 백성들을 칼에 붙여 모두 고꾸라져 죽임을 당하게 하실 것이다. 이는 하나님이 불러도 대답하지 않고 말해도 듣지 않고 악을 따라 살았던 것에 대한 마땅한 보응이다.

하나님은 이스라엘 백성 중에서 하나님을 찾고 그의 말씀을 청종하는 이들을 '나의 종들'로 부르시며, 하나님을 저버리는 자들과 구별하실 것이다. '나의 종들'은 먹을 것이고 마실 것이며 기뻐할 것이다. 반면 하나님을 저버린 '너희'는 주릴 것이고 목마를 것이며 수치를 당할 것이다(사 65:13). '나의 종들'은 즐거워 노래할 것이지만 '너희'는 울며 통곡할 것이다(사 65:14).

하나님은 '너희', 곧 그를 저버린 백성이 남겨 놓은 이름을 저주거리로 만드실 것이다(사 65:15). 이름은 한 인격체의 본질을 이루는 모든 것을 가리킨다.[120] 또한 하나님은 이들을 칠 것이다. 반면 여호와를 택한 '나의 종들'은 다른 새 이름으로 불리게 될 것이다(사 62:4,12). 하나님은 이런 명확하게 대조되는 두 결과를 제시한 후 갓과 므니와 같은 우상을 숭배하는 자들에게 권면하신다. 이들이 그동안 땅에서 자기를 위하여 구했다면, 이제는 진리의 하나님을 향하여 복을 구해야 하고 진리의 하나님께 맹세해야 한다. 여호와께서 은혜를 베푸시면 이전의 환난이 잊혀질 것이고, 그분의 눈앞에 숨겨질 것이다(사 65:16).

이제 이스라엘은 반성 없는 원망을 그쳐야 한다. 그리고 지금부터 책임 있는 선택 앞에 직면해야 한다. 하나님은 구하고, 찾고, 문을 두드리기만 한다면 언제든지 주시고, 발견되고, 문을 열어주실 준비를 하고 계시다. 이제 이스라엘은 개별적인 선택으로 하나님의 택한 종이 될 것이다. 아무리 선민이라는 지위를 갖고 있다 하더라도 하나님을 저버리고 우상 숭배에 몰두한다면 더 이상 하나님의 백성이 아니다. 우리 삶에 하나님을 향한 원망이 몰려올 때 우리는 자신의 상황을 곰곰이 돌아보아야 한다. 이것이 하나님의 일방적인 버리심 때문인가, 아니면 내가 구하고 찾고 두드리지 않아서 그런 것인가? 그리고 지금이라도 나는 기꺼이 여호와를 따르기로 택할 수 있다. 나의 마음은 지금 어디에 쏠려 있는가? 기꺼이 여호와를 택하라!

[95장 각주]

115) 게리 스미스, 「NAC 이사야 2」, 882쪽.
116) 김회권, 「하나님 나라 신학으로 읽는 이사야 40-66장」, 663쪽.
117) 존 오스월트, 「NICOT 이샤야 Ⅱ」, 772쪽.
118) 9절에서 "씨", "기업으로 얻을 자"는 단수, "내가 택한 자"는 복수형이다.
119) 존 오스월트, 「NICOT 이샤야 Ⅱ」, 783쪽.
120) 알렉 모티어, 「이사야 주석」, 1181쪽.

96 Chapter 8. Isaiah 65:17-25

시온에 창조할 새 하늘과 새 땅

*[17]보라. 내가 새 하늘과 새 땅을 창조하나니 이전 것은 기억되거나 마
음에 생각나지 아니할 것이라. [18]너희는 내가 창조하는 것으로 말미
암아 영원히 기뻐하며 즐거워할지니라. 보라. 내가 예루살렘을 즐거
운 성으로 창조하며 그 백성을 기쁨으로 삼고 [19]내가 예루살렘을 즐
거워하며 나의 백성을 기뻐하리니 우는 소리와 부르짖는 소리가 그
가운데에서 다시는 들리지 아니할 것이며 [20]거기는 날 수가 많지 못
하여 죽는 어린이와 수한이 차지 못한 노인이 다시는 없을 것이라.
곧 백 세에 죽는 자를 젊은이라 하겠고 백 세가 못되어 죽는 자는 저
주받은 자이리라. [21]그들이 가옥을 건축하고 그 안에 살겠고 포도나
무를 심고 열매를 먹을 것이며 [22]그들이 건축한 데에 타인이 살지 아*

니할 것이며 그들이 심은 것을 타인이 먹지 아니하리니 이는 내 백성의 수한이 나무의 수한과 같겠고 내가 택한 자가 그 손으로 일한 것을 길이 누릴 것이며 [23]그들의 수고가 헛되지 않겠고 그들이 생산한 것이 재난을 당하지 아니하리니 그들은 여호와의 복된 자의 자손이요 그들의 후손도 그들과 같을 것임이라. [24]그들이 부르기 전에 내가 응답하겠고 그들이 말을 마치기 전에 내가 들을 것이며 [25]이리와 어린 양이 함께 먹을 것이며 사자가 소처럼 짚을 먹을 것이며 뱀은 흙을 양식으로 삼을 것이니 나의 성산에서는 해함도 없겠고 상함도 없으리라. 여호와께서 말씀하시니라.

사람이 오해받는 것은 참 힘든 일이다. 순수한 의도를 가지고 열심히 맡은 일을 하다가 공공연히 오해받으면 '이렇게 오해받을 것인데 내가 굳이 이렇게 열심히 해야 할까' 하는 회의에 빠지기 쉽다. 이럴 때면 우리는 하던 일마저 내려놓고 싶다. 오해받을 때 나의 신실함을 지키기가 쉽지 않다. 나를 넘어선 더 큰 사랑이 없이는 오해와 원망의 화살을 견뎌내기가 결코 쉽지 않다.

하나님은 그동안 그의 백성으로부터 공공연한 오해를 받아오셨다. 시온은 여호와께서 자신을 잊으셨다고 탄식했다(사 49:14). 그의 간곡한 자비와 사랑이 그쳤고, 하나님은 자신들을 외면하고 떠났다고 원망했다(사 63:15,17). 그러나 그것은 오해였다. 하나님은 여인이 자기 태에서 난 아들을 잊을지라도 당신은 결코 이스라엘을 잊지 않았고, 도리어 그들을 자신의 손바닥에 새겼노라 하셨다(사 49:15-16).

하나님의 자비와 사랑이 떠났다고 원망했던 것은 오해였다. 왜냐하면 시온이 하나님을 구하지 않았고 찾지 않았기 때문이었다(사 65:1). 오히려 자기 백성을 향한 하나님의 사랑과 신실하심은 이들의 오해와 원망을 견뎌내고 있었다. 하나님은 여기서 더 나아가 이제 그의 신실하심이 이스라엘의 오해와 불성실을 이겨내고, 놀라운 일을 행하실 것을 예고한다.

그것은 바로 새창조의 역사를 통해서다. 본문은 '보라' 는 감탄사를 터뜨리며 하나님이 행하실 새창조의 역사에 주의를 집중시킨다.

> "보라. 내가 새 하늘과 새 땅을 창조하나니 이전 것은 기억되거나 마음에 생각나지 아니할 것이라"(사 65:17).

'보라' 는 이제 이사야의 56~66장의 모든 논의가 이제부터 새로운 소망을 향해 나아감을 알리는 선언이다. 원문에는 '보라' 앞에는 이유를 설명하는 히브리어 접속사 '키' (for)가 들어있다. 이는 그간의 논의에 대한 소망의 문을 열어준다. 목마르고 영혼이 죽어가는 하나님의 백성이 왜 정의를 지키며 의를 행해야 하는가?(사 56:1) 왜냐하면 '보라!' 내가 새 하늘과 새 땅을 창조하기 때문이다. 어떻게 패역한 백성이 하나님의 의를 행하고 열방에 빛을 드러낼 수 있는가? 그것은 오직 하나님의 새창조의 능력으로만 가능하기 때문이다.

본문부터 이사야서의 끝까지는 '새 하늘과 새 땅' 을 주제로 수미상관(inclusion)을 이루어 하나의 커다란 단락을 형성하면서 이사야서두(1-5장)와 상호 반향(echo)을 이룬다. 상호 반향은 다음과 같이

1:1-31	심판	소망	65:17-25
2:1-22	소망	심판	66:1-6
3:1-4:1	심판	소망	66:7-14
4:2-6	소망	심판	66:15-17
5:1-30	심판	소망	66:18-24

소망과 심판이 교차하며 이루어진다.

하나님은 이제 새 하늘과 새 땅을 창조하겠다고 선언하신다. 하늘과 땅은 이사야 1장에서 이스라엘의 반역을 증언할 증인으로 소환된 바 있다(사 1:2). 하늘과 땅은 하나님의 진노 앞에 진동하며 흔들려 그 자리를 이탈한 바 있다(사 13:13). 부패한 이스라엘의 죄로 쇠락하고, 하나님의 진노로 말미암아 흔들렸던 하늘과 땅은 이제 새롭게 창조된다. 하나님의 새 창조로 인해 이전에 죄로 일그러졌던 세상은 더 이상 기억되지 않고 잊혀질 것이다.

하나님은 그의 백성들에게 이제 하나님이 시작하실 새 창조로 인하여 영원히 기뻐하며 즐거워하라고 명령한다. 이는 하나님이 행하실 새 창조의 긍정적인 결과가 항구적으로 계속될 것을 암시한다. '영원히' (히. 하데 아드 아쉐르)는 문자적으로 해석하면 '무엇무엇을 할 때까지' 란 뜻이다. 이를 반영하여 해석하면 '내가 예루살렘을 즐거운 성으로, 그 백성을 기쁨으로 삼을 때까지' 가 되어 그 기간이 영원하지 않고 한시적으로 제한된다.[121] 그러나 히브리어 '아드' 는 그 자체로 '영원히' 의 의미가 있기에 이를 굳이 한시적인 의미로 제한

하기보다는 개역개정의 번역대로 '영원히'로 보는 것이 좋다.

하나님은 다시 한번 '보라'고 강조하며 이제 하나님의 새 창조가 구체적으로 예루살렘에 일어날 것을 말씀한다.

> "보라. 내가 예루살렘을 즐거운 성으로 창조하며 그 백성을 기쁨으로 삼고 내가 예루살렘을 즐거워하며 나의 백성을 기뻐하리니" (사 65:18-19).

여기서 새 하늘과 새 땅을 창조하는 중심 목적이 드러난다. 이는 거룩한 성산 곧 시온에 자리 잡은 예루살렘을 즐거움과 기쁨이 가득한 성으로 창조하기 위해서다. 그토록 하나님의 분노를 일으켰던 예루살렘이 이제는 완전히 새롭게 되어 하나님의 기쁨과 즐거움이 가득한 성읍으로 바뀐다. 이것은 무엇보다 그동안 깨졌던 언약을 하나님이 새롭게 갱신하심으로 가능한 일이다.

새 하늘과 새 땅의 중심이 예루살렘인 이유가 무엇일까? 이는 예루살렘은 하나님의 임재가 거하는 성산이고 그 중심에는 성전이 있기 때문이다. 성전은 하늘과 땅을 잇는 중심 공간이며 우주의 축소판이다(시 78:69, 사 66:1-2 참조).[122] 이곳을 다시 창조한다는 것은 여호와께서 다시 예루살렘의 왕으로 즉위하신다는 의미다.[123] 이는 이스라엘의 국가적 영광의 회복일 뿐 아니라 우주적 갱신으로 확장된다.

새롭게 창조되는 새 예루살렘의 특징이 있다. 그것은 인간이 언약을 깨뜨림으로 찾아온 죄와 사망의 저주와 부정적 영향력이 사라지고 에덴동산의 원형적 모습이 회복된다는 점이다.

"우는 소리와 부르짖는 소리가 그 가운데에서 다시는 들리지 아니할 것이며"(사 65:19).

'우는 소리와 부르짖는 소리'는 죄와 사망의 역사로 나타나는 현상들이다. 그러나 하나님께서는 새 예루살렘에 이러한 모든 것들을 몰아내시고 온전한 샬롬을 가져다주신다.

"거기는 날 수가 많지 못하여 죽는 어린이와 수한이 차지 못한 노인이 다시는 없을 것이라. 곧 백 세에 죽는 자를 젊은이라 하겠고 백 세가 못 되어 죽는 자는 저주받은 자이리라"(사 65:20).

하나님의 백성이 언약을 깨뜨릴 때 찾아오는 것 중 하나가 각종 질병이다(신 28:21-22,27-29). 새 예루살렘에서는 하나님이 새롭게 갱신하실 새 언약으로 말미암아 질병이 사라지고 인간의 수명이 홍수 이전 시대 수준으로 비약적으로 올라간다(창 5장 참조). 백 세를 젊은이로 여길 정도로 하나님이 처음 창조 때 의도하셨던 수명을 충분히 다 채우고 산다. 당시에 만연했던 영아 사망과 질병과 부상이 더 이상 시온의 백성들을 괴롭히지 못할 것이다. 죄로 인해 이 땅을 엄습한 질병과 사망과 애통과 부르짖음이 더 이상 시온에 존재하지 않을 것이다. 이때 이스라엘은 온전한 하나님의 언약 백성으로서 자신이 수고한 열매를 온전히 누릴 것이다.

"그들이 가옥을 건축하고 그 안에 살겠고 포도나무를 심고 열매를 먹을 것이며 그들이 건축한 데에 타인이 살지 아니할 것이며 그들이 심은 것을 타인이 먹지 아니하리니 이는 내 백성의 수한이 나무의 수한과 같겠고 내가 택한 자가 그 손으로 일한 것을 길이 누릴 것이며 그들의 수고가 헛되지 않겠고 그들이 생산한 것이 재난을 당하지 아니하리니 그들은 여호와의 복된 자의 자손이요 그들의 후손도 그들과 같을 것임이라"(사 65:21-23).

언약을 깨뜨린 것에 대한 또 다른 저주 가운데 하나가 사람이 자신이 수고한 열매를 누리지 못하는 것이다.[124] 열심히 집을 건축하였으나 거기에 거주하지 못하고, 열심히 심고 농사를 짓지만 열매를 따지 못할 것이다(신 28:30, 레 26:16). 그러나 예루살렘에 하나님이 좌정하시고 시온이 그의 언약 백성으로 회복될 때 언약을 깨뜨림으로 찾아온 이 모든 저주가 모두 사라질 것이다. 더 나아가 이들은 하나님의 언약 백성으로 하나님과의 친밀한 관계를 회복한다.

"그들이 부르기 전에 내가 응답하겠고 그들이 말을 마치기 전에 내가 들을 것이며"(사 65:24).

새 하늘과 새 땅에서 이루어진 새 예루살렘에서 그의 백성은 하나님과의 친밀한 소통과 기도 응답의 기쁨을 맛볼 것이다. 더 나아가 이곳에서는 타락과 죄의 영향으로 인간을 집어삼키고 약탈하는 타락한 생태계의 위협이 온전히 사라질 것이다.

"이리와 어린 양이 함께 먹을 것이며 사자가 소처럼 짚을 먹을 것이며 뱀은 흙을 양식으로 삼을 것이니 나의 성산에서는 해함도 없겠고 상함도 없으리라. 여호와께서 말씀하시니라"(사 65:25).

하나님의 거룩한 산 시온에서는 더 이상 악이 활동하지 못하고 온전한 샬롬이 회복될 것이다. 특히 여기서 "뱀은 흙을 양식으로 삼을 것"이라는 선언은 창세기 3장에 하나님이 뱀을 심판하며 평생 "흙을 먹을지니라"(창 3:14)고 하신 저주가 성취된 것이다.[125]

장차 이루어질 새 하늘과 새 땅, 그리고 거룩한 시온성 예루살렘은 과연 언제 어떻게 이루어질까? 당시의 유대인들은 이것이 바벨론의 포로로부터 시온으로 돌아오는 것으로 전망했을 것이다. 그러나 이들이 시온으로 돌아온 후에도 온전한 샬롬을 맛보지는 못했다. 이는 더욱 온전한 샬롬이 있는 시온을 기다리게 한다.

장차 하나님의 구원역사를 이루실 여호와의 종 메시아 예수께서 시온으로 오셨을 때 그는 예루살렘을 향하여 이제 곧 무너져 황폐하여질 것이라 선언하신다(마 23:37, 눅 13:34). 그리고 자기 몸으로 새로운 시온 성전을 세우시고 열두 지파가 아닌 열두 제자를 기둥으로 한 하나님의 새로운 이스라엘을 세우신다. 이렇게 예수께서 세우신 새로운 성전과 새 이스라엘은 그리스도 안에서 창조된 새로운 피조물이며(고후 5:17), 하나님의 통치가 임하는 이미 시작된 새로운 하나님 나라다. 하나님 나라는 장차 위로부터 임할 거룩한 성 예루살렘을 기다린다.

"또 내가 새 하늘과 새 땅을 보니 처음 하늘과 처음 땅이 없어졌고 바다도 다시 있지 않더라. 또 내가 보매 거룩한 성 새 예루살렘이 하나님께로부터 하늘에서 내려오니 그 준비한 것이 신부가 남편을 위하여 단장한 것 같더라"(계 21:1-2).

이때는 옛 하늘과 옛 땅이 사라지고 온전한 새 하늘과 새 땅이 펼쳐지고 거룩한 성 예루살렘이 이 땅 가운데 내려오게 된다. 중요한 것은 이때 하나님은 거룩한 성 예루살렘에 좌정하셔서 그의 백성과 함께 영원히 온 세상을 통치하고 다스리며 영광받으실 것이란 점이다. 언약에 신실하신 하나님은 마침내 이루실 것이다. 인간의 불순종과 죄로 인해 어그러지고 깨어진 모든 언약적 관계를 회복시키시고 동물과 생태계, 온 우주를 마침내 하나님의 임재와 샬롬이 충만한 곳으로 변화시킬 것이다. 이 소망을 든든히 붙들고 나아가자.

[96장 각주]

121) 이러한 주장에 대해서는 김회권, 「하나님 나라 신학으로 읽는 이사야 40-66장」, 670쪽을 보라.

122) 게리 스미스, 「NAC 이사야 2」, 905쪽.

123) 존 D. 레벤슨, 홍국평 외 역, 「하나님의 창조와 악의 잔존」(서울: 새물결플러스, 2019), 171-173쪽.

124) 존 오스월트, 「NICOT 이사야 Ⅱ」, 796쪽.

125) 여기서 등장하는 뱀은 이사야 11:8에 등장하는 독사와 다른 것으로 본다. 11장 8절의 독사는 사람을 해치는 피조물로서 등장한다면, 본문의 뱀은 인간을 유혹해 타락으로 이끈 옛 뱀, 마귀, 사탄을 상징한다.

97 Chapter 8. Isaiah 66:1-14

끝까지 마음이 가난해야 한다

[1]여호와께서 이와 같이 말씀하시되 하늘은 나의 보좌요 땅은 나의 발
판이니 너희가 나를 위하여 무슨 집을 지으랴. 내가 안식할 처소가
어디랴. [2]나 여호와가 말하노라. 내 손이 이 모든 것을 지었으므로 그
들이 생겼느니라. 무릇 마음이 가난하고 심령에 통회하며 내 말을 듣
고 떠는 자 그 사람은 내가 돌보려니와 [3]소를 잡아 드리는 것은 살인
함과 다름이 없이 하고 어린 양으로 제사드리는 것은 개의 목을 꺾음
과 다름이 없이 하며 드리는 예물은 돼지의 피와 다름이 없이 하고
분향하는 것은 우상을 찬송함과 다름이 없이 행하는 그들은 자기의
길을 택하며 그들의 마음은 가증한 것을 기뻐한즉 [4]나 또한 유혹을
그들에게 택하여주며 그들이 무서워하는 것을 그들에게 임하게 하리

니 이는 내가 불러도 대답하는 자가 없으며 내가 말하여도 그들이 듣
지 않고 오직 나의 목전에서 악을 행하며 내가 기뻐하지 아니하는 것
을 택하였음이라 하시니라. 5 여호와의 말씀으로 말미암아 떠는 자들
아 그의 말씀을 들을지어다. 이르시되 너희 형제가 너희를 미워하며
내 이름으로 말미암아 너희를 쫓아내며 이르기를 여호와께서는 영광
을 나타내사 너희 기쁨을 우리에게 보이시기를 원하노라 하였으나
그들은 수치를 당하리라 하셨느니라. 6 떠드는 소리가 성읍에서부터
들려오며 목소리가 성전에서부터 들리니 이는 여호와께서 그의 원수
에게 보응하시는 목소리로다. 7 시온은 진통을 하기 전에 해산하며 고
통을 당하기 전에 남아를 낳았으니 8 이러한 일을 들은 자가 누구이며
이러한 일을 본 자가 누구이냐. 나라가 어찌 하루에 생기겠으며 민족
이 어찌 한 순간에 태어나겠느냐. 그러나 시온은 진통하는 즉시 그
아들을 순산하였도다. 9 여호와께서 이르시되 내가 아이를 갖도록 하
였은즉 해산하게 하지 아니하겠느냐. 네 하나님이 이르시되 나는 해
산하게 하는 이인즉 어찌 태를 닫겠느냐 하시니라. 10 예루살렘을 사
랑하는 자들이여 다 그 성읍과 함께 기뻐하라. 다 그 성읍과 함께 즐
거워하라. 그 성을 위하여 슬퍼하는 자들이여 다 그 성의 기쁨으로
말미암아 그 성과 함께 기뻐하라. 11 너희가 젖을 빠는 것같이 그 위로
하는 품에서 만족하겠고 젖을 넉넉히 빤 것같이 그 영광의 풍성함으
로 말미암아 즐거워하리라. 12 여호와께서 이와 같이 말씀하시되 보
라. 내가 그에게 평강을 강같이, 그에게 뭇 나라의 영광을 넘치는 시
내같이 주리니 너희가 그 성읍의 젖을 빨 것이며 너희가 옆에 안기
며 그 무릎에서 놀 것이라. 13 어머니가 자식을 위로함같이 내가 너희

를 위로할 것인즉 너희가 예루살렘에서 위로를 받으리니 [14]너희가 이를 보고 마음이 기뻐서 너희 뼈가 연한 풀의 무성함 같으리라. 여호와의 손은 그의 종들에게 나타나겠고 그의 진노는 그의 원수에게 더하리라.

일본에 가면 100년 이상 된 장수 기업들이 3천 개가 넘는다. 음식점만 해도 100년 이상을 대대로 이어오는 음식점이 꽤 많다. 왜 그런가? 처음 맛을 끝까지 지켜가며 계속해서 발전하기 때문이다. 하지만 처음 품질을 끝까지 지켜간다는 것이 결코 쉽지 않다. 환경이 급변하고 위기가 오면 현실 앞에 타협하기 쉽다. 원가절감을 위해 음식의 양을 타협하고 식재료를 타협하게 된다. 그러다 보면 결국 초심을 잃어버리게 된다.

이사야서는 40장 이후 이스라엘의 심판이 끝나고 이스라엘을 회복시키시기 위해 하나님이 다가오심을 줄기차게 선언해 왔다. 다음의 선언을 보라.

> "일어나라. 빛을 발하라. 이는 네 영광이 이르렀고 여호와의 영광이 네 위에 임하였음이니라"(사 60:1).

> "주 여호와의 영이 내게 내리셨으니 이는 여호와께서 내게 기름을 부으사 가난한 자에게 아름다운 소식을 전하게 하려 하심이라. 나를 보내사 마음이 상한 자를 고치며 포로된 자에게 자유를, 갇

힌 자에게 놓임을 선포하며"(사 61:1).

"나는 시온의 의가 빛같이, 예루살렘의 구원이 횃불같이 나타나도록 시온을 위하여 잠잠하지 아니하며 예루살렘을 위하여 쉬지 아니할 것인즉"(사 62:1).

"원하건대 주는 하늘을 가르고 강림하시고"(사 64:1).

"보라. 내가 새 하늘과 새 땅을 창조하나니 이전 것은 기억되거나 마음에 생각나지 아니할 것이라"(사 65:17).

하나님은 특별히 60장 이후로 하나님이 적극적으로 돌아오실 것을 약속하신다. 이러한 소망은 이사야서의 종결 부분인 65장 17~25절에 이르러 새 하늘과 새 땅의 약속으로 절정에 이른다. 하나님의 이런 새 창조의 역사를 맞이하려면 이제부터 이스라엘이 그 중심을 끝까지 변함없이 잘 지켜가야 한다. 아직 새 창조의 역사가 일어나지 않고, 그것을 기다리는 현실에는 여전히 위협과 압박, 타협의 유혹이 존재한다. 이럴 때 하나님의 백성들은 신실하게 하나님의 구원역사를 신뢰하며 나아갈 수 있어야 한다.

새 하늘과 새 땅의 희망(사 65:17-25)에 이어지는 본문은 심판(사 66:1-6)과 소망(사 66:7-14)이 상호 교차되며 전개된다. 이는 이사야를 통해 위기 가운데서도 깨어 소망을 노래하기 위함이다. 본문에 등장하는 심판의 내용은 경각심을 갖고 장차 이루어질 새 하늘 새 땅을 소망 중에 바라보도록 격려하기 위함이다. 이스라엘은 견고한 소망을 붙들고 타협 없이 신실하게 하나님을 신뢰하며 나아가야 한다.

먼저 하나님은 이스라엘이 여전히 집착하고 있는 성전 이데올로기를 비판하며 성전 체계의 종언을 예고하신다.

> "여호와께서 이와 같이 말씀하시되 하늘은 나의 보좌요 땅은 나의 발판이니 너희가 나를 위하여 무슨 집을 지으랴. 내가 안식할 처소가 어디랴"(사 66:1).

이스라엘은 백성 중에는 성전을 짓는 것이 하나님을 다시 모시어 들이고 이것이 이스라엘의 안녕을 크게 보장할 것이라 믿는 이들이 있었다. 그래서 성전만 완공되면 이스라엘의 운명이 크게 달라질 것이라 주장했다. 이들은 성전 건축을 장려했던 이들일 수도 있고, 미리부터 성전의 권력을 장악한 이들일 수도 있다.

이들의 이러한 주장에 대하여 하나님은 하늘을 보좌 삼고 땅을 발판으로 삼는 크신 하나님이기에 성전 건물이 결코 하나님을 제한할 수 없다고 말씀하신다. 사실 이것은 솔로몬이 하나님께 성전을 봉헌할 때 드렸던 고백이기도 하다. "하나님이 참으로 땅에 거하시리이까 하늘과 하늘들의 하늘이라도 주를 용납하지 못하겠거든 하물며 내가 건축한 이 성전이오리이까"(왕상 8:27). 하나님은 건물 성전에 제한되는 분이 아니다. 도리어 이스라엘이 지으려는 성전조차 하나님이 하늘과 땅 사이에 자기 손으로 지은 것을 재료로 만든 것에 불과하다고 말씀한다. 성전은 하나님의 능력을 끌어당기는 신비한 마법 상자가 아니다.

하나님은 성전 건축보다 더 중요한 것이 있다고 말씀한다. 그것은 바로 마음이다.

> "무릇 마음이 가난하고 심령에 통회하며 내 말을 듣고 떠는 자 그 사람은 내가 돌보려니와"(사 66:2).

하나님의 돌보심을 받는 자는 마음이 가난한 자, 애통하는 자다. 이는 건물이 아닌 새로운 성전 시대를 연 여호와의 종 메시아 예수께서 선언한 복과도 같다. 예수께서는 마음이 가난한 자는 천국을 소유할 것이고 애통하는 자는 하늘 위로를 받을 것이라 선언한다(마 5:3-4). 본문에서 하나님은 '내 말을 듣고 떠는 자'를 더한다. 이는 하나님을 경외하며 이스라엘이 살길은 오직 하나님 말씀을 듣고 순종하는 길임을 강조하는 것이다. 성전을 새로 지었다고 형식적으로 드리는 제의는 더 이상 아무 소용이 없다. 오직 마음을 새롭게 함으로 변화받은 심령으로 나아가는 것만이 중요하다. 하나님은 성전 이데올로기에 만족하며 하나님이 받지 않는 제사를 드리려는 이스라엘의 모습을 책망하신다.

> "소를 잡아 드리는 것은 살인함과 다름이 없이 하고 어린 양으로 제사드리는 것은 개의 목을 꺾음과 다름이 없이 하며 드리는 예물은 돼지의 피와 다름이 없이 하고 분향하는 것은 우상을 찬송함과 다름이 없이 행하는 그들은 자기의 길을 택하며 그들의 마

음은 가증한 것을 기뻐한즉"(사 66:3).

하나님께 드리는 제물이 살인함과 다름이 없다. 어린 양으로 드리는 제물이 부정한 짐승인 개의 목을 꺾음과 다름이 없다. 곡식의 첫 열매는 부정하고 가증한 돼지의 피를 드리는 것과 다름이 없다. 왜 그럴까? 이미 그 마음이 더럽고 부정해졌기 때문이다. 이들의 마음에는 우상이 가득 차 있었다. 하나님의 말씀을 떨림으로 순종하지 않고 마음에 가득 찬 것을 기뻐하며 선택한다.

하나님은 이런 이스라엘 백성에게 유혹을 택하여주실 것이다(사 66:4). 이들이 우상에게 미혹당하여 영적으로 일탈하고 타락하여 그 임계점에 도달할 때까지 그들을 내버려 둔다는 것이다. 결국 그들에게 심판과 멸망이 임하게 될 것이다. 자신의 운명과 복을 통제하기 위하여 우상을 전적으로 의지했던 이들은 결국 자신들이 그토록 극복하기 원했던 두려움을 역설적으로 맞이하고 만다(잠 10:24 참조).

이들에게는 하나님이 부르는 소리가 들리지 않는다. 최선의 선택이라고 행한 것이 도리어 하나님 앞에 악이고, 하나님을 진노하게 하는 것이다. 이들은 도리어 하나님의 말씀을 떨리는 마음으로 받아들이는 이들에게 교만하게 군림하며 조롱한다. 이들은 여호와의 이름을 전심으로 구하는 이들을 미워하고 쫓아내며 말한다. "여호와께서 영광을 드러내어 너희들이 기뻐하는 모습을 우리로 한 번 볼 수 있게 해 보아라!" 그러나 하나님은 그들이 결국 수치를 당하게 될 것이라 말씀한다(사 66:5).

> "떠드는 소리가 성읍에서부터 들려 오며 목소리가 성전에서부터 들리니 이는 여호와께서 그의 원수에게 보응하시는 목소리로다" (사 66:6).

'떠드는 소리' (히. 샤온)는 큰 소리, 곧 굉음이다. 이는 공성퇴로 성벽을 부서뜨릴 때 나는 커다란 소리든지, 바다의 포효처럼 침략군이 함께 힘차게 내지르는 함성을 의미한다.[126] 이러한 소리는 또한 성전에서부터 들려오는 소리이기도 한데, 이는 성전 이데올로기에 사로잡혀 하나님의 참된 백성을 조롱하며 우상 숭배에 탐닉하는 이들을 하나님께서 심판하는 소리이기도 하다. 하나님은 교만한 이들에게 보응하실 것이고, 결국 성전 이데올로기에 기반한 성전 체계는 종언을 고하게 될 것이다.

이제 본문의 분위기는 절망스러운 심판에서 새로운 소망으로 전환된다. 그것은 시온이 낳을 한 아이를 통해서다(사 66:7). 무너져 폐허가 되어 더 이상 생명을 낳지 못하는 불임의 현실에 처하여 생육하고 번성하기를 그친 줄 알았던 시온에 아이가 태어났다. 놀라운 것은 아이가 태어날 때 뒤따르는 산고 없이 태어난다는 점이다 "진통을 하기 전에 해산하고 고통을 당하기 전에" 사내아이를 낳는다. 이는 이 아이가 인류의 죄와 저주에 영향받지 않은 새로운 생명, 새로운 희망으로 나오게 됨을 의미한다. 이러한 일은 인간의 상식으로는 도저히 일어날 수 없는 기이한 일로 하나님만이 하실 수 있는 일이다(사 66:8,9). 하나님은 이 아이를 통해 이방인과 유대인들의 장벽을 뛰어넘은 한 새 사람, 새 민족을 태어나게 하실 것이고, 새 나라를 세우실 것이다(엡 2:15, 4:24, 골 3:10, 요 18:36).

하나님은 장차 한 아들을 통해 이루실 새 민족, 새 나라로 인하여 예루살렘에 새로운 소망을 예고하며, 즐거워하고 기뻐하라고 선언한다(사 66:10). 이제 하나님이 주실 새로운 소망은 시온의 백성을 넉넉히 품고 이들의 필요를 풍성하게 채우며 위로할 것이다(사 66:11). 세상이 알 수 없는 평강과 영광을 넘치도록 주실 것이다(사 66:12). 이사야 40장에서 약속했던 위로가 궁극적으로 시온에 가득할 것이며(사 66:13), 시온의 백성은 마음이 기쁘고, 그 뼈가 연한 풀의 무성함 같을 것이다. 여기서 '뼈'는 마음과 대비되는 육신의 생명을 의미하며, 이들은 봄에 새 풀이 자라나는 생명의 풍부함과 풍성함을 경험할 것이다(사 58:11, 잠 17:22 참조).[127)]

하나님은 결국 풍성한 소망으로 그의 백성을 인도하실 것이다. 나는 하나님의 신실하심을 어디까지 신뢰할 수 있는가? 입으로는 신뢰한다고 하지만 속에는 우상이 가득하지 않은가? 끝까지 하나님 앞에 가난한 심령을 지키라. 그래야 우상이 아닌 하나님으로만 채울 수 있다. 소망의 하나님이 반드시 그의 백성을 붙드시고 회복시키실 것이다. 그리고 그 회복의 중심에는 하나님이 장차 보내실 한 아들이 있다. 아들 안에 거하며 참 소망과 위로를 붙들고 흔들림 없이 나아가자.

[97장 각주]

126) 김회권, 「하나님 나라 신학으로 읽는 이사야 40-66장」, 690쪽.
127) 존 오스월트, 「NICOT 이사야 II」, 821쪽.

98 Chapter 8. Isaiah 66:15-24

열방을 회복시키는 여호와

*15보라. 여호와께서 불에 둘러싸여 강림하시리니 그의 수레들은 회오
리바람 같으리로다. 그가 혁혁한 위세로 노여움을 나타내시며 맹렬
한 화염으로 책망하실 것이라. 16여호와께서 불과 칼로 모든 혈육에
게 심판을 베푸신즉 여호와께 죽임당할 자가 많으리니 17스스로 거룩
하게 구별하며 스스로 정결하게 하고 동산에 들어가서 그 가운데에
있는 자를 따라 돼지고기와 가증한 물건과 쥐를 먹는 자가 다 함께
망하리라. 여호와의 말씀이니라. 18내가 그들의 행위와 사상을 아노
라. 때가 이르면 뭇 나라와 언어가 다른 민족들을 모으리니 그들이
와서 나의 영광을 볼 것이며 19내가 그들 가운데에서 징조를 세워서
그들 가운데에서 도피한 자를 여러 나라 곧 다시스와 뿔과 활을 당기*

는 룻과 및 두발과 야완과 또 나의 명성을 듣지도 못하고 나의 영광을 보지도 못한 먼 섬들로 보내리니 그들이 나의 영광을 뭇 나라에 전파하리라. [20]나 여호와가 말하노라. 이스라엘 자손이 예물을 깨끗한 그릇에 담아 여호와의 집에 드림같이 그들이 너희 모든 형제를 뭇 나라에서 나의 성산 예루살렘으로 말과 수레와 교자와 노새와 낙타에 태워다가 여호와께 예물로 드릴 것이요. [21]나는 그 가운데에서 택하여 제사장과 레위인을 삼으리라 여호와의 말이니라. [22]내가 지을 새 하늘과 새 땅이 내 앞에 항상 있는 것같이 너희 자손과 너희 이름이 항상 있으리라. 여호와의 말이니라. [23]여호와가 말하노라. 매월 초하루와 매 안식일에 모든 혈육이 내 앞에 나아와 예배하리라. [24]그들이 나가서 내게 패역한 자들의 시체들을 볼 것이라. 그 벌레가 죽지 아니하며 그 불이 꺼지지 아니하여 모든 혈육에게 가증함이 되리라.

영화의 마지막 장면은 상당히 많은 의미가 중첩되어 있다. 영화 첫 부분에 제기했던 문제에 대한 결말이자 중간에 점층적으로 고조되었던 문제와 의문, 갈등에 대한 최종적인 반전과 해답이 되기 때문이다. 이사야의 마지막을 장식하는 본문도 그와 같은 역할을 한다. 본문은 이사야 전체의 종결 문단인 동시에 56장부터 시작된 단락의 종결 부분이며, 64장 1~2절의 기도에 대한 응답이기도 하다.

먼저, 심판(사 66:15-17)과 열방의 구원 소망(사 66:18-23)을 다룬 본문은 심판(1-39장)과 열방의 구원 소망(40-66장)을 다룬 이사야 전체의 구도를 반영한다.

둘째, 본문은 구원의 소망과 열방의 초대를 노래한 전반부(40-55장)에 대하여 그 성취를 기다리는 언약공동체에 요구되는 하반부 말씀(56-66장)의 시작 부분이다. 특별히 본문은 여호와의 구원과 공의가 나타날 것을 예고하는 시작 단락(사 56:1-8)과 상응한다.

셋째, 본문은 '하늘을 가르고 불로 강림해 달라'는 간청 기도(사 64:1-2)에 대한 응답이다.

넷째, 본문은 바로 앞 14절에서 진술한 장차 "그의 원수에게 나타날 여호와의 진노의 손"이 어떻게 구체적으로 나타나는지에 대한 진술이기도 하다.

이와 같이 본문은 그동안 전개되었던 이사야의 모든 예언의 말씀을 사중적으로 최종 마무리한다. 우선 열방의 심판을 진술하는 전반부(사 66:15-17)를 살펴보자.

> "보라. 여호와께서 불에 둘러싸여 강림하시리니 그의 수레들은 회오리바람 같으리로다. 그가 혁혁한 위세로 노여움을 나타내시며 맹렬한 화염으로 책망하실 것이라(사 66:15).

"보라"는 바로 앞 구절에서 여호와의 "진노는 그의 원수에게 더하리라"(사 66:14)는 말씀을 보다 구체적이고 생생하게 진술한다. 여호와께서는 불에 둘러싸여 강림하실 것이다. 좀 더 구체적으로 여호와는 불병거를 타고 회오리바람같이 임하실 것이다. 불병거들(수레들)이 회오리바람같이 임한다는 것은 하나님께서 천상의 군대를 대동하고 나타나시는 위엄 있는 장면을 연상시킨다.

하나님은 "혁혁한 위세로 노여움을 나타내시며 맹렬한 화염으로 책망"하실 것이다. 그동안 하나님은 열방을 심판하거나 책망하실 때 인생 채찍과 사람 막대기를 사용하시거나 자연재해나 천재지변을 통해 진노하셨다. 하나님이 창조하신 피조세계를 통하여 역사하셨던 것이다. 그러나 본문에는 지금까지의 통상적인 방법이 아닌 하나님의 직접적인 임재와 심판을 예고한다. 이렇게 하시는 이유는 온 세상이 악에 사로잡혀, 하나님이 직접 나서지 않고는 이 세상의 어그러진 것을 더 이상 바로잡을 수 없기 때문이다. 여호와가 직접 나설 때 온 세상은 하나님의 냉엄한 심판에 직면하게 될 것이다.

> "여호와께서 불과 칼로 모든 혈육에게 심판을 베푸신즉 여호와께 죽임당할 자가 많으리니"(사 66:16).

"죽임당할 자가 많으리니"는 이해하기가 애매하다. 이를 직역하면 다음과 같다. "정녕 여호와의 불 가운데 각각이 심판당하리라. 그리고 그의 칼 가운데서 각각의 육체에게 심판이 이루어져 여호와께 찔려 죽은 자들이 많으리라."[128] 하나님이 불로써 심판하실 때 모든 이가 각각 하나님 앞에 심판받게 될 것이다. 심판받는 이들에 대한 보다 구체적인 묘사는 다음과 같다.

> "스스로 거룩하게 구별하며 스스로 정결하게 하고 동산에 들어가서 그 가운데에 있는 자를 따라 돼지고기와 가증한 물건과 쥐를 먹는 자가 다 함께 망하리라. 여호와의 말씀이니라"(사 66:17).

이들은 스스로 거룩하게 구별한다고 하지만 그들은 이교 제의가 있는 사제를 따라 제단이 있는 동산 가운데로 들어가 이방 제물로 드리는 가증한 짐승과 돼지고기와 쥐를 먹는 자들이다. 이런 "패역한 백성들"(사 65:2)의 위선적인 모습은 앞서 진술한 바 있다.

"곧 동산에서 제사하며 벽돌 위에서 분향하여 내 앞에서 항상 내 노를 일으키는 백성이라. 그들이 무덤 사이에 앉으며 은밀한 처소에서 밤을 지내며 돼지고기를 먹으며 가증한 것들의 국을 그릇에 담으면서 사람에게 이르기를 너는 네 자리에 서 있고 내게 가까이하지 말라. 나는 너보다 거룩함이라 하나니 이런 자들은 내 코의 연기요 종일 타는 불이로다"(사 65:3-5).

이런 패역한 자들의 악이 하나님의 구원역사를 멈추게 할 수 없다. 하나님은 이런 패역한 이들의 모습과 내면의 생각을 잘 알고 계시다고 말씀한다(사 66:18). 이에 새로운 역사를 시작하실 텐데, 이렇게 행하시는 하나님의 새 일이 이제 이사야서의 마지막 소망으로 전환된다.

그것은 하나님의 때에 뭇 나라와 언어가 다른 민족들이 몰려와 하나님의 영광을 보며, 온 세상에 하나님의 영광을 전파하는 역사다!

"때가 이르면 뭇 나라와 언어가 다른 민족들을 모으리니 그들이 와서 나의 영광을 볼 것이며 내가 그들 가운데에서 징조를 세워서 그들 가운데에서 도피한 자를 여러 나라 곧 다시스와 뿔과 활을 당기는 룻과 및 두발과 야완과 또 나의 명성을 듣지도 못하고 나의 영광을 보지도 못한 먼 섬들로 보내리니 그들이 나의 영광을 뭇 나라에 전파하리라"(사 66:18-19).

"그들 가운데에서 도피한 자"란 앞서 언급한 시온에 임한 하나님의 심판에서 생존한 자들을 가리킨다. 하나님은 이들을 이제 온 세상에 보내어 하나님의 영광을 전파할 것이다. 본문에 등장하는 '다시스'는 세상의 서쪽 끝으로 알려진 오늘날 스페인의 타르테수스를 가리킨다.[129] 뿔과 룻은 아프리카에 있는 지역이고 야완은 소아시아의 이오니아 해안을 가리킨다. '먼 섬들'은 세상의 끝을 상징한다. 이제 하나님의 구원과 영광의 새로운 메시지가 세상 구석구석에 뻗어나가는 역사가 일어날 것이다. 이때가 되면 이스라엘 백성이 하나님께 드릴 예물을 정결한 그릇에 담아서 가져오는 것처럼, 열방의 백성들이 이스라엘의 형제들을 뭇 나라에서부터 데리고 돌아올 것이다(사 66:20, 참조 롬 9:24, 고후 4:7, 딤후 2:21).

이때 하나님은 이런 이방인과 유대인 중에서 제사장과 레위인을 삼으실 것이다(사 66:21). 인종의 경계, 할례받은 자와 할례받지 않는 자, 유대인과 이방인 사이의 경계를 철폐하겠다는 선언이다. 이제는 모든 민족 중에 하나님을 섬기는 새로운 레위인과 제사장이 일어나게 될 것이다(히 10:19-25, 벧전 2:9 참조).

하나님의 새로운 일꾼을 세울 것이라는 선언은 이사야 56~66장의 첫 단락에서 여호와께 연합한 이방인과 고자를 하나님의 종으로 선언하는 것(사 56:5-6)과도 상호 반향을 한다. 이러한 선언은 토라의 가르침에 정면으로 위배되는 선언이다. 이는 장차 하나님이 여호와의 종을 통해 이루실 기이한 역사를 예고한다. 그것은 율법을 어기심으로 율법를 성취하는 역사다. 여호와의 종은 안식일을 어기심으로 참된 안식을 성취하셨다(마 12:1-14). 나무에 달려 저주를 받으심으로 하나님의 진노의 심판으로부터 모든 인류를 구원하셨다(신 21:23, 갈 3:13). 그가 채찍에 맞고 상함으로 하나님의 징벌을 받았지만, 우리가 나음을 받고 평화를 누리게 되었다(사 53:4-5). 이러한 기이하고 역설적인 역사를 통해 그는 율법의 일점일획도 남김없이 성취하셨다(마 5:18).

이제 이사야의 마지막 단락은 65장 17절에서 시작했던 새 하늘과 새 땅의 소망으로 전환한다.

> "내가 지을 새 하늘과 새 땅이 내 앞에 항상 있는 것같이 너희 자손과 너희 이름이 항상 있으리라 여호와의 말이니라"(사 66:22).

새 하늘과 새 땅의 소망이 무엇인가? 그것은 새 하늘과 새 땅이 항상 하나님 앞에 있듯이, 하나님의 새로운 백성 이스라엘이 항상 여호와 앞에 있게 되는 것이다. 핵심은 하나님의 백성이 항상 하나님과 함께 있는 임마누엘의 역사다(마 1:23, 28:20, 계 21:1-4). 여기 '씨', 곧 '자손'(히. 제라)과 '이름'은 원래 하나님께서 믿음의 조상 아브라함을 통하여 언약 백성 이스라엘에게 약속하셨던 복이지만, 장차 성취될 새 하늘과 새 땅에서는 유대인의 민족적 경계를 넘어선다.[130] 새 하늘과 새 땅에서는 달마다 안식일마다 혈연, 언어, 지연을 뛰어넘는 모든 사람이 나아와 계속해서 하나님을 예배할 것이다.

장엄한 소망의 마지막 24절은 이런 역사 앞에서도 불순종하며 패역함을 고집하는 이들의 최후에 대한 말씀이다. 하나님을 예배하는 자들은 성 밖에 일어나는 끔찍한 심판을 본다. 이런 패역하고 완고한 이들에게는 소망이 없다. 이들은 죽임을 당하며 그 시체는 벌레와 불에 삼켜질 것이다.

이사야의 장엄한 비전은 여호와의 종 메시아 예수를 통해 성취되기 시작하였고, 이제 완성을 향해 나아가고 있다. 모든 나라와 민족과 백성과 방언이 하나님께 나아와 예배하며 복음이 힘 있게 열방을 향해 전파되고 있다. 이 땅에서 왕 같은 제사장으로 부름받은 성도여, 일어나라. 새 하늘과 새 땅을 소망 중에 바라며 힘 있게 생명의 복음을 증거하며 하나님의 영광을 사모하며 달려가라!

[98장 각주]

128) 김회권, 「하나님 나라 신학으로 읽는 이사야 40-66장」, 695쪽.
129) 존 오스월트, 「NICOT 이샤야 Ⅱ」, 832쪽.
130) Walter Brueggemann, *Isaiah 40-66*, Louisville: Westminster John Knox Press, 1998, p.259.

| 참고 문헌 |

▶ 성경류

- 개역개정
- 개역한글
- 새번역
- 공동번역
- 메시지
- 독일어성서공회판, 「해설, 관주 성경전서」.
- BHS. Biblia Hebraica Stuttgartensia.
- ESV. English Standard Version.
- NA[27]. E. Nestle, B. Aland, et at. Novum Graece. 27th ed.
- NIV. New International Version.
- NRSV. New International Version.

▶ 주석류

- 김회권, 「이사야 I」, 대한기독교서회창립100주년기념주석 21, 서울: 대한기독교서회, 2006.
- ______, 「하나님 나라 신학으로 읽는 이사야 40-66장」, 서울: 복있는사람, 2020.
- 박철우, 「에스겔」, 대한기독교서회창립100주년기념주석 24, 서울: 대한기독교서회, 2010.
- 송병현, 「엑스포지멘터리 이사야 Ⅰ」, 서울: 국제제자훈련원, 2012.
- ______, 「엑스포지멘터리 이사야 Ⅱ」, 서울: 국제제자훈련원, 2012.

- 정중호, 「이사야 Ⅱ」, 대한기독교서회창립100주년기념주석 Vol.22, 서울: 대한기독교서회, 2003.
- 게리 스미스, 권대영 역, 「NAC 이사야 1」, 서울: 부흥과개혁사, 2019.
- ________________, 「NAC 이사야 2」, 서울: 부흥과개혁사, 2020.
- 알렉 모티어, 박문재 역, 「이사야 주석」, 서울: 솔로몬, 2018.
- 에드워드 J. 영, 정일오 외 역, 「이사야서 주석 Ⅰ」, 서울: CLC, 2007.
- ____________________, 「이사야서 주석 Ⅱ」, 서울: CLC, 2008.
- ____________________, 「이사야서 주석 Ⅲ」, 서울: CLC, 2008.
- 존 오스월트, 장세훈 외 역, 「NIV 적용주석 이사야」, 서울: 성서유니온선교회, 2004.
- 존 오스월트, 이용중 역, 「NICOT 이사야 Ⅰ」, 서울: 부흥과개혁사, 2015.
- ________________, 「NICOT 이사야 Ⅱ」, 서울: 부흥과개혁사, 2016.
- Brueggemann, Walter. *Isaiah 1-39*. Louisville. Westminster John Knox Press, 1998.
- Brueggemann, Walter. *Isaiah 40-66*. Louisville. Westminster John Knox Press, 1998.
- Sweeney, Marvin A. *Isaiah 1-39: with an introduction to prophetic literature*, Grand Rapids: Eerdmans Publishing Co., 1996.
- Westermann, Claus. trans.by Stalker, David. *Isaiah 40-66*. Old Testament Library. London, SCM Press, 1970.

▶ 사전류

- "걸프전쟁." 위키백과. ko.wikipedia.org
- "기시감." 위키백과. ko.wikipedia.org
- "Jebel Aqra." Wikipedia, en.wikipedia.org
- ABD. The Anchor Yale Bible Dictionay
- BEB. Baker Encyclopedia of the Bible

▶ 단행본류

- 김서택, 「오라 우리가 변론하자」, 이사야서 강해 1권(1-12장), 서울: 생명의말씀사, 2003.
- ______, 「내 백성을 위로하라」, 이사야서 강해 2권(13-29장), 서울: 생명의말씀사, 2003.
- ______, 「두려워 말라 함께하리라」, 이사야서 강해 3권(30-42장), 서울: 생명의말씀사, 2003.
- ______, 「일어나라 빛을 발하라」, 이사야서 강해 4권(43-66장), 서울: 생명의말씀사, 2003.
- 류모세, 「열린다 성경: 식물이야기」, 서울: 두란노, 2008.
- 백세희, 「죽고 싶지만 떡볶이는 먹고 싶어」, 서울: 흔, 2018.
- ______, 「열린다 성경: 생활풍습이야기(상)」, 서울: 두란노, 2010.
- 이만희, 「요한계시록의 실상」, 개정판, 과천: 도서출판신천지, 2014.
- 양형주, 「내 인생에 비전이 보인다」, 서울: 홍성사, 2006.
- ______, 「바이블 백신 1」, 서울: 홍성사, 2019.
- ______, 「바이블 백신 2」, 서울: 홍성사, 2019.
- ______, 「신천지 백신 1」, 서울: 두란노, 2020.
- ______, 「신천지 백신 2」, 서울: 두란노, 2020.
- ______, 「평신도를 위한 쉬운 창세기 1」, 서울: 브니엘, 2018.
- ______, 「평신도를 위한 쉬운 창세기 3」,서울: 브니엘, 2018.
- ______, 「평신도를 위한 쉬운 출애굽기 1」, 서울: 브니엘, 2021.
- ______, 「평신도를 위한 쉬운 로마서」, 개정증보2판, 서울: 브니엘, 2022.
- ______, 「평신도를 위한 쉬운 요한계시록 1」, 서울: 브니엘, 2020.
- ______, 「평신도를 위한 쉬운 요한계시록 2」, 서울: 브니엘, 2020.
- 장세훈, 「한 권으로 읽는 이사야서」, 서울: 이레서원, 2003.
- 그레고리 빌, 김귀탁 역, 「신약성서신학」, 서울: 부흥과개혁사, 2013.
- 마르크 반 드 미에룹, 김구원 역, 「고대근동역사」, 서울: CLC, 2010.
- 말콤 글래드웰, 노정태 역, 「아웃라이어: 성공의 기회를 발견한 사람들」, 서울: 김영사, 2009.
- 쑹훙빙, 차혜정 역, 「화폐전쟁」, 서울: 랜덤하우스, 2008.
- 앤서니 스토, 김영선 역, 「처칠의 검은 개 카프카의 쥐」, 서울: 글항아리, 2018.
- 이시히 히로유키, 김윤희 역, 「콜드리딩: 전 세계 1%만이 사용해온 설득의 기술」, 개정증보판. 서울: 엘도라도, 2012.
- 존 D. 레벤슨, 홍국평 외 역, 「하나님의 창조와 악의 잔존」, 서울: 새물결플러스, 2019.

- 캐스 선스타인, 이시은 역, 「누가 진실을 말하는가: '미국에서 가장 위험한 사람'이 쓴 음모론과 위험한 생각들」, 서울: 21세기북스, 2015.
- Cohen, H. R., *Biblical Hapax Legomena in the Light of Akkadian and Ugaritic. SBLDS 37*: Missoula. Mt.: Scholars Press, 1978.

▶ 논문

- Williamson, H G. M., "Isaiah 40:20: A Case of Not Seeing the Wood for the Trees". Bib 67, 1986.

▶ 잡지 및 기사

- 강애란, "2018년 자살률 전년보다 9.5% 증가… 인구 10만명당 26.6명", 연합뉴스, 2020. 6. 1.
- 고경환, "[겨자씨] 다시 일어나십시오", 국민일보, 2015. 10. 27.
- 고두현, "[고두현의 아침 시편] 평범한 하루가 모여 위대한 생이 된다", 한국경제, 2021. 2. 5.
- 권혜숙, "모세 언약궤 있다는 솔로몬. 시바 로맨스의 땅… 아프리카 最古 기독국가 에티오피아를 가다", 국민일보, 2016. 6. 10.
- 김근주, "이사야 44-58장", 「묵상과 설교」, 2013. 6, 서울: 성서유니온선교회.
- 김나래, "태영호 '北 가짜 교회 세웠더니 진짜 신자 생겨나'", 국민일보, 2017. 12. 19.
- 김명일, "'게이클럽 적시해 보도하게 해달라' 현직 기자 국민 청원", 한국경제, 2020. 5. 11.
- 김성탁, "브렉시트 난장판 뒤엔… '귀족학교' 英이튼 출신의 오만", 중앙일보, 2019. 3. 20.
- 김재순, "아마존 삼림, 사막화로 금세기 70% 사라질 수 있어", 연합뉴스, 2013. 10. 2.
- 김필회, "이사야 31-43장", 「묵상과 설교」, 2013. 5, 서울: 성서유니온선교회.
- ______, "이사야 1-39장", 「묵상과 설교」, 2020. 7-8, 서울: 성서유니온선교회.
- ______, "이사야 40-66장", 「묵상과 설교」, 2021. 7-8, 서울: 성서유니온선교회.
- 노현웅 외, "지난해 자살률 증가세 전환… 다시 OECD 1위로", 한겨레, 2019. 9. 24.
- 뉴시스, "印 16만명 합창… 72년 된 세계 기록 깨", 조선일보, 2008. 5. 12.

- 박연선, "나무 한 그루에서 4천5백 송이 포도가 '주렁주렁'", mbc뉴스, 2018. 9. 8.
- 박현영, "토이저러스의 몰락… 아마존에 단물 빨리고, 디지털 대응 늦고", 중앙일보, 2017. 9. 20.
- 배정원, "에어버스 'A380' 생산 중단 위기… 초호와 대형 항공기 시대 막 내리나", 조선일보 2018. 1. 16.
- 백성호, "[백성호의 현문우답] 미군 철수 막은 김장환 목사의 숨은 외교력", 중앙일보, 2021. 9. 23.
- 서진아, "서서평의 헌신적 삶 보여드리고 싶어요" 「빛과 소금」, 서울: 두란노, 2020. 7.
- 안정락, "LA 교통체증 짜증난다던 머스크 결국 '초고속 지하터널' 뚫었다", 한국경제, 2018. 12. 18.
- 연합뉴스, "WHO, '번아웃' 직업 관련 증상으로 정의… "정신건강 돌봐야"", 매일경제, 2019. 5. 29.
- 유지영, "책 인기에 놀라… 나만의 고민이 아니구나 했죠", 매일경제, 2019. 5. 14.
- 이명진, "중국 가짜 계란은 '100% 화학약품 덩어리'", 조선일보, 2007. 8. 14.
- 이지영, "아마존 열대우림 파괴 급속도… 5월에만 축구장 7000개 면적 사라졌다", 중앙일보, 2019. 5. 23.
- 이현상, "[이현상의 시시각각] 음모론은 힘이 세다", 중앙일보, 2020. 5. 8.
- 임용섭, "이사야 59-66장", 「묵상과 설교」, 2013. 5, 서울: 성서유니온선교회.
- 장우리, "한국 작년 국가청렴도 세계 39위… 2년 연속 6계단 상승", 연합뉴스, 2020. 1. 23.
- 최연호, "남이 아는 나", 한국경제, 2019. 5. 21.
- 한경닷컴 뉴스룸, "'화면 보호막' 때문에… 갤럭시 폴드 불량 논란", 한국경제신문, 2019. 4. 21.